153 B2
155 C1

163 B1
B2 etc.

MIHA
MEGUŠAR

318-319

Caroline

(1) Present Tense.

(2) IRRegular Verbs.

le/lui
(3). 284 – 299.

y. – en.
306 – 310.

(4)

Imperfect

Formation
When to use.

Passé Composé

AVOIR.

MAISON D'ETRE.

AGREEMENTS

NEGATIVES.

French for Mastery

Tous Ensemble

JEAN-PAUL VALETTE **REBECCA M. VALETTE**

D.C. HEATH AND COMPANY Lexington, Massachusetts/Toronto, Ontario

HEATH

PROJECT EDITORS
Roger Coulombe
Gail Smith
Valentia Dermer

DESIGN AND PRODUCTION
Will Tenney, Executive Designer
Maureen LaRiccia, Production Coordinator
M. L. Dietmeier, Illustrator

MODERN LANGUAGE SPECIALIST
Teresa Carrera-Hanley

D. C. HEATH CONSULTANTS
Allison King
Karen Ralston
Ramón Morales-Sánchez

Published simultaneously in Canada

Printed in the United States of America

International Standard Book Number: 0-669-08701-7

1 2 3 4 5 6 7 8 9 0

Bonjour, la France!

MER DU NORD
HOLLANDE
ANGLETERRE
ALLEMAGNE
BELGIQUE
Lille
La Manche
LUXEMBOURG
Le Havre
Seine
Meuse
Brest
Paris
Nancy
Strasbourg
VOSGES
Colmar
Loire
Nantes
Tours
Dijon
Saône
JURA
SUISSE
OCÉAN ATLANTIQUE
FRANCE
Vichy
Annecy
Clermont-Ferrand
Lyon
Aix-les-Bains
ITALIE
Grenoble
Bordeaux
Valence
MASSIF CENTRAL
ALPES
Garonne
Rhône
Avignon
MONACO
Toulouse
Aix-en-Provence
Nice
Cannes
Marseille
Toulon
PYRÉNÉES
CORSE
ESPAGNE
MER MÉDITERRANÉE
Ajaccio

Bonjour, le monde français!

Europe
1. (la) France
2. Monaco
3. (la) Belgique
4. (la) Suisse
5. (le) Luxembourg

Amérique du Nord
6. (le) Canada:
   (le) Québec
7. (les) États-Unis:
   (la) Louisiane
   (la) Nouvelle-Angleterre
8. Saint-Pierre-et-Miquelon

Amérique Centrale, Amérique du Sud
9. (la) Guadeloupe
10. (la) Martinique
11. Haïti
12. (la) Guyane française

Asie et Océanie
13. (le) Cambodge
14. (le) Laos
15. (le) Viêt-nam
16. (la) Nouvelle-Calédonie
17. (la) Polynésie française: Tahiti

Afrique
18. (l')Algérie
19. (le) Bénin
20. (le) Burundi
21. (le) Cameroun
22. (la) Côte-d'Ivoire
23. (le) Gabon
24. (la) Guinée
25. (la) Haute-Volta
26. Madagascar
27. (le) Mali
28. (le) Maroc
29. (la) Mauritanie
30. (le) Niger
31. (la) République Centrafricaine
32. (la) République Populaire du Congo
33. (la) République Rwandaise
34. (la) Réunion
35. (le) Sénégal
36. (le) Tchad
37. (le) Togo
38. (la) Tunisie
39. (le) Zaïre

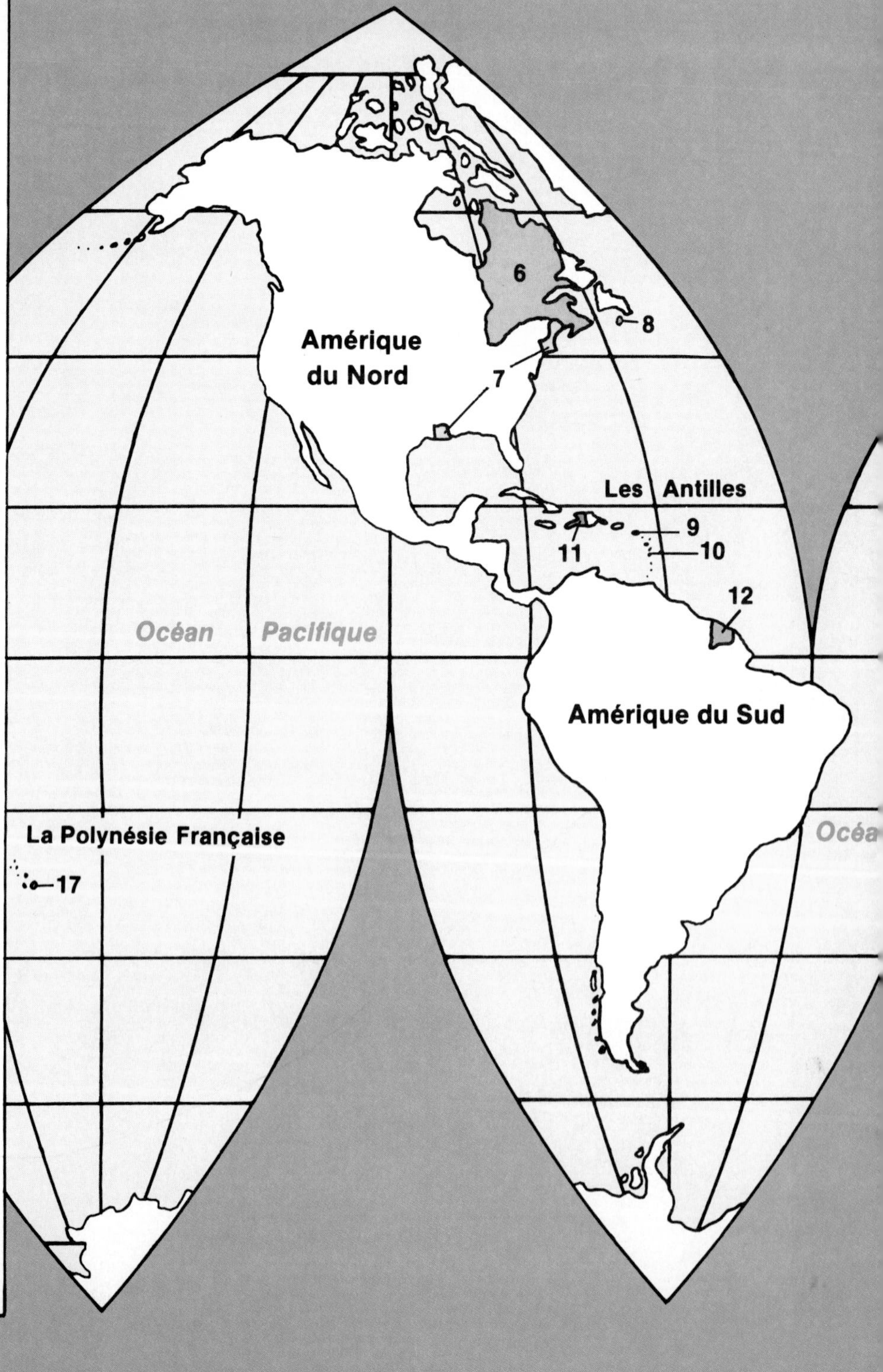

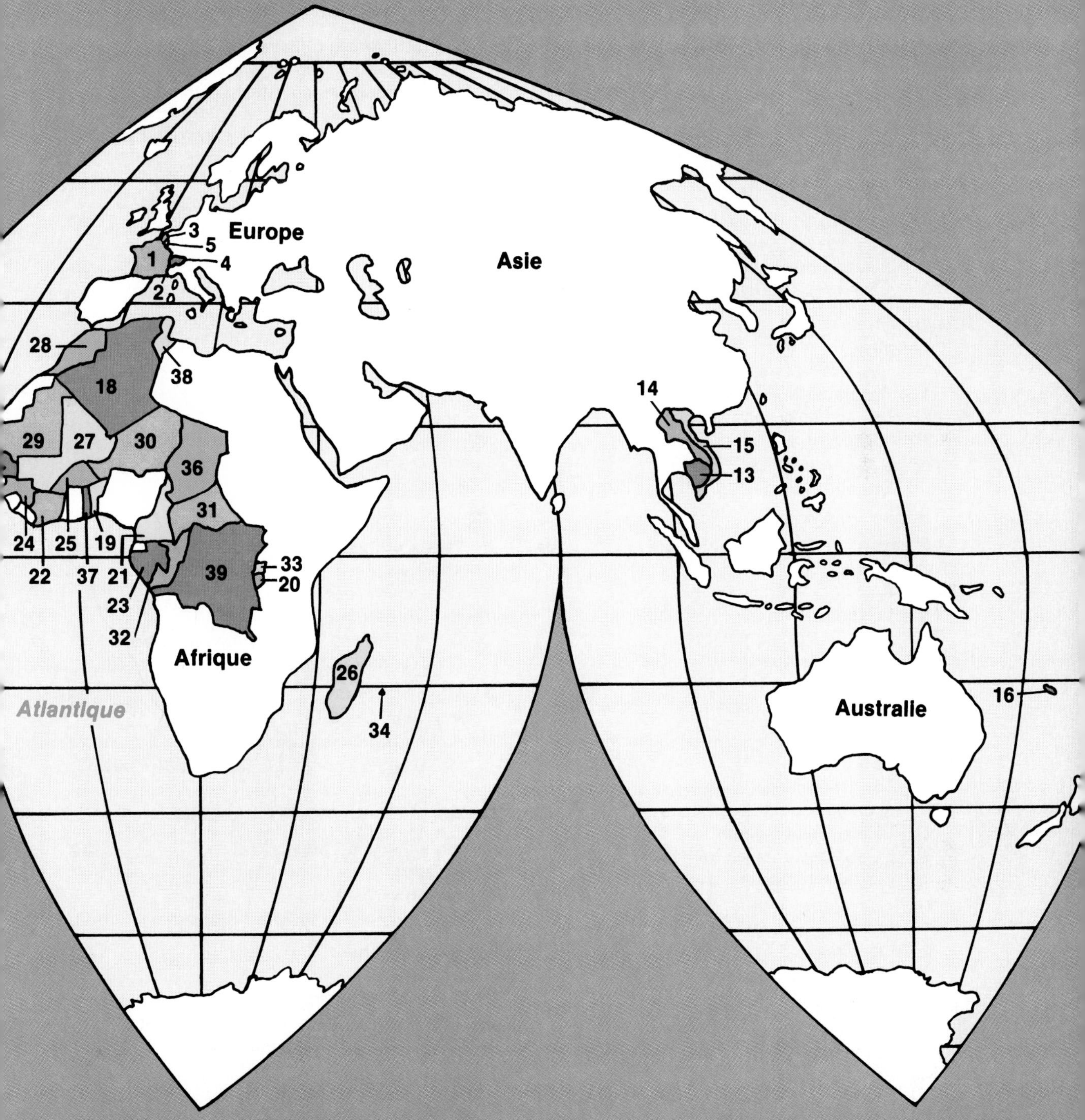
Europe
Asie
Afrique
Australie
Atlantique
1
2
3
4
5
13
14
15
16
18
19
20
21
22
23
24
25
26
27
28
29
30
31
32
33
34
36
37
38
39

Contents

REPRISE
Cinq portraits

1 Éric
2 Nadine
3 Philippe
4 Vatea
5 Marie-France

Et toi, que fais-tu ?

REPRISE

Leçon 1 Éric

Bonjour!
Je m'appelle Éric Simonet.
J'habite à Avignon, une ville du *sud* de la France. — *south*
Généralement, je suis *de bonne humeur,* — *in a good mood*
mais aujourd'hui je suis *un peu triste.* — *a little sad*
Pourquoi? Parce que les vacances sont *finies.* — *finished, over*
Demain nous rentrons en classe. — *Tomorrow*
D'accord, j'aime étudier, mais j'aime aussi aller à la plage et jouer au tennis.
Je ne suis pas un grand champion, mais je joue assez bien!
Et vous, est-ce que vous aimez jouer au tennis?
Est-ce que vous jouez bien?

NOTES CULTURELLES

1. **Avignon** Avignon est une ville° de 100.000 (cent mille) habitants° située° dans le sud° de la France. Avec ses églises,° ses musées, ses remparts, son vieux pont° et son célèbre° palais des Papes,° Avignon est une ville très pittoresque. C'est aussi une ville très active. Le grand événement° de l'année° est le célèbre festival d'été.° Le Festival d'Avignon dure° quatre semaines. Des milliers° de jeunes viennent assister° ou participer aux° représentations° théâtrales, aux concerts de musique classique, aux récitals de musique folklorique, aux présentations de films,° aux expositions° de peinture,° de sculpture et de céramique.

2. **La rentrée** La rentrée est le moment de l'année où les élèves rentrent° en classe. En général, la date de la rentrée est le 4 septembre.

ville *city* **habitants** *inhabitants* **située** *located* **sud** *south* **églises** *churches* **pont** *bridge* **célèbre** *famous* **palais des Papes** *papal palace* **événement** *event* **année** *year* **été** *summer* **dure** *lasts* **Des milliers** *Thousands* **assister** *to attend* **participer aux** *to participate in* **représentations** *performances* **films** *movies* **expositions** *exhibitions* **peinture** *painting* **rentrent** *return*

CONVERSATION

Parlons de vous

Comment est-ce que vous vous appelez? *(What's your name?)*
Où est-ce que vous habitez?

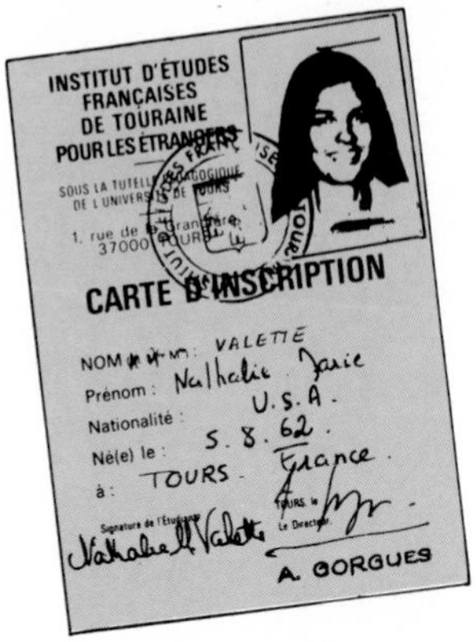

Parlons de vos activités

En semaine . . .

Est-ce que vous parlez français en classe? à la maison?
Est-ce que vos parents parlent français? Est-ce qu'ils parlent une autre (*another*) langue? (espagnol? italien? russe? portugais? japonais?)
Est-ce que vous déjeunez à la cafétéria de l'école? À quelle heure est-ce que vous déjeunez?
À quelle heure est-ce que vous dînez?

Vocabulaire spécialisé **Quelques activités** *(Some activities)*

En semaine *(During the week)*

déjeuner	*to have (eat) lunch*
dîner	*to have (eat) dinner*
écouter (la radio)	*to listen to (the radio)*
étudier (le français)	*to study (French)*
habiter (à Avignon)	*to live (in Avignon)*
parler (anglais, espagnol)	*to speak (English, Spanish)*
regarder (un magazine, la télé)	*to look at (a magazine), watch (TV)*
téléphoner (à un ami, à une amie)	*to call, phone (a friend)*
travailler	*to work*

Le week-end . . .

Est-ce que vous étudiez beaucoup?
Est-ce que vous travaillez? Où?
Est-ce que vous regardez la télévision? Quels programmes est-ce que vous regardez?
Est-ce que vous téléphonez souvent? À qui est-ce que vous téléphonez?
Est-ce que vous jouez au tennis? Est-ce que vous jouez bien ou mal?
Est-ce que vous aimez nager? Est-ce que vous nagez bien?
Est-ce que vous aimez chanter? Est-ce que vous chantez bien? Est-ce que vous chantez dans une chorale *(choir)*?
Est-ce que vous organisez des surprises-parties? Qui est-ce que vous invitez?

Le week-end et pendant les vacances *(On weekends and during vacation)*

chanter	*to sing*
danser	*to dance*
inviter (un ami, une amie)	*to invite (a friend)*
jouer (au football, au tennis)	*to play (soccer, tennis)*
nager	*to swim*
organiser (une surprise-partie)	*to organize (a party)*
skier	*to ski*
visiter (Paris)	*to visit (Paris)*
voyager	*to travel*

Note: Compare the following French and English constructions.

Henri **écoute**	. . .	un disque.
*Henri **listens***	***to***	*a record.*

Sophie **regarde**	. . .	Paul.
*Sophie **looks***	***at***	*Paul.*

Alain **téléphone**	**à**	Claire.
*Alain **phones***	. . .	*Claire.*

Éric **joue**	**au**	tennis.
*Eric **plays***	. . .	*tennis.*

Structure

A. Les verbes en *-er:* formes affirmatives et négatives

In French the present tense is a simple tense. It consists of one word, which is formed as follows:

stem + ending

Review the present tense of **parler** *(to speak)* in the affirmative and negative sentences below. The stem for each form is **parl-** (the infinitive minus **-er**). Pay attention to the endings which correspond to each subject pronoun.

Infinitive	**parler**					
Present	Je	parl**e**	anglais.	Je	**ne** parl**e**	**pas** français.
	Tu	parl**es**	français.	Tu	**ne** parl**es**	**pas** anglais.
	Il/Elle	parl**e**	russe.	Il/Elle	**ne** parl**e**	**pas** chinois.
	Nous	parl**ons**	italien.	Nous	**ne** parl**ons**	**pas** espagnol.
	Vous	parl**ez**	chinois.	Vous	**ne** parl**ez**	**pas** russe.
	Ils/Elles	parl**ent**	espagnol.	Ils/Elles	**ne** parl**ent**	**pas** italien.

Most verbs ending in **-er** follow the above pattern: they are called *regular* **-er** verbs.

The French present tense has several English equivalents:

Nous **parlons** français. { *We **speak** French.* / *We **are speaking** French.* / *We **do speak** French.* }

➪ To make a sentence negative, French speakers use the following construction:

ne + verb + **pas**

Nous **ne** regardons **pas** la télé. { *We **do not** watch TV.* / *We **are not** watching TV.* }

➪ **Je** and **ne** become **j'** and **n'** before a vowel sound. This is called *elision.*
J'habite à Paris. Je **n'**étudie pas l'espagnol.

➪ The final **s** of **nous, vous, ils,** and **elles** is pronounced before a vowel sound. This is called *liaison.*
Nous /z/ étudions. Vous /z/ écoutez la radio.

20.30
Le Nouveau Vendredi
UNE ÉMISSION D'ANDRÉ SABAS
JE NE JOUE PAS,
JE TRAVAILLE

ACTIVITÉ 1 On ne peut pas tout faire. *(You can't do everything.)*

Dites que les personnes suivantes font la première chose entre parenthèses, mais pas la seconde. Utilisez le même *(same)* verbe dans les deux phrases, d'après *(according to)* le modèle.

➪ Éric (jouer au tennis / au football) **Éric joue au tennis. Il ne joue pas au football.**

1. Paul (écouter un disque / la radio)
2. nous (étudier le français / l'espagnol)
3. Suzanne (téléphoner à Philippe / à Jacques)
4. vous (déjeuner à la cafétéria / au restaurant)
5. tu (travailler dans un restaurant / dans un café)
6. je (habiter à Louisville / à New York)
7. Jean-Claude (inviter Annie / Sylvie)
8. les touristes (visiter Paris / Avignon)
9. Claire et Marc (voyager en train / en bus)
10. Christine et Hélène (parler français / espagnol)

ACTIVITÉ 2 Oui ou non?

Dites si *(if)* les personnes suivantes font les choses indiquées entre parenthèses.

➪ Mon meilleur ami (jouer au football? étudier beaucoup?)
Mon meilleur ami joue au football. (Mon meilleur ami ne joue pas au football.) Il étudie beaucoup. (Il n'étudie pas beaucoup.)

1. Ma meilleure amie (jouer au tennis? étudier le français? danser bien?)
2. Mes parents (travailler beaucoup? voyager souvent? parler espagnol?)
3. En classe, nous (parler français? chanter? écouter des disques français?)
4. À la maison, je (regarder souvent la télé? étudier toujours? téléphoner souvent?)
5. En vacances, je (nager souvent? voyager beaucoup? inviter mes amis?)
6. Le week-end, nous (déjeuner à la maison? dîner au restaurant? travailler?)

Vocabulaire spécialisé **Quelques expressions**

à	*at*	Nous déjeunons **à** une heure.
	to	Éric parle **à** Jacqueline.
	in	Vous habitez **à** Paris.
de	*of*	Albert parle **de** Jeanne.
	from	Nathalie arrive **de** Tours.
avec	*with*	Qui joue au tennis **avec** Robert?
pour	*for*	Monsieur Simon travaille **pour** Air France.
aussi	*also, too*	Ma mère parle français. Elle parle italien **aussi.**
mais	*but*	Je parle anglais, **mais** je ne parle pas espagnol.
beaucoup	*(very) much, a lot*	Nous étudions **beaucoup!**
assez	*rather*	Catherine danse **assez** bien.
	enough	Pierre ne travaille pas **assez.**
souvent	*often*	Je ne voyage pas **souvent.**
toujours	*always*	Le week-end, nous dînons **toujours** au restaurant.
maintenant	*now*	**Maintenant,** tu habites à Paris.
bien ≠ mal	*well ≠ badly, poorly*	Je chante **bien,** mais je danse **mal.**

B. La construction infinitive

Note the use of the infinitive in the following sentences:

Jacques aime **voyager.** *Jacques likes* ***to travel.*** *(Jacques likes* ***traveling.****)*
Vous n'aimez pas **danser.** *You do not like* ***to dance.*** *(You don't like* ***dancing.****)*

In French the infinitive consists of *one* word: **voyager, danser.** It is often used after the following verbs and expressions:

adorer	*to love*	J'**adore** voyager en avion!
aimer	*to like*	Marc n'**aime** pas étudier le week-end.
aimer mieux	*to prefer*	J'aime étudier mais j'**aime mieux** regarder la télé.
désirer	*to wish, desire*	Paul **désire** dîner avec nous.
détester	*to hate, dislike*	Pierre est timide. Il **déteste** parler en public!
je veux	*I want*	**Je** ne **veux** pas inviter Michel.
je voudrais	*I would like*	**Je voudrais** organiser une surprise-partie.

ACTIVITÉ 3 Préférences personnelles

Lisez les descriptions suivantes. Dites que ces personnes aiment—ou n'aiment pas—faire ces choses.

⇨ Hélène danse. **Elle aime danser.**
Philippe n'étudie pas. **Il n'aime pas étudier.**

1. Thomas chante.
2. Anne ne téléphone pas à Jacques.
3. Nous dînons au restaurant.
4. Vous n'écoutez pas la radio.
5. Paul et Denise jouent au tennis.
6. Madame Moreau ne voyage pas en bus.
7. Henri nage.
8. Tu ne regardes pas la télé.

FRANCE

ACTIVITÉ 4 **Et vous?**

Complétez les phrases suivantes. Dites ce que vous aimez faire et ce que vous n'aimez pas faire.

⇨ À la maison . . . **j'aime téléphoner (regarder la télé, etc.)**
je n'aime pas étudier (travailler, etc.)

1. Avec mes amis . . .
2. Avec ma famille . . .
3. Quand je suis à une surprise-partie . . .
4. Pendant les vacances . . .
5. En hiver *(winter)* . . .
6. Quand je suis seul(e) *(by myself)* . . .
7. Quand je suis de bonne humeur *(in a good mood)* . . .
8. Quand je suis de mauvaise humeur . . .

C. Les questions

Sometimes when you ask a question, you are looking for a yes or no answer. At other times you are looking for specific information. Note how these questions are formed in French.

YES/NO QUESTIONS	
Est-ce qu'Éric habite à Paris?	*Does Éric live in Paris? (Is Éric living in Paris?)*
Est-ce que tu travailles?	*Do you work? (Are you working?)*
INFORMATION QUESTIONS	
Où est-ce que Paul habite?	*Where does Paul live?*
Quand est-ce que vous travaillez?	*When do you work?*

In French, questions may be formed as follows:

yes/no questions	**est-ce que** + rest of sentence ?
information questions	question word(s) + **est-ce que** + rest of sentence ?

➪ Yes/no questions may also be formed—

by letting your voice rise at the end of the sentence:

Éric habite à Avignon?

by adding **n'est-ce pas:**

Éric habite à Avignon, **n'est-ce pas?**

Vocabulaire spécialisé Quelques expressions interrogatives

où?	*where?*	**Où** est-ce que tu déjeunes? À la cafétéria ou au restaurant?
comment?	*how?*	**Comment** est-ce que tu joues au tennis? Bien ou mal?
pourquoi?	*why?*	**Pourquoi** est-ce que Paul voyage?
quand?	*when?*	**Quand** est-ce que vous regardez la télé?
à quelle heure?	*at what time?*	**À quelle heure** est-ce que vous dînez?
qui?	*who(m)?*	**Qui** est-ce que tu invites à la surprise-partie?
à qui?	*to whom?*	**À qui** est-ce que Jacques parle?
avec qui?	*with whom?*	**Avec qui** est-ce que vous jouez au tennis?
qu'est-ce que?	*what?*	**Qu'est-ce que** tu écoutes?

Note: **Est-ce que** is not used when **qui** is the subject of the sentence.

Qui organise la surprise-partie? **Qui** aime danser?

ACTIVITÉ 5 Petite conversation

Posez des questions à vos camarades en utilisant les verbes suivants et les expressions entre parenthèses. Vos camarades vont vous répondre.

⇨ jouer au tennis (comment?) **—Comment est-ce que tu joues au tennis?**
—Je joue bien. (Je joue mal.)

1. habiter (où?)
2. parler français (comment? où? avec qui?)
3. déjeuner (où? à quelle heure? avec qui?)
4. jouer au football (où? avec qui?)
5. voyager (quand? avec qui?)
6. aimer danser (où? avec qui?)

ACTIVITÉ 6 Conversation dans le train

Vous voyagez en train avec une jeune Française. La jeune Française parle d'elle-même *(about herself)*. Vous n'entendez *(hear)* pas très bien. Demandez à la jeune Française de répéter, d'après le modèle. Note: **pardon** = *excuse me.*

⇨ J'habite à Tours. **Pardon, où est-ce que tu habites?**

1. J'étudie à Paris.
2. Je voyage avec ma famille.
3. J'étudie l'anglais.
4. Je déjeune au restaurant.
5. Je dîne à six heures.
6. Je joue bien au tennis.

D. L'impératif

The imperative form of the verb is used to give orders and make suggestions. Review the forms of the imperative.

AFFIRMATIVE			NEGATIVE	
(tu)	**Parle!**	*Speak!*	**Ne parle pas!**	*Don't speak!*
(vous)	**Parlez!**	*Speak!*	**Ne parlez pas!**	*Don't speak!*
(nous)	**Parlons!**	*Let's speak!*	**Ne parlons pas!**	*Let's not speak!*

Note that the forms of the imperative are the same as the present tense. Exception: the **tu**-form of the imperative of **-er** verbs does not have an **-s.**

➪ In French, as in English, subject pronouns are not used in the imperative.

VISITEZ le CHATEAU
de MONTREUIL-BELLAY

ACTIVITÉ 7 Le contraire *(The opposite)*

Dites aux personnes suivantes de faire le contraire de ce qu'elles font maintenant.

➪ Anne et Paul ne nagent pas. **Nagez!**
Marie travaille. **Ne travaille pas!**

1. Stéphanie et Pierre ne dansent pas.
2. Marie ne téléphone pas à Georges.
3. Richard n'invite pas Suzanne.
4. Michèle écoute la radio.
5. Robert et Julien regardent la télé.
6. Jean-Michel parle anglais.

ACTIVITÉ 8 Suggestions

Imaginez que vous êtes avec vos camarades. Suggérez *(Suggest)* des activités pour les situations suivantes. Utilisez la forme **nous** de l'impératif . . . et votre imagination!

➪ Il est midi. **Déjeunons!**

1. Il est six heures.
2. Il est neuf heures.
3. Il fait beau aujourd'hui.
4. Vous êtes à une surprise-partie.
5. Vous êtes en classe de français.
6. C'est le week-end.

À votre tour Correspondance

1. Imagine you are writing to Éric Simonet. Introduce yourself: give your name, say where you live, what you are doing now, what you do on weekends, what you like to do, and what you dislike doing. Begin your letter with "**Cher Éric . . .**" and close with "**Amicalement.**"

2. Imagine that you will be spending next term in a French boarding school. Write a letter describing which activities you like and which you dislike, so that the director of admissions can match you up with the right roommate. Begin your letter with "**Monsieur . . .**"

La vie de tous les jours *(Daily life)*

1. Les nombres de 0 à 12

0	**zéro**	1	**un**	2	**deux**	3	**trois**	4	**quatre**	5	**cinq**	6	**six**
		7	**sept**	8	**huit**	9	**neuf**	10	**dix**	11	**onze**	12	**douze**

proverbe: Jamais deux sans trois!

"When it rains it pours."
(literally: *Never two without three.*)

2. L'heure: les divisions de l'heure

Quelle heure est-il?

Il est **une heure.**

Il est **dix heures.**

Il est **midi.**

Il est **minuit.**

Il est **une heure et quart.**

Il est **dix heures et demie.**

Il est **midi moins le quart.**

—**À quelle heure** est le concert?
—Le concert est **à huit heures et demie.**

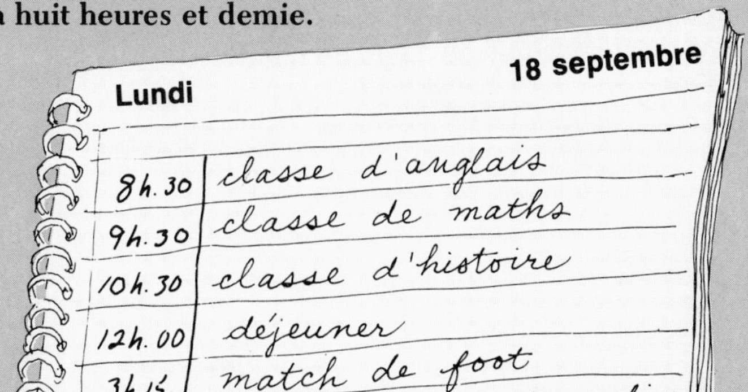
Lundi
18 septembre
8h.30 classe d'anglais
9h.30 classe de maths
10h.30 classe d'histoire
12h.00 déjeuner
3h.15 match de foot
4h.15 rendez-vous avec Jacqueline
7h.15 dîner
9h.00 film

REPRISE

Leçon 2 Nadine

Salut!	
Je m'appelle Nadine Dumais.	
J'ai un *nom* français, mais je ne suis pas française.	*name*
Je suis canadienne.	
J'habite à Montréal avec ma famille.	
J'ai des parents *formidables* et des amis sympathiques.	*terrific*
J'ai deux frères, mais je n'ai pas de sœur.	
J'ai aussi un chien, un chat, un canari, un *poisson rouge* . . .	*goldfish*
et un tigre *en peluche*.	*stuffed*
J'adore les animaux.	
Je voudrais être vétérinaire.	
Et vous, est-ce que vous avez des *projets* professionnels?	*plans*

NOTE CULTURELLE

Le français au Canada Avec trois millions d'habitants,° Montréal est la plus grande ville du Canada. Après Paris, c'est aussi la deuxième ville d'expression française° du monde.° Aujourd'hui, les Canadiens français représentent 25% (vingt-cinq pour cent) de la population canadienne. Ils habitent principalement dans la province de Québec, mais aussi dans l'Ontario, le Nouveau-Brunswick et la Nouvelle-Écosse.°

Les Canadiens français ont gardé° leurs traditions, leur culture . . . et leur langue.° Bien sûr, ils parlent français avec un accent canadien et ils emploient° certains mots° d'origine anglaise ou des vieux mots français qu'on n'emploie plus en France. Mais dans l'ensemble,° le français qu'on parle à Montréal n'est pas tellement° différent du français qu'on parle à Paris.

habitants *inhabitants* **d'expression française** *French-speaking* **monde** *world* **Nouvelle-Écosse** *Nova Scotia* **ont gardé** *have kept* **langue** *language* **emploient** *use* **mots** *words* **dans l'ensemble** *on the whole* **tellement** *that*

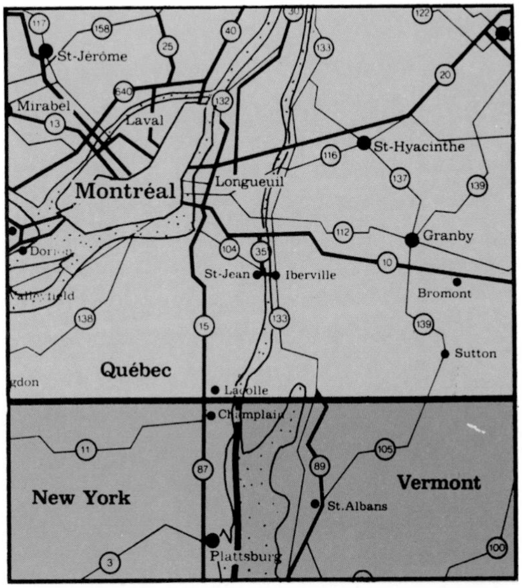

CONVERSATION

Parlons de vous

Êtes-vous un garçon ou une fille?
Êtes-vous blond(e) ou brun(e)? grand(e) ou petit(e)?
Êtes-vous idéaliste? Êtes-vous optimiste ou pessimiste?
Êtes-vous calme? Êtes-vous indépendant(e)?
Êtes-vous patient(e) ou impatient(e)?
Êtes-vous discipliné(e) ou indiscipliné(e)?
En général, êtes-vous une personne tolérante ou intolérante?
En classe, est-ce que vous êtes un(e) bon(ne) élève?

Parlons des gens que vous connaissez *(people that you know)*

Est-ce que vos professeurs sont intéressants? amusants? justes *(fair)*?
Avez-vous des amis sympathiques?
Comment est votre meilleur ami? Est-ce qu'il est blond? beau? amusant? intelligent?
Comment est votre meilleure amie? Est-ce qu'elle est brune? jolie? drôle *(funny)*? intelligente?

Vocabulaire spécialisé Les gens

Quelques personnes

un ami	*friend* (male)	**une amie**	*friend* (female)
le meilleur ami	*best friend*	**la meilleure amie**	*best friend*
un petit ami	*boyfriend*	**une petite amie**	*girlfriend*
un camarade	*classmate*	**une camarade**	*classmate*
un élève	*student*	**une élève**	*student*
un garçon	*boy*	**une fille**	*girl*
un homme	*man*	**une femme**	*woman*
un professeur	*teacher, professor*	**une personne**	*person*
un voisin	*neighbor*	**une voisine**	*neighbor*
les gens	*people*		
les jeunes	*young people*		

Note: The words **professeur** and **personne** may refer to men or women. **Professeur** is always *masculine.* **Personne** is always *feminine.*

Madame Brun est **un bon professeur.** Monsieur Durand est **une personne amusante.**

Comment sont vos voisins *(neighbors)*? Sont-ils sympathiques ou pénibles *(boring)*? drôles ou embêtants *(annoying)*?

Parlons de vos possessions et de vos loisirs *(leisure-time activities)*

Est-ce que vous regardez souvent la télé? Est-ce que vous regardez les sports? les comédies? les films? les variétés *(variety shows)*?
Aimez-vous la musique? Aimez-vous le jazz? Est-ce que vous aimez mieux la musique classique ou la musique disco?
Avez-vous une guitare? une chaîne-stéréo? des disques? Avez-vous un transistor? Est-ce que c'est un transistor japonais?
Avez-vous une raquette de tennis? une moto? un vélo? Est-ce que c'est un vélo français?
Est-ce que vos parents ont une voiture? Est-ce que c'est une voiture américaine? française? japonaise? allemande?
Aimez-vous les animaux? Avez-vous des animaux chez vous? Avez-vous un chien? un chat? un poisson rouge? une souris blanche *(white mouse)*?

Quelques adjectifs de personnalité et leurs contraires
(Some adjectives of personality and their opposites)

l'aspect physique

petit	*short; small*	≠ **grand**	*tall; big*
brun	*dark-haired*	≠ **blond**	*blond*
beau (belle)	*good-looking, beautiful*	≠ **moche**	*plain, unattractive*
joli	*pretty*		
jeune	*young*	≠ **âgé**	*old*

la personnalité

bon (bonne)	*good*	≠ **mauvais**	*bad*
intelligent	*smart, intelligent*	≠ **bête**	*stupid, dumb; silly*
amusant	*amusing*	≠ **embêtant**	*annoying*
drôle	*funny*		
sympathique	*nice*	≠ **désagréable**	*unpleasant*
formidable	*terrific, super*	≠ **pénible**	*boring, "a pain"*
content	*happy*	≠ **triste**	*sad*

EXPRESSIONS: **très** *very* — Guillaume est **très** intelligent . . .
un peu *a little* — mais il est souvent **un peu** pénible.

Structure

A. Les verbes *être* et *avoir*

The verbs **être** *(to be)* and **avoir** *(to have)* are irregular. Review their present tense forms.

Infinitive	**être**			**avoir**		
Present	Je	**suis**	content.	J'	**ai**	des amis formidables.
	Tu	**es**	intelligent.	Tu	**as**	des idées intéressantes.
	Paul	**est**	amusant.	Il	**a**	des camarades amusants.
	Nous	**sommes**	en France.	Nous	**avons**	des amis à Paris.
	Vous	**êtes**	tristes.	Vous	**avez**	un examen demain.
	Les élèves	**sont**	en classe.	Ils	**ont**	une classe.

➪ The imperative forms of **être** are irregular:

Sois intelligent!	***Be*** *smart!*	**Ne sois pas** bête!	***Don't be*** *stupid!*
Soyez contents!	***Be*** *happy!*	**Ne soyez pas** tristes!	***Don't be*** *sad!*
Soyons optimistes!	***Let's be*** *optimistic!*	**Ne soyons pas** pessimistes!	***Let's not be*** *pessimistic!*

ACTIVITÉ 1 Où est-ce qu'ils sont?

Nadine cherche ses amis. Lisez ce que chacun fait. Puis dites à Nadine si la personne est à la maison ou non. Pour cela, utilisez l'expression **être à la maison** dans des phrases affirmatives ou négatives.

➪ Jacques joue au football. **Il n'est pas à la maison.**

1. Françoise regarde la télé.
2. J'écoute mes disques.
3. Alain et Claude nagent.
4. Tu visites Québec.
5. Vous étudiez.
6. Suzanne prépare le dîner.
7. Sylvie et Marc jouent au volley.
8. Anne et Béatrice déjeunent au restaurant.

ACTIVITÉ 2 Le rallye automobile

Les personnes suivantes participent *(are participating)* au rallye automobile. Dites quelle sorte de voiture chacun *(each one)* a.

➪ Paul (une Jaguar) **Paul a une Jaguar.**

1. je (une Alfa Romeo)
2. Henri et Louis (une Audi)
3. nous (une Mercédès)
4. vous (une Renault)
5. tu (une Toyota)
6. mes voisins (une Honda)

B. Les noms et les articles

Nouns

In French, all nouns have *gender (masculine* or *feminine)* and *number (singular* or *plural).*

The plural of most nouns is formed by adding **-s** to the singular form. This **-s** is silent.

un **garçon** deux **garçons**

Articles

In French, nouns are usually introduced by *articles.* The articles must agree in gender and number with the nouns they introduce.

The definite article

Review the forms of the definite article *(the).*

	SINGULAR	PLURAL	
Masculine	**le (l')**	**les**	**le** garçon, **l'**ami **les** garçons, **les** amis
Feminine	**la (l')**	**les**	**la** fille, **l'**amie **les** filles, **les** amies

⇨ The French definite article often corresponds to the English *the.*

Le professeur parle à **l'**élève. *The teacher talks to **the** student.*

⇨ In addition, the French definite article is used with nouns taken in a general or collective sense. Contrast:

J'aime **le** théâtre. *I like theater (in general).*
Le tennis est un bon sport. *(Generally speaking) tennis is a good sport.*
Les jeunes aiment **la** musique. *(In general) young people like music.*

The indefinite article

Review the forms of the indefinite article *(a, an; some).*

	SINGULAR	PLURAL	
Masculine	**un**	**des**	**un** disque, **un** élève **des** disques, **des** élèves
Feminine	**une**	**des**	**une** cassette, **une** auto **des** cassettes, **des** autos

⇨ **Des** often corresponds to the English *some.* Although the word *some* may be omitted in English, the article **des** must be used in French.

J'ai **des** amis à Québec. *I have **(some)** friends in Quebec.*
Nadine écoute **des** disques. *Nadine is listening to **(some)** records.*

⇨ After a negative verb (other than **être**), **un, une,** and **des** become **de (d')**.

Philippe a **une** moto. Nadine **n'**a **pas de** moto. *Nadine **doesn't** have **a** motorcycle.*
J'ai **des** amis à Québec. Je **n'**ai **pas d'**amis à Paris. *I **don't** have **any** friends in Paris.*

but: Monsieur et Madame Lebon **ne** sont **pas des** gens intéressants.

ACTIVITÉ 3 **Préférences personnelles**

Demandez à vos camarades d'indiquer *(to indicate)* leurs préférences, d'après le modèle. N'oubliez pas *(Don't forget)* d'utiliser l'article défini. (Les noms féminins sont marqués par *(marked with)* un astérisque: *)

⇨

—Est-ce que tu aimes mieux le jazz ou la musique classique?
—J'aime mieux la musique classique. (J'aime mieux le jazz.)

1. cinéma ou théâtre?
2. tennis ou ping-pong?
3. sport ou danse*?
4. cuisine* française ou cuisine* italienne?
5. autos* américaines ou autos* japonaises?
6. autos* économiques ou autos* rapides?
7. gens intelligents ou gens sympathiques?
8. westerns ou comédies* musicales?

Vocabulaire spécialisé **Les objets et les animaux**

Quelques objets
un objet *object*

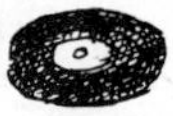
un disque

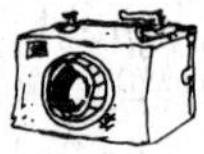
un appareil-photo

un électrophone

un livre

un magnétophone

un ordinateur

un sac

un téléviseur

un transistor

un vélo

un vélomoteur

Quelques animaux

un animal	*animal*	**un chien**	*dog*	**un poisson**	*fish*
un chat	*cat*	**un oiseau**	*bird*		

Note: The plural of nouns in **-al** is **-aux;** the plural of nouns in **-eau** is **-eaux.**

un anim**al** des anim**aux** un ois**eau** des ois**eaux**

ACTIVITÉ 4 **Petite conversation**

Demandez à vos camarades s'ils ont les choses suivantes. Utilisez l'article indéfini. (Si vous n'êtes pas sûr du genre *(gender)* d'un nom, consultez les Vocabulaires spécialisés.)

⇨ calculatrice? **—Est-ce que tu as une calculatrice?**
—Oui, j'ai une calculatrice.
(Non, je n'ai pas de calculatrice.)

1. moto?
2. vélo?
3. guitare?
4. chaîne-stéréo?
5. téléviseur?
6. ordinateur?
7. disques français?
8. poissons rouges?
9. cassettes?
10. chat?
11. ami à Québec?
12. amie à Montréal?
13. cousins à Boston?
14. voisine sympathique?
15. professeurs patients?

ACTIVITÉ 5 **Expression personnelle**

Complétez les phrases suivantes avec un ou deux objets de votre choix *(choice)*.

1. Dans ma chambre *(room)*, il y a . . .
2. Dans le garage, il y a . . .
3. Dans la classe, il y a . . .
4. Dans le salon *(living room)*, il y a . . .
5. Pour mon anniversaire, je voudrais avoir . . .

une chose *thing*

une auto

une bicyclette

une calculatrice

une caméra

une cassette

une chaîne-stéréo

une guitare

une montre

une moto

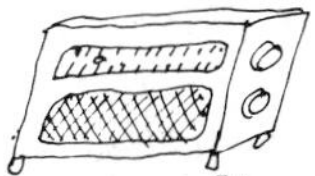

une radio

une raquette

une voiture

EXPRESSIONS: **il y a** *there is, there are* — **Il y a** 20 élèves dans la classe.
il n'y a pas de *there is no, there aren't any* — **Il n'y a pas de** radio dans la classe.

C. Les adjectifs: formes et position

In French, adjectives agree in gender and number with the nouns or pronouns they modify. They are *masculine* or *feminine, singular* or *plural.*

Forms

Review the endings of the regular adjectives:

	SINGULAR	PLURAL	
Masculine	—	-s	**petit** **petits**
Feminine	-e	-es	**petite** **petites**

⇨ Adjectives which end in **-e** in the masculine singular do not add another **-e** in the feminine singular.

Jacques est **dynamique.** Jacqueline est **dynamique** aussi.

⇨ Adjectives which end in **-s** in the masculine singular remain the same in the masculine plural.

Philippe est **français.** Éric et Louis sont **français** aussi.

Adjectives which do not follow the above patterns are irregular.

Robert est **canadien.** Nadine est **canadienne.**

Position

Most adjectives come *after* the noun they modify.

J'ai des amis **sympathiques.** La Toyota est une voiture **japonaise.**

However, the following adjectives usually come before the noun:

grand ≠ **petit** Les voisins ont une **petite** voiture.
bon ≠ **mauvais** Claire est une **bonne** élève.
beau Thomas a une **belle** bicyclette.
joli Tu as une **jolie** montre.
jeune Nous avons un **jeune** professeur.

LA QUÉBÉCOISE
...un bon restaurant!

proverbe: Les petits ruisseaux font les grandes rivières.

"Little streams make great rivers."

Vocabulaire spécialisé **Quelques adjectifs de nationalité**

allemand	*German*	**canadien(ne)**	*Canadian*	**italien(ne)**	*Italian*
américain	*American*	**espagnol**	*Spanish*	**japonais**	*Japanese*
anglais	*English*	**français**	*French*	**mexicain**	*Mexican*

Note: Adjectives of nationality are not capitalized unless they are used as nouns.

Richard est **américain.** — *Richard is **American.***
Les **Américains** travaillent beaucoup. — ***Americans** work a lot.*

ACTIVITÉ 6 Descriptions

Décrivez les personnes suivantes. Utilisez les adjectifs suggérés *(suggested)* dans des phrases affirmatives ou négatives.

1. Je . . .
2. Mon meilleur ami . . .
3. Ma meilleure amie . . .
4. Le président . . .
5. L'amie idéale . . .
6. Les jeunes américains . . .
7. Les filles américaines . . .
8. Les hommes . . .
9. Les femmes . . .
10. Mike Wallace . . .
11. Barbara Walters . . .
12. Charlie Brown . . .

amusant	intelligent	patient
distant	indifférent	impatient
intéressant	tolérant	optimiste
pessimiste	dynamique	égoïste *(selfish)*
timide	honnête	irresponsable
riche	sincère	idéaliste
pénible	moche	bête
triste	désagréable	drôle

ACTIVITÉ 7 Nationalités

Lisez où les gens suivants habitent. Dites leur nationalité. Puis dites l'origine de l'objet entre parenthèses. Suivez *(Follow)* le modèle.

⇨ Eva habite à Berlin. (un téléviseur)
Eva est allemande. Elle a un téléviseur allemand.

1. Paul habite à Philadelphie. (un appareil-photo)
2. Pierre et André habitent à Paris. (un magnétophone)
3. Tatsuo habite à Tokyo. (une montre)
4. Luis habite à Madrid. (une guitare)
5. Jacqueline habite à Québec. (des disques)
6. Charles habite à Oxford. (un vélo)
7. Mes cousins habitent à Rome. (un vélomoteur)
8. Mes amies habitent à Munich. (des cassettes)
9. Juanita habite à Acapulco. (un sac)

HONDA
La sécurité d'une américaine. Le confort d'une anglaise.
La robustesse d'une allemande. Le raffinement d'une italienne.
Le fonctionnel d'une française.

D. *C'est* ou *Il est?*

Note the use of **c'est** and **il/elle est** in the following sentences:

Qui **est-ce?**
C'est Jacques.
C'est un ami.
C'est un ami français.

Comment **est-il?**

Il est sympathique.
Il est français.

Ça, c'est une auto.
CITROËN VISA

Qu'est-ce que **c'est?**
C'est une Renault.
C'est une auto.
C'est une bonne voiture.
C'est une voiture économique.

Comment **est-elle?**

Elle est française.
Elle est confortable.
Elle est petite.

To describe people or things, the French use the following constructions:

c'est	+	name	
c'est	+	article	+ noun + noun + adjective + adjective + noun

il/elle est	+	adjective

➪ Note the *negative* and *plural* forms of **c'est:**

C'est une auto économique. **Ce n'est pas** une voiture confortable.
Ce sont des amis français. **Ce ne sont pas** des amis anglais.

ACTIVITÉ 8 Qu'est-ce que c'est? Qui est-ce?

Décrivez les choses et les personnes suivantes. Faites une phrase avec **c'est** et une seconde phrase avec **il/elle est.** Utilisez des adjectifs.

➪ 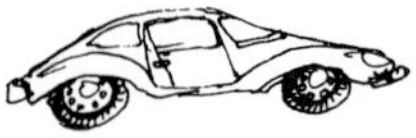

C'est une voiture. Elle est petite.
(C'est une jolie voiture. Elle est anglaise.)

1.

2.

3.

4.

5.

6.

À votre tour

1. **Le club de correspondance** Imagine that you belong to a pen pal club. Compose a short letter describing yourself.
2. **Descriptions** Describe two people that you know. You may write about their looks, their personality, and the things they own.

⇨ Mon professeur de français s'appelle Monsieur Paris. Il est grand et blond. C'est un bon professeur. Il a une petite voiture. Il a aussi trois chiens.

La vie de tous les jours

1. Les nombres de 13 à 60

13	**treize**	20	**vingt**	32	**trente-deux**
14	**quatorze**	21	**vingt et un**		. . .
15	**quinze**	22	**vingt-deux**	40	**quarante**
16	**seize**	23	**vingt-trois**		. . .
17	**dix-sept**		. . .	50	**cinquante**
18	**dix-huit**	30	**trente**		. . .
19	**dix-neuf**	31	**trente et un**	60	**soixante**

DÉPARTS	
Bruxelles	9 h.05
Genève	9 h.27
Dakar	10 h.02
Abidjan	10 h.37
Alger	11 h.24
Tunis	11 h.49
ARRIVÉES	
Pointe-à-Pitre	8 h.18
Fort-de-France	8 h.37
Montréal	9 h.23
New York	9 h.36
Miami	10 h.52
Londres	11 h.17

2. L'heure et les minutes

Il est **deux heures cinq.**

Il est **six heures vingt.**

Il est **quatre heures moins cinq.**

Il est **onze heures moins vingt.**

REPRISE
Leçon 3 Philippe

Salut, les amis!
Je m'appelle Philippe Bayard.
J'ai seize ans et j'habite à Fort-de-France.
C'est la ville principale de la Martinique.
Je suis français, mais je ne *connais* pas la France métropolitaine. — *know*
(Un jour, je vais aller en France *pour* continuer mes *études* . . . — *in order to; studies*
et pour faire mon service militaire.)
Pour le moment, je vais au lycée Schoelcher.
Le samedi après-midi je vais à la plage avec mes *copains,* — *pals*
ou bien je travaille dans la station-service de mon père. — *or else*
Avec l'*argent* que je *gagne,* je vais *acheter* une moto. — *money; earn; to buy*
Et vous, est-ce que vous travaillez le samedi?
Qu'est-ce que vous allez acheter avec votre argent?

NOTES CULTURELLES

1. **La France métropolitaine et la France d'outre-mer°** La France métropolitaine, c'est la France européenne. La France d'outre-mer est constituée par° des départements et des territoires situés° en Amérique, en Afrique et dans le Pacifique Sud.° La Martinique est un département d'outre-mer. C'est une île° de la mer des Antilles.°
2. **Victor Schoelcher** (1804–1893) Les écoles françaises ont souvent le nom de personnes illustres.° Victor Schoelcher est l'homme politique français qui a aboli° l'esclavage° dans les colonies françaises en 1848.

d'outre-mer *overseas* **constituée par** *made up of* **situés** *located* **Sud** *South* **île** *island* **mer des Antilles** *Caribbean Sea* **illustres** *famous* **a aboli** *abolished* **esclavage** *slavery*

CONVERSATION

Parlons de vos talents et de vos loisirs

Est-ce que vous aimez les sports?
Est-ce que vous jouez au tennis?
Est-ce que vous jouez au ping-pong?
Est-ce que vous allez souvent au stade?
Est-ce que vous allez souvent à la plage?
Est-ce que vous allez souvent à la piscine?

Est-ce que vous êtes musicien(ne) *(musical)*?
Est-ce que vous jouez de la guitare?
Est-ce que vous jouez du piano?
Est-ce que vous jouez dans un orchestre?
Est-ce que vous allez aux concerts?

Parlons de vos projets *(plans)*

Est-ce que vous avez des projets pour le week-end? Est-ce que vous allez travailler? étudier? inviter des amis? organiser une surprise-partie? aller au cinéma?

Est-ce que vous avez des projets pour les vacances? Est-ce que vous allez travailler? voyager? visiter Paris?

Après le lycée, est-ce que vous allez aller à l'université? Qu'est-ce que vous allez étudier? les maths? l'anglais? la physique? la biologie? les sciences sociales? la musique?

Est-ce que vous avez des projets professionnels? Est-ce que vous allez être professeur? ingénieur? dentiste? médecin *(doctor)*?

Vocabulaire spécialisé Où et comment?

Quelques noms d'endroits *(Some names of places)*

un café	*café*	**une banque**	*bank*
un cinéma	*movie theater*	**une bibliothèque**	*library*
un endroit	*place*	**la campagne**	*country, countryside*
un hôpital	*hospital*	**une école**	*school*
un lycée	*high school*	**une église**	*church*
un magasin	*store*	**une maison**	*house*
un musée	*museum*	**une piscine**	*swimming pool*
un parc	*park*	**une plage**	*beach*
un restaurant	*restaurant*	**la poste**	*post office*
un stade	*stadium*	**une université**	*university*
un supermarché	*supermarket*		
un théâtre	*theater*		

Structure

A. *À* et *de* + l'article défini

Review the forms of the definite article with the prepositions **à** *(to, at)* and **de** *(of, from).*

Voici **le** café.	Paul est **au** café.	Jacqueline rentre **du** café.
Voici **la** plage.	Sylvie est **à la** plage.	Nous rentrons **de la** plage.
Voici **l'**hôpital.	Le docteur est **à l'**hôpital.	Je rentre **de l'**hôpital.
Voici **les** élèves.	Je parle **aux** élèves.	Vous parlez **des** élèves.

The prepositions **à** and **de** contract with the definite articles **le** and **les.**

à + le → au	**de + le → du**
à + les → aux	**de + les → des**

MAISON
DES JEUNES
ET DE LA
CULTURE
49 rue des martyrs
JOUÉ LES TOURS

There is no contraction with **l'** and **la.**

⇨ Note the following constructions with **jouer** *(to play)*:

jouer à + sport, game	Est-ce que tu **joues au** tennis?
jouer de + musical instrument	Mon cousin **joue de** la guitare.

Quelques transports

un autobus:	**en autobus**	*by bus*	**en auto**	*by car*
un avion:	**en avion**	*by plane*	**en voiture**	*by car*
un bateau:	**en bateau**	*by boat*	**à vélo**	*by bicycle*
un train:	**en train**	*by train*	**à pied**	*on foot*

EXPRESSIONS:	**ici**	*here*	J'habite **ici.**
	là	*there*	Mes livres sont **là.**
	là-bas	*over there*	Pierre est **là-bas.**

VERBES:	**arriver (à, de)**	*to arrive, come*	Nous **arrivons à** Paris.
	rentrer (à, de)	*to go home, return, come back*	Marc **rentre de** la piscine.

ACTIVITÉ 1 Un jeu de correspondances

Le matin *(In the morning)*, les personnes suivantes vont à leur endroit habituel *(usual)* de travail *(work)*. Le soir, elles rentrent de cet endroit. Faites correspondre *(Match)* chaque personne avec son endroit habituel de travail, d'après le modèle.

les personnes	**les endroits**
le docteur, l'athlète, le professeur, la pharmacienne, le sénateur, le chef, le mécanicien, la chimiste, l'actrice, les élèves	le stade, le laboratoire, l'université, la station-service, le théâtre, le lycée, le restaurant, le sénat, la pharmacie, l'hôpital

⇨ **Le docteur va à l'hôpital. Il rentre de l'hôpital.**

ACTIVITÉ 2 Petite conversation

Posez des questions à vos camarades sur *(about)* leurs loisirs *(leisure-time activities)*. Utilisez le verbe **jouer** et la préposition **à** ou **de** qui convient.

⇨ le volley? **—Est-ce que tu joues au volley?**
—Oui, je joue au volley. (Non, je ne joue pas au volley.)

le piano? **—Est-ce que tu joues du piano?**
—Oui, je joue du piano. (Non, je ne joue pas du piano.)

1. le baseball?
2. le football?
3. le football américain?
4. les cartes *(cards)*?
5. le Monopoly?
6. la clarinette?
7. la guitare?
8. le trombone?
9. la flûte?
10. le tuba?
11. le violon?
12. les cymbales?

B. Le verbe *aller; aller* + infinitif

Review the forms and uses of **aller** *(to go)* in the following sentences:

Je	**vais**	à Paris.	Je	**vais**	visiter le Centre Pompidou.
Tu	**vas**	à la plage.	Tu	**vas**	nager.
Hélène	**va**	au musée.	Elle	**va**	regarder les sculptures modernes.
Nous	**allons**	au restaurant.	Nous	**allons**	dîner.
Vous	**allez**	à la bibliothèque.	Vous	**allez**	étudier.
Ils	**vont**	au stade.	Ils	**vont**	regarder le match de foot.

To express a future event, the French use the construction:

aller + infinitive

This construction corresponds to the English *to be going to* + infinitive.

Philippe **va jouer** au football. — *Philippe* ***is going to play*** *soccer.*
Il **ne va pas étudier.** — *He* ***is not going to study.***

ACTIVITÉ 3 **Où et comment?**

Dites où vont les personnes suivantes. Dites aussi comment elles vont à chaque endroit, en suggérant *(by suggesting)* un moyen de transport *(means of transportation)* logique.

⇨ Philippe / Paris **Philippe va à Paris. Il va à Paris en avion.**

1. nous / la campagne
2. ma mère / le supermarché
3. je / le cinéma
4. mes voisins / New York
5. les touristes / la Statue de la Liberté
6. tu / la Martinique
7. vous / l'église
8. les élèves / l'école

ACTIVITÉ 4 **Le week-end prochain**

Le week-end prochain, Philippe et ses amis vont faire ce qu'ils aiment faire. Ils ne vont pas faire ce qu'ils détestent faire. Exprimez cela, d'après le modèle.

⇨ Philippe aime aller à la plage. **Il va aller à la plage.**
Il déteste étudier. **Il ne va pas étudier.**

1. Michèle aime danser.
2. Elle déteste travailler.
3. Nous aimons inviter des amis.
4. Nous détestons étudier.
5. J'aime jouer au tennis.
6. Je déteste regarder la télé.
7. Paul et Marc aiment aller au stade.
8. Ils détestent aller au théâtre.

ACTIVITÉ 5 **C'est évident!** *(It's obvious!)*

En général, quand nous allons à un endroit, c'est parce que nous allons faire quelque chose là-bas. Exprimez cela dans des phrases logiques. Combien de phrases pouvez-vous faire en cinq minutes?

A	B	C
je	le restaurant	danser
tu	la maison	étudier
nous	la bibliothèque	nager
vous	la piscine	regarder la télé
Philippe	la discothèque	regarder les magazines
Anne et Marie	le lycée	regarder les animaux
les élèves	le zoo	regarder les gens
	le café	déjeuner
		dîner
		téléphoner

⇨ **Vous allez à la discothèque. Vous allez danser.**

C. Les noms géographiques

In French the *definite* article is used with geographical names (countries, states, rivers, mountains, etc.), except for names of cities.

Le Colorado est un état américain. *Colorado is an American state.*
Paris est la capitale de **la** France. *Paris is the capital of France.*

Review the prepositions used with names of countries.

NAME OF COUNTRY	*(in, to)*	*(from)*
Masculine: **le** Canada	Nadine habite **au** Canada.	Éric arrive **du** Canada.
Feminine: **la** France	Je vais **en** France.	Vous arrivez **de** France.
Plural: **les** États-Unis	Nous sommes **aux** États-Unis.	Tu arrives **des** États-Unis.

ACTIVITÉ 6 Un peu de géographie

Connaissez-vous la géographie? Dans quel pays sont les personnes suivantes? Dans vos phrases utilisez la préposition qui convient.

⇨ Henri est à Paris. **Il est en France.**

1. Albert est à Berlin.
2. J'ai un ami à Montréal.
3. Nous arrivons à Londres.
4. Vous habitez à Chicago.
5. Tu arrives à Rome.
6. Philippe est à Mexico *(Mexico City).*
7. Carlos visite Madrid.

Vocabulaire spécialisé **Les points cardinaux, les continents et les pays**

un continent	*continent*
un pays	*country*

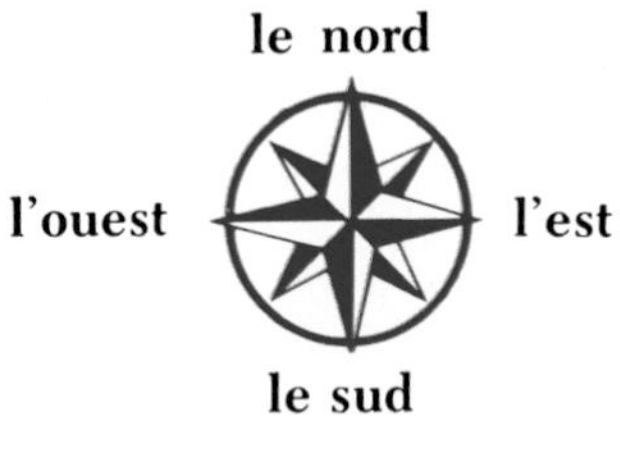

le Canada	*Canada*
les États-Unis	*United States*
le Mexique	*Mexico*

l'Afrique	*Africa*
l'Asie	*Asia*
l'Australie	*Australia*
l'Europe	*Europe*
l'Amérique du Nord	*North America*
l'Amérique du Sud	*South America*
l'Océanie	*South Pacific*
l'Allemagne	*Germany*
l'Angleterre	*England*
l'Espagne	*Spain*
la France	*France*
l'Italie	*Italy*

Note: Countries which end in **-e** are *feminine.* All others are masculine.
Exception: **le Mexique.**

À votre tour **Projets de week-end**

What are your plans for next weekend? Write a paragraph of 6 to 8 sentences saying what you are going to do. You may want to use some of the following suggestions:

aller au cinéma (quand? où? avec qui?)
inviter des amis (qui? quand?)
aller à une surprise-partie (où? avec qui?)

La vie de tous les jours

1. Les parties de la journée *(The parts of the day)*

le matin	*morning, in the morning*	**ce matin**	*this morning*
l'après-midi	*afternoon, in the afternoon*	**cet après-midi**	*this afternoon*
le soir	*evening, in the evening*	**ce soir**	*this evening, tonight*
la nuit	*night, at night*	**cette nuit**	*tonight*

2. Les jours de la semaine *(The days of the week)*

lundi	*(on) Monday*	**lundi matin**	*(on) Monday morning*
mardi	*(on) Tuesday*	**mardi après-midi**	*(on) Tuesday afternoon*
mercredi	*(on) Wednesday*	**mercredi soir**	*(on) Wednesday evening*
jeudi	*(on) Thursday*	**jeudi soir**	*(on) Thursday night*
vendredi	*(on) Friday*	**ce vendredi**	*this Friday*
samedi	*(on) Saturday*	**samedi prochain**	*next Saturday*
dimanche	*(on) Sunday*	**dimanche dernier**	*last Sunday*
un week-end	*weekend*	**le week-end**	*on (the) weekends*

hier *yesterday* **aujourd'hui** *today* **demain** *tomorrow*

Note: To indicate that an event occurs regularly on a given day, the French use:

le + day

Jeudi, je vais au cinéma. — ***(On) Thursday*** *I am going to the movies.*
Le jeudi, j'ai une leçon de piano. — ***On Thursdays*** *I have a piano lesson.*

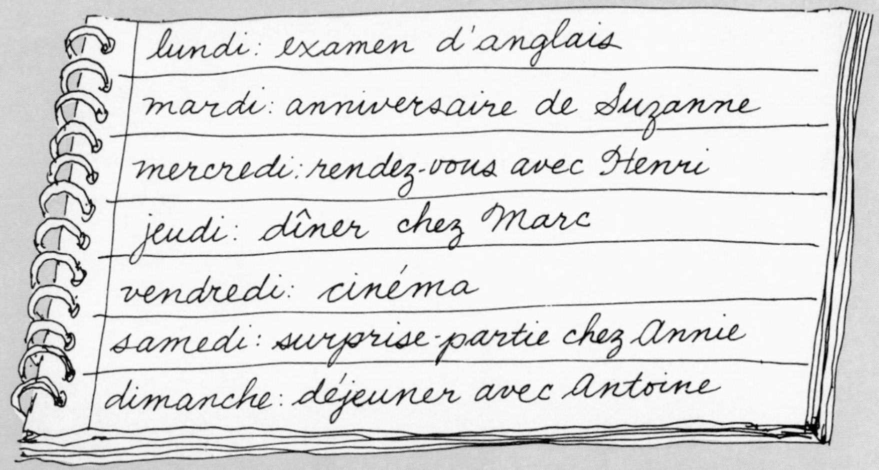

REPRISE

Leçon 4 Vatea

Salut, amis américains!
Je m'appelle Vatea Tamara.
J'ai dix-sept ans et j'habite à Tahiti.
Mon père travaille dans une banque et ma mère est employée à la poste de Papeete.
J'ai un frère et deux sœurs.
Ma sœur *aînée* habite en Californie. — *oldest*
Elle est *mariée* et son *mari* travaille dans un restaurant français. — *married; husband*
Je vais aller chez eux l'été prochain. *Quelle chance!* — *What good luck!*
Et vous, quand est-ce que vous allez venir chez nous à Tahiti?
C'est une belle *île* . . . — *island*
Bien sûr, c'est un peu *loin des* États-Unis, mais si vous aimez voyager, notre maison est toujours *ouverte* à nos amis! — *far from the*; *open*

NOTE CULTURELLE

Tahiti et la Polynésie française Savez-vous qu'à Tahiti vous êtes en France? Tahiti est la plus grande île° de la Polynésie française, un groupe d'îles situées° dans le Pacifique Sud.° La Polynésie française est un territoire d'outre-mer.° Cela signifie° qu'elle fait partie° de la France et que ses habitants° sont des citoyens° français. Les Tahitiens ont donc° la nationalité française. Ils parlent français et tahitien, une langue° assez proche de° l'hawaïen.

île *island* **situées** *located* **Sud** *South* **d'outre-mer** *overseas* **signifie** *means* **fait partie** *is part* **habitants** *inhabitants* **citoyens** *citizens* **donc** *therefore* **langue** *language* **proche de** *close to*

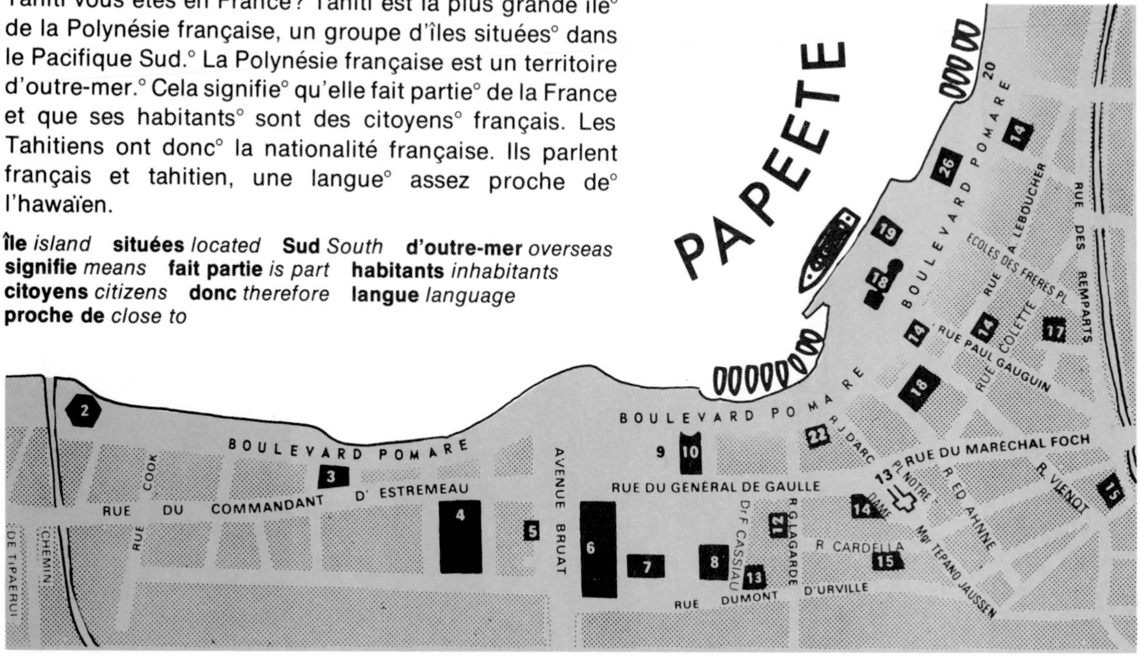

CONVERSATION

Parlons de vos amis

Où habite votre meilleur ami? Est-ce que vous allez souvent chez lui? Est-ce que vous étudiez avec lui? Est-ce que vous êtes toujours d'accord *(Do you always agree)* avec lui?

Où habite votre meilleure amie? Est-ce que vous allez souvent chez elle? Est-ce que vous allez au cinéma avec elle? Est-ce que vous êtes toujours d'accord avec elle?

Est-ce que vous invitez vos amis chez vous? Est-ce que vous organisez des surprises-parties chez vous? En semaine, est-ce que vous déjeunez chez vous? Et le week-end?

Parlons de votre famille

Quel âge a votre père? Comment est-il? grand? blond? sévère *(strict)*?

Quel âge a votre mère? Comment est-elle? grande? brune? tolérante?

Est-ce que vous aimez voyager avec vos parents? Êtes-vous toujours d'accord avec eux?

Est-ce que vous avez des frères et des sœurs? Quel âge est-ce qu'ils ont? Est-ce que vous jouez souvent avec eux?

Où habitent vos grands-parents? Est-ce que vous allez souvent chez eux? Est-ce que vous allez chez eux pendant les vacances d'été? à Noël?

Où habitent vos cousins? Comment sont-ils?

Vocabulaire spécialisé La famille

les parents	*parents*		
le père	*father*	**la mère**	*mother*
le mari	*husband*	**la femme**	*wife*
les enfants	*children*		
le fils	*son*	**la fille**	*daughter*
le frère	*brother*	**la sœur**	*sister*
les grands-parents	*grandparents*		
le grand-père	*grandfather*	**la grand-mère**	*grandmother*
les parents	*relatives*		
l'oncle	*uncle*	**la tante**	*aunt*
le cousin	*cousin*	**la cousine**	*cousin* (female)

EXPRESSION: **avoir . . . ans** *to be . . . (years old)* **—Quel âge avez-vous?**
—J'ai quinze **ans.**

Structure

A. Les pronoms sujets et les pronoms accentués

Compare the pronouns in the following sentences:

SUBJECT PRONOUNS	STRESS PRONOUNS
Je voyage souvent.	**Moi** aussi!
Tu vas à Tahiti?	Oui, et **toi?**
Il est avec Michèle.	Est-ce que Michèle est souvent avec **lui?**
Elle danse bien.	Qui danse avec **elle?**
Nous allons au cinéma.	**Nous** aussi!
Vous avez les billets *(tickets)*?	Non, c'est **vous!**
Où est-ce qu'**ils** sont?	Ils sont chez **eux.**
Où est-ce qu'**elles** vont?	**Elles,** elles vont à San Francisco.

Stress pronouns are used:

(1) in sentences with no verb — Qui va au restaurant? **Eux!**
(2) after **c'est** — C'est **lui.**
(3) to reinforce the subject — **Moi** aussi, j'aime voyager.
(4) before and after **et** and **ou** *(or)* — **Lui** et **moi,** nous allons au restaurant.
(5) after prepositions, such as **pour, avec, à, de,** and **chez.** — Philippe étudie avec **moi.** Nous étudions chez **lui.**

⇨ Note the following expressions with **être:**

être à *(to belong to)*

Ce disque n'**est** pas **à** Paul. — *This record **doesn't belong to** Paul.*
Il **est à** moi. — ***It belongs to** me. (It's mine.)*

être d'accord avec *(to agree with)*

Qui **est d'accord avec** moi? — *Who **agrees with** me?*

ACTIVITÉ 1 Un peu de discrétion

Lisez les activités des personnes suivantes. Ne dites pas l'identité de ces personnes. Remplacez *(Replace)* les noms par *(with)* des pronoms, d'après le modèle.

⇨ Michèle danse avec Pierre. **Elle danse avec lui.**

1. Jacques dîne avec Thérèse.
2. Daniel travaille avec mes cousins.
3. Hélène déjeune avec mes amies.
4. Paul travaille pour Madame Moreau.
5. Thomas et moi, nous déjeunons avec Caroline.
6. Sylvie et toi, vous parlez souvent avec mon oncle.

B. La préposition *chez*

Note the use of **chez** in the sentences below.

Je suis **chez un ami.**	*I am **at a friend's (house).***
Philippe est **chez lui.**	*Philippe is **(at) home.***
Chez qui est-ce que tu dînes?	***At whose home** are you having dinner?*
Tu vas **chez Vatea.**	*You are going **to Vatea's (house).***
Je vais **chez le dentiste.**	*I am going **to the dentist's (office).***
Nous rentrons **chez nous.**	*We are going back **home.***

➪ The preposition **chez** is never used alone. It is always followed by a noun, a stress pronoun, or **qui.**

➪ **Chez** has several English equivalents: *home, at home, at the house* (*office, shop,* etc.) *of, to the house* (*office, shop,* etc.) *of.*

ACTIVITÉ 2 **L'orage** *(The storm)*

À cause de l'orage, tout le monde *(everyone)* reste *(is staying)* ou rentre à la maison. Exprimez cela en complétant *(by completing)* les phrases suivantes avec **chez** et le pronom accentué *(stress pronoun)* qui convient.

➪ Charles rentre . . . **Charles rentre chez lui.**

1. Vatea va . . .
2. Caroline et Suzanne sont . . .
3. Tu vas . . .
4. Je suis . . .
5. Nous regardons la télé . . .
6. Ma tante dîne . . .
7. Mes cousins arrivent . . .
8. Vous rentrez . . .
9. Le professeur travaille . . .
10. Les élèves étudient . . .

C. La possession avec *de*

Note the use of **de** and the word order in the following sentences:

Où est l'auto **de Pierre?**	*Where is **Pierre's** car?*
Louise est la sœur **de Marc.**	Louise is **Marc's** *sister.*
Voici le livre **du professeur.**	*Here is **the teacher's** book.*

To express possession or relationship, the French may use the construction:

noun + **de** + { name of a person / article + noun }

ACTIVITÉ 3 Vive la famille!

Expliquez les rapports *(relationships)* entre les gens (et les animaux) que vous voyez sur l'illustration.

⇨ Anne Mercier / Antoine **Anne Mercier est la mère d'Antoine.**

1. Philippe / Nathalie
2. Nathalie / Marc
3. Antoine et Marc / Thomas
4. Édouard Legrand / Catherine
5. Charles Mercier / Philippe
6. Jacqueline Legrand / Marc
7. Hélène Legrand / Philippe
8. Catherine / Antoine
9. Anne Mercier / Hélène Legrand
10. Antoine et Marc / Charles Mercier
11. Charles Mercier / Anne Mercier
12. Jacqueline Legrand / Paul Legrand
13. Rufus / Catherine
14. Pompon / Nathalie
15. Gaspard / Thomas

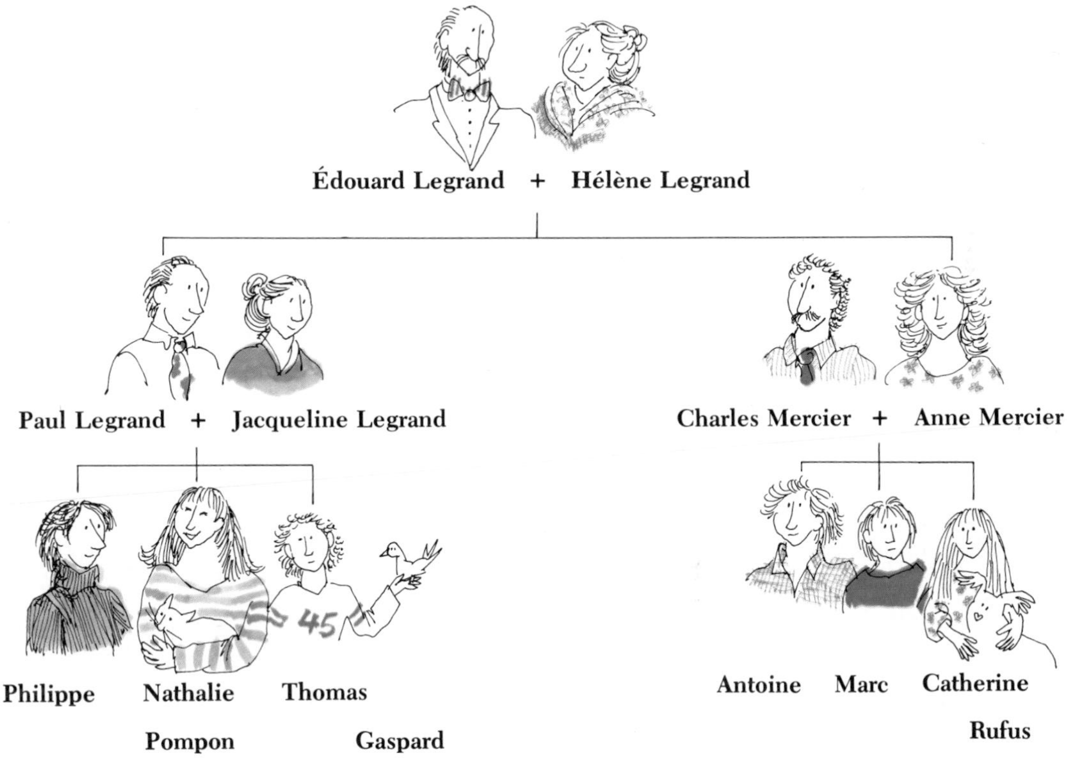

ACTIVITÉ 4 Un tapeur *(A constant borrower)*

Marc emprunte *(borrows)* toujours beaucoup de choses. Dites à qui il emprunte les choses suivantes, d'après le modèle.

⇨ la guitare / le garçon espagnol **Il a la guitare du garçon espagnol.**

1. les disques / l'ami de Paul
2. le livre / le professeur
3. la moto / les cousines de Jacques
4. la radio / la sœur d'Anne
5. la caméra / le père de Denis
6. le vélo / les cousins de Suzanne

D. Les adjectifs possessifs

Another way to express possession or relationship is to use *possessive adjectives.* In French, possessive adjectives agree in gender and number with the nouns they introduce.

Voici **un** disque.	Voici **des** livres.	C'est **ma** maison.
Voici **une** maison.	C'est **mon** disque.	Ce sont **mes** livres.

Review the possessive adjectives in the chart below:

THE OWNER	THE POSSESSIVE ADJECTIVE			ENGLISH EQUIVALENT
	before a singular noun		before a plural noun	
	Masculine	*Feminine*		
je tu il, elle	**mon** **ton** **son**	**ma (mon)** **ta (ton)** **sa (son)**	**mes** **tes** **ses**	*my* *your* *his, her, its*
nous vous ils, elles	**notre** **votre** **leur**		**nos** **vos** **leurs**	*our* *your* *their*

➪ The possessive adjectives in parentheses are used before a vowel sound.
Voici **une** auto. C'est **mon** auto.

➪ The gender and the number of a possessive adjective are determined only by the noun it introduces.

Voici Louise et **sa** voiture.	*Here is Louise and **her** car.*
Voici Paul et **sa** voiture.	*Here is Paul and **his** car.*
Voici Nathalie et **son** vélo.	*Here is Nathalie and **her** bicycle.*
Voici Marc et **son** vélo.	*Here is Marc and **his** bicycle.*

ACTIVITÉ 5 Invitations

Il y a un grand match de football samedi après-midi. Les personnes suivantes invitent leurs parents et leurs amis. Exprimez cela, d'après le modèle.

➪ Henri / une cousine **Henri invite sa cousine.**

1. Jacques / un frère
2. Annie / un ami
3. Paul / une amie anglaise
4. Louise / des voisins
5. Sylvie / des amis espagnols
6. Thérèse / un frère
7. Albert / une sœur et des cousins
8. Hélène / une cousine et des amis

HANNAH ET SES SOEURS
CANNES 1986 · HORS COMPETITION
WOODY ALLEN MICHAEL CAINE
MIA FARROW CARRIE FISHER
BARBARA HERSHEY LLOYD NOLAN
MAUREEN O'SULLIVAN DANIEL STERN
MAX VON SYDOW DIANNE WIEST

ACTIVITÉ 6 **Les objets trouvés** *(Lost and found)*

Les personnes suivantes vont au bureau des objets trouvés. Dites ce qu'elles cherchent, en utilisant les adjectifs possessifs qui conviennent. (Note: **chercher** = *to look for*)

⇨ Monsieur Denis / une calculatrice **Monsieur Denis cherche sa calculatrice.**

1. toi / un livre et des disques
2. ma sœur / un appareil-photo et une caméra
3. Paul et Henri / des livres
4. mes cousins / un magnétophone
5. nous / un transistor et des cassettes
6. vous / un chien et des chats

À votre tour **Votre famille**

Describe at least three members of your family. Write two or three sentences about each person. You may want to use the adjectives on page 17.

La vie de tous les jours

1. Les saisons *(The seasons)*

le printemps **l'été** **l'automne** **l'hiver**

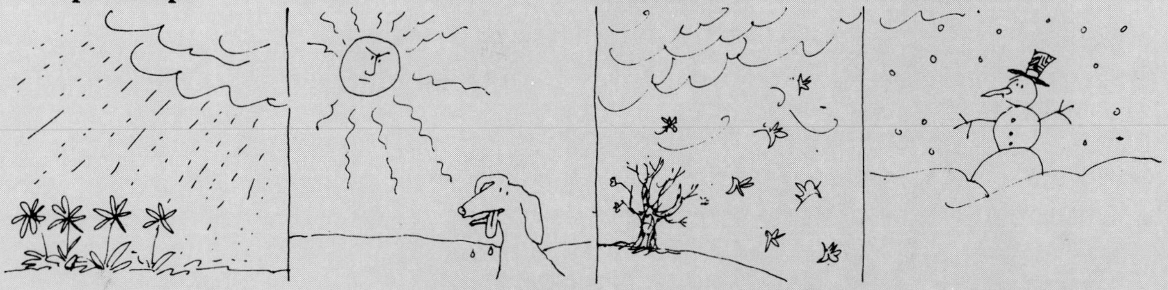

au printemps **en été** **en automne** **en hiver**

2. Les mois *(The months)*

janvier **avril** **juillet** **octobre**
février **mai** **août** **novembre**
mars **juin** **septembre** **décembre**

3. La date

Quelle est la date aujourd'hui?
C'est (Nous sommes) le 27 septembre.
Mon anniversaire est **le premier mars.**

Le calendrier des fêtes:° 1987		Fêtes à souhaiter°	
1er janvier	le Jour de l'An	André	le 30 novembre
3 mars	Mardi Gras	Barbara	le 4 décembre
19 avril	Pâques°	Charles	le 4 novembre
1er mai	la fête du Travail°	Édouard	le 5 mai
31 mai	la fête des Mères	François	le 24 janvier
14 juin	la fête des Pères	Hélène	le 18 août
14 juillet	la fête nationale	Jacqueline	le 8 février
11 novembre	l'Armistice	Jean	le 24 juin
25 décembre	Noël	Marie	le 15 août
		Robert	le 30 avril
		Véronique	le 4 février

fêtes ***holidays*** **Pâques** ***Easter*** **la fête du Travail** ***Labor Day*** **Fêtes à souhaiter** ***Name days to remember***

REPRISE

Leçon 5 Marie-France

Bonjour!
Je m'appelle Marie-France Ducamp.
J'habite à Lausanne.
Je ne suis pas étudiante *comme* vous. Je travaille dans un *grand magasin*. — *like*; *department store*
Je commence à neuf heures le matin et je finis à six heures le soir.
Je vends des livres et des posters.
Je vends aussi des disques et des cassettes, et *de temps en temps* je réponds au téléphone. — *once in a while*

Souvent mes *clients* ont des problèmes *à choisir*. — *customers; in choosing*

«—Pardon, Mademoiselle. Je voudrais acheter un disque pour l'anniversaire de mon fils. Quels disques *recommandez*-vous? — *recommend*
—Ça dépend, Monsieur! Quel âge a votre fils et quelle sorte de musique aime-t-il?
—Il va avoir seize ans et c'est un fana de musique disco!
—Bon, alors. Choisissez ce disque-ci ou ce disque-là.»

Je travaille toujours beaucoup . . . et je ne suis pas très bien *payée*. — *paid*
Mais mes clients sont *satisfaits* et mon *patron* est content *de* moi. C'est l'*essentiel*, non? — *satisfied; boss*; *with; important thing*

NOTE CULTURELLE

La Suisse La Suisse a quatre langues nationales: l'allemand, le français, l'italien et le romanche.[1] Lausanne et Genève sont situés° dans la partie française de la Suisse. Genève est un centre international important. C'est le siège° de certaines agences des Nations Unies et de la Croix-Rouge° Internationale (société fondée° en 1863 par un Suisse, Henri Dunant). Lausanne est un centre commercial et culturel.

situés *located* **siège** *seat* **Croix-Rouge** *Red Cross* **fondée** *founded*

[1] **Romanche** *(Romansh)* is a language spoken in the eastern part of Switzerland, in a region known for its ski resorts.

CONVERSATION

Parlons de vos vêtements

Choisissez-vous vos propres *(own)* vêtements?
Quelle est votre couleur préférée *(favorite)*?
Quels vêtements portez-vous aujourd'hui? De quelle couleur sont-ils?
Quels vêtements portez-vous quand vous allez à un concert? à un match de football? à une surprise-partie? au restaurant?

Vocabulaire spécialisé **Les vêtements**

Quelques vêtements

des vêtements *clothes*

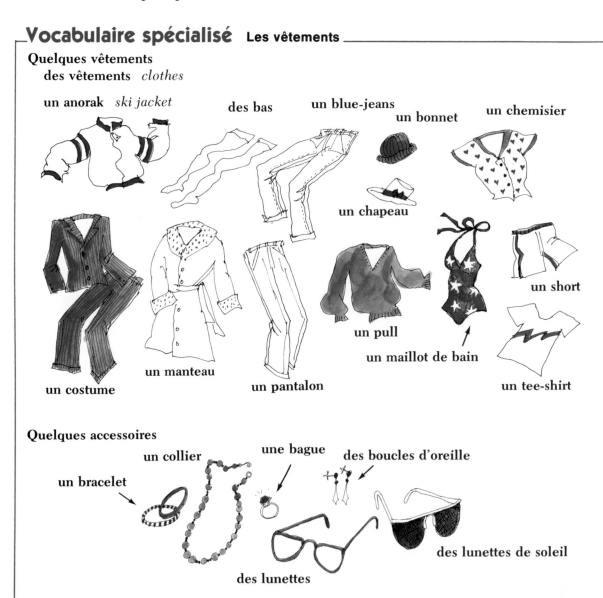

un anorak *ski jacket*
des bas
un blue-jeans
un bonnet
un chemisier
un chapeau

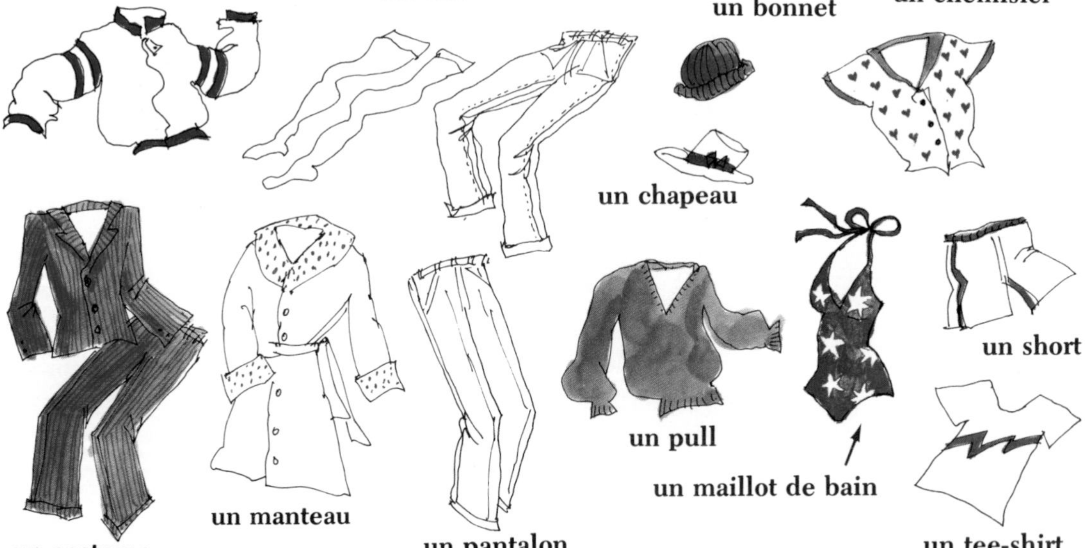

un costume
un manteau
un pantalon
un pull
un maillot de bain
un short
un tee-shirt

Quelques accessoires

un collier
une bague
des boucles d'oreille
un bracelet

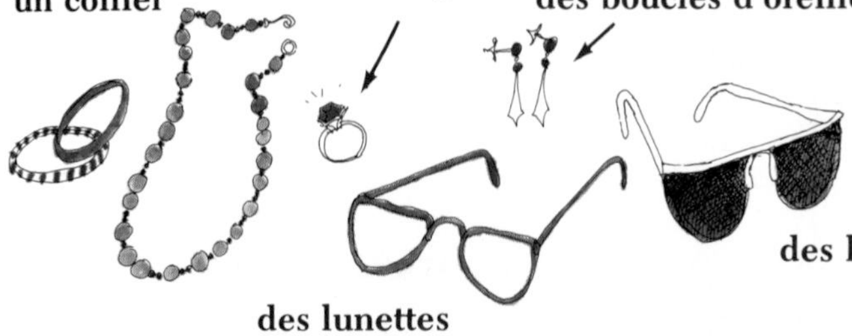

des lunettes de soleil
des lunettes

Quels vêtements portez-vous en hiver? en été?
Quels vêtements portez-vous quand vous jouez au tennis? quand vous allez à la plage? quand vous skiez?
Portez-vous des lunettes? En été, portez-vous des lunettes de soleil?
Portez-vous une bague? Portez-vous une médaille *(medal)*? Qu'est-ce qu'elle représente?

LES LUNETTES DE SOLEIL
Ray-Ban Christian Dior

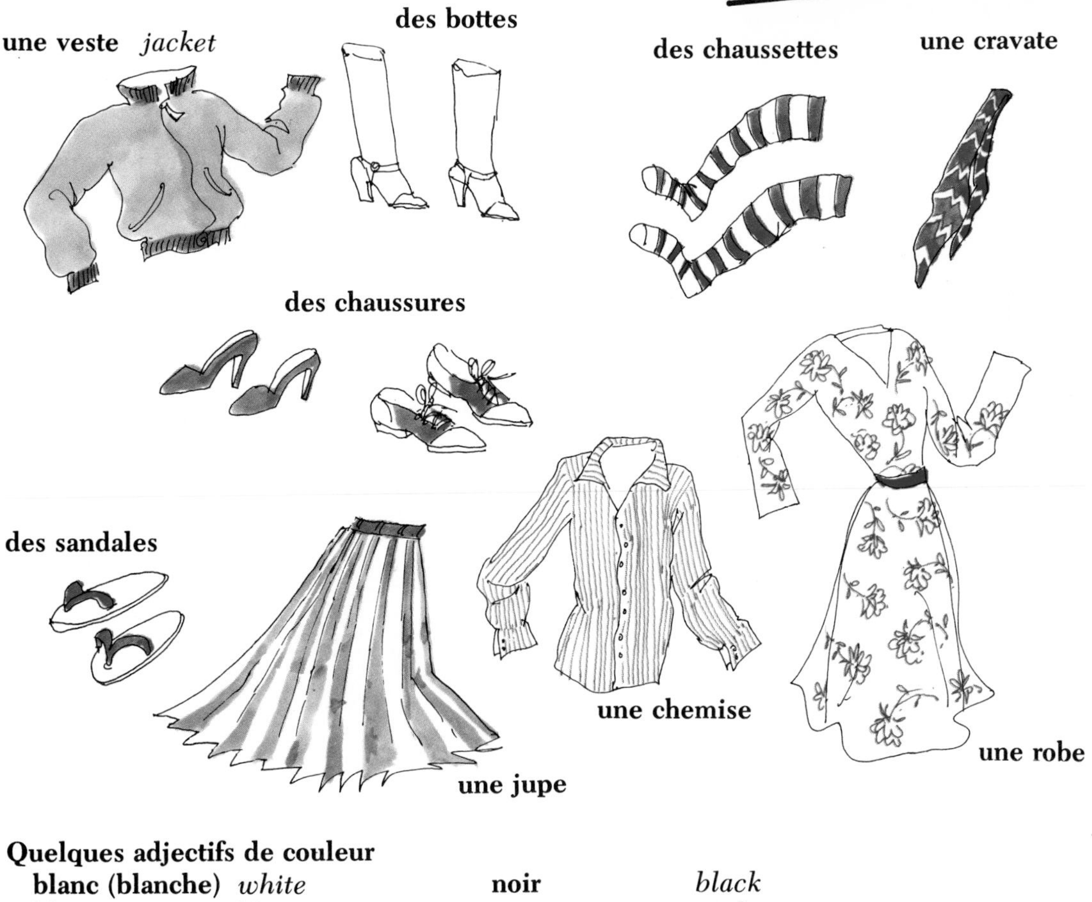

Quelques adjectifs de couleur

blanc (blanche)	*white*	**noir**	*black*
bleu	*blue*	**rose**	*pink*
brun	*dark brown*	**rouge**	*red*
gris	*gray*	**vert**	*green*
jaune	*yellow*	**violet (violette)**	*purple*

VERBE: **porter** *to wear* **Portez**-vous des lunettes?

Structure

A. Les adjectifs interrogatifs et démonstratifs

Interrogative and *demonstrative* adjectives agree in gender and number with the nouns they introduce. Review the forms of these adjectives.

Interrogative adjectives (*which, what* + noun)

	SINGULAR	PLURAL		
Masculine	**quel**	**quels**	**quel** pull?	**quels** vêtements?
Feminine	**quelle**	**quelles**	**quelle** veste?	**quelles** chemises?

Demonstrative adjectives (*this, that, these, those* + noun)

	SINGULAR	PLURAL		
Masculine	**ce (cet)**	**ces**	**ce** pull, **cet** anorak	**ces** pantalons
Feminine	**cette**	**ces**	**cette** cravate	**ces** chaussures

➪ The form in parentheses is used before a vowel sound.

➪ To distinguish between *this (over here)* and *that (over there)*, the French add **-ci** or **-là** after the noun.

Jacques aime **cette** chemise-**ci.**	*Jacques likes* **this** *shirt.*
Paul aime mieux **cette** chemise-**là.**	*Paul prefers* **that** *shirt.*

ACTIVITÉ 1 **Au grand magasin** *(At the department store)*

Marie-France et Julien sont dans un grand magasin. Marie-France indique *(points out)* certaines choses et Julien demande des clarifications. Jouez les deux rôles, d'après le modèle.

➪ une veste Marie-France: **Regarde la veste!**
Julien: **Quelle veste?**
Marie-France: **Cette veste-là.**

1. un pull
2. un anorak
3. des chaussures
4. des chaussettes
5. des blue-jeans
6. un collier
7. un appareil-photo
8. une médaille *(medal)*
9. une cravate

B. Les verbes réguliers en *-ir*

Many verbs ending in **-ir** are conjugated like **finir** *(to finish)*. Note the forms of this verb, paying special attention to the endings.

Infinitive	**finir**			
Present	je	fini**s**	nous	fini**ssons**
	tu	fini**s**	vous	fini**ssez**
	il/elle	fini**t**	ils/elles	fini**ssent**

➪ The *imperative* forms of **finir** are the same as those of the present tense.
Finis! **Finissez!** **Finissons!**

Vocabulaire spécialisé Quelques verbes réguliers en *-ir*

choisir	*to choose, pick*	Qu'est-ce que vous **choisissez?**
finir	*to finish, end*	Le concert **finit** à sept heures.
grossir	*to gain weight, get fat*	Est-ce que vous **grossissez?**
maigrir	*to lose weight, get thin*	Nous, nous **maigrissons.**
obéir (à)	*to obey*	Nathalie **obéit à** ses parents.
réussir	*to succeed*	Jean va **réussir** dans la vie *(life)*.
réussir à un examen	*to pass a test*	Les bons élèves **réussissent aux examens.**
rougir	*to blush*	Pourquoi est-ce que tu **rougis?**

proverbe: Tout est bien qui finit bien.

"All's well that ends well."

ACTIVITÉ 2 **Au choix** *(Choose one)*

Nous allons à certains endroits pour obtenir *(to obtain)* certaines choses. Les personnes suivantes sont aux endroits indiqués. Dites quelle chose elles choisissent.

une robe / des sandales / des fruits / un livre / un disque /
une raquette / une omelette / un Coca-Cola / une Kawasaki

➪ Alain est au café. **Il choisit un Coca-Cola.**

1. Nous sommes au restaurant.
2. Vous êtes à la bibliothèque.
3. Je suis dans un magasin de motos.
4. Tu es dans un magasin de disques.
5. Mes cousins sont au supermarché.
6. Marie-France est dans un magasin de sport.
7. Mes sœurs sont dans un magasin de vêtements.
8. Nous sommes dans un magasin de chaussures.

C. Les verbes réguliers en *-re*

Many verbs ending in **-re** are conjugated like **perdre** *(to lose)*. Note the forms of this verb, paying special attention to the endings.

Infinitive	**perdre**	
Present	je perds tu perds il/elle perd	nous perd**ons** vous perd**ez** ils/elles perd**ent**

Champion canadien de hockey sur gazon
Le Québec perd 2-0

➪ The **imperative** forms of **perdre** are the same as those of the present tense.

Perds! **Perdez!** **Perdons!**

Vocabulaire spécialisé — Quelques verbes réguliers en *-re*

attendre	*to wait, wait for*	J'**attends** un ami.
entendre	*to hear*	Est-ce que tu **entends** la musique?
perdre	*to lose*	Paul **perd** toujours ses notes.
perdre son temps	*to waste one's time*	Pourquoi est-ce que tu **perds ton temps?**
rendre	*to give back, return*	**Rends** le disque à Marie-France!
rendre visite (à)	*to visit* (a person)	Vous **rendez visite à** votre oncle.
répondre (à)	*to answer*	**Répondez au** professeur!
vendre	*to sell*	À qui est-ce que tu **vends** ta guitare?

Note: The English verb *to visit* has two French equivalents:

visiter	*to visit* (a place)	Nous **visitons** Lausanne.
rendre visite à	*to visit* (a person)	Nous **rendons visite à** Marie-France.

ACTIVITÉ 3 **À vendre** *(For sale)*

Pendant les vacances, les étudiants suivants travaillent dans différents magasins. Dites ce que chacun vend.

➪ Henri / des posters **Henri vend des posters.**

1. Marc / des caméras
2. nous / des chaînes-stéréo
3. vous / des disques
4. moi / des guitares
5. Suzanne / des boucles d'oreille
6. Sylvie et Louise / des vêtements
7. François et Pierre / des chaussures
8. toi / des maillots de bain

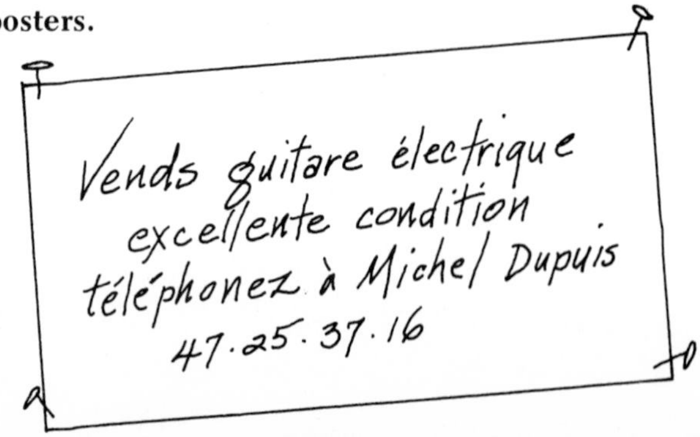
Vends guitare électrique
excellente condition
téléphonez à Michel Dupuis
47.25.37.16

ACTIVITÉ 4 Oui ou non?

Lisez les descriptions suivantes. Puis dites si les personnes font les choses indiquées entre parenthèses. Soyez logique!

➪ Nous n'étudions pas assez. (réussir aux examens?)
Nous ne réussissons pas aux examens.

1. Jacques et Thomas mangent beaucoup. (maigrir?)
2. Vous êtes très timide. (rougir?)
3. Caroline joue très souvent au tennis. (grossir?)
4. Henri est bon en français. (réussir à l'examen?)
5. Rufus est un excellent chien. (obéir toujours?)
6. Nous ne sommes pas patients. (attendre nos amis?)
7. Mes cousins sont à l'aéroport. (entendre les avions?)
8. Vous regardez des programmes idiots. (perdre votre temps?)
9. Madame Lebon est la secrétaire du directeur. (répondre au téléphone?)
10. Mes voisins adorent voyager. (rendre visite à leurs amis canadiens?)

D. Les questions avec inversion

In Leçon 1 you reviewed questions with **est-ce que.** When the subject of the sentence is a pronoun, questions can also be formed by *inverting* (that is, reversing the order of) the subject and the verb. Compare the following statements and questions.

Vous choisissez une robe.	**Choisissez-vous** une veste?
Ils sont dans un magasin.	**Sont-ils** dans un magasin?
Il maigrit.	**Maigrit-il?**
Elle vend sa voiture.	**Vend-elle** sa voiture?

➪ In inverted questions, the verb and subject pronoun are linked with a hyphen.

➪ If the subject pronoun begins with a vowel (**il, elle, ils, elles**), a liaison /t/ is pronounced between the verb and the subject pronoun.

Note that if the **il/elle** form of the verb ends in a vowel, the letter **-t-** is inserted between the verb and the pronoun.

Il va en France.	**Va-t-il** à Paris?
Elle travaille en Suisse.	**Travaille-t-elle** à Genève?

➪ Inversion may also be used with information questions.

Où **vas-tu** demain?	Où **va-t-il?**
Quand **dînez-vous?**	Pourquoi **voyagent-ils?**

ACTIVITÉ 5 Le club des jeunes

Imaginez que vous êtes président d'un club des jeunes en Suisse. Vous voulez connaître les talents des membres du club. Posez des questions, d'après le modèle.

➪ Paul / jouer au tennis? **Joue-t-il au tennis?**

1. Catherine / jouer au volleyball?
2. Louise et Lucie / jouer au basket?
3. Henri / jouer de la guitare?
4. Sylvie / chanter bien?
5. Robert et Marc / parler anglais?
6. Mélanie / parler espagnol?

ACTIVITÉ 6 Petite conversation

Posez des questions à vos camarades. Utilisez l'inversion.

➪ Où / déjeuner? **—Où déjeunes-tu?**
—Je déjeune chez moi (à l'école, etc.).

1. À quelle heure / rentrer chez toi?
2. Quand / regarder la télé?
3. Quels programmes / regarder?
4. À quelle heure / dîner?
5. À quel cinéma / aller?
6. Où / aller le week-end?
7. Combien de frères / avoir?
8. Combien de disques / avoir?

À votre tour **Au magasin**

Imagine that you are working in a clothing shop in Lausanne. A customer comes to you for help. Compose a short dialog between you and the customer. (You may read again the text on page 42 for suggestions.)

La vie de tous les jours

1. Les nombres de 60 à 1.000.000

60	**soixante**	80	**quatre-vingts**	100	**cent**
61	**soixante et un**	81	**quatre-vingt-un**	101	**cent un**
62	**soixante-deux**	82	**quatre-vingt-deux**	102	**cent deux**
63	**soixante-trois**	83	**quatre-vingt-trois**		. . .
	. . .		. . .	200	**deux cents**
70	**soixante-dix**	90	**quatre-vingt-dix**	300	**trois cents**
71	**soixante et onze**	91	**quatre-vingt-onze**	1.000	**mille**
72	**soixante-douze**	92	**quatre-vingt-douze**	10.000	**dix mille**
	. . .		. . .	1.000.000	**un million**

2. Le temps *(The weather)*

Quel temps fait-il? *How's the weather?*

Il fait beau.

Il fait mauvais.

Il pleut.

Il neige.

Il fait chaud.

Il fait froid.

3. La température

Quelle est la température?

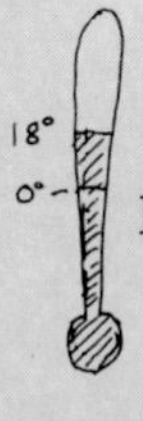

Il fait 18 degrés.

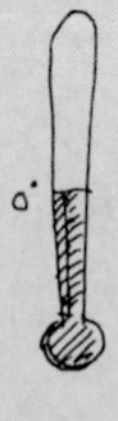

Il fait zéro.

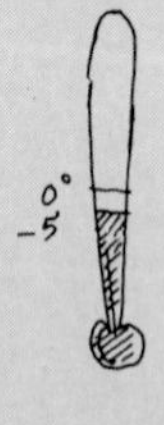

Il fait moins cinq.

Dictionnaire illustré des bruits° français

bruits *noises*

L'accent grave

Jacques Prévert (1900–1977) est le grand poète de l'humour et de la fantaisie. Le poème que vous allez lire est une parodie du célèbre° monologue d'Hamlet: «Être ou ne pas être» *("To be or not to be").* — *famous*

LE PROFESSEUR
Élève Hamlet!

L'ÉLÈVE HAMLET *(sursautant)*° — *(sitting up with a start)*
. . . Hein . . . Quoi . . . Pardon . . . Qu'est-ce qui se passe . . .
Qu'est-ce qu'il y a . . . Qu'est-ce que c'est? . . .

LE PROFESSEUR *(mécontent)*° — *(displeased)*
Vous ne pouvez° pas répondre «présent» comme tout le monde?° — *can; like everyone else*
Pas possible,° vous êtes encore° dans les nuages.° — *I don't believe it; still; clouds*

L'ÉLÈVE HAMLET
Être ou ne pas être dans les nuages!

LE PROFESSEUR
Suffit.° Pas tant de manières.° Et conjuguez-moi° le verbe
être, comme tout le monde, c'est tout ce que° je vous demande. — *Enough; Don't show off; Conjugate for me; that*

L'ÉLÈVE HAMLET
To be . . .

LE PROFESSEUR
En français, s'il vous plaît, comme tout le monde.

Quand vous ne comprenez pas quelque chose, vous pouvez dire:

Hein?	*Huh?*
Quoi?	*What?*
Pardon?	*Excuse me?*
Je n'y suis pas . . .	*I don't get it. I'm not with it.*
Qu'est-ce qu'il y a?	*What's up? What's wrong?*
Qu'est-ce que c'est?	*What is it?*
Qu'est-ce qui se passe?	*What's happening?*

L'ÉLÈVE HAMLET

Bien, monsieur. *(Il conjugue:)*
Je suis ou je ne suis pas
Tu es ou tu n'es pas
Il est ou il n'est pas
Nous sommes ou nous ne sommes pas . . .

LE PROFESSEUR *(excessivement mécontent)*

Mais c'est vous qui n'y êtes pas, mon pauvre ami!

L'ÉLÈVE HAMLET

C'est exact,° monsieur le professeur, — *right*
Je suis «où» je ne suis pas
Et, dans le fond,° hein, à la réflexion,° — *after all; if you think about it*
Être «où» ne pas être
C'est peut-être aussi la question.

Jacques Prévert, *Paroles*

L'ART DE LA LECTURE

Cognates

When you read a new selection in French, you should first read it through for the general meaning. To arrive at this general meaning, pay attention to the words you know or can guess easily. Usually a French text will contain many words which look like English words and have similar meanings. In "**L'accent grave,**" for example, you easily recognized words like **présent, verbe, question.** These words are called "cognates." Beginning with Unité 1, each lesson will contain a brief section called **Mots apparentés** *(Related words),* which will teach you to recognize common cognate patterns.

Reading carefully

After reading the text rapidly, you should be able to understand its general meaning. Then you should read it again to understand the details. This second reading should be done much more carefully. In particular, you should pay attention to the spelling of words. Sometimes a minor difference in spelling makes a big difference in meaning! This is illustrated in the poem "**L'accent grave,**" which plays on the difference between **ou** *(or)* and **où** *(where).* What is the question: **être ou ne pas être** or **être où ne pas être?**

UNITÉ 1
C'est la vie!

ST Germains
aux Fraises
5 50
6 50
9.00

UNITÉ 1

Leçon 1 Une allergie

Jean-Louis et Béatrice sont très occupés.
Ils organisent une surprise-partie pour le week-end.
Jean-Louis *décore* le *salon*. — *is decorating; living room*
Béatrice fait la liste des *courses*. — *shopping*

JEAN-LOUIS:	Qu'est-ce que tu vas acheter?	
BÉATRICE:	Du jambon, du fromage et du beurre. Nous allons faire des sandwichs.	
JEAN-LOUIS:	Et *comme boisson*, tu achètes de la bière?	*as a drink*
BÉATRICE:	Non, pas de bière. Je vais prendre du coca et du jus de fruits.	
JEAN-LOUIS:	Et n'*oublie* pas d'acheter aussi de l'aspirine.	*forget*
BÉATRICE:	De l'aspirine? Pourquoi?	
JEAN-LOUIS:	Mais pour Papa, *voyons!* Tu sais bien qu'il a *mal à la tête* chaque *fois* que nous donnons une surprise-partie.	*come on; headache; time*
BÉATRICE:	Oui, c'est vrai. Je *crois* qu'il est allergique à la musique disco!	*believe*

NOTE CULTURELLE

Une surprise-partie Une surprise-partie française est différente d'une surprise-partie américaine. C'est une petite fête° où les jeunes écoutent de la musique et dansent. Il y a généralement un buffet où l'on sert° des sandwichs (sandwichs au jambon, sandwichs au fromage, etc.) et des boissons° non-alcoolisées (jus de fruits, eau minérale, Coca-Cola, etc.).

fête *party* **l'on sert** *one serves* **boissons** *drinks*

Vocabulaire pratique

ADJECTIFS:	**occupé ≠ libre**	*busy ≠ free*	Je suis **occupé** ce soir, mais je suis **libre** demain.
VERBE:	**acheter**	*to buy*	Qu'est-ce que tu **achètes**?
EXPRESSION:	**chaque**	*each*	Est-ce que **chaque** étudiant a son livre?

MOTS APPARENTÉS *(Cognates)* Many French words are related to English words. Words which are similar both in spelling and meaning in French and English are called *cognates.* Note the following:

1. French-English cognates are often spelled differently.
2. French-English cognates are always pronounced differently.
3. French-English cognates often have slightly different meanings.

French adjectives and nouns in **-ique** often have English cognates in *-ic:*

-ique ↔	*-ic*
allerg**ique**	*allergic*
la mus**ique**	*music*

CONVERSATION

Parlons de vos repas

Aimez-vous manger? Aimez-vous la soupe? la salade? la glace? les spaghetti? le rosbif? le homard *(lobster)*? En général, aimez-vous mieux la viande ou le poisson?

Déjeunez-vous à la cafétéria de votre école? Est-ce que vous mangez souvent de la soupe? de la salade? de la glace? des spaghetti? du rosbif? du homard? Et chez vous?

Quand vous mangez un hamburger, est-ce que vous utilisez du ketchup? de la moutarde?

Vocabulaire spécialisé **À table**

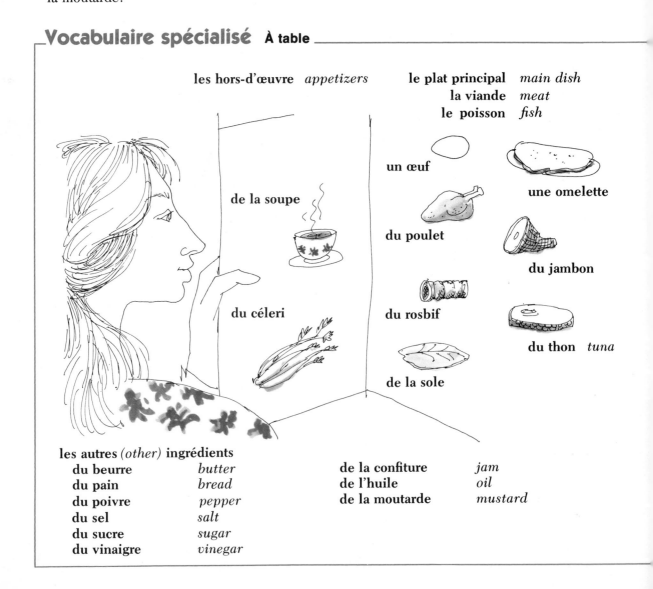

les hors-d'œuvre *appetizers*

le plat principal *main dish*
la viande *meat*
le poisson *fish*

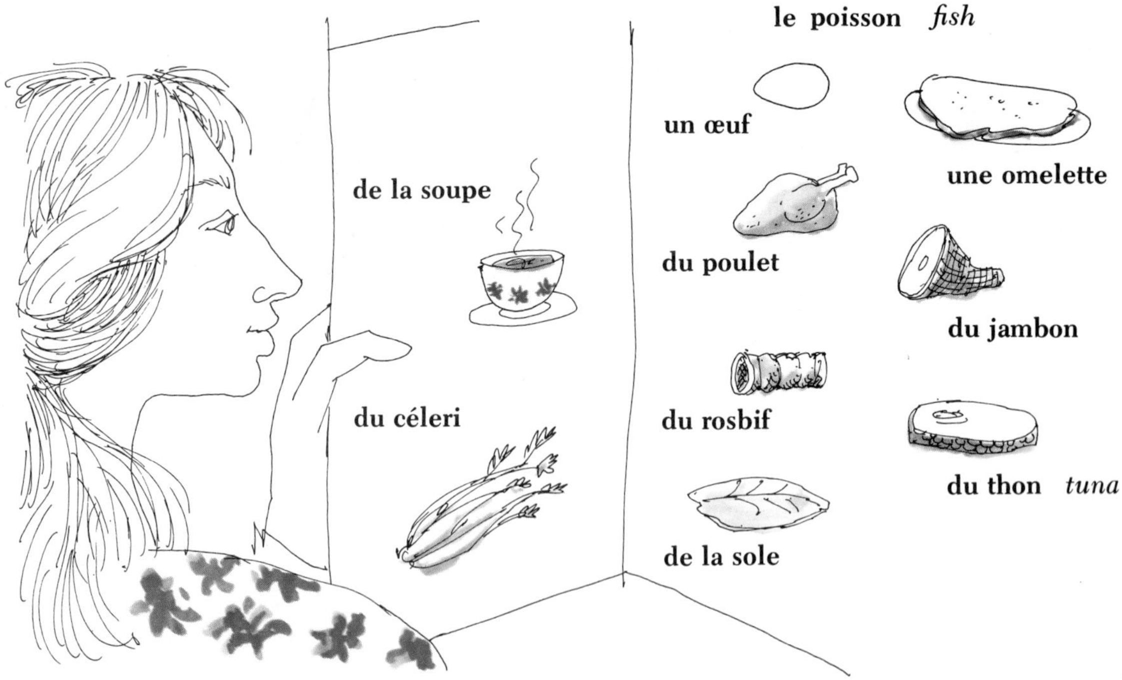

de la soupe
du céleri

un œuf
une omelette
du poulet
du jambon
du rosbif
du thon *tuna*
de la sole

les autres *(other)* **ingrédients**

du beurre	*butter*
du pain	*bread*
du poivre	*pepper*
du sel	*salt*
du sucre	*sugar*
du vinaigre	*vinegar*
de la confiture	*jam*
de l'huile	*oil*
de la moutarde	*mustard*

Quand vous mangez un sandwich, est-ce que vous utilisez de la moutarde? de la mayonnaise?
Est-ce que vous mangez du pain avec vos repas? Est-ce que vous aimez mieux le pain français ou le pain américain?
Aimez-vous faire la cuisine? Quels ingrédients est-ce que vous utilisez quand vous préparez votre sandwich favori?
Quand vous faites les courses *(do the shopping)*, est-ce que vous achetez du Coca-Cola? de la limonade? du chewing-gum? de l'aspirine?
Est-ce que vous faites du camping pendant *(during)* les vacances? Avec qui? Qui fait la cuisine?

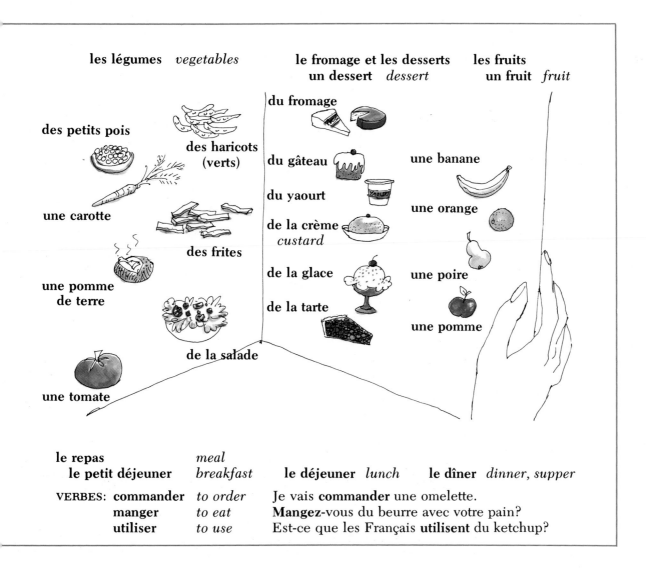

les légumes *vegetables*

le fromage et les desserts
un dessert *dessert*

les fruits
un fruit *fruit*

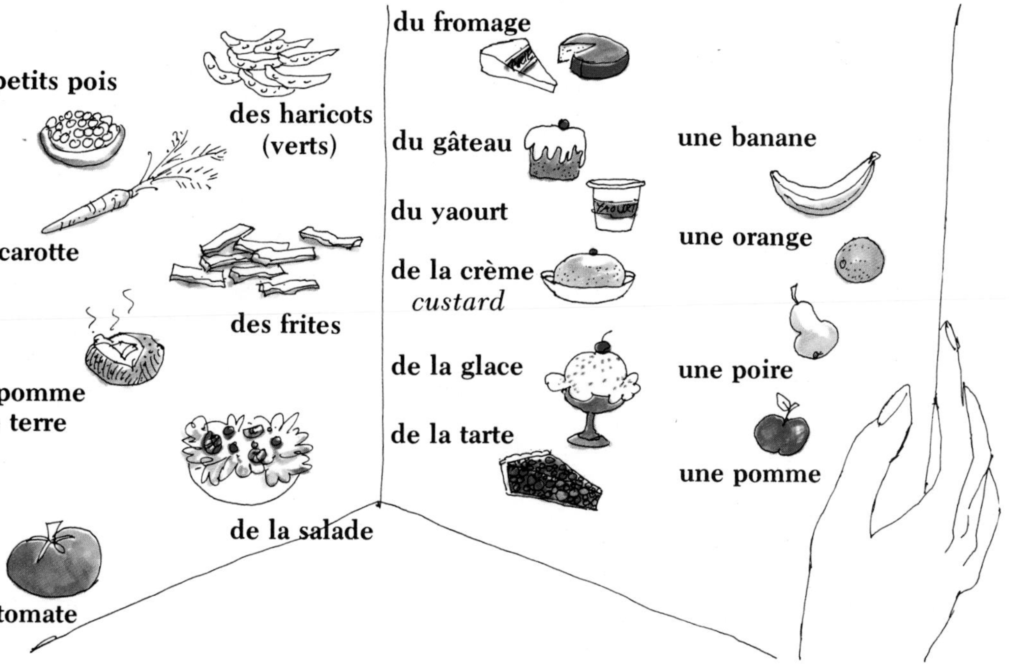

les légumes: **des petits pois**, **des haricots (verts)**, **une carotte**, **des frites**, **une pomme de terre**, **de la salade**, **une tomate**

le fromage et les desserts: **du fromage**, **du gâteau**, **du yaourt**, **de la crème** *custard*, **de la glace**, **de la tarte**

les fruits: **une banane**, **une orange**, **une poire**, **une pomme**

le repas	*meal*				
le petit déjeuner	*breakfast*	**le déjeuner**	*lunch*	**le dîner**	*dinner, supper*

VERBES:

commander	*to order*	Je vais **commander** une omelette.
manger	*to eat*	**Mangez**-vous du beurre avec votre pain?
utiliser	*to use*	Est-ce que les Français **utilisent** du ketchup?

Structure

A. Le verbe *prendre*

Review the forms and uses of the irregular verb **prendre** *(to take).*

Infinitive		**prendre**	Nous allons **prendre** du café.
Present	je	**prends**	Je **prends** le taxi.
	tu	**prends**	Est-ce que tu **prends** le bus?
	il/elle	**prend**	À quelle heure **prend**-il le petit déjeuner?
	nous	**prenons**	Nous **prenons** le petit déjeuner à sept heures.
	vous	**prenez**	Est-ce que vous **prenez** du sucre avec le café?
	ils/elles	**prennent**	Mes amis **prennent** une omelette.

⇨ When used with meals, foods, and beverages, **prendre** means *to have, eat,* or *drink.*

Je vais **prendre** un sandwich. *I'm going* ***to have*** *a sandwich.*

⇨ The following verbs are conjugated like **prendre:**

apprendre	*to learn*	Nous **apprenons** l'espagnol.
apprendre à (+ infinitive)	*to learn how to*	Paul **apprend** à jouer du piano.
comprendre	*to understand*	Je ne **comprends** pas votre question.

ACTIVITÉ 1 **Questions personnelles**

1. Prenez-vous beaucoup de notes en classe de français? en classe d'anglais?
2. Est-ce que vos amis apprennent le français?
3. Est-ce que les élèves comprennent quand le professeur parle français? Est-ce que vous comprenez le professeur?
4. Est-ce que vous apprenez à jouer d'un instrument? De quel instrument?
5. Apprenez-vous à conduire *(to drive)*? Avec quelle voiture?
6. À quelle heure prenez-vous le petit déjeuner en semaine? le dimanche?
7. Est-ce que vous prenez le bus pour aller à l'école?
8. Est-ce que vos parents voyagent beaucoup? Est-ce qu'ils prennent souvent l'avion?
9. Avez-vous un appareil-photo? Prenez-vous beaucoup de photos? Sont-elles bonnes?
10. D'après vous *(In your opinion)*, est-ce que les adultes comprennent les jeunes? Est-ce que les jeunes comprennent les adultes?

B. L'article partitif

Certain nouns designate things which can be counted: eggs, bananas, oranges, etc. Such nouns are called *"count nouns"* and can be introduced by *indefinite* articles:

un œuf **une** banane **des** oranges

However, some nouns designate things which cannot be counted: soup, bread, spaghetti, etc. These nouns are called *"mass nouns"* and are often introduced by *partitive* articles. Review the forms of the partitive article in the chart below:

	SINGULAR	PLURAL	
Masculine	**du (de l')**	**des**	**du** pain, **de l'**agneau *(lamb)* **des** spaghetti
Feminine	**de la (de l')**	**des**	**de la** soupe, **de l'**eau **des** céréales

⇨ The forms in parentheses are used before a vowel sound.

⇨ In negative sentences **du, de la (de l'), des → de** (d') after **pas.**
Je **ne** mange **pas de** pain. Nous **n'**avons **pas d'**aspirine.

⇨ The partitive article expresses the idea of *a certain quantity of, a certain amount of,* and often corresponds to *some* or *any*. Although the words *some* and *any* are often omitted in English, the partitive article *must* be used in French.

Paul prend **de la** salade. *Paul takes (**some**) salad.*
Je **n'**ai **pas d'**argent. *I do **not** have (**any**) money.*

⇨ The partitive article may also be used with *abstract* nouns.
Janine a **de l'**ambition. *Janine has ambition.*

⇨ The partitive article is often used after the following verbs and expressions:

avoir	Est-ce que tu **as de l'**argent?
acheter	Nathalie va **acheter de la** glace.
commander	**Commandons du** rosbif!
manger	**Mangez**-vous **du** jambon?
prendre	**Prenons de la** crème!
vendre	Le pharmacien **vend de l'**aspirine.
il y a	Est-ce qu'**il y a du** beurre dans le réfrigérateur?

⇨ Note: The definite article is used to introduce mass nouns when they are taken in a general sense.

Béatrice aime **la** glace, mais elle n'aime pas **le** fromage.

ACTIVITÉ 2 **Au restaurant**

Jean-Louis et Béatrice sont au restaurant. Béatrice dit ce qu'elle aime. Jean-Louis suggère *(suggests)* de commander ces choses. Jouez les deux rôles.

➪ le céleri — Béatrice: **J'aime le céleri!**
Jean-Louis: **Commandons du céleri!**

1. le melon
2. le caviar
3. le rosbif
4. la sole
5. la salade
6. les spaghetti
7. le fromage
8. la glace
9. la crème

ACTIVITÉ 3 **Le réfrigérateur**

Dites s'il y a les choses ci-dessus *(above)* dans votre réfrigérateur.

➪ le céleri — **Oui, il y a du céleri.**
(Non, il n'y a pas de céleri.)

ACTIVITÉ 4 **Aimez-vous faire la cuisine?** *(Do you like to cook?)*

Imaginez que vous préparez un repas pour le Club de français. Vous allez préparer les plats suivants. Pour chaque plat, demandez à un ami français d'acheter les choses nécessaires.

➪ des sandwichs au fromage *(cheese sandwiches)*
Achète du pain, du beurre et du fromage.

1. des sandwichs au jambon
2. une soupe aux légumes
3. une omelette au fromage
4. une salade de tomates
5. une salade de fruits

ACTIVITÉ 5 **Êtes-vous qualifié(e)?**

Pour faire certaines choses, certaines qualifications sont nécessaires. Dites que chaque personne a les qualifications indiquées. Puis dites si oui ou non vous avez ces qualifications.

➪ les professeurs / la patience — **Les professeurs ont de la patience.**
J'ai de la patience. (Je n'ai pas de patience.)

1. les artistes / le talent
2. les poètes / l'imagination
3. le président / l'ambition
4. les diplomates / le tact
5. les explorateurs *(explorers)* / le courage
6. les athlètes / l'énergie

C. Le verbe *boire*

Review the forms of the irregular verb **boire** *(to drink)*.

Infinitive	**boire**	
Present	je **bois** tu **bois** il/elle **boit**	nous **buvons** vous **buvez** ils/elles **boivent**

ACTIVITÉ 6 Au café

Les personnes suivantes sont dans un café à Montréal. Étudiez leurs caractéristiques. D'après vous *(In your opinion),* qu'est-ce qu'ils boivent?

⇨ Linda est une jeune Américaine. **Elle boit du lait. (Elle boit du Coca-Cola.)**

1. Monsieur Schmidt est allemand.
2. Mes cousines sont anglaises.
3. Nous sommes américains.
4. Tu habites en Floride.
5. Silvia est brésilienne.
6. Vous êtes français.
7. Je ne veux pas grossir.
8. Paul a un examen cet après-midi.

Vocabulaire spécialisé **Les boissons**

le jus de fruits *fruit juice* **une boisson** *beverage, drink*

D. Le verbe *faire*

Review the forms and uses of the irregular verb **faire** *(to do, make).*

Infinitive		**faire**	Qu'est-ce que tu vas **faire**?
Present	je	**fais**	Je **fais** des progrès en français.
	tu	**fais**	Est-ce que tu **fais** des projets pour les vacances?
	il/elle	**fait**	Mélanie **fait** une promenade à vélo.
	nous	**faisons**	Nous **faisons** un match de tennis.
	vous	**faites**	Est-ce que vous **faites** les courses?
	ils/elles	**font**	Mes amis **font** un pique-nique.

Faire is one of the most common verbs in French. It is used in many phrases and expressions:

faire attention (à)	*to pay attention (to), be careful (about)*
faire les courses	*to go shopping* (for food), *do the shopping*
faire la cuisine	*to cook, do the cooking*
faire un match	*to play a game*
faire des progrès	*to make progress*
faire des projets	*to make plans*
faire une promenade (à pied, en auto)	*to go for a walk, go for a ride*
faire un voyage	*to go on a trip, take a trip*

proverbe:

L'argent ne fait pas le bonheur.

"Money can't buy happiness."

Faire is also used with the partitive article in the following constructions:

faire	+	partitive article	+	sport	*to play, participate in*
				school subject	*to study, learn*
				instrument	*to play, learn to play*
				pastime	*to do, be active in, go*

Fais-tu **du camping?** — *Do you go camping?*
Non, je ne **fais** pas **de camping.** — *No, I don't go camping.*

Vocabulaire spécialisé **Quelques loisirs** *(Some leisure-time activities)*

l'alpinisme	*mountain climbing*
le camping	*camping*
le patin à glace	*ice-skating*
le patin à roulettes	*roller-skating*
le patinage	*skating*
le ski	*skiing*
le ski nautique	*water-skiing*
la natation	*swimming*
la planche à voile	*wind-surfing*
la voile	*sailing*

ACTIVITÉ 7 Questions personnelles

1. Faites-vous des maths? de la biologie? de l'anglais? du latin?
2. Faites-vous attention en classe? quand vous avez un examen?
3. Faites-vous des progrès en français?
4. Qui fait les courses chez vous? Faites-vous les courses avec vos parents? Dans quels magasins faites-vous les courses?
5. Aimez-vous faire la cuisine? Quelles sont vos spécialités? Est-ce que votre mère fait bien la cuisine? Et votre père?
6. Aimez-vous faire des promenades à pied? à vélo? Où allez-vous?
7. Le week-end, faites-vous des promenades en voiture avec vos parents? avec vos amis? Où allez-vous?

8. Jouez-vous au tennis? Faites-vous des matchs avec vos amis? Quand vous faites un match, est-ce que c'est pour gagner *(to win)*?
9. Allez-vous faire un voyage pendant les vacances? Où allez-vous aller?
10. Quels sont vos talents? Faites-vous de la photo? du théâtre? de la poterie? de la danse? de la peinture *(painting)*? de la sculpture?
11. Êtes-vous sportif/sportive *(athletic)*? Faites-vous de la gymnastique? des exercices? du jogging? Où? Quand? Avec qui?

ACTIVITÉ 8 Petite conversation

Demandez à vos camarades s'ils font les choses suivantes.

⇨ le sport —**Fais-tu du sport?**
—**Oui, je fais du sport. (Non, je ne fais pas de sport.)**

1. le volleyball
2. le ping-pong
3. le camping
4. l'alpinisme
5. le ski
6. le ski nautique
7. le patin à glace
8. le patin à roulettes
9. le vélo
10. le basketball
11. la planche à voile
12. la voile

ACTIVITÉ 9 Qu'est-ce qu'ils font?

Lisez ce que font les personnes suivantes et dites quels sports ou quelles activités elles pratiquent *(take part in)*. Utilisez **faire** et une des expressions du vocabulaire.

⇨ Charles va dans le Colorado en hiver. **Il fait du ski.**

1. Nous avons une tente.
2. Vous avez un bateau.
3. Jacqueline a un bateau et des skis nautiques.
4. Thomas aime les montagnes *(mountains)*.
5. Mes amis habitent en Californie.
6. Robert habite en Floride.
7. Tu as des patins à roulettes.

À votre tour

1. Un repas familial *(A family meal)*

Décrivez un repas familial typique en un paragraphe de six lignes.

⇨ Chez nous, il y a souvent du poisson. Je déteste le poisson. Mais il y a aussi . . .

2. Vos activités

Composez un petit paragraphe où vous décrivez vos activités et les activités de vos amis. Vous pouvez parler de vos activités artistiques et de vos activités sportives. Décrivez aussi les diverses *(various)* choses que les gens peuvent faire dans la région où vous habitez.

UNITÉ 1

Leçon 2 Petits problèmes simples

Connaissez-vous bien la France? *know*
Oui! Alors, vous pouvez *trouver* facilement la solution de ces cinq petits problèmes simples. *find*

1. Sylvie est dans un petit village. Elle veut téléphoner à un ami à Paris. Où est-ce qu'elle doit aller pour téléphoner?
   - ☐ Elle doit aller dans une pharmacie.
   - ☐ Elle doit aller à la poste.
   - ☐ Elle doit aller à la station d'autobus.

2. Des touristes américains sont en voyage en France. Ils veulent *voir* la «Mona Lisa». Où est-ce qu'ils doivent aller? *to see*
   - ☐ Ils doivent aller au Musée d'Art Moderne.
   - ☐ Ils doivent aller au Musée du Louvre.
   - ☐ Ils doivent aller au *Château* de Versailles. *Castle*

3. Les Duval habitent à Nice. Ils décident d'aller en *Corse* cet été. Comment peuvent-ils aller là-bas? *Corsica*
   - ☐ Ils peuvent prendre le train.
   - ☐ Ils peuvent prendre le bus.
   - ☐ Ils peuvent prendre le bateau.

4. Jacques va passer les vacances de février à la Guadeloupe. Quel sport est-ce qu'on peut *pratiquer* là-bas? *take part in*
   - ☐ On peut faire du ski.
   - ☐ On peut faire du ski nautique.
   - ☐ On peut jouer au hockey.

5. Des *lycéens* américains vont passer l'été en France. Ils veulent louer une voiture pendant les vacances. Quel âge *est-ce qu'il faut avoir pour conduire* une voiture en France? *high school students* / *is it necessary to be* / *to drive*
   - ☐ Il faut avoir 16 ans.
   - ☐ Il faut avoir 18 ans.
   - ☐ Il faut avoir 21 ans.

NOTES CULTURELLES

1. **Le téléphone** En France, il y a beaucoup moins de cabines° téléphoniques qu'aux États-Unis. Quand on veut téléphoner, on peut aller à la poste où il y a toujours un téléphone public.
2. **Le Louvre** Le Louvre est un ancien° palais° royal transformé en° musée. Chaque année, ce musée reçoit° des millions de visiteurs qui viennent admirer les tableaux° célèbres° comme° la «Mona Lisa» du peintre italien, Léonard de Vinci.
3. **La Corse** La Corse est une île° de la mer Méditerranée. Pour aller en Corse, on peut prendre le bateau.
4. **La Guadeloupe** La Guadeloupe est une île tropicale, proche de° la Martinique. On peut faire du ski nautique ou de la planche à voile en hiver comme° en été.
5. **Le permis de conduire°** Pour conduire° une voiture, il faut° un permis.° Pour avoir ce permis, il faut avoir dix-huit ans.

cabines *booths* **ancien** *former* **palais** *palace* **transformé en** *transformed into* **reçoit** *welcomes* **tableaux** *paintings* **célèbres** *famous* **comme** *like* **île** *island* **proche de** *close to* **comme** *as well as* **permis de conduire** *driver's license* **Pour conduire** *To drive* **il faut** *one needs* **permis** *license*

Vocabulaire pratique

NOMS:	**un problème**	*problem*	**les vacances** *vacation*
VERBES:	**louer**	*to rent*	Je vais **louer** une petite voiture.
	passer	*to spend* (time)	Je vais **passer** les vacances à Nice.
		to pass, come by	Martine va **passer** chez moi ce soir.
EXPRESSIONS:	**alors**	*then, so*	**Alors,** tu vas faire de la voile en Corse?
	pendant	*during*	Pierre travaille **pendant** le week-end.
	pour + infinitive	*(in order) to*	J'étudie le français **pour** aller en France.

MOTS APPARENTÉS

French adverbs in **-ment** often have English cognates in *-ly*.

-ment	↔	*-ly*
généralе**ment**		*generally*
immédiate**ment**		*immediately*

CONVERSATION

Parlons de vos projets *(plans)* **de vacances**

Voulez-vous aller en France? visiter Paris?
Voulez-vous passer un mois dans une famille française?
Voulez-vous visiter la Guadeloupe? faire du ski nautique? louer une planche à voile? faire de la planche à voile?
Pendant les vacances de Noël, allez-vous rendre visite à vos grands-parents? Pour aller chez vos grands-parents, est-ce que vous prenez l'avion? le train?

Structure

A. Le verbe *conduire*

Note the forms of the irregular verb **conduire** *(to drive)* in the chart below.

Infinitive	**conduire**	
Present	Je **conduis** bien. Tu **conduis** mal. Jacques **conduit** une moto.	Nous **conduisons** une Renault. Vous **conduisez** une Alfa Romeo. Mes cousins **conduisent** une Mercédès.

The following verbs are conjugated like **conduire:**

construire	*to build*	Mon oncle **construit** une maison à la campagne.
détruire	*to destroy*	Pourquoi **détruis**-tu ce document?
produire	*to produce*	Est-ce que la France **produit** des bons vins?
traduire	*to translate*	**Traduisez** ce poème, s'il vous plaît.

ACTIVITÉ 1 **Bon conducteur? Mauvais conducteur?** *(A good driver? A bad driver?)*

Lisez les descriptions et dites si les personnes suivantes conduisent bien ou mal.

⇨ Je suis très patient. **Je conduis bien.**

1. Pierre est très nerveux.
2. Marie a d'excellents réflexes.
3. Nous ne regardons pas les autres *(other)* voitures.
4. Vous allez très vite *(fast)* en ville.
5. Mes parents obéissent aux agents de police.
6. Je fais attention à la limitation de vitesse *(speed limit)*.
7. Tu adores rouler *(to roll along)* à 150 kilomètres à l'heure.

ACTIVITÉ 2 **Questions personnelles**

1. Est-ce que vous apprenez à conduire? Avec quelle voiture?
2. Quelle voiture est-ce que vos parents conduisent?
3. Est-ce que votre père conduit bien? Et votre mère?
4. D'après vous, est-ce que l'industrie américaine construit des voitures économiques? des voitures confortables? Quelle compagnie produit les meilleures voitures?

B. Le pronom *on*

Review the uses of the subject pronoun **on** in the following sentences:

À Québec, **on** parle français.	*In Quebec* ***people*** *speak French.* *In Quebec* ***they*** *speak French.*
Quand **on** est jeune, **on** aime les sports.	*When* ***you*** *are young,* ***you*** *like sports.* *When* ***one*** *is young,* ***one*** *likes sports.*

The impersonal subject pronoun **on** has several English equivalents: *they, you* (in general), *people, one.* It is always followed by the **il/elle** form of the verb.

➪ **On** is used with masculine singular adjectives and with the possessive adjectives **son / sa / ses.**

On est toujours **content** quand on est avec **ses** amis.

➪ In conversational French, **on** is often used instead of **nous.**

Eh Paul, **on** va au cinéma? *Hey Paul, are we going to the movies?*

ACTIVITÉ 3 Dans quel pays?

Dites dans quel pays on fait les choses suivantes—en Angleterre? en France? ou aux États-Unis? Parfois *(sometimes),* plusieurs réponses *(several answers)* sont possibles.

➪ parler anglais? **On parle anglais en Angleterre. (On parle anglais aux États-Unis.)**

1. parler français?
2. jouer au baseball?
3. jouer au cricket?
4. manger bien?
5. boire du thé?
6. boire du vin avec le repas?
7. conduire à gauche *(on the left)*?
8. conduire à droite *(on the right)*?
9. produire des Renault?
10. produire des Rolls-Royce?
11. faire du ski?
12. faire de la planche à voile?
13. vendre des magazines dans les pharmacies?
14. aller à la poste pour téléphoner?

ACTIVITÉ 4 Conséquences

Certaines situations peuvent provoquer *(bring about)* certaines conséquences. Exprimez cela dans des phrases affirmatives ou négatives. Étudiez attentivement *(carefully)* le modèle!

➪ être jeune / être indépendant? **Quand on est jeune, on est indépendant. (Quand on est jeune, on n'est pas indépendant.)**

1. être jeune / être pessimiste?
2. être riche / avoir beaucoup d'amis?
3. être timide / rougir?
4. manger beaucoup / maigrir?
5. étudier / réussir?
6. être impatient / attendre?
7. aller à l'école / perdre son temps?
8. faire du sport / grossir?
9. avoir un examen / être nerveux?
10. habiter en France / regarder les matchs de baseball?

C. Les verbes *vouloir, pouvoir, devoir*

Review the forms of the verbs **vouloir** *(to want),* **pouvoir** *(can, may, to be able),* and **devoir** *(must, to have to).*

Infinitive		vouloir		pouvoir		devoir
Present	je	**veux**	je	**peux**	je	**dois**
	tu	**veux**	tu	**peux**	tu	**dois**
	il/elle/on	**veut**	il/elle/on	**peut**	il/elle/on	**doit**
	nous	**voulons**	nous	**pouvons**	nous	**devons**
	vous	**voulez**	vous	**pouvez**	vous	**devez**
	ils/elles	**veulent**	ils/elles	**peuvent**	ils/elles	**doivent**

Uses of *vouloir*

Vouloir is rarely used alone, except in the negative. It is generally followed by a noun or an infinitive. To accept an offer, the French use the expression **vouloir bien.**

Veux-tu ce disque? — *Do you **want** this record?*
Voulez-vous aller au cinéma? — *Do you **want** to go to the movies?*
Oui, nous **voulons bien.** — *Yes, we **do** (**want** to go to the movies).*

⇨ Note the expression **vouloir dire** *(to mean)*:

Qu'est-ce que cette phrase **veut dire?** — *What does this sentence **mean**?*

Uses of *pouvoir*

Pouvoir has several English equivalents:

Tu **peux** aller au cinéma. —
*You **can** go to the movies.*
*You **may** go to the movies.*
*You **are able** to go to the movies.*
*You **are allowed** to go to the movies.*

proverbe: Quand on veut, on peut.

"Where there's a will there's a way."
(literally: *When you want to, you can.*)

The uses of *devoir*

Devoir has several English equivalents:

Je **dois** aller à la bibliothèque. —
*I **must** go to the library.*
*I **have to** go to the library.*
*I **am supposed to** go to the library.*

⇨ **Devoir** cannot stand alone. It is usually followed by an infinitive.

Est-ce que je **dois étudier?** — *Do I **have to study?***
Oui, tu **dois étudier.** — *Yes, you **have to (study).***

⇨ When **devoir** is followed by a noun, it means *to owe.*

Je **dois** dix francs à Janine. — *I **owe** Janine ten francs.*

ACTIVITÉ 5 **On ne fait pas ce qu'on veut.**

Les élèves suivants ont un examen. Ils veulent faire certaines choses, mais ils ne peuvent pas. Exprimez cela, d'après le modèle.

➪ Charles / aller au cinéma **Charles veut aller au cinéma, mais il ne peut pas.**

1. Isabelle / inviter ses amies
2. nous / aller à la plage
3. vous / faire un pique-nique
4. moi / organiser une surprise-partie
5. toi /jouer au football
6. mes amis / faire une promenade en moto
7. Sylvie / danser
8. Jacques / jouer au Monopoly

ACTIVITÉ 6 **Quand on veut, on peut!**

Les personnes suivantes veulent réaliser *(achieve)* certains objectifs. Décrivez ces objectifs et dites si oui ou non elles doivent faire certaines choses. Utilisez les verbes **vouloir** et **devoir.**

➪ Charles / maigrir / manger des frites?
Charles veut maigrir. Il ne doit pas manger de frites.

1. Monique / avoir un «A» / étudier?
2. nous / avoir une auto / apprendre à conduire?
3. vous / avoir des amis / être égoïstes *(selfish)*?
4. mes cousins / être millionnaires / travailler?
5. moi / acheter un disque / aller au supermarché?
6. toi / être interprète / parler français?
7. Suzanne / prendre des photos / avoir un appareil-photo?
8. mes amis / visiter la tour Eiffel / aller à Nice?

D. L'expression *il faut*

Note the use of the expression **il faut** in the sentences below.

Il faut étudier.	{ ***One has to*** *study.* / ***You should*** *study!*
Pour conduire, **il faut** avoir 18 ans.	*In order to drive,* { ***one must*** *be 18 years old.* / ***you need to*** *be 18 years old.*
Pour aller en France, **il faut** avoir un passeport.	*In order to go to France,* { ***it is necessary to*** *have a passport.* / ***you have to*** *have a passport.*

To express a *general obligation* or *necessity,* the French use the following construction:

il faut + infinitive

➪ To indicate that something should not be done, the following negative construction is used: **il ne faut pas** + infinitive.

Il ne faut pas perdre son temps. ***You should not*** *waste your time.*

Vocabulaire spécialisé **Quelques professions**

un architecte / une architecte	*architect*
un avocat / une avocate	*lawyer*
un garçon / une serveuse	*waiter / waitress*
un infirmier / une infirmière	*nurse*
un ingénieur	*engineer*
un mécanicien / une mécanicienne	*mechanic*
un médecin	*doctor*
un ouvrier / une ouvrière	*worker*
un patron / une patronne	*boss*
un pharmacien / une pharmacienne	*pharmacist, druggist*
un professeur	*professor, teacher*
un programmeur / une programmeuse	*programmer*
un vendeur / une vendeuse	*salesperson*

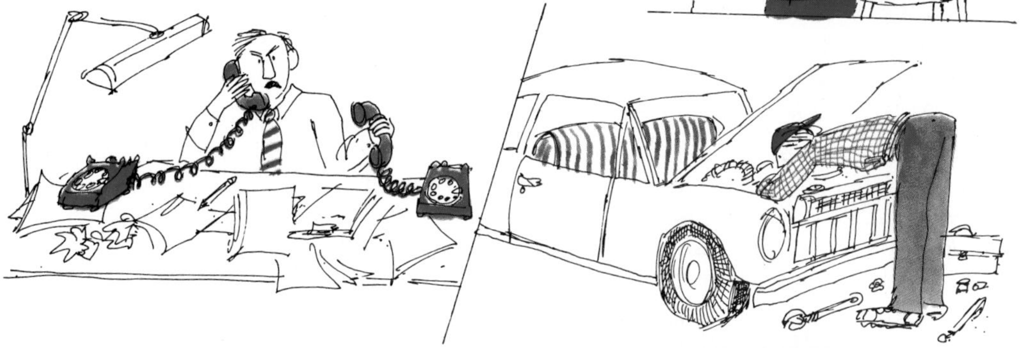

Jeunes Programmeurs **AIR FRANCE**

Notes: 1. Certain professions (**un médecin, un ingénieur, un professeur**) are always masculine in French.

Madame Dupont est **un** excellent médecin.

2. After **être,** the French do *not* use **un/une** before the names of professions. Contrast:

Madame Thomas est	. . .	avocate.
Madame Thomas is	*a*	*lawyer.*

Je veux être	. . .	médecin.
I want to be	*a*	*doctor.*

Exception: **un/une** is used if the name of the profession is modified by an adjective.

Monsieur Charles est **un bon vendeur.**

ACTIVITÉ 7 **Qualifications professionnelles**

Pour certaines professions il faut certaines qualifications. Expliquez cela en faisant *(by making)* des phrases logiques d'après le modèle. Combien de phrases pouvez-vous faire en cinq minutes?

A		B	
professeur	programmeur	étudier la biologie	être aimable (*friendly*)
interprète	avocat	bien conduire	être bon en maths
patron	chauffeur de taxi	être patient	avoir de l'autorité
médecin	(*taxi driver*)	aller à l'université	être sérieux
vendeur	ingénieur	avoir un diplôme	parler bien français

⇨ **Pour être ingénieur, il faut être bon en maths.**
(Pour être ingénieur, il faut aller à l'université.)

ACTIVITÉ 8 **Qu'est-ce qu'il faut faire?**

Complétez les phrases suivantes avec la construction **il faut** et une expression de votre choix *(choice)*. Utilisez votre imagination.

⇨ Pour réussir à l'examen de français, . . .
Pour réussir à l'examen de français, il faut étudier (apprendre les verbes, etc.).

1. Pour aller à la Guadeloupe, . . .
2. Pour être riche, . . .
3. Pour passer des bonnes vacances, . . .
4. Pour aller à l'université, . . .
5. Pour réussir dans la vie *(life)*, . . .

ACTIVITÉ 9 **Non!**

Les personnes suivantes ne doivent pas faire ce qu'elles font. Exprimez cela, en utilisant la construction **il ne faut pas** + infinitive.

⇨ Hélène est pessimiste. **Il ne faut pas être pessimiste.**

1. Paul est intolérant.
2. Albert mange en classe.
3. Antoine conduit à gauche *(on the left)*.
4. Sylvie est impatiente.
5. Sylvie mange toujours.
6. Isabelle fume *(smokes)*.
7. Caroline perd son temps.
8. Philippe insulte son chien.

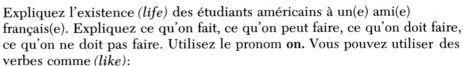

À votre tour **Quand on est étudiant . . .**

Expliquez l'existence *(life)* des étudiants américains à un(e) ami(e) français(e). Expliquez ce qu'on fait, ce qu'on peut faire, ce qu'on doit faire, ce qu'on ne doit pas faire. Utilisez le pronom **on.** Vous pouvez utiliser des verbes comme *(like)*:

étudier / jouer / aimer / avoir / être / aller / faire / pouvoir / devoir

⇨ Quand on est étudiant en Amérique, on (n')étudie (pas) beaucoup.
On . . .

UNITÉ 1

Leçon 3 L'alibi

Samedi dernier à deux heures de l'après-midi, il y a eu une *panne d'électricité* dans la petite ville de Marcillac-le-Château. La panne a duré 40 minutes. Un *audacieux cambrioleur a profité* de cette panne pour pénétrer dans la Banque Populaire de Marcillac-le-Château. Bien sûr, le signal d'alarme n'a pas fonctionné et c'est seulement lundi matin que le directeur de la banque a remarqué le *cambriolage:* un million de francs.

power failure
daring burglar
took advantage
burglary

Lundi après-midi, le *commissaire* Leflic a interrogé quatre suspects, mais chacun a un alibi.

police commissioner

Marc Laroulette

Qu'est-ce que j'ai fait samedi?
J'ai rendu visite à mes cousins.
Nous avons déjeuné.
Ensuite nous avons joué aux *cartes.*
C'est moi qui ai gagné!
J'ai quitté mes cousins à cinq heures.

Then; cards
left

Aline Malin

Ce n'est pas moi, Monsieur le Commissaire.
Samedi après-midi j'ai été au *marché.*
J'ai acheté des vêtements.
J'ai choisi une robe bleue.
Tenez, c'est la robe que je porte aujourd'hui!

market
Look

André Lescrot

Voyons, samedi dernier . . .
Ah oui! J'ai invité des amis chez moi.
Nous avons déjeuné.
Ensuite nous avons regardé la télé.
Nous avons regardé le match France-Allemagne.
Quel match! *Malheureusement,* c'est la France qui a perdu!
Quel dommage!

Unfortunately
Too bad!

Suzanne Filou

Euh, . . . excusez-moi, Monsieur le Commissaire.
Ma mémoire n'est pas très bonne.
Voyons, qu'est-ce que j'ai fait?
Samedi . . . Ah oui, moi aussi j'ai déjeuné chez moi . . .
Et après? Eh bien, *j'ai dormi!*

slept

Lisez les quatre déclarations. Selon vous, qui est le cambrioleur ou la cambrioleuse? Pourquoi? (Vous pouvez comparer votre *réponse* avec la réponse du commissaire à la page 81.)

answer

NOTE CULTURELLE

Le marché° En France, il y a un très grand nombre de petites villes et de villages. Ces petites villes et ces villages n'ont pas toutes° les facilités commerciales des grandes villes, mais elles ont un «marché». Le marché est un endroit public, généralement en plein air,° où les marchands des environs° viennent vendre leurs produits:° fruits, légumes, viandes, et aussi vêtements, ustensiles de cuisine,° etc. Le marché a lieu° un jour fixe° de la semaine: le samedi, par exemple. Le jour du marché est toujours un jour très animé.°

marché *market* **toutes** *all* **en plein air** *in the open* **environs** *neighboring areas* **produits** *products* **ustensiles de cuisine** *kitchen utensils* **a lieu** *takes place* **fixe** *specific* **animé** *animated*

Vocabulaire pratique

QUELQUES VERBES EN **-er**:		
durer	*to last*	Le film **dure** deux heures.
fonctionner	*to work* (=function)	Mon vélomoteur ne **fonctionne** pas bien.
gagner	*to win*	Si tu joues bien, tu vas **gagner** le match.
quitter	*to leave*	Le matin je **quitte** la maison à sept heures.
remarquer	*to notice, remark*	Éric n'**a** pas **remarqué** l'accident.
EXPRESSIONS:		
chacun	*each one, each person*	**Chacun** veut gagner.
quel + noun!	*what (a) . . .!*	**Quel** match intéressant!
selon = **d'après**	*according to*	**Selon** Aline, ta voiture fonctionne maintenant.
seulement	*only*	Le concert a duré **seulement** quarante minutes.

MOTS APPARENTÉS

Some French verbs in **-er** have English cognates in *-ate*.

-er	↔	***-ate***
interrog**er**		*interrog**ate***
pénétr**er**		*penetr**ate***

CONVERSATION

Parlons de vous et de votre argent

Avez-vous envie d'être riche? d'être millionnaire?
Avez-vous un job maintenant? Gagnez-vous de l'argent?
Dépensez-vous l'argent que vous gagnez? ou faites-vous des économies?
Avez-vous souvent besoin de conseils *(advice)*? d'encouragements? d'énergie?
Avez-vous besoin d'argent aujourd'hui? de combien d'argent?
Combien coûtent les repas à l'école? Combien coûte un billet *(ticket)* de cinéma?

Vocabulaire spécialisé L'argent

NOMS:

l'argent	*money*
un franc	*franc*
un dollar	*dollar*

ADJECTIFS:

bon marché ≠ **cher (chère)**	*cheap* ≠ *expensive*	Le pain est **bon marché,** mais les tartes sont **chères.**

VERBES:

coûter	*to cost*	Cette lampe **a coûté** cent dollars.
dépenser	*to spend*	Je n'aime pas **dépenser** mon argent.
faire des économies	*to save money*	J'aime mieux **faire des économies.**
gagner	*to earn*	Veux-tu **gagner** de l'argent cet été?

EXPRESSION:

combien?	*how much?*	**Combien** coûte ce gâteau?

proverbe: *Plaie d'argent n'est pas mortelle.*

"Money isn't everything."
(literally: *Injury due to money is not mortal.*)

Structure

A. Expressions avec *avoir*

Note the use of **avoir** in the following expressions:

J'ai faim.	***I am hungry.***
J'ai envie d'aller au restaurant.	***I feel like** going to the restaurant.*

The verb **avoir** is used in many expressions.

Vocabulaire spécialisé **Expressions avec *avoir***

avoir chaud	*to be warm, be hot*	**avoir froid**	*to be cold*
avoir faim	*to be hungry*	**avoir soif**	*to be thirsty*
avoir raison	*to be right*	**avoir tort**	*to be wrong*
avoir sommeil	*to be sleepy*	**avoir de la chance**	*to be lucky*
avoir besoin de	*to need*	**avoir envie de**	*to feel like, want*

Note: The expressions **avoir besoin de** and **avoir envie de** may be followed by either a *noun* or an *infinitive.*

J'ai envie de **manger.** J'ai envie de **ce gâteau.**
J'ai besoin de **travailler.** J'ai besoin d'**argent.**

ACTIVITÉ 1 C'est logique!

Expliquez pourquoi les personnes suivantes font certaines choses. Complétez les phrases suivantes avec une expression avec **avoir.** Soyez logique!

⇨ Jean-Louis veut déjeuner . . . **parce qu'il a faim.**

1. Jeannette porte un pull . . .
2. Nous commandons un Coca-Cola . . .
3. Vous allez au lit *(to bed)* . . .
4. Je mange un sandwich . . .
5. Jacqueline gagne toujours à la loterie . . .
6. Nous insistons . . .
7. Tu ôtes *(take off)* ta veste . . .
8. Vous n'insistez pas . . .

ACTIVITÉ 2 Projets

Dites ce que les personnes suivantes ont envie de faire. Dites ensuite de quels objets elles ont besoin pour réaliser *(to fulfill)* leurs projets. Soyez logique!

un appareil-photo / un vélo / un passeport / un électrophone / deux dollars / une raquette / un téléviseur / une tente / une planche à voile / un job

⇨ Jacques / aller au Canada
Jacques a envie d'aller au Canada. Il a besoin d'un passeport.

1. Thérèse / faire de la planche à voile
2. nous / prendre des photos
3. moi / écouter un disque
4. vous / acheter un magazine
5. toi / jouer au tennis
6. mes cousins / faire du camping
7. Jean / aller à la campagne
8. nous / regarder la télé
9. Anne et Sylvie / gagner de l'argent

B. Le passé composé: formes affirmatives et négatives

French speakers use the **passé composé** to describe past events. Review the affirmative and negative forms of the **passé composé** of the verb **visiter** in the sentences below.

J'**ai visité** Lyon.	Je **n'ai pas visité** Paris.
Tu **as visité** Boston.	Tu **n'as pas visité** New York.
Il/Elle/On **a visité** Québec.	Il/Elle/On **n'a pas visité** Montréal.
Nous **avons visité** Rome.	Nous **n'avons pas visité** Milan.
Vous **avez visité** Moscou.	Vous **n'avez pas visité** Leningrad.
Ils/Elles **ont visité** Mexico.	Ils/Elles **n'ont pas visité** Acapulco.

For most verbs the **passé composé** is formed as follows:

present tense of **avoir** (affirmative or negative)	+	past participle

⇨ The past participles of regular verbs are formed as follows:

verbs in **-er**:	-er → **-é**	**parler**	J'ai **parlé** à Henri.
verbs in **-ir**:	-ir → **-i**	**finir**	Vous avez **fini** ce livre.
verbs in **-re**:	-re → **-u**	**répondre**	Janine a **répondu** au téléphone.

⇨ The **passé composé** has several English equivalents:

J'ai maigri. { *I lost weight.* / *I have lost weight.* / *I did lose weight.* }

Je n'ai pas grossi. { *I did not gain weight.* / *I have not gained weight.* }

ACTIVITÉ 3 Oui ou non?

Dites si oui ou non vous avez fait les choses suivantes dans le courant de *(during)* la semaine dernière.

⇨ jouer au ping-pong? **Oui, j'ai joué au ping-pong.**
(Non, je n'ai pas joué au ping-pong.)

1. jouer aux cartes *(cards)*?
2. dîner dans un restaurant français?
3. manger des spaghetti?
4. visiter un musée?
5. travailler?
6. gagner de l'argent?
7. dépenser dix dollars?
8. choisir un blue-jeans?
9. maigrir?
10. grossir?
11. réussir à l'examen de maths?
12. perdre mon temps?
13. perdre patience?
14. rendre visite à mes cousins?
15. vendre ma bicyclette?

ACTIVITÉ 4 On ne peut pas tout faire. *(You can't do everything.)*

Dites que les personnes suivantes ont fait la première chose entre parenthèses mais pas la seconde. Utilisez d'abord *(first)* le verbe **avoir** à la forme *affirmative*, et ensuite à la forme *négative*.

⇨ Charles (jouer au tennis / au volley)
Charles a joué au tennis. Il n'a pas joué au volley.

1. Jeannette (danser avec Raymond / avec Philippe)
2. nous (choisir ce disque-ci / ce disque-là)
3. vous (acheter une Renault / une Mercédès)
4. mes cousins (vendre leurs disques / leur chaîne-stéréo)
5. moi (travailler dans un café / dans un restaurant)
6. toi (organiser un pique-nique / une surprise-partie)
7. Brigitte et Sophie (voyager en bus / en avion)
8. Jacques et Louise (visiter Tokyo / Pékin)

ACTIVITÉ 5 Conséquences

Dites que les personnes ont fait la première chose entre parenthèses. Utilisez ces renseignements *(this information)* pour dire si oui ou non elles ont fait la seconde.

⇨ Georges (jouer très mal au tennis / gagner?)
Georges a joué très mal au tennis. Il n'a pas gagné.

1. nous (jouer comme [*like*] des champions / perdre?)
2. vous (visiter Paris / parler espagnol?)
3. tu (étudier / réussir à l'examen?)
4. Christine (manger beaucoup de spaghetti / maigrir?)
5. mes cousins (travailler cet été / gagner de l'argent?)
6. moi (étudier / perdre mon temps?)

C. Les questions au passé composé

There are several ways of asking questions in the **passé composé.** Note how the following questions are expressed.

Est-ce que tu as parlé à Marc? **As-tu parlé** à Marc?	***Did you talk** to Marc?*
Où **est-ce qu'il a dîné?** Où **a-t-il dîné?**	*Where **did he have dinner?***

Questions in the **passé composé** can be formed with **est-ce que** or, if the subject is a pronoun, by inversion. Note the following patterns:

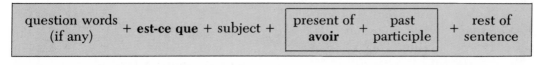

question words (if any)	+ **est-ce que** + subject +	present of **avoir**	+	past participle	+	rest of sentence

question words (if any)	+	present of **avoir**	+	subject pronoun	+	past participle	+	rest of sentence

ACTIVITÉ 6 Petite conversation

Demandez à vos camarades ce qu'ils ont fait hier. Utilisez les éléments suivants.

➪ à qui / téléphoner? **—À qui as-tu téléphoné hier?**
—J'ai téléphoné à un ami (à une amie, à Paul, etc.).
(Je n'ai pas téléphoné.)

1. où / déjeuner?
2. quand / étudier?
3. à quelle heure / dîner?
4. quel programme de télé / regarder?
5. avec qui / jouer au volley?
6. où / nager?
7. pour qui / travailler?
8. combien d'argent / dépenser?

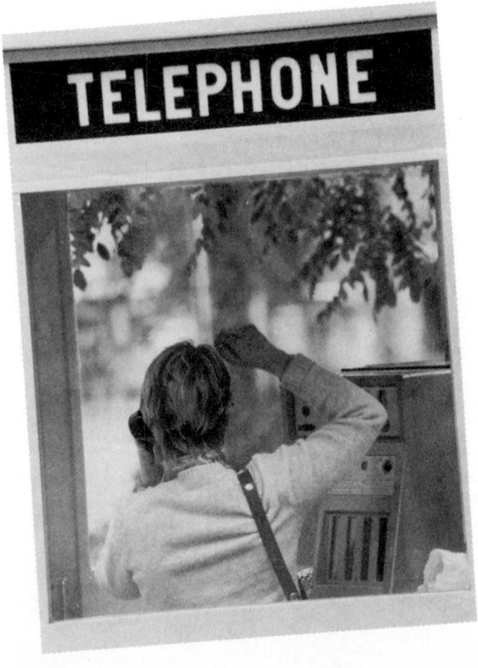

ACTIVITÉ 7 Quand?

Imaginez que vous êtes le chef *(head)* d'une agence de détectives. Vous voulez savoir quand les personnes suivantes ont fait certaines choses. Posez les questions nécessaires à vos associés *(associates)*. Pour cela, utilisez **quand** et l'*inversion*.

⇨ Sylvie Laval a dîné avec un ami. **Quand a-t-elle dîné avec un ami?**

1. Philippe Lamblet a téléphoné.
2. Louis Lemaître a acheté un revolver.
3. Pauline Lescrot a attendu un taxi.
4. Henri et Paul Jacomme ont vendu leur auto.
5. Lise et Caroline Dumas ont visité un musée.

À votre tour **Avez-vous bonne mémoire?**

Décrivez ce que vous avez fait hier. Utilisez les verbes suivants dans des phrases au passé composé. Donnez des détails: où? à quelle heure? avec qui? à qui? quelles choses?

déjeuner / regarder / téléphoner / rendre visite / jouer /
dîner / manger / écouter

(La réponse du commissaire: C'est André Lescrot le cambrioleur. Samedi après-midi, il y a eu une panne d'électricité. André Lescrot n'a pas pu regarder la télé. Son alibi n'est pas valable [*valid*].)

UNITÉ 1

Leçon 4 Il n'y a pas de justice!

Monsieur et Madame Moreau habitent à Marseille. Monsieur Moreau travaille dans un bureau. Madame Moreau *reste* chez elle. Qu'est-ce qu'ils font *toute la journée*? Voici *ce qu'*ils ont fait aujourd'hui:

stays
all day long; what

Le matin

D'abord, Madame Moreau a fait le lit. — *First*
Ensuite, elle a fait la vaisselle. — *Then*
Puis, elle a fait le ménage.

L'après-midi

Madame Moreau a voulu aller au cinéma, mais elle n'a pas pu.
Elle a dû faire les courses.
Elle a pris la voiture pour aller au *centre commercial.* — *shopping center*
Quand elle *est rentrée*, elle a mis les *provisions* dans le réfrigérateur. — *came back; food*
Puis, elle a fait la cuisine.
Enfin, elle a mis la table pour le dîner.

Oui, Madame Moreau a été très occupée aujourd'hui.
Et maintenant, elle est très fatiguée.

Le matin

Monsieur Moreau a acheté le journal.
Au bureau, il a lu la page des sports.
Il a fait les *mots croisés.* — *crossword puzzle*

L'après-midi

Monsieur Moreau a téléphoné à un ami et il a eu une longue conversation avec lui.
Il a bu du café.
Finalement, à quatre heures, il a dicté une lettre à sa secrétaire.
Puis, il a quitté son bureau et il *a été* au café où il a fait une partie de cartes avec ses *copains.* — *went*; *friends*

Maintenant Monsieur Moreau rentre chez lui.
Il est en pleine forme!

M. MOREAU: Comment vas-tu, *chérie?* — *darling*
MME MOREAU: Je suis fatiguée!
M. MOREAU: Je ne comprends pas! C'est moi qui travaille et c'est toi qui es fatiguée. Il n'y a pas de justice!
MME MOREAU: C'est vrai! Il n'y a pas de justice!

NOTE CULTURELLE

Marseille Avec une population d'un million d'habitants, Marseille est la deuxième ville française, après Paris. C'est une ville très ancienne:° Elle a été fondée° au sixième siècle° avant Jésus-Christ par des marins° grecs.° Aujourd'hui, Marseille est une ville moderne et active. C'est le centre de l'industrie pétrolière° et chimique° française. Situé° sur la Méditerranée, le port de Marseille assure le trafic commercial entre la France et les pays d'Orient° et d'Extrême-Orient.°

Les Marseillais (les habitants de Marseille) ont la réputation d'être des gens toujours heureux° . . . et d'exagérer parfois° la vérité!°

ancienne *old* **fondée** *founded* **siècle** *century* **marins** *sailors* **grecs** *Greek* **pétrolière** *petroleum* **chimique** *chemical* **Situé** *Located* **Orient** *East* **Extrême-Orient** *Far East* **heureux** *happy* **parfois** *sometimes* **vérité** *truth*

Vocabulaire pratique

NOMS:	**un bureau** *office; desk*	**les cartes** *cards*
ADJECTIFS:	**fatigué ≠ en pleine forme**	*tired ≠ in great shape*
EXPRESSIONS:	**faire le lit**	*to make the bed*
	faire le ménage	*to clean the house*
	faire la vaisselle	*to do (wash) the dishes*
	faire une partie de	*to play a game of*
PRÉPOSITIONS:	**dans** *in, into*	Monsieur Moreau n'est pas **dans** son bureau.
	sur *on*	La lettre est **sur** la table.

MOTS APPARENTÉS

French nouns in **-re** often have English cognates in *-er*.

-re ↔	*-er*
un cent**re**	*center*
une lett**re**	*letter*

CONVERSATION

Parlons de vos activités d'hier

Est-ce que vous avez fait votre lit?

À quelle heure est-ce que vous avez déjeuné? Qu'est-ce que vous avez fait avant? Qu'est-ce que vous avez fait après?

Avez-vous mis la table avant le dîner?

À quelle heure avez-vous dîné?

Avez-vous fait la vaisselle après le dîner? Qu'est-ce que vous avez fait ensuite? Avez-vous fait une partie de cartes?

Vocabulaire spécialisé **Quelques expressions de temps** *(Some expressions of time)*

avant	*before*	J'étudie **avant** le dîner.
après	*after*	**Après** le dîner, je regarde la télé.
d'abord	*first, at first*	**D'abord,** nous allons déjeuner.
ensuite	*then, after*	**Ensuite,** nous allons faire une promenade.
puis	*then*	**Puis,** je vais aller dans un café.
enfin	*at last*	**Enfin,** je vais rentrer chez moi.
finalement	*finally*	**Finalement,** je vais étudier un peu.

Structure

A. Le verbe *mettre*

Review the forms and uses of the verb **mettre** *(to put)*.

Infinitive		**mettre**		
Present	je **mets**	Je	**mets**	les cartes sur la table.
	tu **mets**	Tu	**mets**	la télé.
	il/elle/on **met**	On	**met**	un programme de musique.
	nous **mettons**	Nous	**mettons**	des sandales.
	vous **mettez**	Vous	**mettez**	la table.
	ils/elles **mettent**	Elles	**mettent**	vingt minutes pour aller au bureau.

The main meaning of **mettre** is *to put* or *place*. It is also used in many other expressions where it may mean *to put on* (clothing), *to turn on* (the radio), *to set* (the table), *to take* (time to do something).

⇨ The following verbs are conjugated like **mettre:**

permettre	*to let, allow, permit*	Je **permets** à mon frère d'écouter mes disques.
promettre	*to promise*	**Promets**-tu à tes parents de rentrer avant minuit?

proverbe:

Il ne faut pas mettre
la charrue devant les bœufs.

"Don't put the cart before the horse."
(literally: *You shouldn't put the cart in front of the oxen.)*

ACTIVITÉ 1 Questions personnelles

1. Quels vêtements mettez-vous quand vous allez en classe? quand vous allez à une surprise-partie? quand il fait froid? quand il fait chaud?
2. Quand un homme va au bureau, quels vêtements met-il? Et une femme?
3. Gagnez-vous de l'argent? Est-ce que vous mettez cet argent à la banque ou dans une tire-lire *(piggy bank)*?
4. Quand vous étudiez, mettez-vous la radio? la télé? un disque?
5. Quels programmes de télé mettez-vous le dimanche? le samedi soir?
6. Combien de temps mettez-vous pour aller à l'école? pour faire vos devoirs *(assignments)*? pour déjeuner? pour dîner?
7. Permettez-vous à vos amis d'utiliser vos disques? votre bicyclette? vos notes de français?

B. Quelques participes passés irréguliers

Some irregular verbs have irregular past participles.

avoir	**eu**	Charles **a eu** un accident de moto.
être	**été**	Hier j'**ai été** très fatigué.
faire	**fait**	Est-ce que vous **avez fait** les courses?
devoir	**dû**	Nous **avons dû** préparer l'examen.
pouvoir	**pu**	Isabelle n'**a** pas **pu** aller au cinéma avec vous.
vouloir	**voulu**	Mes amis n'**ont** pas **voulu** jouer aux cartes hier.
boire	**bu**	En France, nous **avons bu** du champagne.
conduire	**conduit**	Albert **a conduit** la voiture de sa sœur.
mettre	**mis**	J'**ai mis** la table.
prendre	**pris**	Qui **a pris** mes disques?

⇨ The verb **être** has two meanings in the **passé composé.**

Paul **a été** très malade. *Paul has been very sick.*
Il **a été** à l'hôpital. *He went to the hospital.*

⇨ Verbs conjugated like those above form their past participles in a similar manner.

traduire	(like **conduire**)	Nous **avons traduit** un article très intéressant.
promettre	(like **mettre**)	J'**ai promis** à mes professeurs d'étudier.
comprendre	(like **prendre**)	Henri n'**a** pas **compris** ma question.

ACTIVITÉ 2 Petite conversation

Demandez à vos camarades s'ils ont fait les choses suivantes dans le courant du *(during the)* mois dernier.

⇨ avoir une bonne surprise? —**Est-ce que tu as eu une bonne surprise?**
—**Oui, j'ai eu une bonne surprise.**
(Non, je n'ai pas eu de bonne surprise.)

1. avoir une mauvaise surprise?
2. avoir une dispute *(quarrel)* avec tes parents?
3. avoir un rendez-vous avec une personne intéressante?
4. avoir un «A» en français?
5. être malade *(sick)*?
6. être au cinéma?
7. être au restaurant?
8. faire un pique-nique?
9. faire un voyage?
10. faire une promenade en moto?

ACTIVITÉ 3 **Accusations**

Jean-François a passé le week-end chez son oncle. Pendant son absence, ses amis ont utilisé ses affaires *(things)*. Maintenant Jean-François veut savoir qui a fait les choses suivantes.

➪ prendre mes disques? **Qui a pris mes disques?**

1. prendre mon transistor?
2. conduire ma moto?
3. boire mon Coca-Cola?
4. être dans ma chambre *(room)*?
5. mettre le poisson rouge dans la baignoire *(bathtub)*?
6. prendre des photos avec mon appareil-photo?
7. vouloir prendre mon album de photos?

ACTIVITÉ 4 **Chance et malchance** *(Good luck and bad luck)*

Dites ce que les personnes suivantes ont fait le week-end dernier. D'après vous, dites aussi si ces personnes ont eu de la chance ou non.

➪ Paul / devoir travailler **Paul a dû travailler.**
Il n'a pas eu de chance. (Il a eu de la chance.)

1. Jacqueline / avoir un rendez-vous avec un garçon sympathique
2. toi / avoir un accident
3. vous / être malades *(sick)*
4. nous / être dans un restaurant français
5. Monsieur Durand / boire du champagne
6. Thomas / conduire la Jaguar de son oncle
7. moi / faire une promenade en moto
8. Charles / faire le ménage
9. mes cousins / faire de la planche à voile
10. les élèves / devoir préparer l'examen
11. nous / pouvoir prendre de très bonnes photos
12. vous / pouvoir organiser une surprise-partie

À votre tour **Une carte postale**

Lisez la carte de Denise:

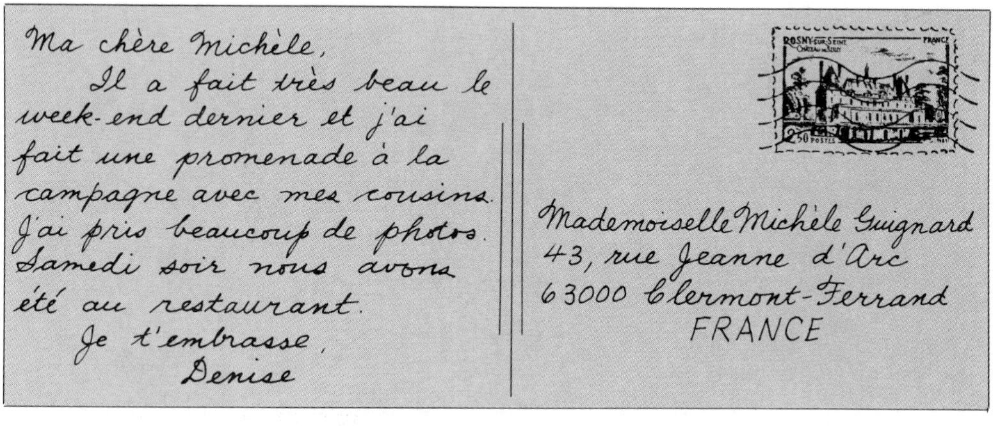

Ma chère Michèle,
Il a fait très beau le week-end dernier et j'ai fait une promenade à la campagne avec mes cousins.
J'ai pris beaucoup de photos.
Samedi soir nous avons été au restaurant.
Je t'embrasse,
Denise
Mademoiselle Michèle Guignard
43, rue Jeanne d'Arc
63000 Clermont-Ferrand
FRANCE

Je t'embrasse
Love and kisses

Composez une carte postale similaire. Dans votre carte, utilisez deux ou trois verbes qui ont un participe passé irrégulier.

UNITÉ 1

Leçon 5 Ici tout va bien!

Monsieur Durand travaille pour une compagnie internationale. Dans son travail, il voyage beaucoup. Cette *année* il est allé passer un mois au Canada. Sa femme est allée avec lui, mais leur fils Patrick, 18 ans, est resté à la maison. Un jour ils *ont reçu* la lettre suivante.

année: *year*
ont reçu: *received*

Chers parents,

J'espère° que vous faites bon voyage. Ici tout va bien. Vendredi dernier je suis allé dîner chez mon amie Michèle et ensuite nous sommes sortis. Samedi, Michèle est venue à la maison avec des amis. Je leur ai proposé de faire une promenade dans votre nouvelle° voiture. (J'ai trouvé° les clés dans la boîte de cigares de Papa!) Nous sommes allés à la campagne. Ensuite, nous sommes allés dans une discothèque et nous sommes rentrés à quatre heures du matin.

J'ai eu un petit problème avec la voiture, mais heureusement° ce n'est pas grave. En rentrant° à la maison, je suis rentré dans° le mur du voisin. Nous sommes sortis indemnes° de cet accident. C'est l'essentiel, n'est-ce pas?

Je vous embrasse et je vous attends avec impatience.

Patrick

P.S. 1. La voiture est assez endommagée°, mais ne soyez pas inquiets.° Le mécanicien est venu la chercher° ce matin.

P.S. 2. Les voisins sont furieux et attendent aussi votre retour° avec impatience.

espère: *hope*
nouvelle: *new*
trouvé: *found*
heureusement: *fortunately*
En rentrant: *As I was coming back*; *rentré dans*: *ran into*
indemnes: *unhurt*
endommagée: *damaged*
inquiets: *worried*
la chercher: *to get it*
retour: *return*

NOTE CULTURELLE

La voiture familiale° Vingt pour cent seulement des familles françaises ont deux voitures. L'usage° de la voiture familiale est donc réservé aux parents qui la prêtent° rarement à leurs enfants. En France, 18 ans est l'âge minimum pour conduire une voiture. Il faut aussi avoir un permis de conduire° qu'on obtient° après un examen assez difficile.

familiale *family* **usage** *use* **la prêtent** *lend it* **permis de conduire** *driver's license* **obtient** *gets*

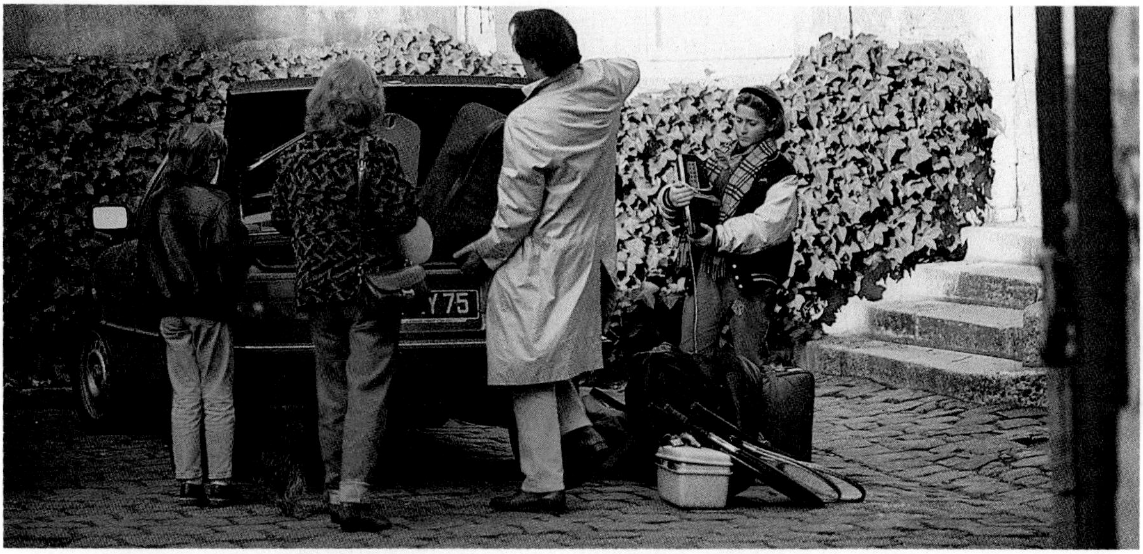

Vocabulaire pratique

NOMS:	**un accident**	*accident*	**une boîte**	*box*
	un mur	*wall*	**une clé**	*key*
	le travail	*work*		
ADJECTIFS:	**grave**	*serious*	Cet accident n'est pas **grave.**	
	suivant	*following*	Étudiez la leçon **suivante.**	
EXPRESSIONS:	**Cher** Michel, **chère** Nicole		*Dear Michel, dear Nicole*	
	Je vous embrasse . . .		*Love and kisses* (literally: *I hug and kiss you.*)	
	tout		*all, everything*	

MOTS APPARENTÉS

French nouns in **-ème** often have English cognates in *-em*. These French nouns are masculine.

-ème	↔ -em
un problème	*problem*
un système	*system*

CONVERSATION

Parlons de vous et de votre famille

À quelle heure partez-vous de votre maison le matin? À quelle heure êtes-vous parti(e) ce matin?
À quelle heure part votre père? votre mère?
À quelle heure sortez-vous de l'école?
Aimez-vous sortir avec vos camarades? Où allez-vous?
Sortez-vous souvent le samedi soir? Allez-vous sortir samedi prochain?
Êtes-vous sorti(e) le week-end dernier? Avec qui? Où êtes-vous allé(e)?
Est-ce que vous allez partir en vacances à Noël? l'été prochain?
Êtes-vous parti(e) en vacances l'été dernier? Où êtes-vous allé(e)?
Est-ce que vous dormez bien ou mal? Combien d'heures est-ce que vous dormez par *(per)* jour? Combien d'heures avez-vous dormi la nuit dernière?
Est-ce que vous dormez pendant la classe de français? pendant la classe d'anglais?

Structure

A. Les verbes *sortir, partir, dormir*

Review the forms of the verbs **sortir** *(to go out)*, **partir** *(to leave)*, and **dormir** *(to sleep)*.

Infinitive		sortir		partir		dormir
Present	je	**sors**	je	**pars**	je	**dors**
	tu	**sors**	tu	**pars**	tu	**dors**
	il/elle/on	**sort**	il/elle/on	**part**	il/elle/on	**dort**
	nous	**sortons**	nous	**partons**	nous	**dormons**
	vous	**sortez**	vous	**partez**	vous	**dormez**
	ils/elles	**sortent**	ils/elles	**partent**	ils/elles	**dorment**

➪ **Partir** is the opposite of **arriver.** Note the following constructions:

partir	*to leave*	Le train **part** à deux heures.
partir de	*to leave* (a place)	Le bus **part de** Paris à une heure.
partir à	*to leave for* (a place)	Quand **partez**-vous **à** Québec?

Note: The verb **quitter** also means *to leave;* however it must always be followed by a noun.

Je **quitte** la maison à huit heures. *I **leave** the house at eight (o'clock).*

➪ **Sortir** has several English equivalents:

sortir	*to go out*	Le samedi je **sors** avec mes camarades.
sortir de	*to get out of*	À quelle heure **sortez**-vous **de** l'école?

➪ These verbs have regular past participles in **-i**.

J'ai dormi huit heures hier soir.

proverbe: Qui dort dîne.

"He who sleeps forgets his dinner."

ACTIVITÉ 1 **Sorties** *(Going out)*

Lisez ce que les personnes suivantes font ce week-end. Dites qui sort et qui ne sort pas.

⇨ Henri étudie. **Il ne sort pas.**

1. Pierre et Nathalie vont au cinéma.
2. Nous regardons la télé.
3. Je suis à un concert.
4. Ma sœur a un rendez-vous.
5. Vous préparez l'examen.
6. Jacqueline va au théâtre.
7. Tu dînes chez des amis.
8. Mes cousins vont au restaurant.

B. Le verbe *venir; venir de* + infinitif

Review the forms of **venir** *(to come)* in the following sentences:

Infinitive	**venir**	
Present	Je **viens** du café. Tu **viens** de la piscine. Paul **vient** de Paris.	Nous **venons** du restaurant. Vous **venez** de la bibliothèque. Mes amis **viennent** du cinéma.

⇨ The past participle of **venir** ends in **-u: venu.**

The following verbs are conjugated like **venir:**

devenir	*to become*	Vous **devenez** très bons en français!
revenir (de)	*to come back (from)*	Mon frère **revient de** Paris demain.

⇨ To indicate that an event has just taken place, the French use the construction:

venir de + infinitive

Thérèse **vient de sortir.**	*Thérèse **has just gone out.** (Thérèse **just went out.**)*
Mes amis **viennent de partir.**	*My friends **(have) just left.***
Nous **venons de dîner.**	*We (have) **just had dinner.***

ACTIVITÉ 2 **C'est évident!**

Quand on sait d'où viennent certaines personnes, on sait souvent ce que ces personnes viennent de faire. Exprimez cela en utilisant les éléments des colonnes A, B et C et les verbes **venir de** et **venir de** + infinitif. (N'oubliez pas [*Don't forget*] la contraction **de + le → du**!) Combien de phrases logiques pouvez-vous construire en cinq minutes?

A	B	C	
je	le café	danser	téléphoner
tu	le restaurant	nager	regarder les filles
Monique	la plage	faire de la planche	étudier
Patrick	le stade	à voile	travailler
nous	la bibliothèque	faire un match	regarder un magazine
vous	la discothèque	jouer au volley	acheter de l'aspirine
mes amis	le supermarché	dîner	acheter des oranges
	la piscine	déjeuner	boire un coca
	la pharmacie		
	le bureau		

⇨ **Tu viens du café. Tu viens de téléphoner.**

C. Le passé composé avec *être*

Review the forms of the **passé composé** of **aller** in the sentences below.

Je **suis allé** à Paris.
Tu **es allé** à la plage.
Il **est allé** au café.

Je **suis allée** à Montréal.
Tu **es allée** à la piscine.
Elle **est allée** au restaurant.

Nous **sommes allés** à Tahiti.
Vous **êtes allés** en France.
Ils **sont allés** dîner.

Nous **sommes allées** à la Martinique.
Vous **êtes allées** au Canada.
Elles **sont allées** danser.

The **passé composé** of many verbs of motion is formed with **être** (rather than **avoir**) according to the following pattern:

present tense of **être** (affirmative or negative)	+	past participle

Es-tu allé au cinéma?	***Did you** go to the movies?*
Non, **je ne suis pas allé** au cinéma.	*No, **I did not go** to the movies.*

➪ When the **passé composé** of a verb is conjugated with **être**, the *past participle* agrees in gender and number with the *subject*.

Vocabulaire spécialisé Quelques verbes conjugués avec *être*

aller	*to go*	Mélanie **est allée** au cinéma.
venir	*to come*	Ensuite, elle **est venue** chez moi.
revenir	*to come back*	Ma sœur **est revenue** avec elle.
arriver	*to arrive*	Nous **sommes arrivés** à une heure.
partir	*to leave*	Vous **êtes partis** à minuit.
entrer	*to enter, go in*	Qui **est entré** dans le garage?
sortir	*to go out, get out*	Qui **est sorti** de la classe?
rentrer	*to go back*	Nous **sommes rentrés** chez moi.
rentrer dans	*to run (bump) into*	Je **suis rentré dans** un mur.
rester	*to stay*	**Êtes**-vous **restés** dans votre appartement?
monter	*to go up*	Le chat **est monté** sur la table.
descendre	*to go down*	Le chien **est descendu** dans le garage.
tomber	*to fall*	Caroline **est tombée** de sa bicyclette.
passer	*to go, pass*	Nous **sommes passés** par cette avenue.

Notes: 1. The above verbs can be used alone or followed by the name of a place. These place names must always be introduced by a preposition such as: **à, de, chez, dans, par** *(by, through),* **sur.**

Janine **est entrée dans** son appartement. *Janine **entered** her apartment.*

2. Other verbs conjugated with **être** are:

naître (né)	*to be born*	Ma mère **est née** au Canada.
devenir (devenu)	*to become*	Paul **est devenu** président de sa classe.
mourir (mort)	*to die*	Quand est-ce que votre grand-père **est mort?**

proverbe: *Quand le chat est parti les souris dansent.*

“When the cat's away the mice will play.”

ACTIVITÉ 3 Week-end

Lisez ce que les personnes suivantes ont fait le week-end dernier. Dites qui est sorti et qui n'est pas sorti.

⇨ Adèle a fait le ménage. **Elle n'est pas sortie.**

1. Nous avons regardé la télé.
2. J'ai préparé mon examen.
3. Paul a déjeuné chez Jacques.
4. Nos voisins ont fait une promenade.
5. J'ai conduit la voiture de mon père.
6. Vous avez étudié.
7. Tu as dormi.
8. Jacqueline a fait les courses.
9. Mon père a préparé le dîner.
10. Tu as acheté des chaussures.

ACTIVITÉ 4 C'est évident!

Ce que nous achetons dépend du magasin où nous allons. Exprimez cela en utilisant les verbes **aller** et **acheter** et les éléments des colonnes A, B et C. Combien de phrases logiques pouvez-vous faire en cinq minutes?

A	B	C
je	à la librairie *(bookstore)*	du parfum
tu	à la pharmacie	du yaourt
Nicole	au supermarché	un kilo de pommes de terre
nous	à la poste	un litre de limonade
vous	dans un magasin de chaussures	des sandales
mes cousins	dans une parfumerie *(perfume store)*	un magazine
		de l'aspirine
		des timbres *(stamps)*

⇨ **Nicole est allée au supermarché. Elle a acheté du yaourt.**

ACTIVITÉ 5 L'été dernier

Dites ce que les personnes ont fait l'été dernier. Pour cela, utilisez le passé composé des verbes entre parenthèses. Attention: Certains verbes sont conjugués *(conjugated)* avec **avoir**; les autres sont conjugués avec **être.**

⇨ Jean-Paul (aller au Canada / visiter Québec)
Jean-Paul est allé au Canada. Il a visité Québec.

1. Nathalie (visiter Paris / monter à la tour Eiffel)
2. mes cousins (aller dans l'Arizona / descendre dans le Grand Canyon)
3. moi (aller à la Martinique / faire de la planche à voile)
4. toi (rendre visite à tes cousins / rester chez eux)
5. nous (faire un voyage en Suisse / passer par Genève)
6. vous (rester chez vous / travailler)
7. Mélanie (aller en France / sortir avec un Français)
8. Jacques et Denis (venir chez moi / partir le 15 août)

ACTIVITÉ 6 Petite conversation

Demandez à vos camarades ce qu'ils ont fait le week-end dernier. Pour cela utilisez les expressions et les verbes au passé composé. Attention: Certains verbes sont conjugués *(conjugated)* avec **avoir**; les autres verbes sont conjugués avec **être.**

⇨ inviter (qui?) **—Qui est-ce que tu as invité?**
—J'ai invité Paul.

1. téléphoner (à qui?)
2. aller (où?)
3. sortir (avec qui?)
4. dîner (où?)
5. rentrer à la maison (à quelle heure?)
6. regarder (quel programme?)
7. aller au lit (à quelle heure?)

ACTIVITÉ 7 Avez-vous bonne mémoire?

Décrivez trois événements *(events)* qui ont eu lieu *(that took place)* aux moments suivants. Vous pouvez parler de vous, de votre famille, de vos amis. Si vous préférez, vous pouvez aussi décrire des événements sportifs ou historiques.

1. Ce matin . . .
2. Hier . . .
3. L'année dernière *(Last year)* . . .
4. Quand j'avais dix ans *(was ten)* . . .

À votre tour Un voyage

Décrivez un voyage réel *(real)* ou imaginaire. Si vous voulez, vous pouvez utiliser les suggestions suivantes.

aller (où? quand? comment? avec qui?)
arriver (quand?)
rester (où?)
visiter (quels endroits?)
acheter (quelles choses?)
prendre des photos (de qui? de quelles choses?)
faire (quelles choses?)
partir (quand? comment?)
rentrer (quand?)

Section Magazine

Notre monde

Le calendrier des FÊTES°

février

Le Carnaval à la Martinique

À la Martinique, le Carnaval est toujours une fête extraordinaire. C'est la fête de la musique, de la danse, du rythme, de l'exubérance. C'est surtout° la fête de la bonne humeur. On prépare le Carnaval des semaines à l'avance° . . . Finalement la semaine du Carnaval arrive. Le lundi, les jeunes gens et les jeunes filles mettent leurs masques et leurs costumes. Dans les rues, les orchestres de musique créole (clarinette, tambour° et banjo) jouent des airs° typiques. Tout le monde° chante et danse . . . Le mardi, c'est le jour des diables.° Aujourd'hui tout le monde porte des vêtements rouges. Le Carnaval finit le mercredi. Ce jour-là, on met des vêtements blancs et noirs. Le soir, on brûle° «Vaval», une immense effigie de papier mâché qui représente le Carnaval. Le Carnaval est fini. «Au revoir, Vaval! À l'année prochain

fêtes *festivals* **monde** *world* **surtout** *above all*
à l'avance *in advance* **tambour** *drum* **airs** *tunes*
Tout le monde *Everybody* **diables** *devils* **on brûle** *they burn*
À l'année prochaine! *Until next year!*

juin

La Saint-Jean à Québec

La Saint-Jean a lieu° le 24 juin. C'est la grande fête du Canada français. Saint Jean-Baptiste est en effet° le saint patron des Canadiens français. La Saint-Jean est une fête particulièrement importante à Québec. Le matin, il y a des processions et des défilés° dans les rues de la ville. À midi, on pique-nique sur l'herbe.° L'après-midi, il y a des compétitions sportives. Le soir, la v entière assiste à° un concert de musique folklorique et populaire sur les plaines d'Abraham, le grand parc historique. O chante et on allume° un feu de joie° gigantesque. À minuit, il y a des feux d'artifice.° «Vive le Québec!» «Vive les Canadiens français!» Aujourd'hui tout le monde est important!

C'est la fête au pays...
Tout le monde est important
PLAINES D'ABRAHAM

a lieu *takes place* **en effet** *in fact* **défilés** *parades*
herbe *grass* **assiste à** *attends* **on allume** *they light*
feu de joie *bonfire* **feux d'artifice** *fireworks*

dans le monde° français

juillet

Le 14 juillet à Paris

Le 14 juillet est la fête nationale de la France. À Paris, le président de la République passe en revue° le défilé militaire. Le soir, les jeunes gens et les jeunes filles dansent dans les rues et tout le monde assiste aux feux d'artifice. «Oh, regarde cette fusée!° La belle bleue! Et la belle rouge! Et la belle verte!»

Les fêtes de juillet à Tahiti

En juillet, toute l'île° de Tahiti est en fête. Il y a des danses folkloriques. Il y a des cérémonies traditionnelles. Il y a des défilés. Il y a des épreuves° sportives. Mais le grand événement° est la course de pirogue.° Chaque village a son équipage.° Ces équipages s'entraînent° pendant° des semaines. Finalement le jour de la course arrive. Les équipages sont prêts.° Le signal du départ° est donné. Qui va gagner cette année?

passe en revue *reviews* **fusée** *rocket* **île** *island*
épreuves *competitions* **événement** *event*
course de pirogue *canoe race* **équipage** *crew*
s'entraînent *train* **pendant** *for* **prêts** *ready* **départ** *start*

décembre

Noël en France

Noël est la fête de la famille dans le monde entier.° En France, toute la famille assiste à la messe° de minuit. Après la messe, il y a le «réveillon». Le réveillon est un repas léger:° huîtres,° boudin blanc° . . . et champagne! La veille° de Noël, les enfants mettent leurs chaussures dans la cheminée.° Est-ce que le père Noël va venir cette nuit? Qu'est-ce qu'il va mettre dans leurs chaussures?

monde entier *whole world* **messe** *Mass* **léger** *light*
huîtres *oysters* **boudin blanc** *white sausage* **veille** *eve*
cheminée *fireplace*

La France d'outre-mer°

Il y a une France européenne et une France d'outre-mer. La France d'outre-mer est constituée par° un certain nombre de territoires dispersés dans le monde entier.°

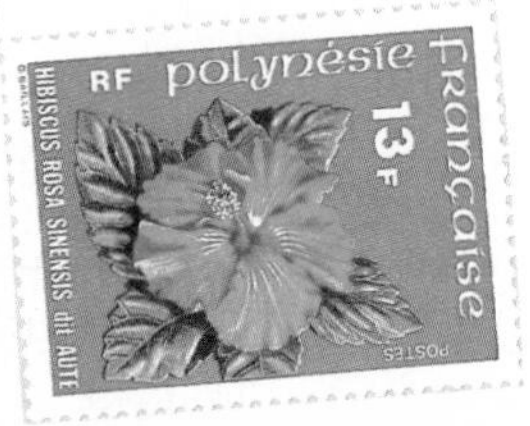

Voici quelques-uns° de ces territoires:

	population	capitale	produits
la Martinique	350.000	Fort-de-France	sucre, rhum, bananes, ananas°
la Guadeloupe	400.000	Basse-Terre	sucre, rhum, bananes, tabac°
la Guyane française	75.000	Cayenne	fruits tropicaux, sucre, bananes
la Polynésie française	140.000	Papeete	fruits tropicaux, café, vanille, noix de coco°

Le créole

Quelle est la langue° officielle de la Martinique? C'est le français, bien sûr! Mais à la maison et avec leurs amis, les jeunes Martiniquais parlent créole. Le créole reflète° la personnalité et l'histoire de la Martinique. Cette langue originale est née° du contact entre° les Européens et les esclaves° noirs. Influencé par° les langues africaines, le créole contient° des mots° d'origine française, anglaise, espagnole et portugaise. On parle aussi créole à la Guadeloupe et en Guyane française.

Voici certaines expressions créoles:

créole	français
Ça ou fé?	Comment allez-vous?
Moin bien.	Je vais bien.
Ça ou lé?	Qu'est-ce que vous voulez?
Moin pa savé.	Je ne sais pas.

Et voici un proverbe créole:

Gro poisson ka mangé piti.	Les gros poissons mangent les petits.

d'outre-mer *overseas* **constituée par** *made up of* **monde entier** *whole world* **quelques-uns** *some* **ananas** *pineapples* **tabac** *tobacco* **noix de coco** *coconuts* **langue** *language* **reflète** *reflects* **est née** *was born* **entre** *between* **esclaves** *slaves* **par** *by* **contient** *contains* **mots** *words*

UN SPORT DANS LE VENT°

Le nouveau sport qui fait fureur° en France est un sport d'origine américaine. Ce sport, c'est la planche à voile. Chaque été, 100.000 Français et Françaises descendent vers° les plages de la Méditerranée et de l'Atlantique pour pratiquer° leur sport favori. Qui sont ces «fanas»° de la planche à voile? Des étudiants, bien sûr, mais aussi des cadres d'entreprise,° des médecins, des professeurs . . . et des retraités° de 65 ans. La folie° n'a pas d'âge!

L'équipement est simple: une planche° de 3 mètres 60 de long, un mât° et une voile.° La technique, par contre,° est beaucoup plus difficile. Pour pratiquer cette technique correctement, il ne faut pas seulement avoir des muscles. Il faut aussi avoir le sens de l'équilibre.° Un faux° mouvement et plouf! on est à l'eau! Heureusement,° on peut apprendre la technique de la planche à voile dans des écoles spécialisées. Aujourd'hui, il y a 200 écoles de planche à voile dans toute la France.

La planche à voile est un sport récent, mais elle a déjà° ses champions et ses records. En 1978, un Français fait la traversée° Angleterre–France sur une planche à voile. Cette année-là, un autre Français fait la traversée Martinique–Guadeloupe. En 1979, le champion Arnaud de Rosnay franchit° le détroit° de Bering, de l'Alaska à la Sibérie après huit heures de navigation. En 1980, il établit° un nouveau record de distance: 1.500 kilomètres de navigation entre° les îles° Marquises et Tahiti. En 1982, un autre champion, Charles Marty, traverse° l'Atlantique de Dakar (Sénégal) à Kourou (Guyane française) en 27 jours . . . À quand le tour du monde° en planche à voile?

dans le vent *"with it"* **fait fureur** *is the rage* **vers** *toward* **pour pratiquer** *to engage in* **fanas** *fans* **cadres d'entreprise** *executives* **retraités** *retired people* **folie** *folly* **planche** *board* **mât** *mast* **voile** *sail* **par contre** *on the other hand* **équilibre** *balance* **faux** *wrong* **Heureusement** *Fortunately* **déjà** *already* **traversée** *crossing* **franchit** *crossed* **détroit** *strait* **établit** *established* **entre** *between* **îles** *islands* **traverse** *crosses* **tour du monde** *trip around the world*

La malédiction caraïbe

Nous sommes à la Martinique en 1900. À cette époque,° Saint-Pierre est la ville la plus importante de l'île.° Avec ses distilleries, ses docks, ses magasins, ses banques, c'est un centre économique et commercial très actif. Dans le port, on peut voir° des bateaux français, mais aussi des bateaux anglais, des bateaux américains, des bateaux italiens, des bateaux japonais, des bateaux chiliens . . . Sur ces bateaux, les marins° chargent° le sucre, le rhum et les produits° tropicaux de l'île.

Saint-Pierre est aussi une ville artistique et culturelle. Le dimanche, les gens vont au concert ou au théâtre. Il y a, en effet,° un théâtre, le seul° théâtre de toutes les Antilles.° Saint-Pierre mérite bien° son nom° de «Paris des Antilles».

time
island
see
sailors; are loading
products
indeed
only; West Indies; definitely deserves; name

Saint-Pierre avant l'explosion de la montagne Pelée

Saint-Pierre après la catastrophe

En réalité, Saint-Pierre est une ville en danger. La ville est située° aux pieds d'un volcan, la montagne Pelée. Le 8 mai 1902, à sept heures cinquante du matin, la montagne Pelée explose! À huit heures, la ville est totalement dévastée. La cathédrale, le théâtre, le jardin° botanique, les monuments, les maisons sont maintenant un immense désert de ruines. En moins de° cinq minutes, toute la population de Saint-Pierre a péri.° Il y a 30.000 victimes . . . et un survivant.° Ce survivant est un prisonnier. Ironiquement, les murs de la prison l'ont protégé contre° la violence de l'explosion.

located
garden
In less than
perished; survivor
protected against

Un Indien caraïbe

L'explosion de la montagne Pelée est une des grandes catastrophes dans l'histoire de l'humanité. Cette catastrophe a été annoncée dans une vieille légende caraïbe.° Les Indiens caraïbes sont les premiers habitants de la Martinique. Quand les Français arrivent en 1635, ils veulent faire des Caraïbes leurs esclaves.° Les Caraïbes résistent, mais ils sont finalement battus.° Courageusement, ils préfèrent la mort° à l'esclavage.°

= of the Carib Indians
slaves
beaten
death; slavery

Avant de mourir, le dernier chef° caraïbe donne sa malédiction° aux Français:

chief
curse

«Aujourd'hui, vous êtes les plus forts,° mais demain la montagne de feu° va nous venger.»°

strongest
fire; to avenge us

La «montagne de feu», c'est bien sûr la montagne Pelée. Le 8 mai 1902, la malédiction caraïbe s'est réalisée!°

was fulfilled

Un champion de la liberté: Toussaint Louverture (1743–1803)

Vous savez° certainement où est Haïti. Savez-vous aussi qu'Haïti a été la première nation noire indépendante? Le héros de l'indépendance haïtienne est un esclave.° Il s'appelle Toussaint Louverture. Voici l'histoire de ce grand champion de la liberté.

Cette histoire commence à la fin° du dix-huitième siècle.° La France est alors une nation très puissante.° Elle a des colonies en Amérique et dans les Antilles.° La colonie la plus prospère° est Haïti, qui s'appelle alors Saint-Domingue. À Saint-Domingue, il y a 20.000 Blancs et 500.000 Noirs. Les Noirs travaillent comme° esclaves dans les plantations des Blancs.

En 1789, ces esclaves ont un grand espoir.° Une révolution libérale vient d'éclater° en France. Est-ce que cette révolution va émanciper les Noirs? En principe,° oui. Les révolutionnaires français décident d'abolir° l'esclavage° dans les colonies. Malheureusement,° Saint-Domingue est loin de° Paris et les Blancs de l'île° refusent de libérer leurs esclaves. Pour les Noirs, il y a une seule° solution: la révolte. En 1791, les Noirs de Saint-Domingue entrent en rébellion contre° leurs maîtres.°

Trois ans plus tard,° en 1794, les Anglais, qui sont en guerre contre° la France, veulent

savez *know* **esclave** *slave* **fin** *end* **siècle** *century* **puissante** *powerful* **Antilles** *West Indies* **prospère** *prosperous*

comme *as* **espoir** *hope* **vient d'éclater** *has just broken out* **En principe** *In principle* **abolir** *to abolish* **esclavage** *slavery* **Malheureusement** *Unfortunately* **loin de** *far from* **île** *island* **une seule** *only one* **contre** *against* **maîtres** *masters* **plus tard** *later* **en guerre contre** *at war with*

occuper Saint-Domingue. Pour les Français, la situation est extrêmement grave. Le gouverneur de Saint-Domingue décide alors de rencontrer le chef° des esclaves révoltés. Ce chef s'appelle Toussaint Louverture. Il a 4.000 hommes sous° ses ordres. Il propose au gouverneur un marché:° «Garantissez° la liberté des Noirs et mes troupes vont combattre° avec vous contre les Anglais.» Le gouverneur n'a pas le choix.° Il accepte.

Quelques° semaines après, Toussaint Louverture, l'ancien° esclave, est nommé° commandant. C'est un brillant stratège. Ses troupes chassent les Anglais de Saint-Domingue. En juillet 1795, Toussaint Louverture est nommé général de brigade et vice-gouverneur de Saint-Domingue. En réalité, c'est maintenant lui le chef de l'île.

Avec l'émancipation des esclaves, Toussaint Louverture a réalisé° sa première ambition. Il a maintenant une autre° ambition: obtenir° l'indépendance de Saint-Domingue. Oui, mais comment? Il faut d'abord organiser le pays. Toussaint Louverture crée une administration moderne. Il ouvre des écoles. Il développe le commerce. S'il réussit dans ses projets, c'est parce que c'est un homme juste.° Il ne fait pas de distinction entre les anciens maîtres blancs et les anciens esclaves noirs. Ainsi,° il peut mobiliser tous les talents. Les résultats de cette politique° sont immédiats. En 1800, Saint-Domingue est un pays riche et prospère. Économiquement, c'est un pays indépendant.

Administrativement, cependant,° Saint-Domingue est toujours° une colonie française. La France, à ce moment-là, est gouvernée par Napoléon Bonaparte. Napoléon est un général brillant mais très autoritaire. Il n'aime pas l'indépendance de Toussaint Louverture. Il décide de rétablir° l'esclavage à Saint-Domingue. Pour cela il prépare une formidable expédition. Le premier février 1802, 22.000 soldats français arrivent dans l'île. C'est la guerre! La guerre d'indépendance commence mal pour les Noirs. Toussaint Louverture est fait prisonnier. Il est déporté en France. Le 7 avril 1803, il meurt après dix mois de captivité.

La mort de Toussaint Louverture encourage la résistance des Noirs. Ceux-ci° battent° l'armée française et, le premier janvier 1804, Saint-Domingue devient une nation indépendante et prend le nom d'Haïti.

chef *leader* **sous** *under* **marché** *deal* **Garantissez** *Guarantee* **combattre** *to fight* **choix** *choice* **Quelques** *A few* **ancien** *former* **nommé** *named* **a réalisé** *saw come true* **une autre** *another* **obtenir** *to obtain*

juste *fair* **Ainsi** *Therefore* **politique** *policy* **cependant** *however* **toujours** *still* **rétablir** *to reestablish* **Ceux-ci** *The latter* **battent** *beat*

Les ACADIENS: du Canada à la Louisiane

Prenez une carte° de la Louisiane et regardez bien la région à l'ouest° et au sud° de la Nouvelle-Orléans. Les paroisses° de cette région ont des noms° français: Lafourche, Terrebonne, Vermilion, Saint Martin, Acadia, Lafayette, Iberville et, plus au nord,° Avoyelles, Évangéline, Pointe Coupée.

map
west
south
parishes; names
north

Ici, nous sommes au centre du pays° «cajun». Le mot° «cajun» est la corruption du mot français «acadien». Dans ces paroisses en effet,° la majorité de la population est d'origine acadienne et comprend le français. Qui sont les Acadiens? Quelle est leur origine? Pourquoi parlent-ils français? Voici leur histoire . . .

country; word
as a matter of fact

L'histoire des Acadiens commence non pas en Louisiane mais au Canada. Les Acadiens sont en effet les descendants des premiers colons° français au Canada. Ces colons arrivent en 1604 dans l'est° du Canada. Là, ils établissent° une colonie très prospère° qu'ils appellent l'Acadie. (Cette région est aujourd'hui la Nouvelle-Écosse.°) En 1713, la France signe un traité° qui donne l'Acadie à l'Angleterre. L'Acadie devient une colonie britannique,° mais les Acadiens veulent rester fidèles° à la France. Ils décident de préserver leurs traditions, leur culture et leur langue° qui est le français. Ils refusent de prêter serment° à la couronne° britannique.

colonists
east
establish; prosperous
Nova Scotia
treaty
British; faithful
language
pledge allegiance; crown

Le gouverneur anglais décide alors d'expulser° les Acadiens. En juin 1755, l'armée° anglaise attaque les villages acadiens qui sont sans défense. Toute la population est prisonnière. Le gouverneur donne l'ordre de brûler° les maisons, de détruire les villages et finalement de déporter la population. Pour la majorité des Acadiens, un long et terrible exode° commence.

to expel
army
to burn
exodus

C'est l'époque° du «grand dérangement».° Les soldats° anglais séparent les familles. Les hommes sont déportés d'abord, puis les femmes et les enfants. Des groupes arrivent dans le Massachusetts, d'autres° en Virginie, d'autres en Géorgie, d'autres dans les Antilles° . . . Éventuellement, les

period; turmoil; soldiers
others
West Indies

Évangéline

Le grand poète américain, Longfellow, a immortalisé l'exode cruel et tragique des Acadiens dans son poème *Evangeline.* Ce poème est basé sur une histoire vraie. Évangéline Bellefontaine, une jeune Acadienne, est fiancée° à Gabriel Lajeunesse. Au moment où ils vont se marier,° Évangéline et Gabriel sont déportés en Louisiane. Malheureusement,° ils prennent des bateaux différents. Évangéline et Gabriel sont séparés. Évangéline passe le reste de son existence° à rechercher° la trace de son fiancé. Finalement, elle trouve Gabriel au moment où il va mourir. Aujourd'hui on peut voir° la statue d'Évangéline à côté de° l'église Saint Martin de Tours à St. Martinville (Louisiane).

fiancée *engaged* **se marier** *to get married*
Malheureusement *Unfortunately* **existence** *life*
à rechercher *searching for* **voir** *see* **à côté de** *next to*

familles acadiennes vont se regrouper. Certaines° décident d'aller en Louisiane qui est alors une colonie française. — *Some*

Les premiers Acadiens arrivent en Louisiane vers° 1760, après un voyage de 3.000 kilomètres et cinq ans d'exode. Là, ils reconstruisent° leurs maisons, leurs écoles, leurs églises. Ils commencent une nouvelle existence où ils sont finalement libres. — *around*; *rebuild*

De nouveaux immigrants arrivent en pays «cajun»: ce sont des Allemands, des Espagnols, des Anglais, des Noirs . . . Certains apprennent le français et deviennent Acadiens d'adoption. Aujourd'hui les Acadiens sont très nombreux,° peut-être un million, peut-être plus . . . En 1968, la législature de la Louisiane a reconnu° leur importance culturelle en créant° «Le Conseil° pour le Développement du Français en Louisiane» (CODOFIL). — *numerous*; *recognized*; *by creating*; *Council*

UN PEU D'HISTOIRE FRANCO-AMÉRICAINE

Où parle-t-on français en Amérique du Nord?° Au Canada, bien sûr, où le français est l'une des deux langues° officielles du pays. Les Canadiens français habitent principalement dans la province de Québec et dans les Provinces Maritimes.

North · *languages*

Aux États-Unis, on parle encore° français dans de nombreuses° familles franco-américaines de la Nouvelle-Angleterre. Les Franco-Américains sont les descendants de Canadiens français qui sont venus aux États-Unis aux dix-neuvième et vingtième siècles.° En Louisiane, on parle français dans un grand nombre de familles d'origine acadienne.

still; numerous · *centuries*

La présence française sur le continent américain est très ancienne. Voici quelques° dates dans l'histoire des relations américaines.

a few

1534

Un navigateur français, Jacques Cartier, découvre° le Canada et explore le Saint-Laurent.° Il arrive à cap° Gaspé le 24 juillet. Là, il plante° une croix° dans le sol.° Cet événement° marque le commencement de la présence française au Canada.

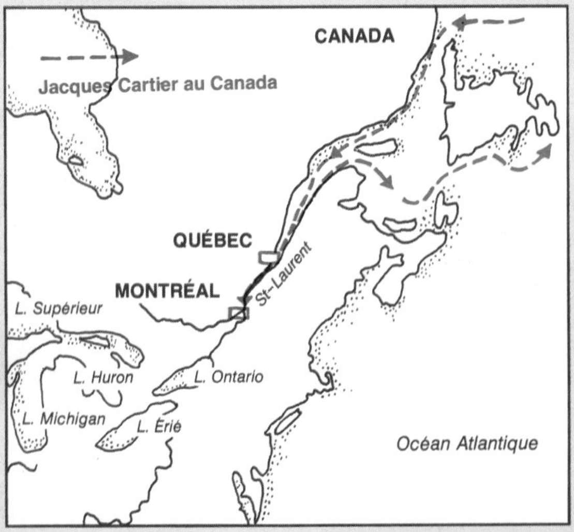

1604–1640

Les premiers colons° français arrivent au Canada, qui s'appelle alors la Nouvelle-France. Samuel de Champlain fonde° Québec.

1670–1700

C'est l'époque° des explorations françaises sur le continent américain. Duluth explore la région du lac Supérieur. Cadillac fonde Détroit. Joliet et Marquette découvrent le Mississippi. La Salle explore la vallée° du Mississippi et descend ce fleuve° jusqu'au° golfe du Mexique.

1700–1760

Des Français arrivent en Louisiane, qui devient une colonie française. Les Français fondent Mobile, Biloxi, la Nouvelle-Orléans.

découvre *discovers* **Saint-Laurent** *Saint Lawrence River*
cap *Cape* **plante** *drives* **croix** *cross* **sol** *ground*
événement *event*

colons *colonists* **fonde** *founds*
époque *period* **vallée** *valley* **fleuve** *river*
jusqu'au *as far as the*

1756–1763

La France cède° le Canada à l'Angleterre. L'Acadie, à l'est,° est devenue anglaise en 1713. Le reste du Canada devient anglais en 1763.

1776–1783

La France signe un traité° d'alliance avec les États-Unis. Un général de vingt ans, le marquis de La Fayette, s'illustre° dans la guerre° de l'Indépendance. Washington gagne la bataille° de Yorktown avec l'aide de la marine° et de l'armée° françaises.

1803

Napoléon vend la Louisiane aux États-Unis.

La Nouvelle-Orléans en 1860

1917–1918

Les Américains aident les Français pendant la Première Guerre mondiale.°

cède *gives up* **est** *east* **traité** *treaty*
s'illustre *becomes famous* **guerre** *war* **bataille** *battle*
marine *navy* **armée** *army* **Guerre mondiale** *World War*

1944

Les troupes alliées sous° le commandement du Général Eisenhower libèrent la France.

Eisenhower à Paris en 1944

PROJETS CULTURELS

1. Préparez une exposition *(exhibit)* sur les fêtes du Mardi Gras dans le monde francophone *(French-speaking world)*: le Carnaval de Nice, le Carnaval de Québec avec le Bonhomme Carnaval *(Old Man Snow)*, le Mardi Gras à la Nouvelle-Orléans, le Carnaval à Haïti.
2. Sur une carte *(map)* du monde, indiquez la position des territoires d'outre-mer mentionnés dans le texte. Indiquez aussi la position d'autres *(other)* territoires français comme *(like)* Saint-Pierre-et-Miquelon et la Réunion.
3. Préparez une exposition sur une région francophone: le Québec, Haïti, la Martinique, Tahiti, la Louisiane, un pays francophone d'Afrique comme le Sénégal ou la Côte-d'Ivoire. Vous pouvez utiliser des cartes, des posters, des photos et des brochures touristiques.
4. Lisez le poème *Evangeline* de Longfellow.

sous *under*

UNITÉ 2
Jim

2.1 Une lettre des États-Unis
2.2 Qui est Jim?
2.3 Un garçon timide et fatigué
2.4 Une mauvaise journée
2.5 Il y a plus d'un Jim en Amérique!

UNITÉ 2

Leçon 1 Une lettre des États-Unis

Le *facteur* vient de passer. Nicole va chercher le courrier. *mailman*

NICOLE: *Tiens!* Il y a une lettre avec un timbre américain. *Look!*

MARC *(le frère de Nicole)*: C'est sûrement pour moi. Passe-moi cette lettre, s'il te plaît.

Marc ouvre l'enveloppe et lit la lettre suivante.

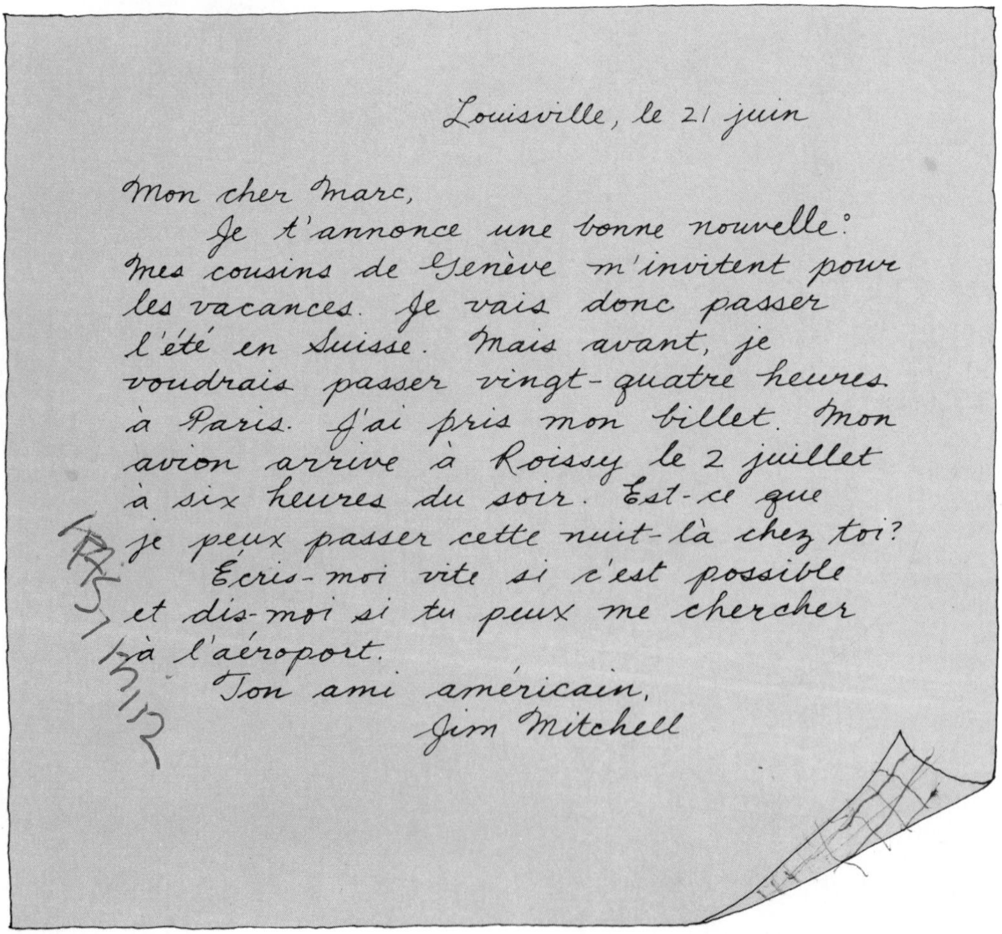

Louisville, le 21 juin

Mon cher Marc,

Je t'annonce une *bonne nouvelle*: Mes cousins de Genève m'invitent pour les vacances. Je vais donc passer l'été en Suisse. Mais avant, je voudrais passer vingt-quatre heures à Paris. J'ai pris mon billet. Mon avion arrive à Roissy le 2 juillet à six heures du soir. Est-ce que je peux passer cette nuit-là chez toi?

Écris-moi vite si c'est possible et dis-moi si tu peux me chercher à l'aéroport.

Ton ami américain,

Jim Mitchell

piece of news

NICOLE: *Qui est-ce qui* t'écrit? *Who*

MARC: C'est Jim, mon *correspondant* américain. *pen pal*

NICOLE: Et qu'est-ce qu'il te dit?

MARC: Écoute, tu es vraiment trop curieuse!

Tiens, lis sa lettre si tu veux. *Here*

Nicole lit la lettre de Jim. Puis elle dit à son frère:

NICOLE: Réponds tout de suite à Jim. Tiens, voilà du papier et un *stylo* . . . Dis à ton ami que nous allons *l'attendre* à Roissy. *pen; wait for him*

MARC: Pourquoi dis-tu «nous allons»? Tu as l'intention d'aller à l'aéroport avec moi?

NICOLE: Bien sûr! *(en elle-même)* Mon frère me parle toujours de son ami Jim. C'est certainement un garçon très sympathique . . . et je vais enfin faire sa connaissance! *(to herself)*

Vocabulaire pratique

NOMS:	**un billet**	*ticket*	**une adresse**	*address*
	le courrier	*mail*	**une enveloppe**	*envelope*
	un timbre	*stamp*		

VERBES:	**annoncer**	*to announce*	On **annonce** du beau temps *(good weather).*
	chercher	*to get, pick up*	Je viens **chercher** le courrier.
	ouvrir	*to open*	Marc **ouvre** l'enveloppe.
	avoir l'intention de	*to intend to, plan to*	Jim **a l'intention de** venir à Paris.
	faire la connaissance de	*to meet*	Il **fait la connaissance de** Marc.

EXPRESSIONS:	**tout de suite**	*right away, immediately*	Je viens **tout de suite!**
	trop	*too much, too*	Nicole mange **trop.**
	vite	*fast, quickly*	Ne conduis pas trop **vite!**
	vraiment	*really, truly*	Éric a **vraiment** travaillé hier.

Note: In the present tense, **ouvrir** is conjugated like an **-er** verb: **j'ouvre, tu ouvres,** etc.

MOTS APPARENTÉS

French-English cognates are often spelled somewhat differently. Sometimes the word has a single consonant in one language and a double consonant in the other language. Compare:

une envelo**pp**e	*envelope*
une adre**ss**e	*address*

NOTE CULTURELLE

Villes américaines, noms français

Connaissez-vous° l'origine du nom° de Louisville? Cette ville a été nommée° en l'honneur de Louis XVI, roi° de France (1754–1793). Voici d'autres° villes dont° le nom est d'origine française:

La Nouvelle-Orléans C'est l'ancienne° capitale de la Louisiane française. Son nom est celui° d'une ville française, Orléans.

Détroit Détroit signifie° *strait.* C'est un nom très approprié.° Détroit est sur un détroit entre° le lac Saint-Clair et le lac Érié.

Joliet Ville nommée en l'honneur de l'explorateur° français Joliet (1645–1700) qui a découvert° le Mississippi.

Saint Louis Ville nommée en l'honneur de Louis XV, roi de France (1710–1774), et de son patron° Saint Louis (le roi Louis IX, 1214–1270).

Mobile L'ancien nom de cette ville est Fort Louis de la Mobile. Mobile (ou Mauvilla) est le nom d'une tribu indienne.°

Bâton Rouge Bâton rouge signifie *red post.* Pourquoi ce nom? On ne sait pas. On pense que c'est à cause d'un° bâton rouge planté° là par° les Indiens.

Connaissez-vous *Do you know* **nom** *name* **nommée** *named* **roi** *king* **d'autres** *other* **dont** *whose* **ancienne** *former, old* **celui** *that* **signifie** *means* **approprié** *appropriate* **entre** *between* **explorateur** *explorer* **a découvert** *discovered* **patron** *patron saint* **tribu indienne** *Indian tribe* **à cause d'un** *because of a* **planté** *fixed* **par** *by*

LOUISVILLE

joliet

Baton Rouge

Detroit

Structure

A. Les verbes *dire, lire, écrire*

Review the forms of the verbs **dire** *(to say, tell)*, **lire** *(to read)*, and **écrire** *(to write)*.

Infinitive		**dire**		**lire**		**écrire**
Present	je	**dis**	je	**lis**	j'	**écris**
	tu	**dis**	tu	**lis**	tu	**écris**
	il/elle/on	**dit**	il/elle/on	**lit**	il/elle/on	**écrit**
	nous	**disons**	nous	**lisons**	nous	**écrivons**
	vous	**dites**	vous	**lisez**	vous	**écrivez**
	ils/elles	**disent**	ils/elles	**lisent**	ils/elles	**écrivent**
Passé composé	j'ai	**dit**	j'ai	**lu**	j'ai	**écrit**

➪ Other verbs which follow the above pattern are:

(like **écrire**)	**décrire**	*to describe*	**Décrivez** vos vacances!
(like **dire**)	**contredire**	*to contradict*	Est-ce que tu **contredis** souvent tes amis?
	prédire	*to predict*	On a **prédit** du beau temps *(good weather)* pour le week-end.

Exception: The **vous** forms of **contredire** and **prédire** are regular:

vous contredisez, vous prédisez

➪ The conjunction **que** is used after verbs like **dire, lire,** and **écrire** to introduce a clause.[1] In English the word *that* is often left out.

Marc dit **que** Jim est son ami. — *Mark says (that) Jim is his friend.*
Jim écrit **qu**'il va aller à Genève. — *Jim writes (that) he is going to Geneva.*

[1] A clause is a part of a sentence consisting of a subject and verb, plus any related words.

Vocabulaire spécialisé **On lit, on écrit, on dit**

On lit . . .

un journal *newspaper* **un magazine** **un article**
une histoire *story* **une nouvelle** *news item* **une revue** *magazine*
les nouvelles *the news* **des bandes dessinées** *comics*

On écrit . . .

une carte *card* **une carte postale** *postcard* **une lettre** *letter*

On écrit avec . . .

un crayon *pencil* **un stylo** *pen*

On écrit sur . . .

du papier *paper*

On écrit dans . . .

un cahier *notebook* **un carnet** *small notebook*

On dit . . .

un mot *word* **un mensonge** *lie* **la vérité** *truth*

ACTIVITÉ 1 Questions personnelles

1. Est-ce qu'il y a des journaux ou des magazines français à la bibliothèque de votre école? Quels journaux? Est-ce que vous lisez ces journaux?
2. Quand vous lisez un journal ou un magazine, est-ce que vous lisez les nouvelles? l'horoscope? la page des sports? les bandes dessinées? Quelles sont vos bandes dessinées favorites?
3. Avez-vous lu un livre intéressant récemment *(recently)*? Quel livre? Avez-vous lu un article intéressant? Sur quel sujet *(topic)*?
4. Aimez-vous écrire? Est-ce que vous écrivez souvent à vos grands-parents?
5. Avez-vous écrit des cartes postales à vos amis pendant les vacances?
6. Avez-vous écrit beaucoup de cartes de vœux *(Christmas cards)* l'année dernière? À qui?
7. En classe, est-ce que vous écrivez avec un crayon ou un stylo?
8. Quand vous écrivez une lettre, écrivez-vous avec un crayon ou un stylo?
9. En classe, est-ce que les élèves contredisent souvent le professeur?
10. Avez-vous un carnet d'adresses? Quand vous faites la connaissance d'une personne, est-ce que vous écrivez son adresse dans un carnet?

11. Est-ce que vous dites toujours la vérité à vos amis? à vos parents? à vos professeurs?
12. À quel âge avez-vous parlé? Quel est le premier mot que vous avez dit?

ACTIVITÉ 2 Nouvelles de France

Les étudiants suivants passent les vacances en France. Dites ce que chacun écrit à sa famille.

➪ Jacqueline fait du camping. **Jacqueline écrit qu'elle fait du camping.**

1. Paul fait de la planche à voile.
2. Robert et Louis font du sport.
3. Tu es allé à Nice.
4. Nous avons visité Marseille.
5. J'ai fait la connaissance d'une Française.
6. Nous avons loué une voiture.
7. Vous allez souvent à la plage.
8. Hélène et Suzanne font des progrès en français.

B. Les pronoms *me, te, nous, vous*

In the sentences below, the words in heavy type are object pronouns. Note the forms and position of these pronouns.

SUBJECT PRONOUNS	OBJECT PRONOUNS	
je (j') tu	**me (m')** **te (t')**	Marc **me** téléphone. Il **m'**annonce la nouvelle. Nicole **te** parle. Elle **t'**écoute.
nous vous	**nous** **vous**	Tu **nous** téléphones? Tu **nous** invites? Je **vous** réponds. Je **vous** écris une lettre.

➪ The forms in parentheses are used before a vowel sound.

➪ In French, object pronouns come immediately *before* the verb. Note that in negative sentences the object pronouns come between **ne** and the verb.

Marc ne **me** téléphone pas. *Marc does not call **me**.*
Il ne **vous** invite pas. *He is not inviting **you**.*

ACTIVITÉ 3 Pierre et Paul

Pierre et Paul parlent des personnes qu'ils connaissent *(whom they know)*. Ces personnes font certaines choses pour Pierre mais pas pour Paul. Jouez le rôle de Pierre et de Paul.

➪ Jacqueline / inviter Pierre: **Jacqueline m'invite.**
Paul: **Elle ne m'invite pas.**

1. Sylvie / téléphoner
2. Louise et Caroline / parler
3. Henri / rendre visite
4. Albert et Thomas / écrire
5. Antoine / dire la vérité
6. mes cousins / inviter
7. mes professeurs / comprendre
8. mon chien / obéir

ACTIVITÉ 4 Bien sûr!

Henri est secrètement amoureux *(in love)* de Françoise. Françoise demande certaines choses à Henri. Henri répond affirmativement. Jouez les deux rôles, d'après le modèle.

➪ téléphoner ce soir? Françoise: **Tu me téléphones ce soir?**
Henri: **Bien sûr, je te téléphone ce soir!**

1. téléphoner demain?
2. inviter ce week-end?
3. attendre après la classe?
4. dire la vérité?
5. écrire un poème?
6. écouter?
7. inviter au restaurant?
8. aimer?

ACTIVITÉ 5 Petite conversation

Demandez à vos camarades si les personnes suivantes font certaines choses pour eux. Vos camarades vont répondre affirmativement ou négativement.

➪ tes cousins / écrire souvent? **—Est-ce que tes cousins t'écrivent souvent?**
—Oui, ils m'écrivent souvent.
(Non, ils ne m'écrivent pas souvent.)

1. ton meilleur ami / écrire pendant les vacances?
2. ta meilleure amie / téléphoner souvent?
3. tes amis / inviter chez eux?
4. tes parents / comprendre?
5. ton père / prêter *(to lend)* sa voiture?
6. tes professeurs / mettre des bonnes notes *(grades)*?
7. tes sœurs / dire toujours la vérité?
8. tes amis / écouter?

C. La position des pronoms à l'impératif

In the following sentences the verbs are in the imperative. Note the position and the forms of the object pronouns.

Téléphone-**moi** ce soir!	*Call **me** tonight!*
Ne **me** téléphone pas après minuit!	*Don't call **me** after midnight!*
Invite-**nous** demain.	*Invite **us** tomorrow.*
Ne **nous** invite pas ce week-end.	*Don't invite **us** this weekend.*

When the verb is in the affirmative imperative, the object pronouns come immediately *after* the verb and are attached to it by a hyphen.

➪ In the affirmative imperative, **me** becomes **moi.**

proverbe: *Dis-moi qui tu fréquentes. Je te dirai qui tu es.*

"Tell me what company you keep, and I'll tell you what you are."

ACTIVITÉ 6 S'il te plaît

Demandez à vos camarades de faire les choses suivantes pour vous. Ils vont accepter ou refuser.

➪ inviter ce week-end **—Invite-moi ce week-end!**
—D'accord, je t'invite ce week-end.
(Non, je ne t'invite pas ce week-end.)

1. téléphoner demain
2. attendre après la classe
3. vendre tes disques
4. vendre ta bicyclette
5. écrire pendant les vacances
6. parler de ta famille
7. passer ton livre de français
8. passer tes notes de français

D. Les pronoms compléments à l'infinitif

Note the position of the object pronouns in the answers to the questions below.

Tu me téléphones? Oui, je vais **te** téléphoner ce soir.
Tu nous écris? Non, je ne vais pas **vous** écrire.

When a pronoun is the object of an infinitive, it comes immediately *before* that infinitive.

ACTIVITÉ 7 Pas maintenant!

Aujourd'hui Marc est très occupé. Il dit à ses amis qu'il va faire certaines choses pour eux plus tard *(later)*. Jouez le rôle de Marc, d'après le modèle.

➪ Je ne te téléphone pas maintenant. (ce soir) **Je vais te téléphoner ce soir.**

1. Je ne vous téléphone pas maintenant. (demain)
2. Je ne t'écris pas maintenant. (samedi)
3. Je ne vous invite pas maintenant. (ce week-end)
4. Je ne te parle pas maintenant. (après la classe)
5. Je ne vous réponds pas maintenant. (dans une semaine)

À votre tour Une lettre

Imaginez que vous allez passer l'été en France. Puisque *(Since)* votre budget est limité *(limited)*, vous avez décidé de rendre visite à vos amis. Vous avez un ami à Paris qui s'appelle Philippe. Écrivez une lettre à Philippe pour demander si vous pouvez passer une semaine chez lui. Vous pouvez utiliser la lettre de Jim comme *(as a)* modèle.

UNITÉ 2

Leçon 2 Qui est Jim?

Scène 1. Le 2 juillet à six heures du soir

Nicole et Marc sont à l'aéroport de Roissy. Mais là, ils ont un problème.

NICOLE: Au fait, tu connais bien Jim?
MARC: Bien sûr! Je le connais bien! C'est mon *correspondant*. — *pen pal*
NICOLE: Alors, comment est-il? Blond ou brun? Grand ou petit?
MARC: Eh bien, là, je ne peux pas te dire. Je ne l'ai jamais vu!
NICOLE: Est-ce que tu as sa photo au moins?
MARC: Euh, non . . .
NICOLE: Alors, comment est-ce que nous allons le *reconnaître*? — *to recognize*
MARC: Zut! Je n'ai pas pensé à cela!

Scène 2.

L'avion de New York vient d'arriver. Il y a beaucoup de passagers: des touristes, des *hommes d'affaires* (*businessmen*) et évidemment beaucoup d'étudiants . . . Mais qui est donc Jim?

NICOLE: Le voilà! Le voilà!
MARC: Qui?
NICOLE: Jim!
MARC: Où est-ce que tu le vois?
NICOLE: *Comment?* Tu ne le vois pas? Regarde là-bas. Ce grand blond avec la raquette de tennis! C'est lui! — *What?*
MARC: Tu es sûre?
NICOLE: Mais évidemment . . . Attends-moi ici!

Scène 3.

Nicole va parler au jeune homme.

NICOLE: Vous êtes américain, n'est-ce pas?
LE JEUNE HOMME: Euh, oui . . .
NICOLE: Et vous êtes *bien* Jim? — *indeed*
LE JEUNE HOMME: Euh, oui . . .
NICOLE *(à Marc)*: Mon cher Marc, je te *présente* ton ami Jim! *(plus bas)* Alors, qu'est-ce que tu penses de mon intuition féminine? — *introduce*; *(in a low voice)*

Nicole va chercher un taxi. Pendant ce *temps,* Marc aide Jim avec ses bagages. *time*

MARC: Où sont tes valises?
JIM: Je les ai mises là-bas.
MARC: Bon, je les prends! Est-ce que tu as un sac?
JIM: Oui. Je l'ai mis avec les valises. Le voilà.

Marc cherche le sac et les valises de Jim et il les met dans le taxi . . .

Vocabulaire pratique

NOMS:	**les bagages**	*baggage, luggage*	**une passagère**	*passenger*
	un passager	*passenger*	**une photo**	*picture, photograph*
			une valise	*suitcase*
VERBES:	**penser**	*to think*	Je **pense** que vous avez de la chance.	
	penser à	*to think about*	Jim **pense à** son voyage à Paris.	
	penser de	*to think of*	Qu'est-ce que tu **penses de** cette photo?	
EXPRESSIONS:	**au fait**	*by the way*	**Au fait,** où sont nos bagages?	
	au moins	*at least*	Éric a **au moins** trois valises.	
	ceci ≠ cela	*this ≠ that*	**Ceci** est très intéressant. **Cela** est stupide.	
	donc	*therefore, so*	Je pars. **Donc,** j'ai besoin de mon passeport.	
	évidemment	*obviously, evidently*	**Évidemment,** les passagers n'aiment pas attendre.	

Notes: 1. **Penser de** is used to ask someone's opinion about something.

2. In conversation, **cela** frequently becomes **ça.**

   Est-ce que tu comprends **ça?** *Do you understand **that?***

3. **Donc** is often used as a conversational filler to stress what is being said. When used in this way it has no English equivalent.

   Mais qui est **donc** Jim? *But who is Jim?*

MOTS APPARENTÉS

French adverbs in **-emment** and **-amment** often correspond to English adverbs in *-ently, -antly.*

-emment	↔	***-ently***	**-amment**	↔	***-antly***
évid**emment**		***evidently***	const**amment**		***constantly***
réc**emment**		***recently***			

NOTE CULTURELLE

Roissy: un aéroport moderne Paris n'est pas seulement la capitale de la France. C'est aussi un centre international très actif. Chaque année,° des millions de touristes et d'hommes d'affaires° viennent à Paris. Paris a donc besoin d'aéroports modernes et bien équipés.° Roissy (aussi appelé° aéroport Charles de Gaulle) est le nouvel° aéroport de Paris. Dans quelques° années, cet aéroport à l'architecture futuriste° sera° le plus grand aéroport d'Europe.

année *year* **hommes d'affaires** *businessmen* **équipés** *equipped* **appelé** *called* **nouvel** *new* **quelques** *a few* **à l'architecture futuriste** *with its futuristic architecture* **sera** *will be*

Structure

A. Le verbe *voir*

Review the forms of the verb **voir** *(to see)* in the sentences below.

Infinitive	**voir**	
Present	Je **vois** Nicole. Tu **vois** tes amis. Il/Elle/On **voit** un avion.	Nous **voyons** un film. Vous **voyez** une comédie. Ils/Elles **voient** leurs cousins.
Passé composé	J'ai **vu** ton père hier.	

ACTIVITÉ 1 **Hier et aujourd'hui**

On fait chaque jour des choses différentes. Dites ce que les personnes suivantes ont vu hier et ce qu'ils voient aujourd'hui.

⇨ Jacques (un match de football / un match de hockey)
Hier, Jacques a vu un match de football. Aujourd'hui, il voit un match de hockey.

1. nous (un western / une comédie musicale)
2. les touristes (la tour Eiffel / Notre-Dame)
3. vous (un musée / un monument)
4. Paul (Marc / Philippe)
5. moi (mes cousins / mes amis)
6. toi (Catherine / Nicole)

ACTIVITÉ 2 Questions personnelles

1. Est-ce que vous voyez bien? Est-ce que vous portez des lunettes? des verres de contact *(contact lenses)*?
2. Est-ce que vous voyez souvent vos cousins? vos grands-parents?
3. Qu'est-ce que vous voyez à la télé? les films? les comédies? les matchs de football?
4. Avez-vous été au cinéma récemment? Quel film avez-vous vu?
5. Avez-vous vu des choses extraordinaires dans votre existence? Avez-vous vu une éclipse? un fantôme *(ghost)*? une soucoupe volante *(flying saucer)*?

B. Le verbe *connaître*

Review the forms of the verb **connaître** *(to know)* in the sentences below.

Infinitive	**connaître**	
Present	Je **connais** Marc. Tu **connais** sa sœur. Il/Elle/On **connaît** Paris.	Nous **connaissons** Québec. Vous **connaissez** nos voisins. Ils/Elles **connaissent** ce café.
Passé composé	J'**ai** **connu** Paul à Genève.	

➪ **Connaître** means *to know* people, places, and things in the sense of *to be acquainted* or *familiar with.* It is always used with a direct object.

➪ In the **passé composé, connaître** means *to meet, make the acquaintance of.*
J'**ai connu** Nathalie en France. *I met Nathalie in France.*

➪ **Reconnaître** *(to recognize)* is conjugated like **connaître.**
Je n'**ai** pas **reconnu** Nicole sur cette photo.

proverbe: On reconnaît l'arbre à ses fruits.

"The tree is known by its fruit."
(literally: *You can recognize a tree by its fruit.*)

ACTIVITÉ 3 Questions personnelles

1. Connaissez-vous les parents de vos amis? Est-ce qu'ils vous connaissent?
2. Où avez-vous connu votre meilleur ami? Et votre meilleure amie?
3. Avez-vous des photos de votre école élémentaire? Pouvez-vous reconnaître tous *(all)* les élèves?
4. Connaissez-vous bien votre ville? Connaissez-vous un restaurant français?
5. Avez-vous beaucoup voyagé? Connaissez-vous New York? Chicago? Louisville? Dallas? San Francisco? le Grand Canyon?
6. Est-ce que vos parents connaissent Paris? Montréal? Genève?

C. Les pronoms compléments d'objet direct: *le, la, les*

In the questions below, the nouns in heavy type are the direct objects of the verbs. Note the forms and position of the direct object pronouns which replace the nouns in the answers.

Tu connais **Marc?** — Oui, je **le** connais. Ma sœur ne **le** connaît pas.
Vous voyez **Nicole?** — Je **la** vois. Henri ne **la** voit pas.
Vous prenez **ces disques?** — Je **les** prends. Hélène ne **les** prend pas.

The following direct object pronouns refer to either people or things.

	SINGULAR	PLURAL
Masculine	**le (l')**	**les**
Feminine	**la (l')**	

➪ Before a vowel sound, **le** and **la** become **l'**.

Vous invitez Marc? — Oui, je l'invite.

➪ The direct object pronouns **le, la, l'**, and **les** come immediately *before* the verb. Note that in negative sentences they come between **ne** and the verb.

Exception: In the affirmative imperative the pronouns come after the verb and are attached to it by a hyphen.

Voici Thomas. — Invite-**le**! (Ne l'invite pas!)
Voici mes photos. — Regarde-**les!** (Ne **les** regarde pas!)

➪ In an infinitive construction, direct object pronouns come immediately before the infinitive.

Tu vas mettre ce disque? — Oui, je vais **le** mettre.
Tu veux prendre ta guitare? — Non, je ne veux pas **la** prendre.

➪ Direct object pronouns are used with **voici** and **voilà.**

Où sont tes valises? — **Les** voici. *Here they are.*

ACTIVITÉ 4 Est-ce que vous les connaissez bien?

Dites si oui ou non vous connaissez bien les personnes suivantes.

➪ le père de votre meilleur ami? — **Oui, je le connais bien.**
(Non, je ne le connais pas bien.)

1. la mère de votre meilleur ami?
2. vos voisins?
3. le facteur *(mailman)*?
4. le directeur / la directrice de l'école?
5. l'infirmière de l'école?
6. le président des États-Unis?
7. votre médecin?
8. votre dentiste?

ACTIVITÉ 5 Petite conversation

Demandez à vos camarades s'ils font les choses suivantes. Vos camarades vont répondre avec un pronom dans des phrases affirmatives ou négatives.

⇨ écouter souvent la radio? **—Est-ce que tu écoutes souvent la radio?**
—Oui, je l'écoute souvent.
(Non, je ne l'écoute pas souvent.)

1. écouter souvent tes disques?
2. écouter ton père?
3. écouter ta mère?
4. regarder la télé le samedi soir?
5. préparer tes examens?
6. choisir tes propres *(own)* vêtements?
7. inviter ton meilleur ami à dîner?
8. comprendre le professeur?
9. lire le journal le matin?
10. conduire la voiture de tes parents?
11. aimer le cinéma?
12. aimer les sports violents?

Vocabulaire spécialisé **Quelques verbes qui utilisent un complément d'objet direct**

aider	*to help*	J'**aide** mes amis. Et vous?
chercher	*to look for*	Où sont mes valises? Je les **cherche.**
oublier	*to forget*	Zut, j'**ai oublié** l'adresse de Christine.
rencontrer	*to meet*	Tu connais Jim? Je vais le **rencontrer** à l'aéroport.
trouver	*to find*	Je cherche mon vélo, mais je ne le **trouve** pas.
		Comment **trouves**-tu Paul? Moi, je le **trouve** sympathique.

proverbe: Qui cherche trouve!

"Seek and ye shall find." (literally: *Who looks, finds.*)

ACTIVITÉ 6 Opinions personnelles

Exprimez votre opinion personnelle sur les sujets de la colonne B. Pour cela, utilisez le verbe **trouver** et les éléments des colonnes A, B et C dans des phrases affirmatives ou négatives. Soyez logique! Étudiez attentivement l'exemple.

A	B		C
aimer	mon meilleur ami	mes disques	intelligent
admirer	ma meilleure amie	le journal	amusant
écouter souvent	Howard Cosell	le livre de français	formidable
regarder souvent	Barbara Walters	Woody Allen	idiot
	les Muppets		mignon(ne) *(cute)*
			intéressant

⇨ **J'écoute souvent Barbara Walters. (Je n'écoute pas souvent Barbara Walters.)**
Je la trouve intéressante. (Je ne la trouve pas intéressante.)

ACTIVITÉ 7 **Des amis parfaits** *(Perfect friends)*

Les personnes suivantes sont parfaites. Exprimez cela en répondant *(by answering)* affirmativement ou négativement aux questions suivantes.

➪ Henri oublie ses amis? **Non, il ne les oublie pas.**

1. Catherine oublie l'anniversaire de sa mère?
2. François oublie les insultes?
3. Jacqueline aide sa cousine?
4. Paul et André aident leurs amis?
5. Thomas trouve son cousin intelligent?
6. Adèle trouve ses amis snobs?
7. Philippe rencontre souvent sa petite amie?
8. Alice cherche ses amis à l'aéroport?

D. L'accord du complément d'objet direct au passé composé

Note the position of the direct object pronouns in the sentences on the right. Note also the forms of the past participle.

As-tu invité **Marc?**	Oui, je **l'**ai invité.
As-tu invité **Nicole?**	Non, je ne **l'**ai pas invité**e**.
As-tu invité **tes cousins?**	Non, je ne **les** ai pas invité**s**.
As-tu invité **tes amies?**	Oui, je **les** ai invité**es**.

➪ In the **passé composé,** as in the present tense, the direct object pronoun comes immediately *before* the verb. Remember that in negative sentences the object pronouns come between **ne** and the verb.

➪ In the **passé composé,** the past participle agrees in gender and number with a *direct object* that comes *before* the verb. (If the direct object follows the verb, there is no agreement.) Compare:

direct object follows the verb: NO AGREEMENT	direct object comes before the verb: AGREEMENT
Marc a **vu Nicole et Sylvie?**	Oui, il **les** a **vues.**
Jim n'a pas **pris sa guitare?**	Non, il ne **l'**a pas **prise.**

The agreement of the past participle is mainly a matter of spelling. This is because the four forms of the past participles in **-é, -i,** or **-u** sound the same.

le poème:	Je l'ai lu.	les journaux:	Je **les** ai lu**s**.
la lettre:	Je l'ai lu**e**.	les revues:	Je **les** ai lu**es**.

However, when the past participle ends in **-s** (as in **pris** or **mis**) or **-t** (as in **fait** or **écrit**), the final consonant is silent in the masculine forms and pronounced in the feminine forms.

Ton chapeau? Je l'ai **mis** là-bas. Ta veste? Je **l'**ai **mise** là-bas.

ACTIVITÉ 8 Déjà fait! *(Already done!)*

Pierre dit à Nathalie ce qu'il a fait. Nathalie dit qu'elle a déjà *(already)* fait ces choses. Jouez le rôle de Nathalie, en utilisant un pronom complément d'objet direct.

⇨ J'ai invité Janine. (hier) **Moi, je l'ai invitée hier.**

1. J'ai acheté ces revues. (la semaine dernière)
2. J'ai lu ce livre. (en octobre)
3. J'ai rencontré Paul et Henri. (jeudi)
4. J'ai regardé ces magazines. (cet après-midi)
5. J'ai appris la leçon. (lundi)
6. J'ai fait les courses. (samedi)
7. J'ai écrit les lettres. (hier soir)
8. J'ai mis les lettres à la poste. (ce matin)

ACTIVITÉ 9 Petite conversation

Demandez à vos camarades si oui ou non ils ont fait les choses suivantes ce matin.

⇨ regarder la télé? **—Est-ce que tu as regardé la télé?**
—Oui, je l'ai regardée.
(Non, je ne l'ai pas regardée.)

1. regarder le journal?
2. regarder les bandes dessinées?
3. préparer la leçon?
4. faire ton lit?
5. chercher ton cahier?
6. attendre le bus?
7. rencontrer tes amis?
8. oublier ton livre de français?

ACTIVITÉ 10 Où?

Nicole veut savoir où Marc a mis certaines choses. Jouez les deux rôles, d'après le modèle. Utilisez le passé composé de **mettre.**

⇨ la valise / dans le taxi Nicole: **Où as-tu mis la valise?**
Marc: **Je l'ai mise dans le taxi.**

1. mon sac / dans la voiture
2. la voiture / dans le garage
3. la radio / sur la table
4. le courrier / sur le bureau
5. les disques / sur le piano
6. les revues / sur le lit
7. les bagages / dans le taxi
8. les photos / dans mon sac

À votre tour **Votre meilleur ami**

Décrivez vos relations avec votre meilleur(e) ami(e). Pour cela, composez un petit paragraphe de 8 à 10 phrases. Vous pouvez utiliser le présent ou le passé composé des verbes suivants.

connaître / voir / écouter / comprendre / inviter / trouver / aider / oublier / rencontrer

UNITÉ 2

Leçon 3 Un garçon timide et fatigué

Dans le taxi, Nicole et Marc *font connaissance* avec leur ami américain. — *become acquainted*
Nicole lui demande s'il a fait bon voyage.
Marc lui parle de ses projets de vacances.
Mais Jim n'est pas très bavard . . . Il écoute ses amis, mais il ne leur répond pas toujours. Il préfère regarder le paysage.
«*Mon Dieu*, quel garçon timide!» pense Nicole. — *My goodness*

Enfin le taxi entre dans Paris.
Marc *montre* plusieurs monuments à Jim. — *points out*
Il lui montre l'Arc de Triomphe. Puis il lui dit:
«Je sais que tu vas reconnaître les Champs-Élysées.
Mais je ne sais pas si tu connais le Grand *Palais*. Le voilà!» — *Palace*

Quelques minutes plus tard, Marc lui montre la *tour* Eiffel: — *tower*
«Je sais que tu as vu des photos de la tour Eiffel. Mais est-ce que tu sais qu'il y a un restaurant *là-haut?*» — *up there*
Jim ne répond pas . . . Alors Marc voit que son ami est profondément *endormi!* — *asleep*
«Pauvre Jim, dit Nicole. Après ce long voyage en avion, il est certainement très fatigué!»
«Je vais lui *prêter* ma chambre, répond Marc. Il va bien dormir. Demain nous allons lui montrer notre ville.» — *lend*

NOTE CULTURELLE

Le Paris traditionnel

Paris est une des plus belles villes du monde. C'est par conséquent° une ville très touristique. Chaque année,° des millions de touristes viennent visiter ses monuments. Voici quelques monuments parisiens:

La tour Eiffel Pour beaucoup de gens, la tour Eiffel est le symbole de Paris. Elle a été construite entre 1887 et 1889 par l'ingénieur Gustave Eiffel. Cette tour de fer° a 300 mètres de hauteur° et pèse° seulement 6.400 tonnes. Sa construction représente un grand exploit° technique pour l'époque.°

L'Arc de Triomphe Ce monument commémore° les victoires de Napoléon (1769–1821).

Le Grand Palais Ce monument est utilisé pour des nombreuses° expositions° et manifestations° artistiques.

par conséquent *consequently* **année** *year* **fer** *iron* **de hauteur** *in height* **pèse** *weighs* **exploit** *feat* **époque** *period* **commémore** *commemorates* **nombreuses** *numerous* **expositions** *exhibits* **manifestations** *demonstrations*

Vocabulaire pratique

NOMS:	**un monument**	*monument*	**une ville** *city, town*
	le paysage	*landscape*	
ADJECTIFS:	**bavard**	*talkative*	Mon petit frère est très **bavard.**
	fatigué	*tired*	Le soir, ma mère est toujours **fatiguée.**
	pauvre	*poor*	**Pauvre** Maman! Elle travaille trop.
EXPRESSIONS:	**plus tard**	*later*	Anne n'est pas ici. Elle va arriver **plus tard.**
	plusieurs	*several*	J'ai **plusieurs** livres pour elle.
	quelques	*some, a few*	Attendez **quelques** minutes. Elle vient.
	si	*if, whether*	Dis-moi **si** tu vas à Roissy.

Note: **Si** becomes s' before **il** and **ils.**

S'il pleut, je vais prendre le bus.

However, there is no elision with **elle** or **elles.**

Je demande à Sylvie **si** elle a une valise.

MOTS APPARENTÉS

French adjectives in **-e** may have English cognates which end in a consonant.

-e	↔	*-(no vowel)*
timid**e**		*timid*
modern**e**		*modern*

Structure

A. Le verbe *savoir; savoir* ou *connaître?*

Review the forms of the verb **savoir** *(to know)* in the sentences below.

Infinitive	**savoir**	
Present	Je **sais** où tu habites. Tu **sais** quand je pars. Il/Elle/On **sait** avec qui tu sors.	Nous **savons** où vous êtes. Vous **savez** où je travaille. Ils/Elles **savent** que tu es anglais.
Passé composé	J'ai **su** pourquoi tu es allé à Paris.	

Although **connaître** and **savoir** both mean *to know*, they are used differently.

Connaître means *to know—in the sense of "to be acquainted with."* It is used with nouns or pronouns designating people, places, and sometimes things. **Connaître** *cannot* stand alone but must be used with a noun or a pronoun.

Savoir means *to know—as a result of having learned, studied, or found out something.* It is used in the following instances:

alone	Oui, je **sais.**
with a clause	Je ne **sais** pas **où** (**avec qui, quand, . . .**) **vous travaillez.**
with an infinitive	Je **sais parler** français. *(I **know how** to speak French.)*

➪ **Savoir** may also be used with a noun describing something which has been learned.
Savez-vous la leçon? **Savez**-vous la date de l'examen?

➪ Note the following constructions:

Je sais **que** tu es américain.	*I know **(that)** you are American.*
Je ne sais pas **si** tu parles français.	*I don't know **whether** you speak French.*

ACTIVITÉ 1 Leurs talents

Lisez ce que les personnes suivantes font. Ensuite expliquez leurs talents en utilisant le verbe **savoir,** d'après le modèle.

➪ Janine parle italien. **Elle sait parler italien.**

1. Nous parlons français.
2. Thomas chante en espagnol.
3. Mes cousins jouent de la guitare.
4. Tu danses le rock.
5. Catherine pilote un avion.
6. Vous développez vos photos.
7. Je conduis.
8. Vous faites la cuisine.
9. Nathalie fait de la planche à voile.

LA DESCENTE DE LA LOIRE
EN PLANCHE A VOILE
DU 28 AU 31 MAI

ACTIVITÉ 2 Jim

Imaginez que vous êtes un ami de Jim. Exprimez cela en complétant *(by completing)* les phrases par **Je sais** ou **Je connais.**

➪ . . . Jim **Je connais Jim.**

1. . . . où il habite.
2. . . . pourquoi il va en France.
3. . . . sa sœur.
4. . . . les amis de sa sœur.
5. . . . quand il rentre à New York.
6. . . . avec qui il est ce soir.
7. . . . le restaurant où il va.
8. . . . l'école où il étudie.

B. Les pronoms compléments d'objet indirect: *lui, leur*

Review the forms and the position of the *indirect* object pronouns in the answers to the questions below.

Tu téléphones **à Marc?**	Oui, je **lui** téléphone.
Tu écris **à Nicole?**	Non, je ne **lui** écris pas.
Tu parles **à tes amis?**	Oui, je **leur** parle.
Tu as téléphoné **à Lucie et à Paul?**	Oui, je **leur** ai téléphoné.
Tu as écrit **à tes cousines?**	Non, je ne **leur** ai pas écrit.

Indirect object pronouns replace à + *person.* They have two forms:

Singular: **lui**	*Plural:* **leur**

➪ The following verbs take indirect objects:

parler à	**écrire à**	**rendre visite à**
téléphoner à	**répondre à**	**obéir à**

Like other object pronouns, **lui** and **leur** come immediately before the verb, except in the affirmative imperative. In infinitive constructions, **lui** and **leur** come immediately before the infinitive.

Voici Marc.	Parle-**lui!**
Tu vas téléphoner à tes parents?	Non, je ne vais pas **leur** téléphoner.

➪ In the **passé composé,** the past participle does *not agree* with **lui** and **leur.**

Compare: (direct object)	Tu as invité **Michèle?**	Oui, je **l'**ai invit**ée**.
(indirect object)	Tu as parlé **à Michèle?**	Oui, je **lui** ai parlé.

ACTIVITÉ 3 Déjà fait *(Already done)*

Marc demande à Nicole si elle fait certaines choses. Nicole dit qu'elle a déjà fait ces choses. Jouez les deux rôles, d'après le modèle.

➪ téléphoner à Charles / hier Marc: **Tu téléphones à Charles?**
Nicole: **Non, je ne lui téléphone pas. Je lui ai téléphoné hier.**

1. téléphoner à Jeannette / ce matin
2. parler au professeur / jeudi
3. parler à nos amis / à neuf heures
4. écrire à tante Simone / samedi
5. écrire à nos cousins / lundi
6. rendre visite aux voisins / hier

ACTIVITÉ 4 Petite conversation

Demandez à vos camarades s'ils font les choses suivantes. Vos camarades vont utiliser les pronoms compléments d'objet *direct* ou *indirect* qui conviennent.

⇨ admirer le président? —**Est-ce que tu admires le président?**
—**Oui, je l'admire.**
(**Non, je ne l'admire pas.**)

1. admirer tes professeurs?
2. écrire à tes professeurs pendant les vacances?
3. obéir à tes parents?
4. aider tes amis?
5. aimer Miss Piggy?
6. rendre visite à tes grands-parents?

Vocabulaire spécialisé **Quelques verbes qui utilisent deux compléments d'objet**

demander	*to ask, ask for*	Paul **a demandé** dix francs à Henri.
donner	*to give*	**J'ai donné** mon adresse à Christine.
montrer	*to show*	Marc **montre** ses photos à Sylvie.
présenter	*to introduce*	Nicole **présente** Jim à ses amis.
prêter	*to loan, lend*	**Prêtes**-tu tes disques à tes camarades?

Note: **Demander** is used in the following constructions:

Jacques **demande à** Sophie **de** sortir.	*Jacques **asks** Sophie **to** go out.*
Je **demande à** Nicole **si** elle sait conduire.	*I **ask** Nicole **if** she knows how to drive.*

proverbe: *Qui donne aux pauvres prête à Dieu!*

"He that hath pity upon the poor lendeth unto the Lord."

ACTIVITÉ 5 Entre amis *(Among friends)*

Les personnes suivantes veulent faire certaines choses, mais elles n'ont pas les choses nécessaires. Dites quel objet leurs amis (indiqués entre parenthèses) leur prêtent. Choisissez l'un des objets suivants:

une raquette / des stylos / un électrophone / des bicyclettes / un appareil-photo / un anorak / un maillot de bain

⇨ Jim veut prendre des photos. (Nathalie) **Nathalie lui prête son appareil-photo.**

1. Catherine veut jouer au tennis. (Paul)
2. Alain veut aller à la plage. (Robert)
3. Anne et Jean veulent aller à la campagne. (nous)
4. Louise et André veulent écrire. (je)
5. Philippe veut faire du ski. (tu)
6. Sylvie veut écouter un disque. (vous)

ACTIVITÉ 6 Et vous?

Marc dit ce qu'il fait. Dites si oui ou non vous faites les mêmes *(same)* choses.

➪ Je demande de l'argent à mes parents.
Moi aussi, je leur demande de l'argent. (Moi, je ne leur demande pas d'argent.)

1. Je demande la voiture à mon père.
2. Je demande des conseils *(advice)* à mes professeurs.
3. Je montre mes photos à mes amis.
4. Je montre mes notes *(grades)* à ma mère.
5. Je donne des conseils à mon meilleur ami.
6. Je donne de l'argent à mes camarades.
7. Je présente mes amis à mes parents.
8. Je dis la vérité à mes amis.

ACTIVITÉ 7 Décisions

Lisez les situations suivantes et dites ce que vous allez faire pour les personnes en question. Pour cela, utilisez les verbes entre parenthèses et le pronom complément d'objet *direct* ou *indirect* qui convient. Vos phrases peuvent être affirmatives ou négatives.

➪ Un ami est à l'hôpital. (rendre visite?) **Je lui rends visite. (Je ne lui rends pas visite.)**

1. Il y a un étudiant français à votre école. Cet étudiant ne parle pas anglais. (parler français? inviter? présenter à vos amis? téléphoner?)
2. Il y a une nouvelle *(new)* élève dans votre classe. Cette fille est très timide. (téléphoner? inviter? aider?)
3. Un ami veut emprunter *(to borrow)* votre disque favori. En général, cet ami rend rarement les choses qu'il emprunte. (dire oui? dire non? prêter vos disques?)
4. Votre meilleur ami est en France. (écrire? téléphoner souvent? oublier?)
5. Vous avez une amie qui est très curieuse . . . et très bavarde. (inviter chez vous? montrer vos photos? dire toujours la vérité?)
6. Vous avez un correspondant *(pen pal)* français qui arrive à l'aéroport. (chercher en voiture? montrer votre ville? inviter chez vous?)

À votre tour **Une personne de ma famille**

Choisissez une personne de votre famille. Décrivez vos relations avec cette personne en un petit paragraphe de 6 à 8 lignes. Si vous voulez, vous pouvez utiliser les verbes suivants au présent ou au passé composé.

dire / écrire / parler / téléphoner / promettre / donner / prêter / rendre visite / montrer / obéir

UNITÉ 2

Leçon 4 Une mauvaise journée

Scène 1. Le matin

Le lendemain Jim *n'est plus* fatigué . . . mais il est de mauvaise humeur. Marc lui propose quelques promenades, mais Jim refuse. — *no longer*

MARC: Allons voir Notre-Dame.
JIM: Ah non! Je déteste visiter les églises.
MARC: Alors, allons au Quartier Latin. Les étudiants américains aiment beaucoup cette partie de Paris.
NICOLE: C'est vrai! C'est un vieux quartier qui est très pittoresque.
JIM: Eh bien, c'est un quartier qui ne m'intéresse pas.

Nicole, qui est toujours très patiente, propose d'aller visiter le Centre Pompidou, *qui* est le nouveau musée de Paris. *Cette fois-ci,* Jim accepte, mais pendant la visite ses *réflexions* désagréables continuent. — *which; This time* — *remarks*

JIM: D'accord, c'est un musée *qui* est moderne . . . mais qui a un style vraiment bizarre! — *that*
Les gens qui viennent ici sont des snobs . . .
Les statues qui sont dans cette salle n'ont pas d'intérêt . . .

Scène 2. L'après-midi

Marc, qui est fatigué, propose d'aller dans un café. Là, ils rencontrent des amis. Malheureusement Jim continue ses *critiques.* — *criticisms*

JIM: Le disque que vous avez mis n'est pas extraordinaire . . .
Le sandwich que j'ai commandé n'est pas formidable . . .
Ce garçon que nous avons rencontré n'est pas très sympathique . . .
Cette fille que vous connaissez est assez jolie,
mais elle est trop bavarde . . .

Scène 3. Le soir

Nicole et Marc sont très surpris de l'attitude de Jim.

NICOLE *(à voix basse)*: Dis, Marc, pourquoi est-ce que tu as invité Jim? — *(in a low voice)*
MARC: Ce n'est pas moi qui l'ai invité. C'est lui qui a voulu venir à Paris.
NICOLE: Alors, pourquoi est-ce qu'il critique tout?

Heureusement cette journée désagréable va *bientôt* finir. Jim doit prendre son train à sept heures et demie. Nicole et Marc l'*accompagnent* à la gare. «*Enfin!*» pense Nicole. — *soon* — *accompany* — *At last!*

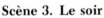

NOTE CULTURELLE

Le nouveau Paris Paris est une ville traditionnelle. C'est aussi une ville dynamique qui change rapidement. Comme° il est difficile de construire au centre, on construit les nouveaux° immeubles° dans la banlieue° de Paris. À l'ouest° de Paris, les tours° de la Défense sont des gigantesques constructions de verre° et de béton° assez semblables° aux gratte-ciel° américains.

Mais le véritable° symbole du nouveau Paris est peut-être le Centre Pompidou (ou Beaubourg). Ce musée ultra-moderne est situé° dans l'un des quartiers les plus vieux de la ville. Ce contraste entre° l'ancien et le moderne, le passé et le futur, est aussi le symbole du dynamisme français.

Comme *Since* **nouveaux** *new* **immeubles** *apartment buildings* **banlieue** *suburbs* **ouest** *west* **tours** *towers* **verre** *glass* **béton** *concrete* **semblables** *similar* **gratte-ciel** *skyscrapers* **véritable** *true* **situé** *located* **entre** *between*

Centre Georges Pompidou Bibliothèque publique d'information

Vocabulaire pratique

NOMS:	**le lendemain**	*the next day*	**une gare**	*station*
	un quartier	*district, neighborhood*	**une partie**	*part*
			une salle	*hall, large room*

VERBES:	**accepter**	*to agree, accept*	J'**accepte** ton invitation.
	critiquer	*to criticize*	Ne **critique** pas tes amis!
	intéresser	*to interest*	Est-ce que la visite du musée t'**a intéressé**?
	proposer	*to suggest, propose*	Je vous **propose** d'aller au cinéma. D'accord?
	refuser	*to refuse, say no*	Pourquoi **refuses**-tu de venir avec nous?

EXPRESSIONS:	**de bonne humeur** ≠ **de mauvaise humeur**	*in a good mood* ≠ *in a bad mood*
	heureusement ≠ **malheureusement**	*fortunately* ≠ *unfortunately*

MOTS EMPRUNTÉS *(Borrowed words)* French borrows words from English, just as English borrows words from French.

English → French		un snob, un sandwich, le football, le golf, un short, un pull-over
French → English		café, restaurant, chic, résumé, crêpe, soufflé, hors d'œuvre, boutique

Structure

A. Les adjectifs *beau, nouveau, vieux*

Review the forms of the irregular adjectives **beau** *(beautiful, good-looking)*, **nouveau** *(new)*, and **vieux** *(old)*.

SINGULAR			
Masculine	le **beau** monument le **bel** appartement	le **nouveau** monument le **nouvel** appartement	le **vieux** monument le **vieil**/j/appartement
Feminine	la **belle** ville	la **nouvelle** ville	la **vieille** ville

PLURAL			
Masculine	les **beaux** quartiers les **beaux**/z/hôtels	les **nouveaux** quartiers les **nouveaux**/z/hôtels	les **vieux** quartiers les **vieux**/z/hôtels
Feminine	les **belles** salles	les **nouvelles** salles	les **vieilles** salles

The adjectives **beau, nouveau,** and **vieux** usually come *before* the noun.

➪ When the noun begins with a vowel sound, liaison is required.
les **nouvelles** autos   ces **vieilles** histoires

➪ French has two adjectives which correspond to the English *new:*

nouveau: *new to the owner*   Mes parents ont une **nouvelle** voiture.
neuf/neuve: *brand-new*   Ce n'est pas une voiture **neuve.**

ACTIVITÉ 1 Descriptions

Décrivez les choses en italiques. Pour cela, utilisez la forme appropriée *(appropriate)* de **beau, nouveau** ou **vieux.**

➪ J'ai *un . . . vélo.*
J'ai un beau vélo.
(J'ai un vieux [nouveau] vélo.)

Le nouvel appareil
Polaroid : 150 F.*

1. Notre école est *une . . . école.*
2. Ma maison est *une . . . maison.*
3. Mon quartier est *un . . . quartier.*
4. Dans mon quartier, il y a *des . . . maisons.*
5. Dans mon quartier, il y a *des . . . magasins.*
6. Nous faisons les courses dans *un . . . supermarché.*
7. Mes parents ont *une . . . voiture.*
8. Quand je vais à une surprise-partie, je mets *des . . . vêtements.*
9. Quand mon père travaille dans le garage, il met *des . . . vêtements.*

proverbe: *Tout nouveau tout beau.*

"What's new seems beautiful."

B. Le pronom relatif *qui*

The two sentences on the left can be joined to form the single sentence on the right. Note which pronoun connects these sentences.

J'ai un ami. Cet ami habite à Paris.	J'ai un ami **qui** habite à Paris. *I have a friend **who** lives in Paris.*
Nous avons des cousins. Ces cousins sont en France.	Nous avons des cousins **qui** sont en France. *We have cousins **who** are in France.*
Voici un monument. Ce monument est très intéressant.	Voici un monument **qui** est très intéressant. *Here is a monument **which** is very interesting.*
Marc lit une lettre. Cette lettre vient de Louisville.	Marc lit une lettre **qui** vient de Louisville. *Marc is reading a letter **that** comes from Louisville.*

The relative pronoun **qui** *(who, that, which)* may refer to people or things.

⇨ **Qui** functions as the *subject* of the verb which follows it.

⇨ The noun or pronoun to which **qui** refers is called its *antecedent.* The verb which follows **qui** agrees with the antecedent.

C'est **Paul qui parle** français. — *It is **Paul who speaks** French.*

C'est **vous qui parlez** espagnol. — *It is **you who speak** Spanish.*

ACTIVITÉ 2 À Paris

Nicole fait une promenade à Paris. Elle décrit ce qu'elle fait et ce qu'elle voit. Jouez le rôle de Nicole.

⇨ Je vois une jeune fille. Elle entre dans un café.
Je vois une jeune fille qui entre dans un café.

1. Je vois un étudiant. Il va au cinéma.
2. Je vois des touristes. Ils prennent des photos.
3. Je regarde une femme. Elle cherche un taxi.
4. Je vois des taxis. Ils vont très vite.
5. Je visite un quartier. Il est très intéressant.
6. Je rencontre un ami. Il vient d'un concert.
7. Je lis un magazine. Il parle de politique.
8. Je prends un bus. Il va à Notre-Dame.

ACTIVITÉ 3 **Opinions personnelles**

Lisez les descriptions suivantes. Dites ensuite si vous aimez ou non ce genre *(this type)* de personnes ou de choses.

➪ Cette fille parle beaucoup. **J'aime les filles qui parlent beaucoup. (Je n'aime pas les filles qui parlent beaucoup.)**

1. Ce garçon est snob.
2. Ce professeur donne des examens difficiles.
3. Cette personne a des idées bizarres.
4. Cette voiture est petite.
5. Cette voiture consomme *(consumes)* beaucoup d'essence *(gas)*.
6. Ce magasin est cher.
7. Ce journal parle de sports.
8. Ce sport est violent.

C. Le pronom relatif *que*

Note the form of the pronoun in the sentences on the right, which connects the two sentences on the left.

Quels sont ces amis? Tu invites ces amis.	Quels sont les amis **que** tu invites? *Which are the friends **(whom)** you are inviting?*
Nicole est une fille. Je trouve cette fille amusante.	Nicole est une fille **que** je trouve amusante. *Nicole is a girl **(whom)** I find amusing.*
Le Louvre est un musée. Je visite souvent ce musée.	Le Louvre est un musée **que** je visite souvent. *The Louvre is a museum **(which, that)** I often visit.*
Je ne connais pas ce journal. Marc lit ce journal.	Je ne connais pas le journal **que** Marc lit. *I don't know the paper **(that)** Marc is reading.*

The relative pronoun **que** *(whom, that, which)* may refer to people or things.

➪ **Que** functions as the *direct* object of the subject and verb which follow it.
Note: In French, **que** may never be left out.

➪ **Que** becomes **qu'** before a vowel sound.
Voici le garçon **qu'**Alice va inviter. *Here is the boy **whom** Alice is going to invite.*

ACTIVITÉ 4 **Imitations**

Philippe fait les mêmes *(same)* choses que son ami Marc. Jouez le rôle de Philippe, d'après le modèle.

⇨ J'invite cette fille. **C'est une fille que j'invite aussi.**

1. J'admire ce professeur.
2. J'aime ce musée.
3. J'aide ce garçon.
4. Je regarde ce magazine.
5. Je lis ce journal.
6. Je connais cette étudiante.
7. Je vois souvent cet ami.
8. Je déteste ce restaurant.
9. J'ai critiqué ce film.
10. J'ai oublié ce rendez-vous.
11. J'ai cherché cet hôtel.
12. J'ai accepté ce cadeau *(gift)*.

ACTIVITÉ 5 **Opinions**

Dites comment vous trouvez les choses ou les personnes suivantes. Étudiez le modèle.

⇨ Marc / un garçon / sympathique? **Marc est un garçon que je trouve sympathique. (Marc n'est pas un garçon que je trouve sympathique.)**

1. Jim / un garçon / amusant?
2. Nicole / une fille / patiente?
3. mes parents / des gens / sympathiques?
4. le président / un homme / intelligent?
5. les Red Sox / une équipe *(team)* / fantastique?
6. le football américain / un sport / trop violent?
7. la photo / une activité / intéressante?
8. New York / une ville / splendide?

ACTIVITÉ 6 **Expression personnelle**

Complétez les phrases suivantes. Utilisez votre imagination. (Attention à la distinction entre **qui** et **que**!)

⇨ J'ai un ami qui . . . **J'ai un ami qui joue de la flûte (qui habite à Boston, etc.).**
J'ai un ami que . . . **J'ai un ami que j'invite souvent (que j'admire beaucoup, etc.).**

1. J'ai une amie qui . . .
2. J'ai une amie que . . .
3. Je connais un garçon qui . . .
4. Je connais une fille qui . . .
5. J'ai vu un film qui . . .
6. J'ai vu un film que . . .
7. Mes parents ont une voiture qui . . .
8. C'est une voiture que . . .

À votre tour **Une devinette** *(guessing game)*

Choisissez une personne, un endroit, ou un objet. Faites cinq ou six phrases où vous décrivez ce que vous avez choisi, mais ne mentionnez pas son nom *(name)*. Proposez cette devinette à vos camarades.

⇨ C'est une ville qui est en France. C'est une ville qui a beaucoup de monuments. C'est une ville que les touristes visitent . . .
(Réponse: **Paris**)

UNITÉ 2

Leçon 5 Il y a plus d'un Jim en Amérique!

Scène 1.

Marc et Nicole viennent de laisser Jim à la gare.
Nicole est une fille toujours calme.
Elle n'est jamais de mauvaise humeur.
Pourtant aujourd'hui elle est furieuse . . . et Marc est *vexé*. *upset*

MARC: Ce Jim est vraiment quelqu'un d'*étrange!* *strange*
NICOLE: C'est un garçon qui critique tout!
MARC: . . . Et qui n'aime rien!
NICOLE: Je ne connais personne *d'aussi* négatif! *that, so*
MARC: Pourtant, c'est un garçon qui est si aimable dans les lettres qu'il m'écrit.
NICOLE: Vraiment, je ne comprends pas son attitude!

Scène 2.

Marc et Nicole rentrent chez eux, fatigués et *déçus*. *disappointed*
Madame Duval, leur mère, les attend.

MADAME DUVAL: Marc, il y a un télégramme pour toi!
MARC: Un télégramme? D'où?
MADAME DUVAL: Des États-Unis!
MARC: Des États-Unis? C'est curieux, ça!

Marc prend le télégramme et lit le message suivant:

J'AI RATÉ MON AVION MERCREDI. ARRIVE DEMAIN 4 JUILLET.
PEUX-TU M'ATTENDRE À L'AÉROPORT? MILLE EXCUSES. AMITIÉS.° *°Best regards.*
JIM MITCHELL

MARC: *Ça, par exemple!* C'est un télégramme de Jim! *What do you mean!*
NICOLE: De Jim? Mais c'est impossible! Nous venons de le laisser à la gare.

Marc montre le télégramme à sa sœur.

NICOLE: C'est absolument incroyable! Mais alors . . . qui est ce *fameux* Jim qui a été si désagréable avec nous? — *notorious*

MARC: Qui sait? Il y a plus d'un Jim en Amérique! Et, s'il te plaît, ne me parle plus de ton intuition féminine!

NOTE CULTURELLE

Les jeunes Français et l'Amérique Qu'est-ce que les Français pensent des États-Unis? D'après un sondage,° les Français considèrent les Américains comme° les meilleurs amis de la France. Les jeunes, en particulier, connaissent et apprécient la culture américaine. Ils écoutent les disques de musique pop américaine et vont voir les derniers films américains. En vacances, ils portent des blue-jeans et au café ils boivent du Coca-Cola. On dit que la jeunesse° française s'américanise° . . .

sondage *poll* **comme** *to be* **jeunesse** *youth* **s'américanise** *is becoming Americanized*

Vocabulaire pratique

ADJECTIFS:	**aimable**	*pleasant, nice*	Robert est un garçon très **aimable.**
	incroyable	*unbelievable, incredible*	Tu as gagné cent dollars à la loterie? C'est **incroyable!**
VERBES:	**laisser**	*to leave*	Nous **avons laissé** nos cousins à la gare.
	rater	*to fail* (an exam)	Christine **a raté** son examen d'anglais.
		to miss (a train)	Pierre **a raté** son train hier.
EXPRESSIONS:	**pourtant**	*however*	Nicole est triste. **Pourtant,** c'est une fille généralement heureuse *(happy)*!
	si	*so*	Pourquoi es-tu **si** fatigué?

MOTS APPARENTÉS

Many French adjectives in **-eux** / **-euse** have English cognates in *-ous.*

-eux / **-euse** ↔	*-ous*
furi**eux** / furi**euse**	*furious*
séri**eux** / séri**euse**	*serious*
curi**eux** / curi**euse**	*curious*

Structure

A. Quelques adjectifs irréguliers

Regular French adjectives add **-e** in the feminine, and **-s** in the plural. Adjectives which do not follow this basic pattern are considered *irregular.* Here are some irregular adjectives.

Adjectives in **-eux:**

	SINGULAR	PLURAL	
Masculine	**-eux**	**-eux**	François est **sérieux.** Marc et Éric sont **sérieux.**
Feminine	**-euse**	**-euses**	Martine est **sérieuse.** Anne et Claire sont **sérieuses.**

Adjectives in **-al**:

	SINGULAR	PLURAL	
Masculine	**-al**	**-aux**	Paul est **original.** Il a des amis **originaux.**

Note: The feminine forms are regular: une fille origin**ale**, des filles origin**ales.**

Adjectives with irregular feminine forms:

Masculine	*Feminine*		
-if	**-ive**	Paul est **actif.**	Sylvie est **active.**
-el	**-elle**	Éric est **ponctuel.**	Sa sœur est **ponctuelle.**
-on	**-onne**	Ce vin est **bon.**	Cette bière est **bonne.**
-en	**-enne**	Marc est **canadien.**	Lisette est **canadienne.**

Vocabulaire spécialisé **Quelques adjectifs de description**

ADJECTIFS:

en **-eux/-euse**: **ambitieux**, **courageux**, **curieux**, **généreux**, **sérieux**, **superstitieux**, **heureux** *happy*, **malheureux** *unhappy*, **paresseux** *lazy*

en **-if/-ive**: **actif**, **imaginatif**, **impulsif**, **intuitif**, **naïf**, **sportif** *active in sports*

en **-on/-onne**: **mignon** *cute*

en **-el/-elle**: **intellectuel**, **naturel**

en **-en/-enne**: **musicien** *musical*

ACTIVITÉ 1 **Expression personnelle**

Demandez à vos camarades quelles qualités ils préfèrent, d'après le modèle. (Attention: le mot «personne» est féminin.)

⇨ impulsif ou patient?
—Préfères-tu les personnes impulsives ou les personnes patientes?
—Je préfère les personnes impulsives.
(Je préfère les personnes patientes.)

1. sportif ou intellectuel?
2. imaginatif ou réaliste?
3. actif ou paresseux?
4. intuitif ou logique?
5. superstitieux ou rationnel?
6. calme ou ambitieux?
7. heureux ou malheureux?

ACTIVITÉ 2 **Les amies de Nicole**

Lisez la description des amies de Nicole. Complétez cette description en utilisant un adjectif du vocabulaire.

⇨ Sylvie regarde souvent l'horoscope. **Elle est superstitieuse.**

1. Jacqueline déteste étudier.
2. Louise fait du ski et du tennis.
3. Anne étudie la philosophie.
4. Nathalie étudie beaucoup.
5. Hélène est toujours contente.
6. Charlotte est jolie.

B. Les expressions négatives *ne . . . jamais* et *ne . . . plus*

Note the word order in the sentences below.

Je **ne** voyage **pas.**	*I don't travel. I am not traveling.*
Je **ne** voyage **jamais.**	*I **never** travel.*
Je **ne** voyage **plus.**	*I don't travel **anymore**. I **no longer** travel.*
Marc **n'**a **pas** invité Paul.	*Marc did **not** invite Paul. (Marc has **not** invited Paul.)*
Marc **n'**a **jamais** invité Paul.	*Marc **never** invited Paul. (Marc has **never** invited Paul.)*
Marc **n'**a **plus** invité Paul.	*Marc did **not** invite Paul **anymore (any longer)**.*

In French, negative expressions consist of two parts and follow this pattern:

ne + verb + { **pas** / **jamais** / **plus** }

⇨ In the **passé composé**, the negative expressions **ne . . . pas, ne . . . jamais,** and **ne . . . plus** go around **avoir** and **être.**

ACTIVITÉ 3 Bonnes décisions!

Les personnes suivantes faisaient *(used to do)* les choses entre parenthèses. Maintenant elles ne font plus ces choses. Décrivez leurs bonnes résolutions, d'après le modèle.

➪ Nicole (critiquer ses amis) **Maintenant Nicole ne critique plus ses amis.**

1. Henri (critiquer ses parents)
2. mes cousins (rater leurs examens)
3. Monsieur Moreau (fumer *to smoke*)
4. toi (être paresseux)
5. vous (être impatients)
6. Sylvie (perdre son temps)
7. nous (dormir en classe)
8. Thérèse (dire des mensonges)
9. moi (contredire mes professeurs)

ACTIVITÉ 4 Accusations

Jacques accuse Henri de certaines choses. Henri dit qu'il n'a jamais fait ces choses. Jouez le rôle de Jacques et d'Henri, d'après le modèle.

➪ critiquer mes amis Jacques: **Tu as critiqué mes amis.**
Henri: **Je n'ai jamais critiqué tes amis!**

1. critiquer ma famille
2. entrer dans ma chambre
3. prendre ma raquette
4. regarder mes photos
5. lire mon journal *(diary)*
6. aller dans le garage
7. prendre mon vélo
8. sortir avec ma petite amie

Vocabulaire spécialisé **Quelques expressions et leurs contraires** *(Some expressions and their opposites)*

quelqu'un	*someone, somebody*	Marc parle à **quelqu'un.**
ne . . . personne	*no one, nobody, not anyone*	Sylvie **ne** parle à **personne.**
quelque chose	*something*	Dis-moi **quelque chose!**
ne . . . rien	*nothing, not anything*	Pierre **ne** dit **rien.**

Notes: 1. The above expressions may be used as subjects.

Quelqu'un parle à Catherine. — *Someone is talking to Catherine.*
Personne ne connaît Jim. — *Nobody knows Jim.*

2. **Personne** and **rien** are negative words which require **ne** before the verb.
3. In the **passé composé, rien** comes *before* the past participle, but **personne** comes *after* it.

Vous **n'**avez **rien** vu. — *You saw **nothing.***
Nous **n'**avons vu **personne.** — *We didn't see **anyone.***

4. When the above expressions are used with an *adjective,* the construction is:

expression + **de** + adjective

Je connais **quelqu'un de** très **drôle.** — *I know **someone** very **funny.***
Je **ne** fais **rien de spécial.** — *I'm **not** doing **anything special.***

proverbe: *Qui ne risque rien n'a rien.*

"Nothing ventured, nothing gained."
(literally: *People who risk nothing have nothing.*)

ACTIVITÉ 5 Questions personnelles

1. Connaissez-vous quelqu'un à Paris?
2. Connaissez-vous quelqu'un à Dakar?
3. Ce soir, invitez-vous quelqu'un à dîner?
4. Ce soir, faites-vous quelque chose de spécial?
5. Maintenant, est-ce que vous faites quelque chose d'important?

ACTIVITÉ 6 Non

Hier l'appartement de Monsieur Dupont a été cambriolé *(burglarized).* Un inspecteur de police pose certaines questions à Monsieur Dupont, qui répond négativement. Jouez le rôle de Monsieur Dupont.

L'inspecteur:	Monsieur Dupont:
⇨ Vous avez vu quelqu'un?	**Non, je n'ai vu personne.**

1. Vous avez vu quelque chose?
2. Vous avez parlé à quelqu'un?
3. Vous avez fait quelque chose?
4. Vous avez entendu quelqu'un?
5. Vous avez entendu quelque chose?
6. Vous avez reconnu quelqu'un?

À votre tour **Week-end**

Décrivez votre dernier week-end, mais soyez discret/discrète! Faites six phrases où vous allez utiliser les expressions du Vocabulaire spécialisé.

⇨ Je suis sorti avec quelqu'un de sympathique.
Nous sommes allés au cinéma et nous avons vu quelque chose d'intéressant.

Les bêtes° ne sont pas si bêtes!

= **animaux**

Les Français attribuent beaucoup de qualités et beaucoup de défauts° aux animaux, sauf° la bêtise.° En français on dit . . .

faults
= **excepté;**
= **stupidité**

Lent° comme une tortue.

Rapide comme une gazelle.

Slow

Paresseux comme un lézard.

Muet° comme une carpe.

Quiet

Jaloux° comme un tigre.

Heureux comme un poisson dans l'eau.

Jealous

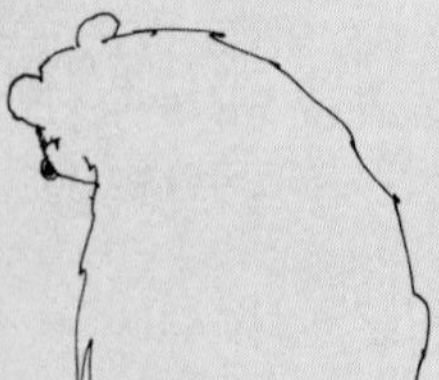

Sauvage° comme un ours.

Rusé° comme un renard.

Bête comme une oie.

Unsociable;
Sly

Comme vous le voyez, l'oie est la seule° bête vraiment bête.

only

LA POLITESSE FRANÇAISE

Quelles sont les règles° de la politesse française? La règle générale, comme° aux États-Unis, est de respecter les autres.° Si vous allez en France un jour, voici quelques conseils particuliers:°

rules; as; others; specific advice

- Ne dites pas «tu» à une personne que vous ne connaissez pas. Dites-lui «vous».
- Ne dites pas «tu» à une personne plus âgée que vous. Ne l'appelez° pas par son prénom.° *call; first name*
- Serrez° la main à une personne que vous rencontrez pour la première fois.° Serrez-lui la main la seconde fois, la troisième fois . . . En fait,° serrez-lui la main chaque fois que vous la rencontrez. *Shake; time; In fact*
- À table, ne mettez pas les mains sous° la table. Mettez-les sur la table. *under*
- N'interrompez° pas les grandes personnes quand elles vous parlent. Écoutez-les même° si elles n'ont pas grand-chose° à dire. *interrupt; even;* **= beaucoup**
- Ne passez pas devant° une personne plus âgée que vous. En général, ne passez pas devant les gens, même si on vous dit de le faire. *in front of*

Un dernier conseil: Ne critiquez pas les habitudes° françaises. Laissez-les critiquer par vos amis français!°

customs; Let your French friends criticize them!

L'ART DE LA LECTURE

Partial cognates

There are many French words which closely resemble English words but whose meanings differ to some extent. For instance:

Grand may mean *grand,* but it often means *big.* The expression **grandes personnes** *(= big people)* corresponds to **adultes.**
Passer may mean *to pass,* but it often means *to walk* or *to go.*
Un conseil may mean *counsel,* but it usually means *advice.*

When reading French, you may often encounter cognates whose English equivalents do not seem quite appropriate to the sentence in which they occur. Try to determine the meaning that best fits the context.

Le courrier du coeur

Chère **Lucile,**

J'ai 16 ans. J'ai des parents généreux, des amis sympathiques . . . et pourtant je suis malheureux. Voici mon problème: je suis amoureux° d'une jeune fille très timide. En classe, elle me regarde tout le temps,° mais elle ne me parle jamais. Et pourtant, je suis sûr qu'elle me trouve sympathique.

Qu'est-ce que je dois faire? Est-ce que vous pouvez m'aider?

Désespéré°

in love
all the time
Desperate

Cher ***Désespéré,***

Qui est le plus timide? Votre amie ou vous? Si vous êtes vraiment amoureux d'elle, faites le premier pas.°

Lucile

step

Chère **Lucile,**

Je connais un garçon très sympathique. Il s'appelle Gérard. Il dit qu'il m'aime . . . Le problème est que j'ai une rivale. Non, ce n'est pas une autre° fille. C'est la moto de Gérard. Le week-end, il passe plus de temps° avec elle° qu'avec moi. Qu'est-ce que je peux faire contre° une Kawasaki?

Désolée°

another
more time; = **la moto**
against
Sad

Chère ***Désolée,***

Vous avez tort d'être jalouse. Bien sûr, votre rivale a des séductions mécaniques que vous n'avez pas. Mais elle ne peut pas parler ni° penser et surtout° elle ne peut pas aimer.

Votre problème est que vous avez peur° de monter à moto . . . et vous avez raison!

Lucile

nor
above all
are afraid

Chère **Lucile,**

Ce week-end, je dois sortir avec un garçon qui m'a offert° une bouteille de parfum très cher pour mon anniversaire. Le problème est que je déteste ce parfum. Quand je le mets, je suis toujours malade. Je ne veux pas offenser° mon ami, mais il m'est impossible de mettre son parfum. Qu'est-ce que vous me conseillez?°

Allergique

= donné

to offend

advise

Chère ***Allergique,***

Soyez honnête avec vous-même.° Votre véritable° allergie n'est pas le parfum. C'est le garçon qui vous l'a offert. Êtes-vous sûre de vos sentiments° envers° lui?

Lucile

yourself; real

feelings

towards

Comment écrire à un ami français

- En principe, ne tapez° pas votre lettre à la machine à écrire.° Utilisez un stylo. C'est plus personnel!
- Mettez la date en haut° et à droite de la page.
- Commencez votre lettre avec le nom de votre ami(e):

  Cher Paul,
  Chère Nathalie,

  Si vous connaissez très bien cette personne, vous pouvez écrire:

  Mon cher Paul,
  Ma chère Nathalie,

- Écrivez votre lettre.
- Terminez° votre lettre par l'une des formules suivantes:

  Je t'embrasse,
  Je t'embrasse affectueusement,
  Bien à toi,°
  Amicalement,°

  ou plus simplement:

  Ton ami(e),

- Signez lisiblement.°

type; typewriter

at the top

End

Yours

In friendship

legibly

UNITÉ 3

Le mariage de Jacqueline

Betty Jensen, une jeune Américaine a passé l'été en France avec la famille Lefèvre. Pendant deux mois, elle a participé aux événements *(events)* de la vie familiale *(family life)*. Le grand événement a été le mariage de Jacqueline, la fille aînée *(oldest)* des Lefèvre, avec Louis Jacomme.

UNITÉ 3

Leçon 1 Derniers préparatifs

Derniers préparatifs *Last preparations*

Demain, Jacqueline Lefèvre va *se marier avec* Louis Jacomme. Aujourd'hui, la famille de Jacqueline est très occupée.

to marry

Au salon

Jacqueline est au salon avec sa mère.
Madame Lefèvre regarde sa fille.
Jacqueline regarde sa robe.
Puis elle *se regarde* dans la *glace*.
Est-ce qu'elle *se trouve* jolie?

looks at herself; mirror
find herself

Au jardin

Betty et Lisette, la sœur de Jacqueline, préparent un grand bouquet de *fleurs*.

BETTY: Je coupe *d'autres* fleurs?
LISETTE: Oui, mais fais attention!
Ne te coupe pas avec le *sécateur!*

Au jardin *In the garden*
flowers
other
garden shears

Au garage

Monsieur Lefèvre lave sa voiture.
Puis il va se laver dans la salle de bains.

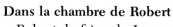

Dans la chambre de Robert

Robert, le frère de Jacqueline, prépare son appareil-photo. Il a l'intention de prendre beaucoup de photos demain! Puis, il se prépare pour la cérémonie.

NOTE CULTURELLE

Les fiançailles° et le mariage Dans beaucoup de familles françaises, le mariage est précédé par° la cérémonie des fiançailles. C'est une cérémonie familiale° simple où le jeune homme et la jeune fille décident officiellement de se marier. Comme° symbole de cette promesse,° le fiancé offre° une bague—la bague de fiançailles—à sa fiancée.

Le mariage a lieu° dans une période de six mois à un an après les fiançailles. C'est une cérémonie très importante où sont invités tous les membres de la famille. Le mariage a lieu traditionnellement chez les parents de la jeune fille. Le mariage de Jacqueline se passe° dans un petit village de Normandie où les Lefèvre ont une maison de campagne.

fiançailles *engagement* **précédé par** *preceded by* **familiale** *family* **Comme** *As a* **promesse** *promise* **offre** *gives* **a lieu** *takes place* **se passe** *takes place*

MONSIEUR ET MADAME BERNARD LEFÈVRE
ONT L'HONNEUR DE VOUS FAIRE PART DU MARIAGE DE
LEUR FILLE, JACQUELINE, AVEC MONSIEUR LOUIS JACOMME

MONSIEUR ET MADAME HENRI JACOMME
ONT L'HONNEUR DE VOUS FAIRE PART DU MARIAGE DE LEUR
FILS, LOUIS, AVEC MADEMOISELLE JACQUELINE LEFÈVRE

ET VOUS DEMANDENT DE PARTAGER LEUR JOIE EN PARTICIPANT
À LA CÉLÉBRATION DU MARIAGE QUI AURA LIEU
LE SAMEDI 10 AOÛT EN L'ÉGLISE DE VIDAUBAN

LE CLOS 83550 VIDAUBAN

14, AVENUE MARBEAU 75016 PARIS

Vocabulaire pratique

couper	*to cut*	**se couper**	*to cut oneself*
laver	*to wash*	**se laver**	*to wash (oneself), wash up*
préparer	*to prepare, fix*	**se préparer**	*to prepare (oneself), get ready*

MOTS APPARENTÉS

French nouns ending in **-ie** often have English cognates in *-y*.

-ie	↔	***-y***
une cérémon**ie**		*ceremon**y***
la géograph**ie**		*geograph**y***

Vocabulaire spécialisé **La maison**

une pièce *room* (in general)

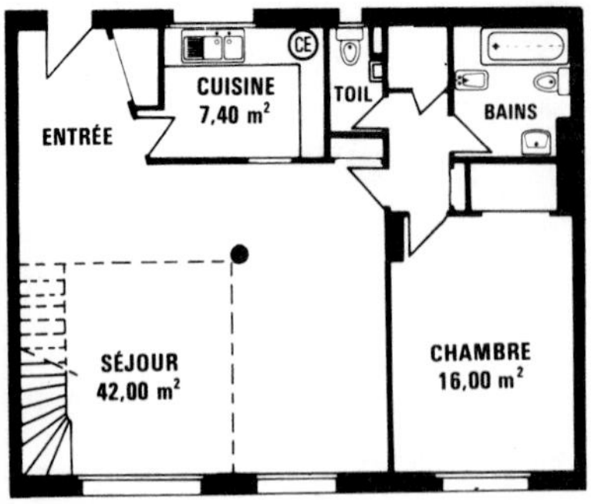

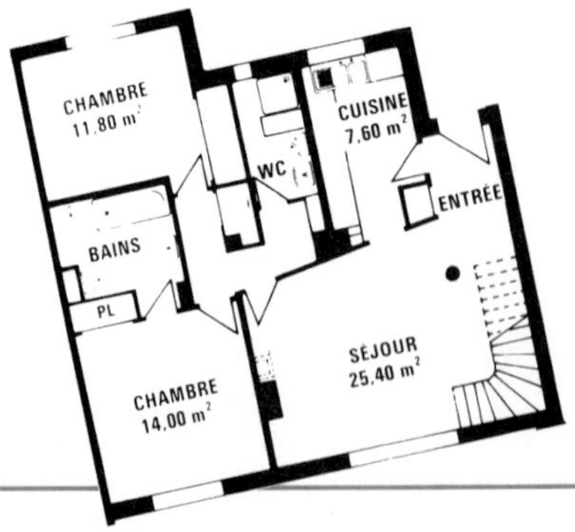

proverbe:

On ne peut pas être en même temps à la cave et au grenier.

"One cannot be two places at once."

(literally: *One cannot be in the cellar and in the attic at the same time.*)

ACTIVITÉ 1 À la maison

Les personnes suivantes sont à la maison. Lisez ce que chacune fait et dites où elle est.

➪ Nous déjeunons. **Nous sommes dans la salle à manger (dans la cuisine).**

1. Pierre prépare une pizza.
2. Tu coupes des fleurs *(flowers)*.
3. Christine lave sa voiture.
4. Vous écoutez des disques.
5. Je dors.
6. Henri se lave.
7. Mes parents parlent avec leurs amis.
8. Louise a trouvé un vieil album de photos.

Structure

A. Les verbes *acheter* et *espérer*

Review the forms of **acheter** *(to buy)* and **espérer** *(to hope)*, paying special attention to the last vowel of the stem.

Infinitive		acheter		espérer
Present	j'	**achète**	j'	**espère**
	tu	**achètes**	tu	**espères**
	il/elle/on	**achète**	il/elle/on	**espère**
	nous	**achetons**	nous	**espérons**
	vous	**achetez**	vous	**espérez**
	ils/elles	**achètent**	ils/elles	**espèrent**
Passé composé	j'ai	**acheté**	j'ai	**espéré**

The **e** of **acheter** and the **é** of **espérer** become **è** when the ending of the verb is silent. This occurs in the **je, tu, il,** and **ils** forms of the present tense.

➪ Other verbs which follow the above patterns are:

(like **acheter**)

amener *to take, bring (along)* J'**amène** ma sœur au cinéma.

(like **espérer**)

préférer *to prefer* Paul **préfère** acheter une moto.

répéter *to repeat* **Répétez** la question, s'il vous plaît.

Note: In French there are two verbs which correspond to the English *to bring* or *take along:*

amener (used mainly with people) J'**amène** un ami à la surprise-partie.

apporter (used only with things) J'**apporte** aussi ma guitare.

ACTIVITÉ 2 Un pique-nique

Les amis suivants vont à un pique-nique. Dites quelles personnes ils amènent et quelles choses ils apportent.

⇨ Henri / sa sœur **Henri amène sa sœur.**
Denise / des sandwichs **Denise apporte des sandwichs.**

1. nous / nos cousins
2. Janine / son fiancé
3. moi / ma guitare
4. Richard / son transistor
5. Pierre et André / leurs petites amies
6. Daniel / du Coca-Cola
7. vous / quelqu'un de sympathique
8. toi / quelque chose à boire
9. moi / un ami américain
10. toi / une amie canadienne

ACTIVITÉ 3 Questions personnelles

1. Préférez-vous aller au cinéma ou au théâtre?
2. Quand vous allez à une surprise-partie, est-ce que vous amenez quelqu'un? Qui?
3. Espérez-vous sortir ce week-end? Où espérez-vous aller?
4. Quand vous invitez vos amis chez vous, dans quelle pièce est-ce que vous les amenez? Quelle est votre pièce préférée *(favorite)*?
5. Quand vous êtes invité(e) à un pique-nique, qu'est-ce que vous apportez?
6. Est-ce que le professeur répète les questions en classe?
7. Est-ce que vos parents répètent souvent les mêmes *(same)* choses? Qu'est-ce qu'ils répètent?

B. La construction réfléchie

Read the illustrated sentences below, noting the different pronouns used in situations A and B.

A | **B**

Pierre a une moto.

Pierre **la** lave.

Ensuite, Pierre **se** lave.

Nicole a un ami.

Nicole **le** regarde.

Puis, Nicole **se** regarde dans la glace.

Janine a un frère.

Janine **lui** achète un gâteau.

Janine s'achète un gâteau aussi.

➪ In the sentences of column A, Pierre, Nicole, and Janine perform actions on or for *something* or *someone else:*

Pierre washes his motorcycle, Nicole looks at her friend, Janine buys a piece of cake for her brother.

➪ In the sentences of column B, Pierre, Nicole, and Janine are performing actions on or for *themselves:*

Pierre washes himself, Nicole looks at herself, Janine buys herself a piece of cake.

The pronoun **se** (s') represents the same person as the subject. **Se** is called a *reflexive pronoun* because it indicates that the action is "reflected" back on the subject.

➪ Verbs which use a reflexive pronoun (**se laver, se regarder, s'acheter**) are called *reflexive verbs.*

ACTIVITÉ 4 **Chacun pour soi!** *(Everyone for himself!)*

Dites que les personnes suivantes font certaines choses pour elles-mêmes *(themselves)*. Utilisez **se** ou **s'**, d'après le modèle.

➪ Madame Boucher achète le journal. **Madame Boucher s'achète le journal.**

1. Georges prépare une omelette.
2. Marie achète une nouvelle robe.
3. Christine cherche une orange.
4. Simon fait un sandwich.
5. Monsieur Dupont construit une maison.
6. Brigitte fait un gâteau.

C. Les verbes réfléchis

The chart below shows the reflexive pronouns and the present tense of the reflexive verb **se laver** *(to wash oneself)*.

SUBJECT PRONOUN	REFLEXIVE PRONOUN	se laver	*to wash oneself*
je	**me (m')**	Je **me** lave.	*I wash **myself**.*
tu	**te (t')**	Tu **te** laves.	*You wash **yourself**.*
il	**se (s')**	Il **se** lave.	*He washes **himself**.*
elle	**se (s')**	Elle **se** lave.	*She washes **herself**.*
on	**se (s')**	On **se** lave.	*One washes **oneself**.*
nous	**nous**	Nous **nous** lavons.	*We wash **ourselves**.*
vous	**vous**	Vous **vous** lavez.	*You wash **yourselves**.*
ils	**se (s')**	Ils **se** lavent.	*They wash **themselves**.*
elles	**se (s')**	Elles **se** lavent.	*They wash **themselves**.*

➪ The forms in parentheses are used before a vowel sound.
Avec mon argent, je **m'**achète des disques.

➪ Except for **se,** reflexive pronouns have the same forms as the corresponding object pronouns.

➪ Reflexive pronouns, like other object pronouns, usually come before the verb. In negative sentences the construction is:

subject + **ne** + reflexive pronoun + verb + **pas (jamais, plus)** . . .

Tu **ne** te laves **pas.**
Vous **ne** vous préparez **pas** pour le concert.

ACTIVITÉ 5 Vanité

Il y a une glace *(mirror)* dans le couloir *(corridor)* de l'école. Dites que les personnes suivantes se regardent dans la glace avant d'aller en classe. Dites aussi qu'elles s'admirent. Utilisez les verbes réfléchis **se regarder** et **s'admirer.**

➪ Paul **Paul se regarde dans la glace. Il s'admire.**

1. les élèves
2. le professeur de maths
3. moi
4. vous
5. toi
6. nous
7. ma sœur
8. mes camarades

ACTIVITÉ 6 Préparatifs *(Preparations)*

Lisez ce que font les personnes suivantes et dites pour quel événement *(event)* elles se préparent. Utilisez le verbe **se préparer** et l'expression entre parenthèses.

➪ Charles étudie. (l'examen) **Il se prépare pour l'examen.**

1. Mes cousins cherchent leur passeport. (leur voyage)
2. Nathalie met une jolie robe. (un rendez-vous)
3. Nous jouons de la guitare. (le concert)
4. J'apprends la leçon. (la classe)
5. Tu achètes un maillot de bain. (l'été)
6. Vous achetez des bottes. (l'hiver)
7. Jean fait des exercices. (le match de football)
8. Je mets mon short. (le match de tennis)

ACTIVITÉ 7 Après le match

Après le match de basket, certains joueurs *(players)* se lavent. Les autres *(others)* vont directement chez eux. Dites qui se lave et qui ne se lave pas.

➪ Pierre (non) **Pierre ne se lave pas.**

1. Louis et Robert (oui)
2. Annette et Louise (oui)
3. toi (non)
4. nous (oui)
5. vous (non)
6. Philippe (oui)
7. mes amis (oui)
8. moi (non)

ACTIVITÉ 8 Le coût de la vie *(The cost of living)*

Ce que nous nous achetons dépend souvent de l'argent que nous voulons dépenser. Exprimez cela d'une manière *(manner)* logique en utilisant le verbe **s'acheter** et les éléments des colonnes A, B et C. Combien de phrases logiques pouvez-vous faire en cinq minutes?

A	B	C
deux dollars	je	une montre
dix dollars	tu	un disque
vingt dollars	mon père	une revue
cinquante dollars	nous	un appareil-photo
cent dollars	vous	un électrophone
deux cents dollars	mes amis	un maillot de bain
trois mille dollars		un anorak
dix mille dollars		une valise
		une vieille voiture
		une nouvelle voiture
		un tee-shirt

➪ **Avec dix dollars, tu t'achètes un tee-shirt (un disque).**

À votre tour **Avec notre argent**

Dites ce que vous vous achetez avec votre argent de poche *(allowance)*:
des magazines? des disques? des livres? des vêtements?
Puis demandez à cinq personnes différentes ce qu'elles s'achètent et écrivez leurs réponses *(answers)*.

➪ Avec mon argent, je . . .
Avec son argent, Paul . . .

UNITÉ 3

Leçon 2 Un absent

Un absent — *An absent person*

Scène 1.

Le grand jour est arrivé . . .
Tous les invités sont *réunis* chez les Lefèvre. — *gathered*
Robert, photographe amateur, veut prendre quelques photos avant la cérémonie. Il donne ses instructions:

«Toi, Betty, mets-toi *à côté de* Jacqueline. — *next to*
«Vous, oncle André, mettez-vous *à droite de* Maman. — *to the right of*
«Toi, Lisette, ne te mets pas *derrière* Betty. Mets-toi *devant* elle. — *behind; in front of*
«Vous, tante Denise, ne vous mettez pas trop *loin*. Je ne vous vois pas. Mettez-vous ici! — *far away*
«*Tout le monde* est prêt? Un *sourire* maintenant!» — *Everyone; smile*

Clic clac!

Scène 2.

Robert a pris plusieurs photos. Il va prendre la dernière photo quand il remarque que Jean-Claude n'est pas là. Jean-Claude est le meilleur ami de Louis Jacomme. C'est aussi son *témoin*. Sans lui, la cérémonie ne peut pas commencer. Où est Jean-Claude? — *best man*

Dix minutes passent . . . Une heure passe . . . Jean-Claude n'est *toujours* pas là! Madame Lefèvre est inquiète. Monsieur Lefèvre commence à perdre patience. Louis demande à tout le monde de rester calme: — *still*

«Je sais bien que Jean-Claude n'est pas très ponctuel, mais il m'a promis d'être *à l'heure*.» — *on time*

Mais Jacqueline n'est pas très rassurée.

JACQUELINE: Alors, pourquoi est-ce qu'il n'est pas là? Est-ce qu'il a oublié?
LOUIS: Oublié? *Voyons*, c'est impossible! — *Come on*
JACQUELINE: *Appelle-le!* — *Call him!*
LOUIS: Bon, d'accord! Je vais l'appeler!

Louis va appeler son ami . . . Pas de *réponse!* — *answer*

NOTE CULTURELLE

Le mariage—cérémonie civile et religieuse En France, le mariage est une cérémonie à la fois° officielle et religieuse. Le mariage est célébré d'abord obligatoirement° à la mairie° par le maire,° en présence de deux témoins.° À la fin° de cette cérémonie civile, le maire délivre° aux nouveaux époux° un document officiel, le livret° de famille.

Après la mairie, les époux vont à l'église pour le mariage religieux. En France, la cérémonie religieuse est généralement beaucoup plus solennelle° que la cérémonie civile. C'est la véritable° cérémonie familiale!°

à la fois *at the same time* **obligatoirement** *as required by law* **mairie** *town hall* **maire** *mayor* **témoins** *witnesses* **fin** *end* **délivre** *gives* **époux** *husband and wife* **livret** *booklet* **solennelle** *solemn* **véritable** *true* **familiale** *family*

Vocabulaire pratique

NOMS:	**un invité** *guest*	**une invitée** *guest*	
ADJECTIFS:	**inquiet (inquiète) ≠ rassuré**		*worried, concerned ≠ reassured*
	premier (première) ≠ dernier (dernière)		*first ≠ last*
	prêt		*ready*
VERBES:	**commencer**	*to begin*	À quelle heure **commence** la cérémonie?
	remarquer	*to notice, remark*	Les invités **ont remarqué** l'absence de Jean-Claude.
EXPRESSION:	**sans**	*without*	Ils ne veulent pas partir **sans** Robert.

MOTS APPARENTÉS

French words in **-que** often have English cognates in *-k*.

-que	↔	***-k***
je remar**que**		*I remark*
la ban**que**		*bank*

Vocabulaire spécialisé Où?

devant	*in front (of)*	**à gauche (de)**	*to the left (of)*
entre	*between, among*	**à droite (de)**	*to the right (of)*
derrière	*behind, in back (of)*	**en face (de)**	*across (from), opposite*
loin (de)	*far (from), far away (from)*	**à côté (de)**	*beside, next to*
près (de)	*near*		
autour (de)	*around*		
au milieu (de)	*in the middle (of)*		
au centre (de)	*in the center (of)*		

Note: The above expressions may stand alone. When used with a *noun* or *stress pronoun*, many of them must be followed by **de**.

Louis n'est pas **loin.** — *Louis is not **far away.***
Louis n'est pas **loin de** nous. — *Louis is not **far from** us.*

ACTIVITÉ 1 La table de mariage

Jacqueline a préparé le plan de la table principale. Indiquez *(Indicate)* la position des personnes suivantes par rapport *(in relationship)* aux personnes indiquées entre parenthèses.

⇨ Jacqueline (Louis) **Jacqueline est à côté de (à gauche de) Louis.**

1. Louis (Jacqueline)
2. Louis (Madame Lefèvre)
3. Robert (Louis)
4. Madame Jacomme (Monsieur Jacomme)
5. Robert (Lisette et Betty)

ACTIVITÉ 2 Questions personnelles

1. Habitez-vous près de l'école?
2. En classe, qui est à votre droite? à votre gauche?
3. Qui est devant vous en classe d'anglais? Qui est derrière vous?
4. Qui habite à côté de chez vous? en face de chez vous?
5. Est-ce qu'il y a un jardin autour de votre maison?

Structure

A. L'impératif des verbes réfléchis

Read the examples below and note how orders, hints, or suggestions are given with reflexive verbs.

AFFIRMATIVE IMPERATIVE		NEGATIVE IMPERATIVE	
Prépare-toi!	*Get ready.*	**Ne te prépare pas!**	*Don't get ready.*
Préparons-nous!	*Let's get ready.*	**Ne nous préparons pas!**	*Let's not get ready.*
Préparez-vous!	*Get ready.*	**Ne vous préparez pas!**	*Don't get ready.*

In an affirmative command the reflexive pronoun comes *after* the verb and is attached to it with a hyphen.

Note that **te** becomes **toi.**

In a negative command the reflexive pronoun comes *before* the verb.

⇨ The following reflexive verbs are frequently used in the imperative:

s'asseoir	*to sit down*	**se taire**	*to be quiet*
Assieds-toi!	*Sit down!*	**Tais-toi!**	*Be quiet!*
Asseyez-vous!	*Sit down!*	**Taisez-vous!**	*Be quiet!*

proverbe: Aide-toi et le ciel t'aidera!

"Heaven helps those who help themselves."
(literally: *Help yourself and heaven will help you.*)

ACTIVITÉ 3 Les instructions de Lisette

Lisette place les invités pour le repas de mariage. Jouez le rôle de Lisette, d'après le modèle.

⇨ Toi, Hélène Lisette: **Toi, Hélène, mets-toi ici.**

1. Vous, oncle André
2. Vous, tante Denise
3. Toi, Betty
4. Toi, Jean-François
5. Toi, Alain
6. Vous, Charles et Henri
7. Vous, Claudine et Michèle
8. Toi, Louis

ACTIVITÉ 4 Paresse *(Laziness)*

Dites aux personnes suivantes de faire ce qu'elles ne font pas.

⇨ Jacques ne se lave pas. **Lave-toi, Jacques.**

1. Stéphanie ne se lave pas.
2. Éric et Pierre ne se lavent pas.
3. François ne se prépare pas pour l'examen.
4. Jean et Paul ne se préparent pas pour le match.
5. Philippe et Claude ne se taisent pas.
6. Richard ne se tait pas.
7. Annie ne s'achète pas de manteau.

B. Le verbe *appeler*

Note the forms of **appeler** *(to call)* in the chart below.

Infinitive	**appeler**	
Present	j' **appelle** tu **appelles** il/elle/on **appelle**	nous **appelons** vous **appelez** ils/elles **appellent**
Passé composé	j'ai **appelé**	

The final consonant (**l**) of the stem of **appeler** is doubled when the ending is *silent*. This occurs in the **je, tu, il,** and **ils** forms of the present tense.

ACTIVITÉ 5 Appels *(Calls)*

Lisez ce que font les personnes suivantes et dites qui elles vont appeler. Choisissez l'une de ces personnes ou de ces choses.

le médecin / le dentiste / le mécanicien / le vendeur / le garçon / un architecte / un taxi / la police

⇨ François a mal aux dents. **Il appelle le dentiste.**

1. Mon père a une panne *(breakdown)*.
2. Vous voulez construire une maison.
3. Je veux dîner.
4. Nous avons de la fièvre.
5. Mes parents n'ont pas leur voiture.
6. Tu as un accident grave.
7. Vous voulez acheter des disques.

C. L'adjectif *tout*

The adjective **tout (le)** agrees in gender and number with the noun it introduces. Here are the four forms of **tout:**

	SINGULAR	PLURAL		
Masculine	**tout** (le)	**tous** (les)	**tout le** groupe	**tous les** garçons
Feminine	**toute** (la)	**toutes** (les)	**toute la** famille	**toutes les** filles

⇨ **Tout le** or **toute la** usually means *the whole.*

Toute la classe parle français. — ***The whole class** speaks French.*

⇨ **Tous les** or **toutes les** usually means *all the, all, every.*

Je parle français **tous les jours.** — *I speak French **every day.***
Tous les invités sont ici. — ***All the guests** are here.*

Tous les films
de la semaine

➪ The definite article (**le, la, les**) may be replaced by a possessive or a demonstrative adjective.

Où sont **tous vos camarades?** — *Where are **all your classmates?***
Qui sont **tous ces gens?** — *Who are **all these people?***

Tous les sports
de la semaine

➪ **Tout** is used in several common expressions:

tout le monde *everybody* — Est-ce que **tout le monde** est prêt?
tout le temps *all the time* — François parle **tout le temps.**

➪ When **tout** is used alone, it means *all* or *everything.*

Je sais **tout.** — *I know **everything.***
Tout est possible. — ***Everything** is possible.*

ACTIVITÉ 6 **Généralisations**

Quelqu'un fait des observations sur certaines personnes ou certaines choses. Faites des généralisations personnelles dans des phrases affirmatives ou négatives.

➪ Ce garçon est intelligent. **Tous les garçons sont intelligents.** **(Tous les garçons ne sont pas intelligents.)**

1. Cet étudiant est paresseux.
2. Ce professeur est sympathique.
3. Cette Américaine est blonde.
4. Cet Américain est sportif.
5. Cette classe est intéressante.
6. Ce sport est violent.
7. Cette auto consomme *(consumes)* de l'essence *(gas).*
8. Cette voiture pollue *(pollutes).*

À votre tour **Votre maison**

Décrivez la position de votre maison par rapport à d'autres endroits *(in relation to other places)*: l'école, le supermarché, la pharmacie, la maison de vos amis, la poste, le centre de la ville, etc. Dites aussi qui sont vos voisins et où ils habitent par rapport à votre maison. Utilisez les mots du Vocabulaire spécialisé.

➪ J'habite près d'un supermarché mais loin de l'école. Il n'y a pas de pharmacie à côté de chez moi . . .

UNITÉ 3

Leçon 3 Un garçon pressé

D'habitude, Jean-Claude *se couche* tard et *se lève* tard. Voilà pourquoi il est souvent en retard. Mais aujourd'hui, Jean-Claude a décidé d'être à l'heure.

Usually; goes to bed; gets up

Ce matin, donc, . . .

Jean-Claude se lève tôt.

Il se rase.

Il se lave.

Il s'habille vite.

Il se brosse les cheveux.

Puis, il *se précipite dans* sa voiture.

dashes into

Pour aller plus vite, Jean-Claude prend les petites *routes* où il n'y a pas beaucoup de *circulation* . . . Jean-Claude *se dépêche* . . . Encore dix kilomètres . . . Non, il ne va pas être en retard aujourd'hui!

highways
traffic; hurries

NOTE CULTURELLE

L'exactitude° Un proverbe français dit que «l'exactitude est la politesse° des rois».° Est-ce que cela signifie° que les Français sont très ponctuels? Cela dépend avec qui et dans quelles circonstances. Les Français sont généralement à l'heure dans leur vie° professionnelle et pour les cérémonies officielles. Dans ces occasions, on dit: «L'heure c'est l'heure. Avant l'heure, ce n'est pas l'heure et après l'heure, ce n'est plus l'heure.»

Dans leurs relations avec leurs amis, les Français sont plus flexibles. Vous pouvez arriver à un rendez-vous avec dix minutes de retard.° Si vous êtes invité à dîner à sept heures, vous pouvez arriver à sept heures et quart . . . ou même° à sept heures et demie. Quand on est avec ses amis, «le temps° n'est pas de l'argent!»

exactitude *punctuality* **politesse** *politeness* **rois** *kings* **signifie** *mean* **vie** *life* **avec . . . de retard** *late* **même** *even* **temps** *time*

Vocabulaire pratique

ADJECTIFS:	**pressé**	*in a hurry*		
	rapide ≠ lent	*fast ≠ slow*		
EXPRESSIONS:	**encore**	*still, yet*	J'ai **encore** dix dollars. Et vous?	
	plus	*more*	Étudiez **plus** sérieusement!	
	vite	*quickly, fast*	Vous conduisez **vite**!	
	tôt	*early*	**être en avance**	*to be early*
	tard	*late*	**être en retard**	*to be late*
	à l'heure	*on time*	**être à l'heure**	*to be on time*

Note: **Rapide** is an *adjective* and is used with *nouns:*

une voiture **rapide**

Vite is an *adverb* and is used with *verbs:*

Cette voiture va **vite.**

proverbe: Mieux vaut tard que jamais.

"Better late than never."

MOTS APPARENTÉS

Most French nouns in **-tion** have English cognates in *-tion*. The French nouns are feminine.

-tion	↔	*-tion*
la circula**tion**		*circulation*
une ac**tion**		*action*

Structure

A. Les verbes réfléchis: occupations quotidiennes *(daily activities)*

Note the use of reflexive verbs in the sentences below.

Nicolas **se lève** tôt.	*Nicolas **gets up** early.*
Nous **nous couchons** tard.	*We **go to bed** late.*

Reflexive verbs are very common in French. Such verbs are often used to describe actions which we do every day, such as getting up, washing, going to bed, etc.

ACTIVITÉ 1 **Tôt ou tard?**

Lisez les phrases suivantes. Utilisez ces renseignements pour dire si les personnes se lèvent tôt ou tard. Utilisez le verbe **se lever.**

⇨ Paul a une classe à sept heures. **Il se lève tôt.**

1. Je prends un avion à cinq heures du matin.
2. Tu es malade *(sick)*.
3. Vous êtes très paresseux.
4. Nous avons un examen important aujourd'hui.
5. Ma mère a travaillé jusqu'à *(until)* une heure du matin.
6. Mon père prend le bus à six heures et demie.
7. Mes cousins ont une classe à neuf heures.

Vocabulaire spécialisé La toilette

le matin

se réveiller	*to wake up*
se lever	*to get up*
se laver	*to wash (up)*
se raser	*to shave*
se brosser (les dents)	*to brush (one's teeth)*
se peigner	*to comb one's hair*
s'habiller	*to get dressed*
se maquiller	*to put on make-up*

le soir

se déshabiller	*to get undressed*
se coucher	*to go to bed*

Note: **Se lever** is conjugated like **acheter:**

Je **me lève** tôt. Vous **vous levez** tard.

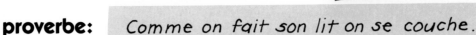

proverbe: Comme on fait son lit on se couche.

"As you make your bed so you must lie on it."

ACTIVITÉ 2 **Questions personnelles**

1. À quelle heure est-ce que vous vous levez le lundi?
2. À quelle heure est-ce que vous vous réveillez le dimanche?
3. À quelle heure est-ce que vous vous couchez le lundi? le samedi soir?
4. Est-ce que vous vous lavez avec de l'eau froide *(cold)*?
5. Est-ce que vos amies se maquillent?
6. Est-ce que votre meilleur ami se rase?
7. Est-ce que vous vous brossez les dents après le dîner?
8. Avec quel dentifrice est-ce que vous vous brossez les dents? Avec quel savon est-ce que vous vous lavez?
9. Est-ce que vous vous habillez bien quand vous allez au restaurant? quand vous allez à une surprise-partie? quand vous travaillez dans le jardin?
10. Est-ce que vous vous peignez le matin? pendant la journée *(day)*?

ACTIVITÉ 3 **Qu'est-ce qu'ils font?**

Lisez les phrases suivantes et dites ce que les personnes suivantes font. Pour cela, utilisez les verbes du vocabulaire.

⇨ Jacqueline ne dort plus. **Elle se réveille.**

1. Philippe sort de son lit.
2. Mon père utilise son rasoir.
3. Isabelle met une robe.
4. Pierre utilise un peigne.
5. Thomas utilise du savon.
6. Nathalie utilise du rouge à lèvres *(lipstick)*.
7. Bernard ôte *(takes off)* sa chemise.
8. Jean va au lit.

articles de toilette

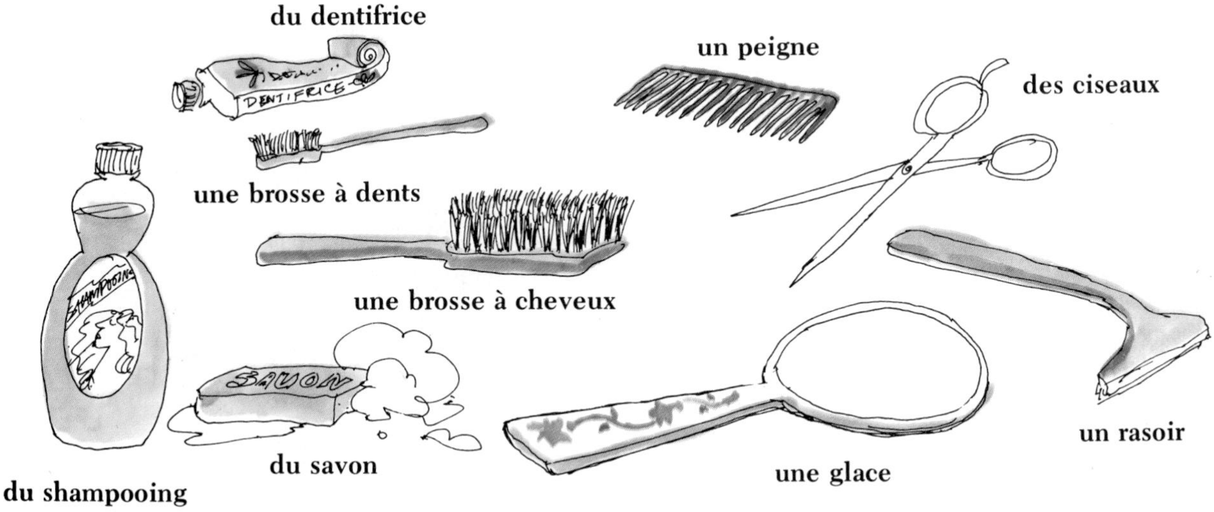

B. La construction: *je me lave les mains*

Note the use of the definite article in the following sentences:

Je me lave **les** mains.	*I am washing **my** hands.*
Lisette se coupe **les** cheveux.	*Lisette is cutting **her** hair.*
Louis se brosse **les** dents.	*Louis is brushing **his** teeth.*

The French use the definite article (**le, la, les**) with parts of the body. (In English the equivalent constructions generally use a possessive adjective.)

To indicate that the subject performs an action on a part of his/her body, the French use the following construction:

subject +	reflexive verb +	definite article **(le, la, les)**	+ part(s) of the body
Je	me lave	**les**	cheveux.

Vocabulaire spécialisé **Les parties du corps**

la figure *face*

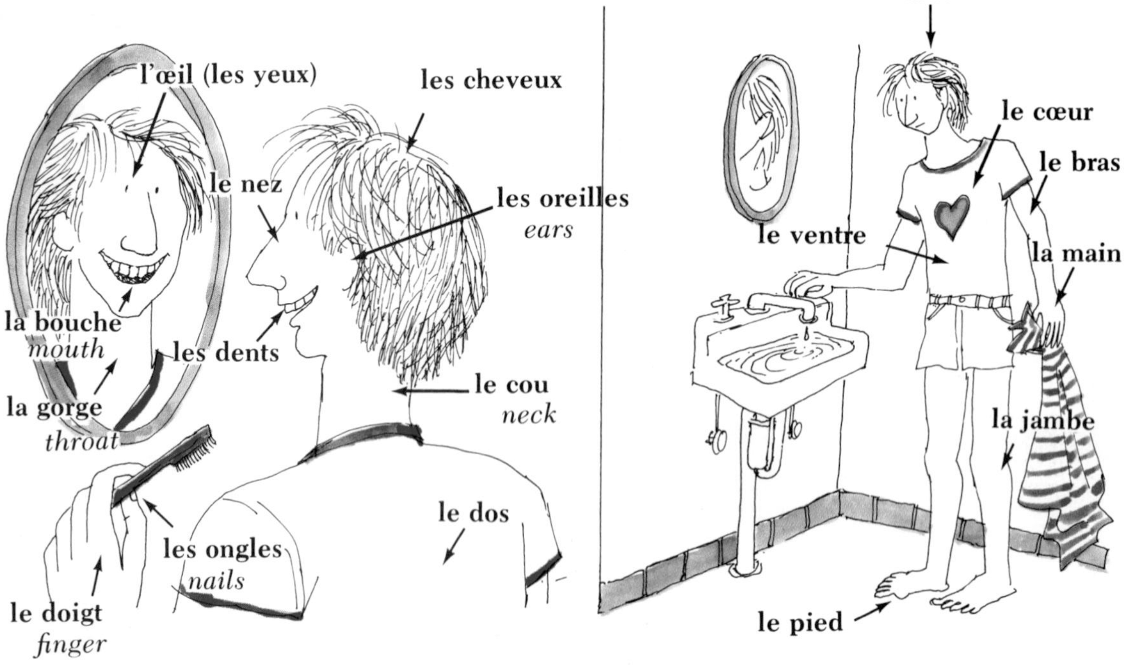

Note: **Les cheveux** is usually used in the plural. **Un cheveu** is *a strand of hair.*

proverbe: *Loin des yeux, loin du cœur!*

"Out of sight, out of mind."
(literally: *Far from the eyes, far from the heart.*)

ACTIVITÉ 4 **Dans la salle de bains**

Les personnes suivantes sont dans la salle de bains. Dites ce qu'elles font en utilisant les éléments des colonnes A, B, C et D dans des phrases logiques. Combien de phrases pouvez-vous faire en cinq minutes?

A	B	C	D
je	se laver	les dents	du shampooing
tu	se brosser	les mains	du dentifrice
Jacqueline	se couper	les pieds	du savon
Paul et André		les cheveux	une brosse à dents
nous		les ongles	une brosse à ongles
vous		la figure	une brosse à cheveux
			des ciseaux

⇨ **Je me coupe les cheveux avec des ciseaux.**

À votre tour **La routine quotidienne** *(The daily routine)*

Décrivez les choses que vous faites tous les jours. Donnez l'heure ou l'endroit où vous faites ces choses.

⇨ Je me réveille à sept heures moins le quart . . .

UNITÉ 3

Leçon 4 La panne

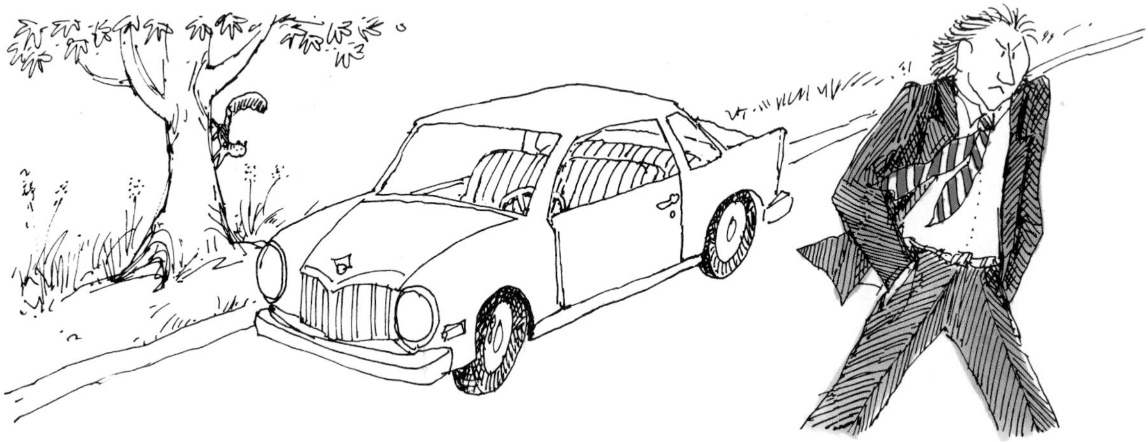

Scène 1.

Jean-Claude *accélère.* 100 kilomètres à l'heure . . . 110 . . . Mais *brusquement,* la voiture de Jean-Claude *ralentit.* Puis elle s'arrête. Jean-Claude *s'aperçoit* alors qu'il n'a plus d'essence. Eh oui, dans sa *hâte,* il a oublié de prendre de l'essence ce matin.

Jean-Claude *s'inquiète.* Puis il *s'impatiente.* Puis il *s'énerve* . . . mais *à quoi bon?* Il est bien obligé de se résigner! Il n'y a pas de stations-services sur les petites routes.

Il prend ses clés, sort de la voiture, et *se met* à marcher.

accelerates
suddenly; slows down
realizes
haste
worries; gets impatient; gets upset
what's the use
= **commence**

NOTE CULTURELLE

Les routes françaises En France, il n'y a pas beaucoup d'autoroutes° comme° aux États-Unis. La majorité des routes sont des petites routes, pittoresques mais pas très rapides. À chaque kilomètre, une borne° indique° la distance du prochain° village. (1 kilomètre = 0, 6 mille°)

Voici les équivalents approximatifs de vitesse°:

30 mph = 50 km/h
45 mph = 75 km/h
55 mph = 90 km/h

autoroutes *divided highways* **comme** *as* **borne** *marker* **indique** *indicates* **prochain** *next* **mille** *mile* **vitesse** *speed*

Scène 2.

Jean-Claude vient d'arriver chez les Lefèvre. Mais dans quel état! Sa cravate est *défaite*. Son beau costume est *couvert* de *poussière*. Il veut s'excuser, mais Louis lui dit: *undone; covered; dust*

«Tu n'as pas le temps de t'excuser maintenant. Le *maire* nous attend. Allons! Viens!» *mayor*

Vocabulaire pratique

NOMS:	**un état**	*state*	**l'essence**	*gas*
	le temps	*time*	**une panne**	*breakdown*
			la route	*highway, road*
			une station-service	*gas station*
EXPRESSION:	**bien**	*indeed, very*	Tu conduis **bien** vite.	

TEXACO
STATION SERVICE
SNACK CLUNY
1 km, route de Cluny
- Essence - Pétrole - Gas-oil
- Graissage - Lavage - Entretien
- Mécanique - Accessoires auto - Pneus
- Texgaz (Butane) 71-64-40

MOTS APPARENTÉS

When a French word contains a vowel with a circumflex accent, the English cognate often has an *s* after that vowel.

[^]	↔	-*s*-
la hâte		*haste*
l'intérêt		*interest*

Structure

A. Le verbe *recevoir*

Study the forms of **recevoir** (*to receive, get; entertain* [people]).

Infinitive	**recevoir**	
Present	je **reçois** tu **reçois** il/elle/on **reçoit**	nous **recevons** vous **recevez** ils/elles **reçoivent**
Passé composé	j'ai **reçu**	

Other verbs conjugated like **recevoir** are:

apercevoir	*to see, catch sight of*	J'**ai aperçu** Sylvie ce matin.
s'apercevoir (de)	*to note, notice, realize*	Je **m'aperçois de** mon erreur *(mistake)*.

ACTIVITÉ 1 À Paris

Les amis suivants font une promenade à Paris. Dites ce que chacun aperçoit.

⇨ Nathalie / la tour Eiffel **Nathalie aperçoit la tour Eiffel.**

1. Jean-Paul / Notre-Dame
2. vous / l'Arc de Triomphe
3. nous / le Centre Pompidou
4. mes cousins / leurs amis
5. moi / mon professeur
6. toi / ton oncle

ACTIVITÉ 2 Questions personnelles

1. Recevez-vous beaucoup de lettres? De qui?
2. Est-ce que vous recevez vos amis chez vous?
3. Est-ce que vos parents reçoivent souvent leurs amis?
4. Qu'est-ce que vous avez reçu pour votre anniversaire? Et votre frère? Et votre sœur?
5. Qu'est-ce que vous apercevez de la fenêtre de votre chambre?
6. Quand vous faites une erreur *(mistake)* en français, est-ce que vous vous apercevez vite de cette erreur?

B. Les verbes réfléchis: sentiments et réactions

Note the use of reflexive verbs in the following sentences:

Jacqueline **s'inquiète.**	*Jacqueline **is getting worried.***
Pourquoi est-ce que tu **t'impatientes?**	*Why **are you getting impatient?***

The French often use reflexive verbs to describe how people feel and react.

Vocabulaire spécialisé

Sentiments et réactions

s'amuser	*to have fun*	**s'impatienter**	*to get impatient*
s'embêter	*to get bored*	**s'inquiéter**	*to worry*
s'énerver	*to get nervous, get upset*	**s'intéresser (à)**	*to be interested (in)*
		se mettre en colère	*to get angry*

ACTIVITÉ 3 **Question de tempérament**

Lisez ce que font les personnes suivantes. Décrivez leurs réactions. Pour cela, utilisez un verbe réfléchi.

⇨ Nathalie est à une surprise-partie. **Elle s'amuse.**

1. Jacques ne comprend pas l'examen.
2. Nous attendons un ami qui n'est pas à l'heure.
3. Vous êtes dans une classe qui n'est pas intéressante.
4. Sylvie est avec un garçon pénible.
5. J'apprends que mon frère a eu un accident.
6. Tu es en vacances.
7. Henri est furieux parce que ses amis ont cassé *(broken)* son électrophone.

ACTIVITÉ 4 **Questions personnelles**

1. Est-ce que vous vous amusez en classe? Pourquoi? Pourquoi pas?
2. Est-ce que vous vous embêtez quand vous êtes en vacances? Pourquoi? Pourquoi pas?
3. Est-ce que vous vous énervez facilement *(easily)*? En quelles occasions?
4. Est-ce que vous vous mettez en colère? En quelles occasions?
5. Est-ce que le professeur se met en colère? Pourquoi?
6. Est-ce que vos parents s'inquiètent quand vous n'êtes pas à l'heure?
7. Est-ce que vous vous intéressez à la musique? à la politique? aux sports?

C. Les verbes réfléchis: usage idiomatique

Compare the meanings of the non-reflexive and reflexive verbs in each pair of sentences.

Paul **lave** son chien.	*Paul* ***is washing*** *his dog.*
Ensuite, il **se lave.**	*Then he* ***washes himself.***
J'appelle Lisette.	***I am calling*** *Lisette.*
Je m'appelle André.	***My name is*** *André.*

In the first pair of sentences, the non-reflexive verb and the reflexive verb (**laver** and **se laver**) are closely related in meaning.

However, frequently there is not such a close relationship between the reflexive and the non-reflexive verb. In the second pair of sentences, for instance, the relationship between **appeler** and **s'appeler** is more distant.

Vocabulaire spécialisé — Quelques verbes réfléchis et non-réfléchis

appeler	*to call*	**s'appeler**	*to be named*
arrêter	*to arrest, stop* (someone, something)	**s'arrêter**	*to stop*
dépêcher	*to dispatch*	**se dépêcher**	*to hurry*
excuser	*to excuse*	**s'excuser**	*to apologize*
marier	*to marry* (two people)	**se marier (avec)**	*to marry* (someone), *get married*
promener	*to walk* (a dog)	**se promener**	*to take a walk, take a ride*
reposer	*to put back*	**se reposer**	*to rest*
		se souvenir (de)	*to remember*

Notes: 1. **Se promener** is conjugated like **acheter:**
Je me prom**è**ne, vous vous prom**e**nez.

2. **Se souvenir** is conjugated like **venir** (see page 91). It is always used reflexively.
Je ne **me souviens** pas **de** votre adresse.

proverbe: *Qui s'excuse s'accuse!*

"Excuses always proceed from a guilty conscience."
(literally: *Who excuses himself accuses himself.*)

ACTIVITÉ 5 **Oui ou non?**

Lisez la description des personnes suivantes et dites si oui ou non elles font les choses indiquées entre parenthèses.

⇨ Betty est très active. (se reposer souvent?) **Betty ne se repose pas souvent.**

1. Je dors. (se reposer?)
2. Vous accélérez *(accelerate)*. (s'arrêter?)
3. Vous aimez la nature. (se promener dans la forêt?)
4. Tu es chez toi. (se promener?)
5. Paul est impoli *(impolite)*. (s'excuser?)
6. J'ai une excellente mémoire. (se souvenir de tout?)
7. Tu es toujours en retard. (se dépêcher?)
8. Je suis le frère d'Alice Dupont. (s'appeler Louis Dupin?)

ACTIVITÉ 6 **Questions personnelles**

1. Est-ce que vous vous excusez quand vous avez tort? quand vous êtes en retard? quand vous faites un faux *(wrong)* numéro au téléphone?
2. Est-ce que vous vous dépêchez quand vous avez un rendez-vous? quand vous avez une classe de français? quand vous êtes en retard?
3. Est-ce que vous vous promenez souvent à pied? où? avec qui?
4. Le week-end, est-ce que vous vous promenez en voiture? avec qui?

5. Avez-vous bonne mémoire? Est-ce que vous vous souvenez de vos amis de l'école élémentaire? de votre première surprise-partie? de votre premier rendez-vous?
6. Comment s'appelle votre meilleur(e) ami(e)?
7. Comment s'appellent vos voisins?
8. Combien d'étudiants dans la classe s'appellent Bob? Combien d'étudiantes s'appellent Susan?

D. L'infinitif des verbes réfléchis

In the sentences on the right the reflexive verbs are used in infinitive constructions. Note the forms of these verbs.

Je **m'amuse** souvent.	Je vais **m'amuser** ce week-end.
Henri ne **s'impatiente** jamais.	Il ne va pas **s'impatienter.**
Annie **se marie.**	Elle veut **se marier** avec Pierre.
Nous **nous promenons.**	Nous aimons **nous promener.**

When the infinitive construction is used in a sentence, the reflexive pronoun must represent the same person as the subject.

In a dictionary reflexive verbs are given in the **se** form of the infinitive:

se marier *to get married* **se laver** *to wash*

ACTIVITÉ 7 **L'exemple de Jacqueline**

Les amies de Jacqueline décident de se marier. Dites que chaque amie va se marier à la date indiquée entre parenthèses.

⇨ Hélène (en juillet) **Hélène va se marier en juillet.**

1. Christine (en août)
2. Michèle (le 15 septembre)
3. Mireille et Colette (le 1er octobre)
4. toi (après les vacances)
5. vous (avant Noël)
6. moi (l'année prochaine)
7. elles (en juin)
8. nous (en mai)

À votre tour **Réactions**

Qu'est-ce qui se passe *(What happens)* chez vous quand . . .

vous rentrez à trois heures du matin?
votre frère casse *(breaks)* un vase?
le téléviseur ne fonctionne pas?

Décrivez les réactions des membres de votre famille dans chaque cas. Vous pouvez utiliser les verbes suivants:

s'énerver / s'impatienter / s'excuser / se mettre en colère / s'amuser

⇨ Mes parents s'impatientent rarement. Mais quand je rentre à trois heures du matin, mon père se met en colère . . .

UNITÉ 3

Leçon 5 Une page de journal

Une page de journal
A page from a diary

Le mariage a finalement eu lieu. Dans son journal, Betty a noté les événements de cette journée mémorable.

Aujourd'hui, Jacqueline s'est mariée.

Pour l'occasion, je me suis levée très tôt. Précaution inutile, car la cérémonie a eu lieu avec une heure de retard°. Le coupable°, Jean-Claude, s'est excusé avec une histoire impossible. Monsieur Lefèvre s'est moqué de lui.

Nous nous sommes dépêchés d'aller à la mairie°. Puis nous sommes allés à l'église. Je me suis mise° au premier rang° avec la famille.

À table, je me suis mise à côté de Jean-Claude. (Ou c'est peut-être lui qui s'est mis à côté de moi, je ne me souviens plus.) Nous nous sommes bien amusés pendant le repas. Nous nous sommes raconté des tas d'° histoires. Nous nous sommes donné rendez-vous pour samedi prochain. Nous nous sommes donné nos adresses et nous nous sommes promis de nous écrire.

Lisette, qui est une fille insupportable°, m'a demandé de l'inviter à nos fiançailles!° Je me suis bien amusée de cette réflexion°. Qui sait ...?

retard delay; *coupable* guilty one; *mairie* town hall; *mise* sat; *rang* row; *des tas de* lots of; *insupportable* mischievous; *fiançailles* engagement; *réflexion* comment

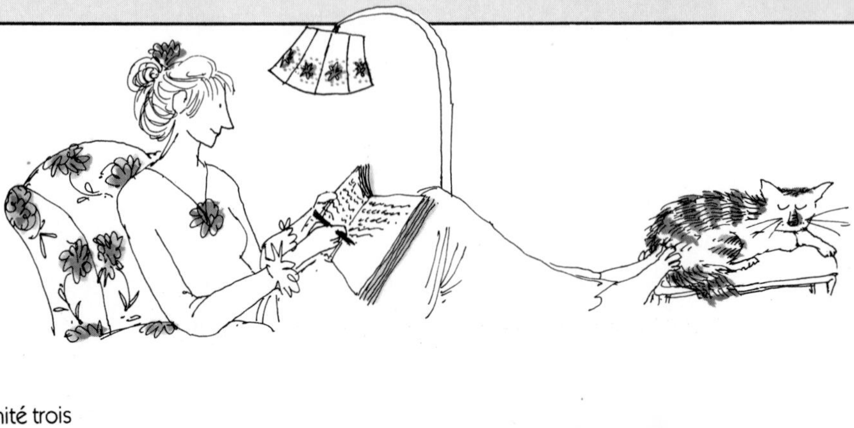

NOTE CULTURELLE

Le repas de noces° Le repas de noces est organisé par° la famille de la mariée.° Il a lieu généralement chez elle, et parfois° au restaurant. C'est un repas très joyeux. On mange bien. On boit bien. Souvent on raconte des histoires et on chante des chansons.° Au dessert, il y a une «pièce montée», c'est-à-dire un gâteau avec une architecture compliquée.°

noces *wedding* **organisé par** *organized by* **mariée** *bride* **parfois** *sometimes* **chansons** *songs* **compliquée** *complicated*

Vocabulaire pratique

NOM:	**un événement**	*event*	
ADJECTIFS:	**prochain**	*next*	
	utile ≠ inutile	*useful ≠ useless*	
VERBES:	**avoir lieu**	*to take place*	Quand **a lieu** l'examen de français?
	donner rendez-vous (à)	*to arrange to meet, make a date*	Paul **a donné rendez-vous à** Caroline.
	se moquer de	*to make fun of*	Pourquoi est-ce que tu **te moques de** moi?
	raconter	*to tell* (a story)	Philippe aime **raconter** des histoires drôles.
EXPRESSIONS:	**car**	*since, because*	Je vais me coucher **car** il est tard.
	peut-être	*maybe, perhaps*	Vous avez **peut-être** raison.

MOTS APPARENTÉS

French nouns ending in **-oire** often have English cognates in *-ory*.

-oire	↔	***-ory***
une hist**oire**		*history, story*
la gl**oire**		*glory*

Structure

A. Les verbes réfléchis: sens réciproque

Note the use of the reflexive verbs in the following sentences:

Louis aime Jacqueline. Jacqueline aime Louis.	Ils s'**aiment.**	*They love **each other.***
Je téléphone à Betty. Betty me téléphone.	Nous **nous téléphonons.**	*We phone **each other.***

Reflexive verbs may be used to express reciprocal actions or interaction between two or more subjects.

➩ In French, if a reciprocal action is implied, the reflexive pronoun must be used. (In English the expressions *each other* or *one another* are often omitted.)

Ils **se** rencontrent souvent ici. *They often meet (**each other**) here.*

proverbe: Qui se ressemble s'assemble.

"Birds of a feather flock together."
(literally: *People who resemble each other get together.*)

Vocabulaire spécialisé L'amour et le mariage

NOMS:	**l'amour**	*love*	**l'amitié**	*friendship*
	le fiancé	*fiancé*	**la fiancée**	*fiancée*
	le marié	*groom*	**la mariée**	*bride*
	le cadeau	*gift, present*	**l'alliance**	*wedding ring*
	le faire-part	*announcement*	**les noces**	*wedding festivities*
	le mariage	*marriage, wedding*		

proverbe:

Les petits cadeaux entretiennent l'amitié.

"Small presents keep a friendship alive."

ACTIVITÉ 1 **Réciprocité**

Louis parle des relations entre ses amis. Jacqueline demande si ces relations sont réciproques *(reciprocal)*. Louis répond que oui. Jouez le rôle de Jacqueline et de Louis, d'après le modèle.

➪ Jacques invite souvent André.

Louis: **Jacques invite souvent André.**
Jacqueline: **Est-ce qu'André invite souvent Jacques?**
Louis: **Oui, ils s'invitent souvent.**

1. Michel téléphone à Georges.
2. Jean-Luc insulte Bernard.
3. Jean-Michel déteste Charles.
4. François aime Monique.
5. Henri parle à Robert.
6. Julien écrit à Martine.
7. Alain connaît Patrick.
8. Gilles répond à Nathalie.
9. Raymond rend visite à Jean-Claude.
10. Marc donne rendez-vous à Louise.
11. Matthieu invite Sophie.
12. Delphine regarde Marc.

VERBES:	**tomber amoureux (de)**	*to fall in love (with)*	Paul **est tombé amoureux de** ma cousine.
	se fiancer	*to get engaged*	Ils **se fiancent** aujourd'hui.
	se marier (avec)	*to get married, marry*	Ils vont **se marier** en juin.
	divorcer	*to divorce*	Ils ne vont jamais **divorcer.**

B. Le passé composé des verbes réfléchis (cas général)

Compare the **passé composé** of reflexive and non reflexive verbs in the following sentences.

NON-REFLEXIVE	REFLEXIVE
Paul **a lavé** sa voiture.	Ensuite il **s'est lavé. Il ne s'est pas lavé** au garage.
Tu **as coupé** du pain.	Tu **t'es coupé.** Tu **ne t'es pas coupé** gravement.

The **passé composé** of reflexive verbs is formed as follows:

subject	+ (**ne**) +	reflexive pronoun	+	present tense of **être**	+ (**pas**) +	past participle
Henri	ne	s'		**est**	pas	**amusé.**

Note the **passé composé** of **se laver** below. Pay special attention to the endings of the past participle.

Je **me suis lavé.**
Tu **t'es lavé.**
Il **s'est lavé.**

Je **me suis lavée.**
Tu **t'es lavée.**
Elle **s'est lavée.**

Nous **nous sommes lavés.**
Vous **vous êtes lavés.**
Ils **se sont lavés.**

Nous **nous sommes lavées.**
Vous **vous êtes lavées.**
Elles **se sont lavées.**

When reflexive verbs are used in the **passé composé,** the past participle endings usually, but not always, reflect the gender and the number of the *subject.*

ACTIVITÉ 2 Impatience

Dites qui s'est impatienté et qui ne s'est pas impatienté à cause de Jean-Claude.

⇨ Jacqueline (non) **Jacqueline ne s'est pas impatientée.**

1. Monsieur Lefèvre (oui)
2. les cousins de Jacqueline (oui)
3. toi (oui)
4. moi (non)
5. vous (oui)
6. Betty (non)
7. l'oncle de Louis (non)
8. les cousines de Louis (non)

ACTIVITÉ 3 Pas de chance

Paul n'a pas eu de chance aujourd'hui. Expliquez sa journée. Pour cela, mettez les phrases suivantes au passé composé.

⇨ Il se lève tard. **Il s'est levé tard.**

1. Il se lave.
2. Il se rase.
3. Il se coupe avec son rasoir.
4. Il s'habille rapidement.
5. Il se dépêche.
6. Il tombe.
7. Il se casse *(breaks)* la jambe.
8. Il se souvient que c'est un vendredi 13.

C. Le passé composé des verbes réfléchis (cas particuliers)

There is no agreement of the past participle in two cases.

1. When the reflexive verb is followed by a direct object:

AGREEMENT	NO AGREEMENT
Hélène **s'est coupée.**	Elle s'**est coupé le doigt.**
Nathalie **s'est lavée.**	Elle s'**est lavé les mains.**

2. When the corresponding non-reflexive verb takes an indirect object, that is, when it is followed by **à**, as in **parler à, téléphoner à, écrire à:**

   Betty et Jean-Claude **se sont parlé.**
   Nous **nous sommes téléphoné.**

ACTIVITÉ 4 Petite conversation

Demandez à vos camarades si oui ou non ils ont fait les choses suivantes hier.

⇨ Se lever tôt? **—Est-ce que tu t'es levé(e) tôt?**
—Oui, je me suis levé(e) tôt.
(Non, je ne me suis pas levé(e) tôt.)

1. se brosser les dents?
2. se regarder dans la glace?
3. s'amuser en classe?
4. s'embêter?
5. se promener en ville *(downtown)*?
6. se promener à la campagne?
7. s'acheter des disques?
8. se reposer?
9. se coucher tard?

ACTIVITÉ 5 Un roman d'amour *(Love story)*

Marie et Marc-André s'aiment. Racontez leur roman d'amour. Pour cela, mettez les phrases suivantes au passé composé.

⇨ Ils se rencontrent à l'université. **Ils se sont rencontrés à l'université.**

1. Ils se parlent.
2. Ils se téléphonent.
3. Ils se donnent rendez-vous.
4. Ils s'écrivent des lettres d'amour.
5. Ils se voient tous les jours.
6. Ils se promettent de se marier.
7. Ils se fiancent.
8. Ils se marient.

À votre tour **Votre journal**

Écrivez une page de journal qui raconte les événements d'une journée réelle *(real)* ou imaginaire. Mettez votre passage au passé *(in the past)*. Employez au moins cinq verbes réfléchis. Voici quelques idées:

un mariage
le jour de la rentrée *(first day of school)*
hier
mon premier rendez-vous

Vous pouvez utiliser les verbes réfléchis suivants:

se préparer / s'amuser / se dépêcher / s'habiller/
s'impatienter / se promener / se souvenir

Section Magazine 2

Images de la France

LA FRANCE ET SES PROVINCES

Un jour peut-être vous allez visiter la France. Oui, mais quelle France? La France urbaine ou la France rurale? La France du Nord° ou la France du Sud?° La France atlantique ou la France méditerranéenne? La France moderne ou la France traditionnelle?

La France est en effet° un pays très varié. Ses régions correspondent aux anciennes° provinces. Chacune de ses provinces a son histoire, ses coutumes,° ses traditions. Voici plusieurs provinces françaises.

Nord *North* **Sud** *South* **en effet** *indeed*
anciennes *former* **coutumes** *customs*

Province

L'ALSACE

LA BOURGOGNE

LA NORMANDIE

LA BRETAGNE

LA TOURAINE

L'AUVERGNE

LA SAVOIE

LA PROVENCE

Relief	Climat	Spécialités régionales	Remarques
montagnes° et plaines	froid en hiver	bière, vins, fromages, choucroute°	Beaucoup d'Alsaciens parlent l'alsacien, un dialecte d'origine allemande. Strasbourg, la capitale de l'Alsace, est un grand centre commercial européen.
plaines et collines°	modéré	vins blancs, vins rouges, escargots,° fondue	Avant d'être une province française, la Bourgogne a été un duché° indépendant. Au XIVe siècle,° la Bourgogne était° l'alliée de l'Angleterre contre° la France.
plaines	modéré	cidre, fromages	C'est en Normandie que les troupes américaines ont débarqué° en juin 1944.
côtes° et collines	modéré	poissons, crêpes bretonnes	Un grand nombre de Bretons parlent le breton, une langue d'origine celtique.
plaines	doux°	vins, fromages	C'est en Touraine qu'on parle le français le plus pur. La Touraine est une région où il y a beaucoup de châteaux.° Cette région est appelée «le jardin de la France».
plaines et montagnes	froid en hiver	fromages, jambon	L'Auvergne est la région d'origine de La Fayette, héros de l'Indépendance américaine.
montagnes	froid en hiver	fromages, fondue	Avant d'être française, la Savoie était italienne.
côtes, montagnes et vallées	doux en hiver, chaud en été	fruits, légumes, vins, bouillabaisse°	Au premier siècle avant Jésus-Christ, la Provence était une province de l'Empire romain.° Il y a beaucoup de vestiges° romains en Provence.

montagnes *mountains* **choucroute** *sauerkraut* **collines** *hills* **escargots** *snails* **duché** *dukedom* **siècle** *century* **était** *was* **contre** *against* **ont débarqué** *landed* **côtes** *coasts* **doux** *mild* **châteaux** *castles* **bouillabaisse** *fish chowder* **romain** *Roman* **vestiges** *ruins*

Le Tour de France

Les Français sont de grands amateurs° de sport et pour les amateurs de sport, chaque saison a son sport particulier. En automne, les Français ont la passion du football. En hiver, ils ont la passion du ski. En été, ils ont la passion du cyclisme. Le grand événement est le Tour de France. Le Tour de France est la plus grande course° cycliste du monde.° C'est aussi la plus longue et la plus difficile.

Les participants Chaque année, 120 coureurs° participent au Tour de France. Ces coureurs sont répartis° en dix équipes° différentes. La majorité des coureurs sont français, mais il y a aussi des Italiens, des Belges, des Allemands, des Luxembourgeois, des Hollandais, des Anglais. Ce sont les meilleurs coureurs du monde.

Une course d'endurance Le Tour de France est une course d'endurance. Il commence le 25 juin et finit généralement le 20 juillet à Paris. Pendant ces quatre semaines, les coureurs vont parcourir° 3.500 kilomètres.

La course est divisée° en 20 «étapes»° de 150 à 300 kilomètres. Les étapes les plus difficiles et les plus dangereuses sont les étapes de montagne.° Beaucoup de coureurs abandonnent dans les Alpes ou les Pyrénées.

Le maillot° jaune À la fin de chaque étape, les officiels établissent le classement° général. Ce classement est basé sur le temps total de tous les coureurs. Le premier au classement général est le coureur qui a le temps total minimum. Ce coureur porte le fameux «maillot jaune».

Le grand spectacle Le Tour de France n'est pas seulement un événement sportif. C'est aussi une grande fête° populaire . . . et commerciale.

Allons sur le passage° du Tour de France. Des milliers° de personnes attendent les coureurs. Beaucoup de spectateurs écoutent leurs transistors. Une moto de la police passe. «Est-ce qu'ils

amateurs *enthusiasts* **course** *race* **du monde** *in the world* **coureurs** *racers* **répartis** *divided* **équipes** *teams*

parcourir *to cover* **divisée** *divided* **étapes** *segments* **montagne** *mountain* **maillot** *jersey* **classement** *ranking* **fête** *holiday* **passage** *route* **Des milliers** *Thousands*

Le Tour 1980 en chiffres°

Nombre de coureurs: 210

Date de départ:°
le 4 juillet à Nanterre

Date d'arrivée:°
le 27 juillet à Paris

Distance totale:
4.088 kilomètres

Nombre d'étapes: 23

Étape la plus longue:
Poitiers-Bordeaux:
258,5 kilomètres

Étape la plus courte:
Meudon—Saint-Quentin-en-Yvelines:
56 kilomètres

Nom du vainqueur:°
Greg Lemond (États-Unis)

arrivent?» «Oui, ils arrivent!» Mais les coureurs n'arrivent pas. Ils sont loin encore.° Avant,° il y a la «Caravane du Tour». Dans cette caravane il y a les voitures publicitaires° qui distribuent des ballons, des tee-shirts, des posters, des chapeaux en papier . . . Il y a des vendeurs de souvenirs qui vendent la photo des coureurs . . . Il y a les voitures officielles.

Finalement les premiers coureurs arrivent. Ils sont dix. Il y a des maillots verts, des maillots bleus, des maillots rouges, mais le «maillot jaune» n'est pas là. Où est-il? Ah, le voilà! Les spectateurs applaudissent.

D'autres° coureurs passent en groupe. Puis, il y a des coureurs isolés.° Ces coureurs semblent très fatigués. Les spectateurs les encouragent. «Vas-y!»° «Bravo!» Puis, il y a d'autres voitures. Finalement la «voiture-balai»° arrive. Dans cette voiture, il y a les coureurs qui ont abandonné. C'est la dernière voiture.

Le spectacle est fini . . . jusqu'à° l'année prochaine.

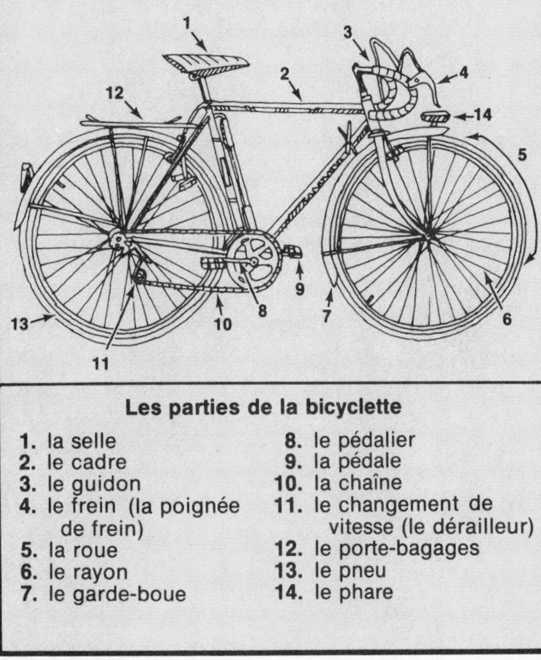

Les parties de la bicyclette

1. la selle
2. le cadre
3. le guidon
4. le frein (la poignée de frein)
5. la roue
6. le rayon
7. le garde-boue
8. le pédalier
9. la pédale
10. la chaîne
11. le changement de vitesse (le dérailleur)
12. le porte-bagages
13. le pneu
14. le phare

encore *still* **Avant** *First* **publicitaires** *advertising products* **D'autres** *Other* **isolés** *alone, by themselves* **semblent** *seem* **Vas-y!** *Go!* **balai** *broom* **jusqu'à** *until*

La Bretagne mystérieuse

Cette année Christine passe ses vacances en Bretagne chez son oncle André. C'est la première fois° qu'elle visite cette province de l'ouest° de la France. Un jour, Christine et son oncle font une promenade à la campagne. Ils passent dans un champ° où Christine remarque une pierre° de très grandes dimensions. La présence de cette pierre intrigue° beaucoup Christine.

—Oncle André, regarde cette énorme° pierre! Pourquoi est-elle placée au milieu d'un champ?

—Cette «énorme pierre», comme° tu dis, n'est pas une pierre ordinaire. C'est un monument préhistorique. Il y a des milliers° de pierres semblables° en Bretagne. La pierre que tu vois n'a pas été placée ici par hasard.° Un peuple° d'origine inconnue° l'a transportée dans ce champ il y a quatre mille ans.° Comment? Pourquoi? C'est encore° un mystère. Tiens, si tu t'intéresses à la préhistoire, nous pouvons aller à Carnac dimanche prochain.

time; west
field; rock
puzzles
enormous
as
thousands
similar
by chance; people; unknown
4000 years ago; still

Pour l'amateur° de préhistoire, Carnac offre un spectacle extraordinaire. On trouve en effet° dans ce petit village breton plusieurs milliers de «mégalithes», c'est-à-dire° des pierres de dimensions gigantesques. Christine a demandé des précisions° sur leur origine. Voici ce que son oncle lui a dit:

«Ces pierres sont les seuls° vestiges° laissés° par les premiers habitants de la Bretagne. On ne connaît rien, ou presque° rien de ce peuple primitif. On sait seulement qu'il est venu en Bretagne entre 3.500 et 1.800 avant Jésus-Christ, et qu'il a mystérieusement disparu.° Les historiens et les archéologues ne sont pas d'accord sur la signification° des monuments qu'il a construits. D'après leurs formes, on a classé° ces monuments en deux catégories . . .

enthusiast
in fact
that is to say
more information
only; remains; left
almost
disappeared
meaning
classified

Des menhirs

Un dolmen

Les menhirs sont d'immenses pierres verticales. Certains° menhirs pèsent° plus de 300 tonnes. La plupart° des menhirs sont isolés.° On les trouve souvent près d'une rivière ou dans un champ. Que représentent ces menhirs isolés? Indiquent-ils la présence d'une tombe? Ont-ils un sens° religieux? Ont-ils été utilisés pour des sacrifices? Mystère!

On trouve aussi des menhirs en groupes compacts. Ils sont généralement disposés° en alignements parallèles comme à Carnac. Certains archéologues affirment que ces menhirs sont orientés astronomiquement. Peut-être représentent-ils les vestiges d'un calendrier solaire° très complexe!

Some; weigh
majority
stand alone
meaning
set
solar

Les dolmens sont d'immenses tables supportées par quatre énormes piliers.° La construction de ces monuments est un exploit extraordinaire. Comment est-ce qu'un peuple sans équipement moderne a réussi cet exploit? Personne ne le sait exactement. Si on ne peut pas expliquer° la construction de ces monuments, on connaît leur usage. Les dolmens ont en effet été utilisés comme chambres funéraires.°

pillars
explain
burial

«Qu'est devenu le peuple bâtisseur° de dolmens et de menhirs? On ne le sait pas. On sait seulement qu'au sixième siècle° avant Jésus-Christ, les Gaulois° sont arrivés dans la péninsule bretonne. Plus tard les légions romaines° ont conquis° la Bretagne. Les Romains ont été intrigués par ces monuments préhistoriques et ils les ont adaptés à leurs rites. On trouve en effet les images de leurs dieux° sculptées sur de nombreux° menhirs bretons. Plus tard les premiers Chrétiens° ont ajouté° des croix,° symboles de leur nouvelle religion. Comme tu vois, ma chère Christine, les menhirs ont toujours été associés à la vie° religieuse de la Bretagne et de ses habitants successifs.»

What happened to the builders
century
Gauls
Roman; conquered
gods; numerous
Christians; added; crosses
life

La Saint-Vidian

Pierre Bouvier habite à Martres-Tolosane, un petit village des Pyrénées. Ce dimanche, 25 mai, Pierre se lève tôt. Il ouvre la fenêtre. Dehors° le ciel° est bleu, mais le temps est frais.° Un temps idéal pour une bataille!° pense Pierre. Pierre va s'habiller. Il met un large pantalon blanc, une ceinture rouge et une tunique jaune. Sur cette tunique jaune, il y a un croissant° noir. Ce croissant est le symbole de l'Islam, la religion des Musulmans. Pierre va réveiller son frère Philippe. «Alors, tu te prépares pour le combat?» «Quel combat? . . . Ah oui, c'est vrai. C'est aujourd'hui la Saint-Vidian!»

Outside; sky
cool; battle
crescent

Si son frère est Musulman, Philippe, lui, est Chrétien.° Il met un pantalon noir, une tunique bleue marquée d'une croix° jaune et un casque° à crinière° rouge. Les deux frères, ennemis pour un jour, sont maintenant prêts. Ils sortent de chez eux et vont sur la place° de l'église où ils vont rejoindre° leurs armées respectives: Musulmans, ou Sarrasins, à droite, Chrétiens à gauche.

Christian
cross; helmet; crest
square; to join

Le dimanche de la Trinité, le village de Martres-Tolosane célèbre° en effet la fête de son héros et martyr Saint Vidian. Tous les habitants participent à la reconstitution° du combat historique qui oppose Sarrasins et Chrétiens. D'après la légende, ce combat a eu lieu en l'an 780. À cette époque,° Charlemagne est roi° des Francs. Au sud,° le pays est menacé par° une armée sarrasine commandée par un prince musulman, Abou-Saïd. Qui va combattre° les Sarrasins? Vidian, neveu° de Charlemagne, est volontaire. Le jeune chef° chrétien attaque Abou-Saïd. Il est plusieurs fois° victorieux. Mais finalement il tombe dans une embuscade.° Vidian résiste, mais après un long combat, les Sarrasins le capturent et le tuent° . . . C'est ce combat héroïque que les habitants de Martres-Tolosane commémorent annuellement depuis° douze siècles!°

celebrates
reenactment
period; king; south; by
to fight; nephew
chief; times
ambush
kill
for; centuries

La fête° commence à huit heures. Tous les participants, Chrétiens et Sarrasins, assistent à° la messe.° Après la messe, une longue procession s'organise. En tête, il y a la cavalerie française et la cavalerie sarrasine. Puis viennent la musique, la statue de Saint Vidian, les enfants de chœur,° et finalement l'infanterie des deux armées. Tout le monde va jusqu'au° champ° ou le héros chrétien a livré° son dernier combat. La bataille commence.

celebration
attend; Mass
altar boys
up to the; field
fought

La fête finit avec la «course au drapeau».° Un drapeau est planté° au sommet° d'une colline.° Le vainqueur° est le cavalier qui arrive le premier au sommet de la colline et qui prend le drapeau. Qui va gagner la course cette année? Pierre, le Musulman, ou Philippe, le Chrétien?

"flag race"; placed
top; hill; winner

Un peu d'histoire: l'Islam et l'Europe

Septième siècle

Une nouvelle religion naît° dans le Moyen-Orient.° Cette religion s'appelle l'Islam et ses adeptes° s'appellent les Musulmans. Cette religion progresse très rapidement dans le monde° arabe.

Huitième siècle

Les Musulmans arrivent en Afrique du Nord.° D'Afrique du Nord ils passent en Espagne, puis ils pénètrent en France, mais ils sont battus° en 732 par les Français dans la région de Poitiers. Les Musulmans sont chassés de France et retournent en Espagne. (La fête de Saint Vidian est la reconstitution historique d'une bataille de cette époque.)

Huitième siècle au quinzième siècle

En Espagne, les Musulmans développent une civilisation brillante dans leurs royaumes° de Tolède, de Séville, de Grenade, de Cordoue° . . . Finalement les Musulmans sont chassés d'Espagne par les Chrétiens. Les derniers Musulmans quittent l'Espagne en 1492, l'année où Christophe Colomb découvre l'Amérique.

Vingtième siècle

Aujourd'hui, il y a deux ou trois millions de Musulmans en France. Ces Musulmans sont des travailleurs° immigrés° qui viennent principalement d'Algérie et de Tunisie.

naît *is born* **Moyen-Orient** *Middle East* **adeptes** *followers* **monde** *world* **Nord** *North* **battus** *beaten* **royaumes** *kingdoms* **Cordoue** *Córdoba* **travailleurs** *workers* **immigrés** *immigrant*

Anatomie

En français on utilise un grand nombre d'expressions qui font référence à une partie du corps.° Lisez les phrases suivantes. Pouvez-vous trouver l'équivalent (a, b, ou c) des expressions soulignées?° Vérifiez vos réponses à la fin° du texte.

1. Paul n'a pas froid aux yeux.

a. Il n'est pas malade.
b. Il n'a pas la grippe.°
c. Il n'a pas peur.°

2. Jacqueline a le cœur sur la main.

a. Elle est très généreuse.
b. Elle a beaucoup de petits amis.
c. Elle est en mauvaise santé.°

3. Henri fait la tête.

a. Il s'intéresse aux choses intellectuelles.
b. Il n'est pas content.
c. Il est très intelligent.

4. Je ne comprends pas pourquoi vous avez une dent contre° cette personne.

a. Vous n'aimez pas cette personne.
b. Vous aimez cette personne.
c. Vous admirez beaucoup cette personne.

5. Je me lave les mains de vos problèmes.

a. Je suis responsable de vos problèmes.
b. Je ne veux pas m'occuper de° vos problèmes.
c. Je trouve vos problèmes très intéressants.

corps *body* **soulignées** *underlined* **fin** *end*
grippe *flu* **n'a pas peur** *isn't afraid* **santé** *health*
contre *against* **m'occuper de** *to take care of*

6. Charlotte s'est levée du pied gauche.°
   a. Elle aime marcher.
   b. Elle a mal aux pieds.
   c. Elle est de mauvaise humeur.

7. Je suis allé voir François, mais je me suis cassé le nez.
   a. J'ai eu un accident.
   b. Je n'ai pas trouvé François.
   c. J'ai eu une violente querelle° avec François.

8. Pourquoi est-ce que vous vous faites des cheveux?
   a. Vous vous lavez la tête?
   b. Vous allez chez le coiffeur?
   c. Vous vous préoccupez?°

9. Je n'aime pas les gens qui coupent les cheveux en quatre.
   a. les gens qui ne se peignent pas
   b. les gens qui créent° des complications inutiles
   c. les gens qui portent des perruques°

10. Est-ce que vous vous payez ma tête?
   a. Vous payez pour moi?
   b. Vous vous moquez de moi?
   c. Vous voulez avoir ma photo?

Maintenant vérifiez vos réponses:
1-c, 2-a, 3-b, 4-a, 5-b, 6-c, 7-b, 8-c, 9-b, 10-b

gauche *left* **querelle** *quarrel* **vous préoccupez** *are worried* **créent** *create* **perruques** *wigs*

Guillaume le Conquérant (Tapisserie de Bayeux)

Petite histoire de la LANGUE FRANÇAISE

Pourquoi est-ce que le français ressemble à l'italien et à l'espagnol? Pourquoi est-ce que l'anglais contient° beaucoup de mots d'origine française? Pourquoi est-ce que le français est la langue officielle de quinze pays africains? Combien de personnes parlent français dans le monde° d'aujourd'hui?

Pour répondre à ces questions, il est utile d'étudier l'histoire de la langue française. Cette histoire est un peu l'histoire de France.

Le Pont du Gard, aqueduc romain

contient *contains* **monde** *world*

Premier siècle° avant Jésus-Christ Les légions de Jules César occupent l'Italie, mais aussi la Gaule (l'ancien° nom de la France) et l'Espagne. Les Romains imposent leur langue, le latin, aux habitants de ces pays. Le français, l'italien et l'espagnol ont donc une origine commune: le latin.

Neuvième au douzième siècle C'est l'époque des invasions normandes en France. Les Vikings occupent une province française: la Normandie. Les envahisseurs° adoptent la langue et les coutumes° françaises.

Un duc° de Normandie, Guillaume le Conquérant,° envahit° l'Angleterre en 1066. Il défait° Harold, le roi° saxon, et devient roi d'Angleterre. Le français va être la langue officielle de l'Angleterre pendant trois siècles.

Du treizième au seizième siècle À cette époque, le latin est encore une langue très importante en France. C'est la langue des étudiants. C'est aussi la langue des médecins, des juristes et des savants.° Mais peu à peu, le latin perd son importance. En 1539, une ordonnance° royale rend° le français obligatoire dans la rédaction° des actes publics.° Le français devient vraiment la langue officielle de la France.

siècle *century* **ancien** *former* **envahisseurs** *invaders* **coutumes** *customs* **duc** *duke* **Guillaume le Conquérant** *William the Conqueror* **envahit** *invades* **défait** *defeats* **roi** *king* **savants** *scientists* **ordonnance** *order* **rend** *makes* **rédaction** *drawing up* **actes publics** *legal documents*

Le philosophe français, Voltaire

Organisation des Nations Unies

Dix-huitième siècle Les philosophes, les peintres,° les musiciens français propagent° la culture française dans toute l'Europe. Le français devient la langue universelle de l'élite intellectuelle. On parle français à Paris, mais aussi à Berlin, à Vienne, à Saint-Pétersbourg . . . Un écrivain allemand déplore que ses compatriotes réservent le français pour la conversation et utilisent l'allemand seulement pour parler à leurs chevaux.

Dix-neuvième et vingtième siècles Au dix-neuvième siècle, la France acquiert° un immense empire colonial. Cet empire colonial comprend° l'Afrique du Nord, l'Afrique occidentale,° Madagascar, l'Indochine . . . Au vingtième siècle, les anciennes colonies françaises deviennent des nations indépendantes, mais un grand nombre de ces pays conservent le français comme° langue nationale. Aujourd'hui le français reste une langue internationale très importante. C'est la langue maternelle de plus de cent millions de personnes dans le monde. C'est aussi la langue officielle d'une vingtaine° de pays. Avec l'anglais, c'est l'une des deux langues de travail utilisées aux Nations Unies. Et n'oubliez pas les millions d'élèves qui, comme vous, étudient le français dans les écoles d'Amérique, d'Europe, d'Afrique et d'Asie!

peintres *painters* **propagent** *spread* **acquiert** *acquires* **comprend** *includes* **occidentale** *western* **comme** *as the* **vingtaine** *about twenty*

PROJETS CULTURELS

1. Préparez une carte *(map)* de France. Sur cette carte, indiquez les grandes villes, les fleuves *(rivers)*, le relief. Indiquez aussi les principales industries et les principaux produits *(products)* de chaque région.
2. Choisissez une province de France. Décrivez cette région. Vous pouvez parler de son histoire, de ses coutumes *(customs)*, de ses centres d'intérêt, de son économie, etc. Préparez une exposition *(exhibit)* sur cette région.
3. Préparez une liste de produits agricoles français vendus aux États-Unis (par exemple, vins, fromages, eaux minérales). Si possible, illustrez cette liste avec des étiquettes *(labels)*. Indiquez l'origine régionale de ces produits sur une carte de France.
4. Imaginez que vous allez passer deux semaines en France cet été. Préparez un itinéraire. Indiquez les régions que vous allez visiter et les monuments que vous allez voir. Expliquez pourquoi vous avez choisi votre itinéraire.
5. Préparez une liste de mots qui sont semblables *(similar)* en français et en anglais. Étudiez les similarités qui peuvent exister entre ces mots et leurs équivalents en espagnol ou en italien. (Vous pouvez faire ce projet en coopération avec des élèves de votre école qui étudient l'espagnol ou l'italien.)

UNITÉ 4
Accident

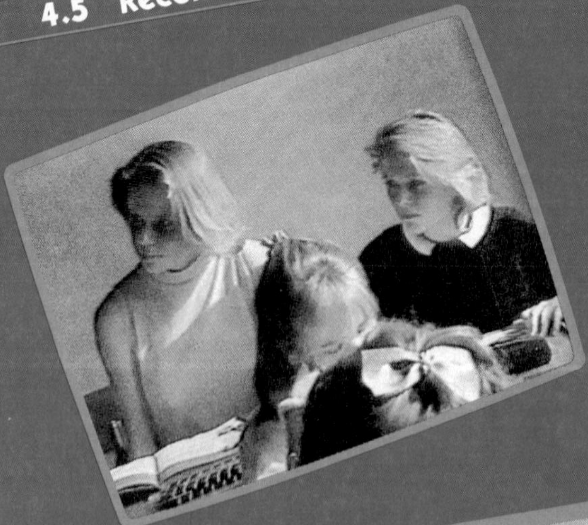

6005
QL37
5065
RF49
4139
RG49

UNITÉ 4

Leçon 1

Un rendez-vous manqué

Un rendez-vous manqué *A missed date*

Scène 1.

Il y a deux semaines, Henri a rencontré Hélène dans une surprise-partie. — *Two weeks ago*

Il y a dix jours, il lui a téléphoné et ils sont allés au cinéma.

Il y a une semaine, Henri et Hélène ont fait une longue promenade ensemble.

Il y a trois jours, Henri a invité Hélène à aller au concert de samedi. Ils se sont donné rendez-vous devant la salle de concert.

Hélène attend le concert avec impatience . . . D'accord, elle n'aime pas spécialement la musique classique . . . mais elle trouve Henri de plus en plus sympathique.

Scène 2.

Samedi il fait mauvais *temps.* Il fait froid et il neige. — *weather*

Le concert commence à deux heures. À deux heures moins le quart, Hélène est déjà au rendez-vous, mais Henri n'est pas arrivé. «J'espère qu'il va venir bientôt, pense Hélène, parce que moi, je commence à avoir froid.»

Hélène regarde sa montre. Il est deux heures vingt maintenant. Le concert a commencé il y a vingt minutes et Henri n'est toujours pas là! «Qu'est-ce qu'il fait, *mon Dieu*?» Hélène commence à *trouver le temps long!* — *my goodness; be impatient*

Finalement à deux heures et demie, elle va dans un café. Elle *essaie* plusieurs *fois* de téléphoner à Henri, mais la *ligne* est *occupée.* «Zut, alors!» — *tries; times; line; busy*

NOTE CULTURELLE

Les rendez-vous En France, quand un garçon sort avec une fille, il ne va généralement pas la chercher chez elle. Très souvent, il lui donne rendez-vous dans un café ou devant un cinéma, un magasin, un monument, etc. . . . En général, les jeunes Français rencontrent leurs copains° dans un endroit public, plutôt que° chez eux. La maison est en effet° un domaine privé,° réservé principalement à la famille.

copains *friends* **plutôt que** *rather than* **en effet** *in fact* **privé** *private*

TOUS LES MATINS
A PARTIR DE 7H30

ils ont rendez-vous avec vous sur

RTL

Vocabulaire pratique

NOM:	**un rendez-vous**	*date, appointment*	Henri a **un rendez-vous** avec Hélène.
		meeting place	Où est **le rendez-vous?**
ADJECTIFS:	**long (longue)** ≠ **court**	*long* ≠ *short*	
EXPRESSIONS:	**bientôt**	*soon*	Paul va venir **bientôt.**
	de plus en plus	*more and more*	Anne est **de plus en plus** inquiète.
pas encore /	**déjà**	*already*	Vous êtes **déjà** ici!
	ensemble	*together*	Paul et moi, nous allons voyager **ensemble.**
	toujours	*still*	Est-ce que ton frère habite **toujours** à Paris?

MOTS APPARENTÉS

French adjectives in **-ique** often have English cognates in *-ical.*

-ique	↔	*-ical*
class**ique**		*classical*
économ**ique**		*economical*

Vocabulaire spécialisé Le temps

la neige *(snow)*
neiger *(to snow):* **Il neige.**
Hier **il a neigé** aussi.

la pluie *(rain)*
pleuvoir *(to rain):* **Il pleut.**
Hier **il a plu** aussi.

le vent *(wind)*
Il fait du vent.
Hier **il a fait du vent** aussi.

le soleil *(sun)*
Il y a du soleil.
Hier **il y a eu du soleil** aussi.

proverbe: Après la pluie, le beau temps!

"Every cloud has a silver lining."
(literally: *After the rain, the good weather.*)

ACTIVITÉ 1 **Questions personnelles**

1. Aimez-vous la neige? Est-ce qu'il y a beaucoup de neige dans la région où vous habitez? Quand? Quelles sont les régions des États-Unis qui reçoivent beaucoup de neige en hiver? Est-ce qu'il a neigé chez vous l'hiver dernier?
2. Est-ce qu'il pleut beaucoup dans votre région? A-t-il plu hier? Est-ce qu'il va pleuvoir demain? Aimez-vous la pluie? Pourquoi ou pourquoi pas? Qu'est-ce que vous faites quand il pleut pendant les vacances?
3. Est-ce qu'il y a du soleil aujourd'hui? À quelle heure est-ce que le soleil se lève *(rise)* maintenant? À quelle heure est-ce qu'il se couche *(set)*? Aimez-vous le soleil? Pourquoi? ou pourquoi pas? Portez-vous des lunettes de soleil en été? Prenez-vous des bains de soleil *(sunbaths)*?
4. Est-ce qu'il fait du vent en ce moment? Est-ce qu'il a fait du vent hier soir?

Structure

A. Les verbes en *-ger, -cer, -yer*

Note the forms of the verbs **nager** *(to swim)*, **commencer** *(to begin)*, and **payer** *(to pay)*.

Infinitive	nager	commencer	payer
Present	je **nage** tu **nages** il/elle/on **nage** nous **nageons** vous **nagez** ils/elles **nagent**	je **commence** tu **commences** il/elle/on **commence** nous **commençons** vous **commencez** ils/elles **commencent**	je **paie** tu **paies** il/elle/on **paie** nous **payons** vous **payez** ils/elles **paient**
Passé composé	j'ai **nagé**	j'ai **commencé**	j'ai **payé**

➪ For verbs ending in **-ger** and **-cer,** the following spelling changes occur before endings that begin with **a** or **o:**

verbs in **-ger:** **g** → **ge** nous nag**e**ons
verbs in **-cer:** **c** → **ç** nous commen**ç**ons

➪ For verbs ending in **-yer, y → i** before a silent ending. This occurs in the **je, tu, il,** and **ils** forms of the present tense.

Vocabulaire spécialisé **Quelques verbes en *-cer, -ger* et *-yer***

VERBES EN **-cer:**

annoncer	*to announce*	La radio **a annoncé** du soleil pour le week-end.
commencer	*to begin, start*	Nous **commençons** une nouvelle leçon aujourd'hui.
commencer à + inf.	*to begin to*	Je **commence à** comprendre le français.

VERBES EN **-ger:**

changer (de)	*to change*	Je vais **changer de** robe.
manger	*to eat*	Nous ne **mangeons** pas de viande.
nager	*to swim*	Aimez-vous **nager?**
voyager	*to travel*	Mes parents **voyagent** beaucoup.

VERBES EN **-yer:**

envoyer	*to send*	À qui **envoies**-tu cette lettre?
essayer	*to try, try out, try on*	Anne **essaie** une nouvelle robe.
essayer de + inf.	*to try to*	**J'ai essayé de** téléphoner à Marc.
payer	*to pay, pay for*	Henri **paie** les billets pour le concert.

ACTIVITÉ 2 **Oui ou non?**

Dites si oui ou non vous et vos amis faites les choses suivantes. Utilisez **nous** comme *(as the)* sujet.

⇨ manger bien à la cafétéria? **Oui, nous mangeons bien à la cafétéria. (Non, nous ne mangeons pas bien à la cafétéria.)**

1. manger souvent au restaurant?
2. changer souvent d'opinion *(our mind)*?
3. voyager en été?
4. envoyer des cartes de Saint Valentin?
5. essayer d'obéir à nos parents?
6. commencer nos classes à dix heures?
7. commencer à bien parler français?

B. L'expression *il y a* + temps

Note the use of **il y a** in the following sentences:

J'ai vu Henri **il y a** deux jours.	*I saw Henri two days* **ago.**
Hélène est partie **il y a** dix minutes.	*Hélène left ten minutes* **ago.**
Marc est allé au cinéma **il y a** une semaine.	*Marc went to the movies a week* **ago.**
Il y a un an, nous sommes allés à Québec.	*A year* **ago** *we went to Quebec.*

To express *how long ago* a certain event took place, the French use the following construction:

il y a + elapsed time

ACTIVITÉ 3 **Un programme d'échange**

Des étudiants français sont aux États-Unis avec un programme d'échange. Dites quand chacun est arrivé.

⇨ Christine / Boston / 2 semaines **Christine est arrivée à Boston il y a deux semaines.**

1. Philippe / Louisville / un mois
2. nous / San Jose / 2 mois
3. vous / San Diego / 10 jours
4. moi / Akron / 15 jours
5. toi / Indianapolis / un an
6. Annette et Michèle / Fort Worth / 8 semaines

ACTIVITÉ 4 **Et vous?**

Dites quand vous avez fait les choses suivantes. Utilisez l'expression **il y a.**

⇨ arriver en classe? **Je suis arrivé(e) en classe il y a dix minutes (un quart d'heure, etc.).**

1. prendre le petit déjeuner?
2. quitter ma maison?
3. voir un bon film?
4. sortir avec mes amis?
5. parler au professeur?
6. écrire à mes grands-parents?
7. acheter un disque?
8. aller à un concert?
9. lire un livre intéressant?
10. me réveiller?
11. me peigner?
12. me laver les mains?

Vocabulaire spécialisé Expressions de temps

l'heure	*(clock) time*	—Avez-vous **l'heure**? —Oui, il est midi.
l'heure de + inf.	*time to*	C'est **l'heure de** dîner.
à l'heure	*on time*	Quand j'ai un rendez-vous, je suis **à l'heure.**
le temps	*(period of) time*	Je n'ai pas **le temps** de t'écrire.
longtemps	*(for) a long time*	Est-ce que vous avez attendu **longtemps?**
de temps en temps	*from time to time*	Nous allons au concert **de temps en temps.**
tout le temps	*all the time*	Non, je n'étudie pas **tout le temps.**
la fois	*time* (occasion)	C'est **la** dernière **fois** que je t'invite.
combien de fois?	*how many times?*	**Combien de fois** êtes-vous allé au Canada?
une fois	*once, one time*	Je suis allé **une fois** à Québec.
deux fois	*twice*	Cette semaine, je suis allé **deux fois** au cinéma.
plusieurs fois	*several times*	J'ai vu ce film **plusieurs fois.**
parfois	*sometimes*	Êtes-vous **parfois** de mauvaise humeur?
quelquefois	*sometimes*	**Quelquefois** je ne comprends pas mes amis.
autrefois	*in the past*	Cet événement a eu lieu **autrefois.**

Note: Although **heure, temps,** and **fois** may all correspond to the English word *time,* they have different uses and *cannot* be interchanged.

proverbe: Le temps, c'est de l'argent.

"Time is money."

ACTIVITÉ 5 Questions personnelles

1. Généralement est-ce que vous êtes à l'heure quand vous avez un rendez-vous? quand vous avez une classe? quand vous allez chez le dentiste?
2. Le week-end, avez-vous le temps d'étudier?
3. Allez-vous de temps en temps au cinéma? au concert?
4. Le dimanche, trouvez-vous le temps de lire le journal? de regarder les bandes dessinées? d'aider vos parents?
5. Le mois dernier, combien de fois est-ce que vous êtes allé(e) au cinéma?

À votre tour Quand?

Choisissez plusieurs événements importants de votre vie *(life)*. Dites quand ces événements ont eu lieu. Utilisez l'expression **il y a.**

➪ J'ai fait la connaissance de mon meilleur ami il y a cinq ans.
J'ai visité Washington il y a six mois.

UNITÉ 4

Leçon 2 Mauvaise humeur

Hélène est rentrée chez elle furieuse . . . et trempée!
Son frère Robert lui a demandé pourquoi elle était de mauvaise humeur.

ROBERT: Qu'est-ce qu'il y a?
HÉLÈNE: Henri est un *mufle!* — *clod*
ROBERT: Pourquoi dis-tu cela? Je *pensais* que tu le trouvais très sympathique. — *thought*
HÉLÈNE: C'est vrai! Je pensais que *c'était* un garçon formidable . . . jusqu'à cet après-midi! — *he was*
ROBERT: Qu'est-ce qui est arrivé?
HÉLÈNE: J'*avais* rendez-vous avec lui! Nous avions l'intention d'aller au concert à deux heures . . . Eh bien, il n'est pas venu, et moi, j'ai passé une heure *sous* la neige! — *had*, *in*
ROBERT: Tu ne lui as pas téléphoné?
HÉLÈNE: *Si*, mais la ligne était occupée! — *Yes*
ROBERT: *Retéléphone-lui!* — *Phone him again!*
HÉLÈNE: *Pas question!* C'est la dernière fois que je sors avec ce mufle! — *No way!*

NOTE CULTURELLE

L'art des insultes On ne traduit pas les insultes d'une langue° à l'autre.° Au sens propre,° par exemple, le mufle° est le museau° d'un animal. Ce mot est aussi une insulte. Un mufle est une personne qui ne connaît pas les bonnes manières.°

Voici d'autres° noms° d'animaux qui sont aussi utilisés comme° insultes:

un âne:° une personne stupide
un chameau:° une personne désagréable
une vache:° une personne très sévère
une poule mouillée:° une personne qui a toujours peur
un cochon:° (sans commentaires° . . .)

langue *language* **l'autre** *the other* **Au sens propre** *Literally* **mufle** *muzzle* **museau** *snout* **manières** *manners* **d'autres** *other* **noms** *names* **comme** *as* **âne** *donkey* **chameau** *camel* **vache** *cow* **poule mouillée** *wet chicken* **cochon** *pig* **sans commentaires** *no comment*

Vocabulaire pratique

ADJECTIF:	**trempé**	*soaked*	Il pleut et nous sommes **trempés.**
EXPRESSION:	**jusqu'à**	*until, up to*	Je travaille **jusqu'à** minuit ce soir.

MOTS APPARENTÉS

The French prefix **re-** or **r-** often corresponds to the English *again* or *back*.

re-, r-	↔	***again, back***
retéléphoner		*to phone **again***
rappeler		*to call **back***

Vocabulaire spécialisé **La narration**

VERBES:

arriver	*to happen*	Un accident **est arrivé** ce matin.
avoir lieu	*to take place*	Les Jeux Olympiques **ont lieu** tous les quatre ans.
se passer	*to happen, take place*	Cet événement **s'est passé** à Paris.
raconter	*to tell (about)*	**Racontez**-moi votre voyage au Canada!

EXPRESSIONS:

Qu'est-ce qu'il y a?	*What's wrong? What's the matter? What's going on?*
Qu'est-ce qui se passe?	*What's happening?*
Qu'est-ce qui est arrivé? / **Qu'est-ce qui s'est passé?**	*What happened?*

proverbe: *Tout arrive à qui sait attendre.*

"All things come to those who wait."
(literally: *All will happen to him who knows how to wait.*)

Structure

A. L'imparfait: formation

The French use several different tenses to talk about past events. One of these is the **passé composé,** which you already know. Another is the *imperfect* (**l'imparfait**). Note the uses of the imperfect in the sentences below.

Hélène **était** de mauvaise humeur.	*Hélène **was** in a bad mood.*
Elle **avait** rendez-vous avec Henri.	*She **had** a date with Henri.*
Ils **voulaient** aller au concert.	*They **wanted** to go to the concert.*

The imperfect consists of *one* word. It is a *simple* tense. Its forms are derived according to the following pattern:

imperfect stem: **nous** form of the present minus **-ons**	+	imperfect endings

The chart below shows the imperfect forms of four types of verbs. Pay attention to the stem and the endings.

Type of verb	REGULAR-**er**	REGULAR-**ir**	REGULAR-**re**	IRREGULAR	IMPERFECT ENDINGS
Infinitive	**parler**	**finir**	**vendre**	**faire**	
Present	nous **parl**ons	**finiss**ons	**vend**ons	**fais**ons	
Imperfect	je **parlais** tu **parlais** il/elle/on **parlait** nous **parlions** vous **parliez** ils/elles **parlaient**	**finissais** **finissais** **finissait** **finissions** **finissiez** **finissaient**	**vendais** **vendais** **vendait** **vendions** **vendiez** **vendaient**	**faisais** **faisais** **faisait** **faisions** **faisiez** **faisaient**	**-ais** **-ais** **-ait** **-ions** **-iez** **-aient**

Stem

The stem of the imperfect is derived from the **nous** form of the present for *all* verbs, regular and irregular, with the exception of **être.** Note how this works in the following instances:

(1) **-er** verbs with stem changes

	PRESENT		IMPERFECT
acheter:	nous **achet**ons	→	j'**achet**ais
appeler:	nous **appel**ons	→	j'**appel**ais
espérer:	nous **espér**ons	→	j'**espér**ais
essayer:	nous **essay**ons	→	j'**essay**ais

(2) **-er** verbs with spelling changes

nager:	nous **nage**ons	→	je **nage**ais
commencer:	nous **commenç**ons	→	je **commenç**ais

(3) irregular verbs

écrire:	nous **écriv**ons	→	j'**écriv**ais
lire:	nous **lis**ons	→	je **lis**ais
prendre:	nous **pren**ons	→	je **pren**ais
voir:	nous **voy**ons	→	je **voy**ais

Endings

The imperfect endings (**-ais, -ais, -ait, -ions, -iez, -aient**) are the same for all verbs.

Interrogative and negative forms

The interrogative and negative forms of the imperfect follow the regular patterns.

INTERROGATIVE	NEGATIVE
Est-ce que tu avais un vélo?	Non, **je n'avais pas** de vélo.
Alliez-vous souvent au cinéma?	Non, **nous n'allions jamais** au cinéma.

ACTIVITÉ 1 La panne d'électricité *(The power failure)*

Il y a eu une panne d'électricité hier. Dites qui regardait la télé et qui ne regardait pas la télé à ce moment-là. Utilisez l'imparfait de **regarder la télé** dans des phrases affirmatives ou négatives.

⇨ Hélène (non) **Hélène ne regardait pas la télé.**

1. Robert (oui)
2. Anne et Louise (oui)
3. nous (non)
4. moi (non)
5. toi (non)
6. vous (oui)
7. mes parents (non)
8. le professeur (oui)

ACTIVITÉ 2 Pendant la classe de français

Personne n'écoutait le professeur. Chacun faisait autre chose *(something else)*. Dites ce que chacun faisait.

⇨ Paul / regarder Thérèse **Paul regardait Thérèse.**

1. Thérèse / se regarder dans une glace
2. Jacques / manger du chocolat
3. nous / penser au week-end
4. vous / vous amuser
5. mes amis / s'embêter
6. toi / te couper les ongles
7. vous / parler à vos amis
8. moi / finir le problème de maths
9. nous / finir les exercices d'anglais
10. Éric et Lucie / attendre la fin *(end)* de la classe

ACTIVITÉ 3 La tempête de neige *(Blizzard)*

À cause de la tempête de neige, tout le monde était *(was)* à la maison hier. Dites si oui ou non les personnes suivantes faisaient les choses indiquées entre parenthèses.

⇨ Jacques (jouer au football) **Non, Jacques ne jouait pas au football.**
Sylvie (regarder la télé) **Oui, Sylvie regardait la télé.**

1. Marie (préparer le dîner)
2. nous (aller au cinéma)
3. vous (jouer au volley)
4. toi (te promener en voiture)
5. moi (visiter le musée)
6. Charles (attendre le bus)
7. Isabelle (aider sa mère)
8. mon père (préparer le dîner)

ACTIVITÉ 4 Petite conversation

Demandez à vos camarades si oui ou non ils faisaient les choses suivantes pendant les vacances l'année dernière.

⇨ faire du sport? **—Est-ce que tu faisais du sport pendant les vacances?**
—Oui, je faisais du sport.
(Non, je ne faisais pas de sport.)

1. faire de la voile?
2. aller souvent au cinéma?
3. sortir souvent?
4. lire beaucoup?
5. voir tes amis le week-end?
6. avoir beaucoup de rendez-vous?
7. boire beaucoup de thé glacé *(ice tea)*?
8. te lever tôt?
9. dormir bien?

ACTIVITÉ 5 Il y a trois ans . . .

Dites ce que vous faisiez il y a trois ans.

1. Dans quelle ville habitiez-vous?
2. À quelle école alliez-vous?
3. Quels programmes de télé préfériez-vous?
4. Où passiez-vous les vacances?
5. Aviez-vous un chat ou un chien? Comment s'appelait-il?
6. Alliez-vous souvent au cinéma? Quels acteurs aimiez-vous?
7. Achetiez-vous des disques? Quels chanteurs *(singers)* aimiez-vous?

B. L'imparfait du verbe *être*

The imperfect of **être** has an irregular stem but uses regular endings.

j'	étais	*I was*	nous	étions	*we were*
tu	étais	*you were*	vous	étiez	*you were*
il/elle/on	était	*he/she/one was*	ils/elles	étaient	*they were*

ACTIVITÉ 6 **Excuses**

Les élèves suivants n'étaient pas en classe hier. Dites pourquoi.

⇨ Marc / chez le médecin **Marc n'était pas en classe. Il était chez le médecin.**

1. moi / chez le dentiste
2. Jacques / malade *(sick)*
3. nous / fatigués
4. toi / à l'hôpital
5. vous / en vacances
6. mes cousins / au cinéma

C. *Oui* ou *si*?

The answers to both questions below are affirmative. Compare the expressions in heavy type.

—Tu **étais** au théâtre à deux heures?	*You **were** at the theater at two?*
—**Oui,** j'étais là à deux heures moins dix.	***Yes,** I was there at ten of two.*
—Tu **n'étais pas** au match de football?	*You **weren't** at the soccer game?*
—**Si,** j'étais là.	***Yes,** I was there.*

Si is used instead of **oui** to answer a negative question or to contradict a negative statement.

ACTIVITÉ 7 **Expression personnelle**

Imaginez qu'un étudiant vous pose les questions suivantes. Répondez-lui affirmativement. Utilisez **si** ou **oui.**

⇨ Tu n'es pas américain? **Si, je suis américain!**

1. Tu parles anglais?
2. Tu aimes les sports?
3. Tu n'aimes pas la musique?
4. Tu n'étudies pas le français?
5. Tu aimes voyager?
6. Tu n'aimes pas nager?

À votre tour **À six heures hier**

En un paragraphe de dix lignes, dites quelles étaient les occupations *(activities)* de votre famille hier à six heures du soir. Mettez les verbes à l'imparfait. Vous pouvez utiliser les verbes suivants:

parler / travailler / téléphoner / étudier / regarder / écouter / préparer / dîner / être / avoir / faire / se laver / se promener

⇨ Mon père regardait la télé. Il y avait un bon film.

UNITÉ 4

Leçon 3 À l'hôpital

Scène 1.

Henri ouvre les yeux. Il ne reconnaît pas la chambre où il est. Le *lit* est blanc, les murs sont blancs, la table est blanche. Henri s'aperçoit qu'il est dans un hôpital. *bed*

Pourquoi est-il là?

Peu à peu, Henri se réveille et se souvient.

«Hier . . . J'étais chez moi . . . Nous finissions de déjeuner . . . J'ai regardé ma montre . . . Deux heures moins le quart! . . . Déjà! J'avais rendez-vous avec Hélène à deux heures . . . Je savais qu'elle m'attendait . . . Je savais aussi que si je n'étais pas à l'heure, elle allait s'impatienter . . . J'ai pris ma moto parce que je ne voulais pas être en retard . . . Je sortais du garage quand une voiture qui allait assez vite a dérapé et . . .»

Scène 2.

Toc, toc, toc . . .

Un médecin vient d'entrer dans la chambre d'Henri. Il examine le *blessé*. Après son examen, le médecin bavarde avec Henri. *injured patient*

LE MÉDECIN: Ce n'est pas votre premier accident. J'ai remarqué que vous avez une *cicatrice* sur la jambe gauche. *scar*

HENRI: Oui, c'est arrivé quand j'avais douze ans. Je passais les vacances dans les Pyrénées chez mes cousins. D'habitude, le week-end, nous allions dans la montagne et nous escaladions les rochers. Mes cousins étaient prudents, mais moi, je n'étais pas toujours très prudent . . . J'aimais prendre des risques! Un jour, j'ai escaladé un rocher très élevé. Je suis tombé et je me suis cassé la jambe gauche.

LE MÉDECIN: Eh bien, cette fois-ci, c'est la jambe droite que vous vous êtes cassée. Ce n'est pas très grave, mais vous allez rester quelques jours à l'hôpital.

NOTE CULTURELLE

Les Pyrénées Les Pyrénées sont des montagnes élevées qui forment frontière° entre la France et l'Espagne. Pour les sportifs,° c'est une région idéale. En été, on peut faire des longues promenades en montagne. En hiver, on y° fait du ski.

frontière *border* **sportifs = personnes qui aiment les sports**
y *there*

Vocabulaire pratique

NOMS:	**un examen**	*exam*	**la montagne** *mountain(s)*
	un rocher	*rock, boulder*	
ADJECTIFS:	**élevé ≠ bas (basse)**	*high ≠ low*	
	gauche ≠ droit	*left ≠ right*	
	prudent ≠ imprudent	*careful ≠ careless*	
VERBES:	**bavarder**	*to talk, chat*	Avec qui est-ce que Nicole **bavarde?**
	casser	*to break*	Zut! J'ai **cassé** ta radio.
	se casser (la jambe)	*to break (one's leg)*	Je **me suis cassé** la jambe.
	déraper	*to skid*	La voiture **a dérapé** sur la neige.
	escalader	*to climb*	N'**escaladez** pas ces rochers!
	examiner	*to examine*	Je vais **examiner** ce problème.
EXPRESSIONS:	**d'habitude**	*usually*	Que fais-tu **d'habitude** le week-end?
	peu à peu	*little by little*	La nuit tombe **peu à peu.**

MOTS APPARENTÉS

«Faux amis» *(False cognates)* False cognates are words which look alike in French and English but which have totally different meanings.

blesser	does not mean	"to bless"	but	*to injure, hurt*
attendre	does not mean	"to attend"	but	*to wait (for)*

Vocabulaire spécialisé **L'équipement de la maison**

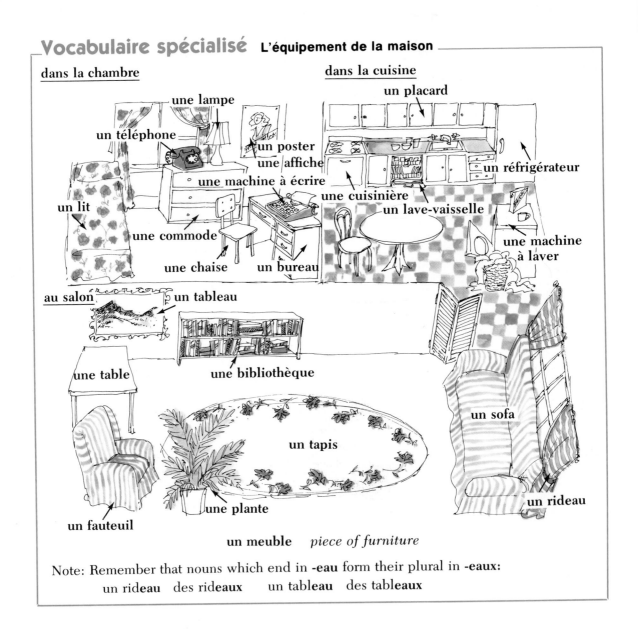

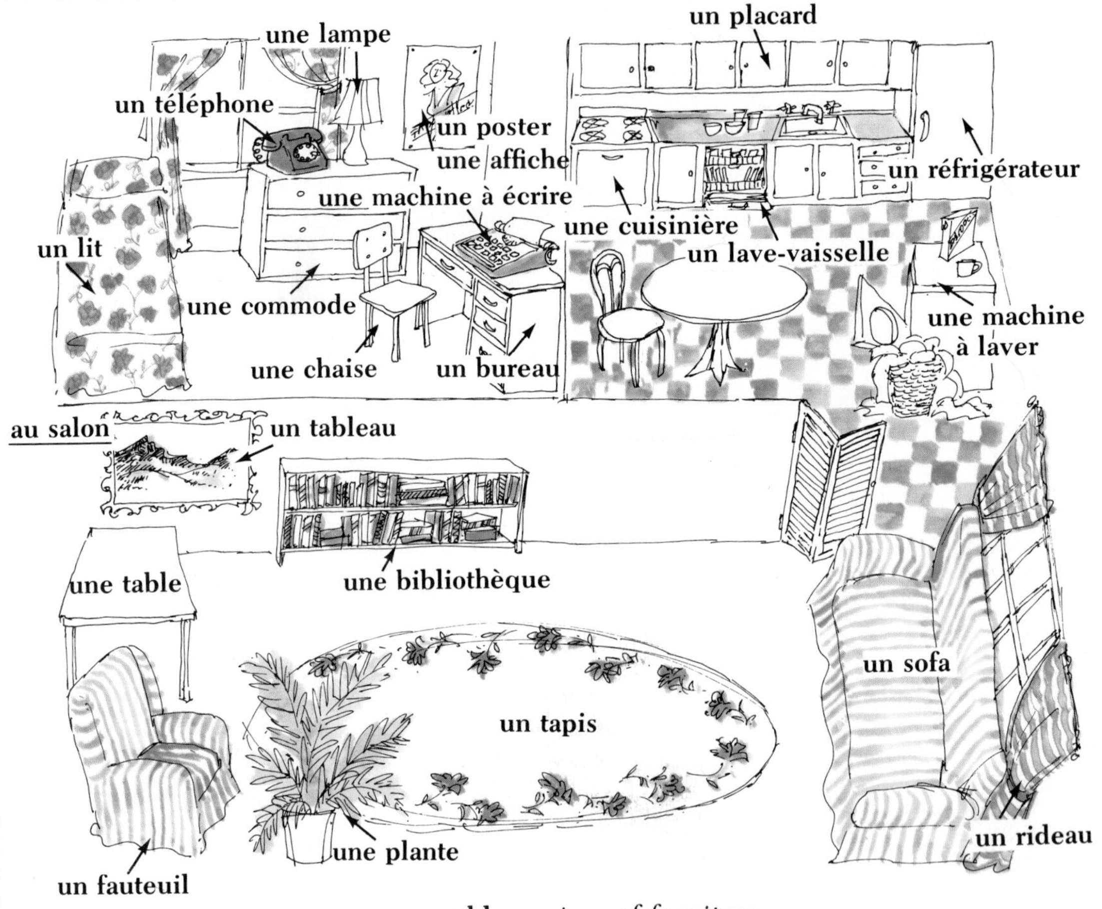

un meuble *piece of furniture*

Note: Remember that nouns which end in **-eau** form their plural in **-eaux:**
un rid**eau** des rid**eaux** un tabl**eau** des tabl**eaux**

ACTIVITÉ 1 Questions personnelles

1. Est-ce qu'il y a un sofa dans votre salon? De quelle couleur est-il?
2. Combien de fauteuils est-ce qu'il y a dans votre salon?
3. Est-ce que votre cuisine est bien équipée? Décrivez cet équipement.
4. Décrivez votre chambre. Est-ce qu'il y a des affiches? Que représentent ces affiches?
5. Décrivez la chambre de vos parents.
6. Décrivez les meubles de la salle à manger.

Structure

A. L'usage de l'imparfait: événements habituels

Although the imperfect and the **passé composé** are both used to describe the past, they are not used to describe the same types of events. Compare the use of the imperfect and of the **passé composé** in the following sentences:

Habituellement *(Usually)* . . .	Un jour . . .
J'**allais** au cinéma.	Je **suis allé** au concert.
Nous **jouions** au tennis.	Nous **avons joué** au volley.
Mes cousins **se levaient** tôt.	Ils **se sont levés** tard.

> The **imperfect** is used to describe *habitual or repeated events.*

⇨ Note that in English such events are often described by the constructions "*used to* + verb" and "*would* + verb."

Je **passais** les vacances avec mes cousins.	***I used to spend** the vacation with my cousins.*
Nous **escaladions** les rochers.	*We **would climb** rocks.*

⇨ In French the *imperfect* is often used with expressions such as **habituellement, d'habitude, généralement, le lundi** *(on Mondays),* **le matin** *(in the mornings),* since these expressions imply habitual or repeated events.

> The **passé composé** is used to describe *events which are specific and isolated.*

Lundi je **suis allé** au théâtre.	*On Monday I **went** to the theater.*
Nous **sommes sortis** une fois ensemble.	*We **went out** once together.*
J'**ai vu** Paul trois fois cette semaine.	*I **saw** Paul three times this week.*

ACTIVITÉ 2 **Ah, les belles vacances!**

Les vacances sont finies et vous ne faites plus ce que vous faisiez habituellement pendant les vacances. Dites ce que chacun faisait.

⇨ Je ne rentre plus chez moi à deux heures du matin.
En vacances, je rentrais chez moi à deux heures du matin.

1. Je ne vais plus dans la montagne.
2. Tu n'écoutes plus tes disques.
3. Nous ne faisons plus de pique-niques.
4. Vous ne bavardez plus avec vos cousins.
5. Marie n'escalade plus les rochers.
6. Jean-Michel ne fait plus de planche à voile.
7. Vous ne jouez plus aux cartes.
8. Elles n'écrivent plus de cartes postales.
9. Je ne me promène plus en moto.
10. Nous n'invitons plus nos cousins.
11. Tu n'organises plus de surprises-parties.
12. Hélène ne s'amuse plus avec sa petite cousine.

ACTIVITÉ 3 **«Une fois n'est pas coutume** *(habit).* **»**

Hélène demande à Henri s'il faisait toujours les choses suivantes pendant les vacances. Henri dit qu'un jour il a fait des choses différentes. Jouez le rôle d'Hélène et d'Henri, d'après le modèle.

➪ aller à la piscine (à la campagne)
Hélène: **Tu allais toujours à la piscine?**
Henri: **Oui, mais un jour je suis allé à la campagne.**

1. jouer au football (au rugby)
2. déjeuner chez toi (au restaurant)
3. bavarder avec tes amis (avec une jeune Américaine)
4. dîner à sept heures (à neuf heures)
5. sortir avec ta cousine (avec une amie)
6. danser le rock (le cha-cha-cha)
7. aller au cinéma (au concert)
8. rentrer à dix heures (à minuit)
9. se coucher tôt (tard)
10. se lever tôt (tard)

ACTIVITÉ 4 **La plage**

En été la plage est un endroit très fréquenté *(popular).* Dites quand les jeunes suivants allaient ou sont allés à la plage. Choisissez entre l'imparfait et le passé composé.

➪ Jacques / l'après-midi — **Jacques allait à la plage l'après-midi.**
Paul / lundi dernier — **Paul est allé à la plage lundi dernier.**

1. Denis / le matin
2. Philippe / le 14 juillet
3. Suzanne / un jour avec son cousin
4. Thérèse / le samedi et le dimanche
5. Caroline / le 5 juin
6. Christine / un jour à six heures du matin
7. Charles / un dimanche où il faisait froid
8. Robert / l'après-midi
9. Raymond / tous les jours

B. L'usage de l'imparfait: actions progressives

Compare the uses of the imperfect and of the **passé composé** in the sentences below.

À neuf heures, je **regardais** la télé.	*At nine, I **was watching** TV.*
À dix heures, je **suis sorti.**	*At ten, I **went out.***
Henri **sortait** du garage, quand une voiture **a dérapé.**	*Henri **was getting out** of the garage, when a car **skidded.***

The **imperfect** is used to describe *actions which were in progress* at a certain point in time.

➪ In English these progressive actions are expressed by the construction *was/were* + verb in *-ing.*

The **passé composé** is used to describe *specific actions which occurred at a specific time.*

ACTIVITÉ 5 La soucoupe volante *(The flying saucer)*

Les habitants d'un village ont aperçu une soucoupe volante hier soir. Dites ce que chacun faisait à ce moment-là.

⇨ Monsieur Imbert / dîner **Monsieur Imbert dînait.**

1. Madame Moreau / se promener
2. moi / promener mon chien
3. Jacques / mettre la table
4. Antoinette / écrire une lettre
5. nous / faire les courses
6. vous / préparer le dîner
7. les élèves / étudier
8. toi / te laver
9. Philippe / laver sa voiture
10. vous / vous reposer

ACTIVITÉ 6 Et vous?

Dites où vous étiez aux moments suivants.
Dites aussi ce que vous faisiez.
Si vous ne vous souvenez pas, inventez!

J'étais dans ma chambre.
Je lisais des bandes dessinées.

⇨ hier soir, à 9 heures

1. ce matin, à 8 heures
2. ce matin, à 7 heures
3. hier soir, à 10 heures
4. hier après-midi, à 5 heures
5. hier à midi
6. il y a deux jours
7. il y a une semaine
8. il y a trois mois
9. il y a un an
10. il y a dix ans

À votre tour **Avez-vous bonne mémoire?**

Quelles sont les choses que vous faisiez habituellement quand vous étiez plus jeune . . .

pendant les vacances?	(J'allais à la montagne avec ma famille . . .)
à la maison?	(Je regardais la télé . . .)
quand vous invitiez des amis?	(Nous bavardions . . .)
avec votre meilleur(e) ami(e)?	(J'allais au cinéma . . .)

Leçon 4 La visite du commissaire

Scène 1.
Une infirmière a apporté le journal à Henri.

> **Un jeune motocycliste, première victime de la neige**
>
> Un accident a eu lieu hier après-midi à l'angle du boulevard Victor Hugo et de l'avenue de la République. Une automobile, non-identifiée, a dérapé sur la neige et a renversé un motocycliste. Le motocycliste, Monsieur Henri Poret, un jeune lycéen de dix-sept ans, a été transporté à l'hôpital Pasteur. Son état n'est pas grave. La police fait une enquête.

lycéen *high school student*

enquête *inquiry*

Scène 2.
Pendant qu'Henri lisait le journal, quelqu'un est entré. C'est le *commissaire* Duclos qui est *chargé de* l'enquête.

police commissioner; in charge of

LE COMMISSAIRE:	HENRI:
Vous avez eu votre accident hier, n'est-ce pas?	Oui, il était deux heures de l'après-midi. J'allais en ville.
Une voiture vous a renversé boulevard Victor Hugo?	Non, c'était dans l'avenue de la République, mais la voiture venait du boulevard Victor Hugo.
Elle a dérapé et vous êtes tombé?	Oui, il y avait de la neige.
Avez-vous noté la marque de la voiture?	C'était une voiture anglaise. Je pense que c'était une Jaguar . . .
Avez-vous noté le numéro de la voiture?	Non, la visibilité était trop mauvaise.
Avez-vous vu le conducteur?	Oui, c'était un homme assez jeune. Il portait un manteau gris. Il n'y avait pas d'autres passagers dans la voiture.
Je vous remercie.	

NOTE CULTURELLE

Le nom° des rues en France En général, les rues françaises portent° le nom de personnes célèbres° ou d'événements historiques. À Paris, par exemple, il y a une avenue Victor Hugo et un boulevard Pasteur. Victor Hugo (1802–1885) est un écrivain.° Louis Pasteur (1822–1895) est le chimiste° qui a inventé la «pasteurisation».

nom *name* **portent** *bear* **célèbres** *famous* **écrivain** *writer* **chimiste** *chemist*

Vocabulaire pratique

NOMS:	**un angle**	*corner*	**une avenue**	*avenue*
	un boulevard	*boulevard*	**une conductrice**	*driver*
	un conducteur	*driver*	**une marque** (de voiture)	*make (of car)*
	un numéro	*number*	**une rue**	*street*
			une victime	*victim, casualty*

ADJECTIFS:	**autre ≠ même**	*other ≠ same*	Est-ce que c'était une **autre** voiture ou la **même** voiture?
VERBES:	**noter**	*to mark (write) down, note*	**J'ai noté** ton adresse dans mon cahier.
	remercier (de)	*to thank (for)*	Je te **remercie** de ta carte postale.
	renverser	*to knock over, knock down*	Le chat **a renversé** le vase.
EXPRESSIONS:	**en ville**	*downtown*	Hélène attendait Henri **en ville.**
	pendant	*during, for*	Le commissaire m'a parlé **pendant** dix minutes.
	pendant que	*while*	**Pendant que** tu lisais, le chat dormait.

Notes: 1. **Autre** can be used as follows:

un autre, une autre + noun (singular)	*another*	Voici **un autre** exemple.
pas d'autre + noun (singular)	*not another, no other*	Il n'y avait **pas d'autre** solution.
d'autres + noun (plural)	*(any) other*	Avez-vous **d'autres** suggestions?

2. Both **autre** and **même** may be used alone as pronouns.

l'autre, les autres	*the other (one), the others*	Voici un vélo. Où est **l'autre?**
un/une autre, d'autres	*another (one), others*	Voilà **un autre** là-bas.
le/la même, les mêmes	*the same one, the same ones*	Tu aimes ce sac? J'ai **le même.**

MOTS APPARENTÉS

A few French words which begin with **é-** have English cognates in *s-*.

é-	↔	*s-*
un **é**tat		***s**tate*
les **é**tudes		***s**tudies*

Structure

A. L'usage de l'imparfait: circonstances d'un événement

Henri's accident is described in the sentences below. Note how the **passé composé** and the *imperfect* are used to talk about this event.

The **passé composé** is used to describe a well-defined action, completed at a specific point in time. (The mention of time may be omitted.)

Hier, Henri **a eu** un accident.	*Yesterday Henri* ***had*** *an accident.*
Henri **a eu** un accident.	*Henri* ***had*** *an accident.*

The **imperfect** is used to describe conditions and circumstances which form the background of another past action.

(1) time and weather:

Il **était** deux heures.	*It* ***was*** *two (o'clock).*
La visibilité **était** mauvaise.	*(The) visibility* ***was*** *poor.*
Il y **avait** de la neige.	*There* ***was*** *snow.*

(2) outward appearance; physical, mental, or emotional state:

C'**était** un homme assez jeune.	*He* ***was*** *a rather young man.*
Il **portait** un manteau gris.	*He* ***was wearing*** *a gray coat.*
Il n'**était** pas prudent.	*He* ***was*** *not careful.*

(3) external circumstances:

Il n'y **avait** pas d'autres passagers.	*There* ***were*** *no other passengers.*
La voiture **allait** vite.	*The car* ***was going*** *fast.*

(4) other actions in progress:

Henri **sortait** du garage.	*Henri* ***was going out*** *of the garage.*

Compare the use of the **passé composé** and the *imperfect* in the following sentences:

La voiture **a dérapé** parce qu'il y **avait** de la neige.

action occurring at one point in time:	La voiture **a dérapé.** *(The car skidded.)*
background conditions:	Il y **avait** de la neige. *(There was snow.)*

Pendant qu'Henri **lisait** le journal, quelqu'un **est entré.**

action occurring at one point in time:	Quelqu'un **est entré.** *(Someone came in.)*
background conditions:	Henri **lisait** le journal. *(Henri was reading the paper.)*

ACTIVITÉ 1 **Rapports de détectives**

Que faisaient les criminels quand les détectives les ont arrêtés? Les détectives consultent leurs notes et répondent au commissaire. Jouez le rôle du commissaire et du détective, d'après le modèle.

⇨ Note du détective: Il téléphone.
Le commissaire: **Que faisait-il quand vous l'avez arrêté?**
Le détective: **Quand je l'ai arrêté, il téléphonait.**

Notes du détective:

1. Il entre dans un bar.
2. Il parle à un ami.
3. Il joue au poker.
4. Il finit son café.
5. Il va dans une banque.
6. Il est dans un café.
7. Il se peigne.
8. Il a un rendez-vous.
9. Il regarde un magazine.
10. Il attend quelqu'un.

ACTIVITÉ 2 **Tout est bien qui finit bien.**

Racontez l'histoire d'Henri. Pour cela, combinez les deux phrases avec **parce que** et mettez la nouvelle phrase au passé. La première phrase décrit une action précise: utilisez le **passé composé.** La seconde phrase décrit les circonstances: utilisez l'**imparfait.**

⇨ Henri se dépêche. Il a un rendez-vous.
Henri s'est dépêché parce qu'il avait un rendez-vous.

1. Il prend sa veste. Il fait froid.
2. Il prend sa moto. Il veut être à l'heure.
3. Une voiture dérape. Il y a de la neige.
4. Une ambulance amène Henri à l'hôpital. Il est blessé *(hurt)*.
5. Henri regarde le journal. Il y a la description de l'accident.
6. Le commissaire lui parle. Il veut connaître les détails de l'accident.
7. Henri reste quinze jours à l'hôpital. Il est fatigué.
8. Il aime l'hôpital. Les infirmières sont très sympathiques.

ACTIVITÉ 3 **Sorties** *(Going out)*

Dites si oui ou non les personnes suivantes sont sorties samedi soir et expliquez pourquoi ou pourquoi pas en fonction des *(depending on the)* circonstances indiquées.

⇨ nous / être malades **Nous ne sommes pas sortis parce que nous étions malades.**

1. Jacqueline / avoir un rendez-vous
2. vous / vouloir regarder la télé
3. toi / vouloir aller au cinéma
4. moi / être fatigué
5. toi / avoir la grippe *(flu)*
6. mes cousins / n'avoir pas assez d'argent

ACTIVITÉ 4 **Êtes-vous un bon témoin** *(witness)*?

Imaginez que vous avez été le témoin de la scène suivante. La police vous pose quelques questions. Répondez.

1. Quelle heure était-il?
2. Est-ce qu'il y avait beaucoup de clients dans la banque?
3. Combien de personnes sont entrées?
4. Comment était l'homme physiquement? Était-il grand ou petit? blond ou brun? Quel âge avait-il?
5. Quels vêtements portait-il?
6. Décrivez l'aspect physique de la femme.
7. Décrivez ses vêtements. Portait-elle une jupe longue ou courte?

---

8. À qui est-ce que l'employée a donné l'argent?
9. Qu'est-ce que l'homme a fait avec l'argent?
10. Où est-ce que la femme a mis l'argent?

---

11. Quelle heure était-il quand les deux bandits sont sortis?
12. Quel temps faisait-il?
13. Est-ce qu'il y avait d'autres voitures dans la rue?
14. Qu'est-ce que les bandits ont fait?
15. Décrivez leur voiture.

B. Résumé: l'usage de l'imparfait et du passé composé

In talking about the past, the French use both the imperfect and the **passé composé.** The choice of tense reflects the type of actions or events which are being described.

IMPERFECT	PASSÉ COMPOSÉ
habitual or repeated actions: Généralement, j'**allais** à la plage.	specific and isolated actions: Je **suis allé** deux fois à la piscine.
progressive actions: **Nous dînions . . .**	actions which take place at a given time or for a given period: . . . quand Jacques **a téléphoné.**
circumstances of a main event: Il **neigeait** et il **faisait** du vent.	main event: Nous n'**avons** pas **vu** l'autre voiture.

ACTIVITÉ 5 En 1984

Avez-vous bonne mémoire? Essayez de vous souvenir de l'année 1984.

1. Quel âge aviez-vous? Avez-vous invité beaucoup de personnes pour votre anniversaire?
2. Où habitiez-vous? Avez-vous changé de maison cette année-là?
3. À quelle école alliez-vous? Est-ce que vous avez eu des bonnes notes *(grades)* cette année-là?
4. Est-ce que vos parents avaient la même voiture que *(as)* maintenant? Est-ce qu'ils ont changé de voiture cette année-là?
5. Qui était votre acteur favori? Qui était votre actrice favorite? Dans quels films est-ce qu'ils ont joué?
6. Êtes-vous souvent allé(e) au concert? Qui étaient vos musiciens favoris?

À votre tour **Souvenirs** *(Remembrances)*

Racontez l'un des événements suivants, en utilisant au moins 5 verbes à l'imparfait et 5 verbes au passé composé.

Voici les événements:

1. votre dernier dîner de Thanksgiving
2. votre dernière fête de Noël
3. un pique-nique ou une surprise-partie
4. votre anniversaire

Et voici ce que vous pouvez décrire:

Les circonstances . . .

La date: le jour? l'heure?
L'endroit: la ville? chez vous? chez des amis?
Les invités: combien étaient-ils? qui étaient-ils?
Le repas: qu'est-ce qu'il y avait à manger? à boire?

Ce que vous avez fait . . .

À qui avez-vous parlé? De quoi *(About what)* avez-vous parlé?
Qu'est-ce que vous avez mangé? bu?
Y a-t-il eu une surprise? pour vous? pour vos amis?
Qu'est-ce que vous avez fait d'ordinaire? d'extraordinaire?

UNITÉ 4

Leçon 5 Réconciliation

Hélène a appris l'accident d'Henri. Bien sûr, elle lui a rendu visite.

HÉLÈNE: Alors, tu es ici *depuis* samedi? — *since*
HENRI: Oui, je suis ici depuis le jour de notre rendez-vous *manqué.* — *missed*
HÉLÈNE: Tu ne t'embêtes pas trop ici?
HENRI: Moi? Pourquoi? Depuis que je suis ici, je fais des choses très intéressantes:

Je lis des romans policiers.
J'écoute mes disques.
Je regarde la télévision . . .
Et je bavarde avec les infirmières! Elles sont très sympathiques et très mignonnes.

HÉLÈNE *(un peu jalouse):* Quand est-ce que tu sors de l'hôpital?
HENRI: Samedi prochain.
HÉLÈNE: Dis, qu'est-ce qu'on va faire samedi soir? Est-ce que tu veux aller danser?
HENRI: Avec ma jambe?
HÉLÈNE: Euh . . . Bon . . . Est-ce que tu veux aller au cinéma? C'est moi qui t'invite!
HENRI: D'accord! Tu sais, Hélène, tu es une fille formidable!

Hélène *rit* et Henri *sourit!* — *laughs; smiles*

NOTE CULTURELLE

Les Français et la lecture° La lecture est un des passe-temps° préférés des Français. Beaucoup de jeunes ont une bibliothèque personnelle. Ils achètent régulièrement des livres et souvent ils reçoivent des livres comme° cadeaux. Quels livres lisent les jeunes Français? Des romans policiers (surtout des romans policiers anglais et américains), des romans historiques, des photo-romans, qui sont des romans illustrés, et parfois aussi des livres sérieux: romans, pièces de théâtre° et essais philosophiques. On lit ces livres à la maison, et aussi dans le train, dans le bus, au café . . . Pour beaucoup de Français, les livres sont d'excellents compagnons.°

lecture *reading* **passe-temps** *pastimes* **comme** *as* **pièces de théâtre** *plays* **compagnons = amis**

Vocabulaire pratique

NOMS:	**un roman**	*novel*	
	un roman policier	*detective story*	
ADJECTIF:	**jaloux (jalouse)**	*jealous*	Hélène est un peu **jalouse,** je pense.
EXPRESSION:	**surtout**	*especially, above all*	J'aime **surtout** les romans policiers.

MOTS APPARENTÉS

The ending **-ant** in French often corresponds to the ending *-ing* in English.

-ant ↔	***-ing***
intéress**ant**	*interest**ing***
amus**ant**	*amus**ing***

Structure

A. Le verbe *rire*

Note the forms of the irregular verb **rire** *(to laugh)*.

Infinitive	**rire**	
Present	je **ris** tu **ris** il/elle/on **rit**	nous **rions** vous **riez** ils/elles **rient**
Imperfect	je **riais**	
Passé composé	j'ai **ri**	

proverbe:

Qui rit vendredi, dimanche pleurera.

"Laugh on Friday, cry on Sunday." (literally: *Who laughs on Friday, on Sunday will cry.*)

The verb **sourire** *(to smile)* is conjugated like **rire.**

Vocabulaire spécialisé **Sourires et larmes** (*Smiles and tears*)

NOMS:

le rire	*laughter*	**une larme**	*tear*
un sourire	*smile*	**une plaisanterie**	*joke*

ADJECTIFS:

drôle ≠ triste *funny ≠ sad*

VERBES:

plaisanter	*to joke*	J'ai un ami qui **plaisante** tout le temps.
pleurer	*to cry*	Pourquoi est-ce que ton petit frère **pleure?**
rire	*to laugh*	Mes amis **rient** quand je raconte une plaisanterie.
sourire	*to smile*	Pourquoi **souriez**-vous?

EXPRESSION:

C'est dommage! *What a pity! That's too bad!*

ACTIVITÉ 1 **Bonnes et mauvaises nouvelles**

Lisez les phrases suivantes. Dites qui rit et qui ne rit pas. Pour cela, utilisez le verbe **rire** au présent ou au passé composé dans des phrases affirmatives ou négatives.

⇨ Paul écoute une histoire drôle. **Il rit.**
Mélanie a eu un accident. **Elle n'a pas ri.**

1. Vous voyez un film de Woody Allen.
2. Tu as un «F» en français.
3. J'écoute une plaisanterie.
4. Nous avons renversé un vase.
5. Jacques s'est cassé le bras.
6. Nous nous sommes embêtés.
7. Vous vous êtes amusés.
8. Mes cousins ont perdu leur chien.

B. Le présent avec *depuis*

Read the following pairs of sentences. The first one describes a current situation or action, and the second one tells how long this situation or action *has been going on.* Compare the use of tenses in French and English.

Henri **est** à l'hôpital.	*Henri* ***is*** *at the hospital.*
Henri **est** à l'hôpital **depuis samedi.**	*Henri* ***has been*** *at the hospital* ***since Saturday.***
J'**étudie** le français.	*I* ***am studying*** *French.*
J'**étudie** le français **depuis deux ans.**	*I* ***have been studying*** *French* ***for two years.***
Nous **habitons** à Paris.	*We* ***live*** *in Paris.*
Nous **habitons** à Paris **depuis le 2 juin.**	*We* ***have been living*** *in Paris* ***since June 2.***

To express an action which began in the past and *is continuing* in the present, the French use the construction:

> present + **depuis** + { starting point in time / duration of event or situation }

⇨ Note the following interrogative expressions:

depuis quand?	*since when?*	**Depuis quand** parlez-vous français?
depuis quelle heure?	*since what time?*	**Depuis quelle heure** travaillez-vous?
depuis combien de temps?	*for how long?*	**Depuis combien de temps** êtes-vous ici?

⇨ Note also the following construction: **depuis que** + subject + verb . . .

Je parle français **depuis que** j'habite à Genève.	*I have been speaking French* ***since*** *I have been living in Geneva.*

ACTIVITÉ 2 Une interview

Une journaliste interviewe un musicien célèbre (*famous*). Elle lui demande depuis combien de temps il fait certaines choses. Le musicien répond. Jouez le rôle de la journaliste et du musicien, d'après le modèle.

La journaliste: **Depuis combien de temps est-ce que vous jouez du piano?**

Le musicien: **Je joue du piano depuis 15 ans.**

1. étudier la clarinette (8 ans)
2. donner des concerts (12 ans)
3. faire des disques (10 ans)
4. habiter à Paris (8 ans)
5. voyager (6 ans)
6. venir aux États-Unis (4 ans)
7. jouer avec cet orchestre (2 ans)
8. être marié (un an)

à 21 HEURES
SALLE DES CONGRÈS du THÉÂTRE MUNICIPAL
MARDI 20 MAI
Concert des Professeurs
ÉCOLE NATIONALE DE MUSIQUE DE BASTIA

ACTIVITÉ 3 **Petite conversation**

Demandez à vos camarades depuis combien de temps certaines actions durent.

⇨ Tu habites ici. **—Depuis combien de temps est-ce que tu habites ici?**
—J'habite ici depuis dix ans.

1. Tu étudies le français.
2. Tu connais ton meilleur ami / ta meilleure amie.
3. Tu joues au baseball.
4. Tu sais nager.
5. Tu as un vélo.
6. Tes parents ont leur voiture.
7. Tes voisins habitent ici.
8. Tu es dans cette classe.

À votre tour

1. Autobiographie

Imaginez que vous avez gagné un prix *(prize)* important. Un journaliste vous interviewe. Il vous demande quelles sont vos activités et depuis combien de temps vous les exercez *(have been doing them)*.

Répondez-lui en un paragraphe de 8 phrases. Vous pouvez utiliser les verbes suivants:

habiter / étudier / travailler / avoir / jouer / aller / parler

⇨ J'habite à la Nouvelle-Orléans depuis un an.
Je vais à cette école depuis . . .

2. Depuis quand?

Interviewez cinq personnes différentes (vos amis, vos voisins, vos professeurs, d'autres personnes). Demandez à ces personnes depuis combien de temps elles habitent votre ville.

Comment s'exprimer°

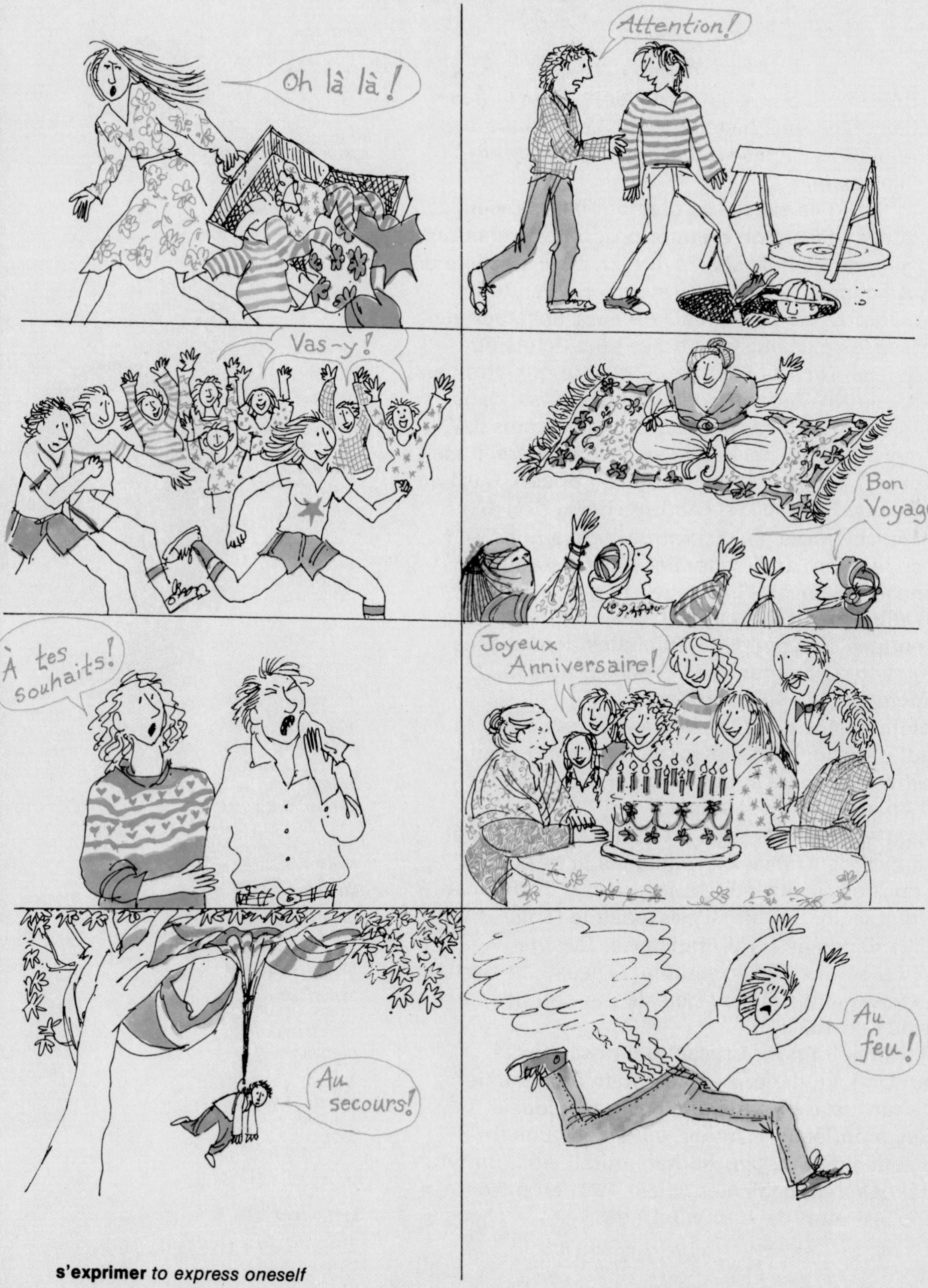

s'exprimer *to express oneself*

L'étrange histoire du diamant° bleu

Êtes-vous fataliste? Un peu, peut-être! Alors, lisez l'histoire du diamant bleu. C'est une histoire triste. Le diamant bleu a en effet° la réputation d'apporter la tragédie à ses propriétaires.° Voici les faits:°

On ignore° l'origine exacte du diamant bleu. Il vient probablement des Indes. Son premier propriétaire était un voyageur et géographe français, Tavernier, qui l'a acheté en 1642. Quelques années° plus tard, Tavernier a vendu le fameux diamant pour un prix considérable. L'acheteur était un des hommes les plus illustres° et les plus riches de France. Il s'appelait Nicolas Fouquet. C'était le ministre des Finances de Louis XIV. Il donnait de grandes fêtes° dans son château° où il invitait souvent le roi.° Mais Louis XIV n'était pas impressionné° par ces fêtes. Au contraire, il était jaloux.° Il a banni° Fouquet et l'a envoyé en prison. C'est en prison et ruiné que Fouquet est mort en 1680.

Les années ont passé. Le diamant est devenu la possession de la reine° de France. Cette reine s'appelait Marie-Antoinette. Elle avait l'habitude° de porter le diamant aux fêtes qu'elle donnait dans son château de Versailles. Ces fêtes n'ont pas été éternelles. Quelques années plus tard, la Révolution a commencé en France. En 1793, Marie-Antoinette est morte, guillotinée.

Marie-Antoinette

Un révolutionnaire a acquis° le diamant et l'a vendu à un marchand° d'Amsterdam. Hélas,° le marchand avait un fils qui n'était pas honnête et qui a volé° le diamant. Le marchand d'Amsterdam s'est suicidé.°

Le diamant est passé ensuite en Angleterre où il a été acheté par le duc° de Brunswick. Quelques années plus tard, le duc de Brunswick a été chassé de son duché° par Napoléon. Pour seule° fortune, il possédait le fameux diamant qu'il a vendu au roi d'Angleterre, George IV.

George IV a eu une vie° misérable. À cause de° ses dépenses° extravagantes, il était détesté par son peuple. Il est mort malade en 1830.

En 1900, c'était un prince russe° qui possédait le diamant bleu. Un jour, il a prêté le diamant à une amie. Plus tard, il a tué° celle-ci° dans une crise de jalousie.

Les autres propriétaires ont eu, eux aussi, une fin° tragique. Le sultan de Turquie, Abdülhamid II, était un tyran. Il a été arrêté, banni, et finalement il est mort en prison. Un riche Espagnol est mort dans un naufrage.°

diamond
as a matter of fact
owners; facts
= **ne connaît pas**
years
famous
parties
castle; king
impressed
jealous; banished
queen
habit
acquired
merchant; Unfortunately
stole
committed suicide
duke
dukedom
only
life; Because of
expenses
Russian
killed; = **cette amie**
end
shipwreck

Le dernier propriétaire était un millionnaire américain, MacLean. MacLean aimait les voyages. Un jour il a choisi le bateau le plus luxueux pour rentrer aux États-Unis. Ce bateau s'appelait le Titanic. Le 14 avril 1912, il y avait un grand bal° à bord du Titanic. Soudain,° au milieu de la nuit, le Titanic a heurté° un iceberg et a coulé.° Cette nuit-là, 1.500 passagers ont disparu° dans l'océan Atlantique. Avec eux, MacLean et le fameux diamant bleu. La tragique histoire du diamant bleu et de ses maléfices° venait de prendre fin.

dance; Suddenly
ran into; sank
disappeared
evil spells

Guessing meaning from context

Just as you increase your English vocabulary by guessing the meanings of words from the contexts in which they are used, so you can rely on context in French to figure out the meanings of unfamiliar words. In "**L'étrange histoire du diamant bleu**" you read:

Le Titanic **a heurté** un iceberg et **a coulé.**

Since you know what happened to the ship Titanic, you probably figured out that **heurter** must mean *to run into* and that **couler** must mean *to sink.* Whenever you are fairly confident that you can tell what a new French word means, you don't have to turn to the dictionary.

Guessing meaning from related English words

Sometimes you can guess the meaning of a French word because it looks like an English word to which it is related. For example, you read:

Un révolutionnaire **a acquis** le diamant.

Perhaps the word **acquis** reminded you of "*acquisition,*" and then you knew it meant *acquired* or *got.* Similarly, perhaps, the verb **possédait** made you think of the English word "*possession,*" and so you figured out that **posséder** meant *to possess* or *to own.*

Use your imagination when you encounter a new word. If you can guess its meaning, and if that meaning fits the context of the sentence, you are beginning to read French the way you read English.

UNITÉ 5
Madame R

5.1 La fête foraine
5.2 Les prédictions de Madame R
5.3 Une île romantique
5.4 L'erreur de Madame R
5.5 Madame R a dit la vérité!

UNITÉ 5

Leçon 1 La fête foraine

La fête foraine *The carnival*

Nous sommes le dimanche 3 avril. C'est le premier jour de la fête foraine. À Villeneuve, la fête foraine est toujours un événement important. Pour beaucoup de jeunes, c'est l'événement *le plus* important de l'année. Sophie a décidé d'aller à la fête avec Christine, sa meilleure amie. Les deux filles passent devant un stand très fréquenté.

the most

SOPHIE: Tu vois ce stand?
CHRISTINE: Oui, pourquoi?
SOPHIE: C'est le stand de Madame R.
CHRISTINE: De Madame R? Qui est-ce?
SOPHIE: Comment? Tu ne connais pas Madame R? C'est la voyante la plus célèbre de la région!
CHRISTINE: Ah, ah . . . Tu *crois* vraiment *à* ces choses-là?
SOPHIE: Bien sûr! Pas toi?

believe in

CHRISTINE:	Voyons, Sophie! Je ne suis pas *aussi crédule que* toi.	*as gullible as*
SOPHIE:	Écoute! Tu es peut-être *plus* rationnelle et plus réaliste *que* moi, mais je suis plus optimiste que toi.	*more . . . than*
CHRISTINE:	Et plus naïve!	
SOPHIE:	Bon, tu viens, oui ou non?	
CHRISTINE:	Si tu veux vraiment gaspiller ton argent, je vais t'accompagner! Mais c'est parce que tu insistes.	
	(en elle-même) Je n'ai peut-être pas *autant d'*imagination *que* Sophie, mais heureusement j'ai plus de *jugement!*	*(to herself); as much . . . as* *sense*

NOTE CULTURELLE

La fête foraine° Dans les petites villes et les villages de France, l'arrivée° de la fête foraine est un événement important. En général, la fête foraine a lieu à l'occasion d'une fête: fête nationale (le 14 juillet), fête religieuse, fête locale. Elle dure généralement une semaine. Que font les jeunes à la fête foraine? Ça dépend. Les plus jeunes° vont sur les manèges° ou chez le marchand de bonbons.° Les plus grands° vont au stand de tir° ou au dancing.

fête foraine *carnival* **arrivée** *arrival* **plus jeunes** *younger ones* **manèges** *merry-go-rounds* **bonbons** *candy* **plus grands** *older ones* **stand de tir** *shooting gallery*

Vocabulaire pratique

NOMS:	**une fête**	*feast, holiday*	
	une voyante	*fortuneteller*	
ADJECTIFS:	**célèbre**	*famous*	
	fréquenté	*popular, well-attended*	
VERBES:	**accompagner**	*to accompany, go along with*	Tu vas m'**accompagner** demain?
	décider (de)	*to decide (to)*	J'**ai décidé de** passer l'été en France.
	gaspiller	*to waste*	Tu ne dois pas **gaspiller** ton argent.
EXPRESSIONS:	**comment?**	*what?*	**Comment?** Je n'ai pas compris ta question!
	voyons!	*come on!*	**Voyons!** Ce n'est pas possible!

MOTS APPARENTÉS

French words containing **gn** often have English cognates with *n*.

gn	↔	*n*
accompa**gn**er		*accompany*
la li**gn**e		*line*

Structure

A. Les comparaisons avec les adjectifs

Note how comparisons are expressed in the sentences below.

Je suis **plus jeune que** mon frère, et je suis **plus optimiste que** lui.	*I am **younger than** my brother, and I am **more optimistic than** he is.*
Il est **moins patient que** moi.	*He is **less patient than** I am.*
Marc est **aussi intelligent que** Claire, mais il n'est pas **aussi drôle qu'**elle.	*Marc is **as intelligent as** Claire, but he is not **as funny as** she is.*

To express comparisons with adjectives, the French use the following constructions:

+ **plus** / − **moins** / = **aussi** } + adjective + **que (qu')**	*more . . . than, . . . -er than* / *less . . . than* / *as . . . as*

➪ *Stress pronouns* are used after **que.**

➪ The comparative of **bon** *(good)* is **meilleur** *(better).*

Je suis **meilleur** en français **que** ma sœur, mais je suis **moins bon qu'**elle en maths.

ACTIVITÉ 1 Questions personnelles

Dans vos réponses, utilisez uniquement *(only)* des pronoms.

1. Êtes-vous plus ou moins âgé(e) que votre meilleur ami?
2. Êtes-vous plus ou moins âgé(e) que votre meilleure amie?
3. En général, êtes-vous plus optimiste que vos amis?
4. D'après vous, est-ce que les jeunes sont plus idéalistes que les adultes?
5. Est-ce que les filles sont plus sportives que les garçons?
6. Est-ce que les filles sont plus généreuses que les garçons?
7. Est-ce que les Français sont plus dynamiques que les Américains?
8. D'après vous, est-ce que les jeunes Françaises sont plus indépendantes que les jeunes Américaines?

Vocabulaire spécialisé Quelques adjectifs de description

les personnes

fort	*strong*	≠	**faible**	*weak*
jeune	*young*	≠	**âgé**	*old*
généreux (généreuse)	*generous*	≠	**égoïste**	*selfish*
riche	*rich*	≠	**pauvre**	*poor*
travailleur (travailleuse)	*hard-working*	≠	**paresseux (paresseuse)**	*lazy*
gentil (gentille)	*nice*	≠	**méchant**	*nasty, mean*
optimiste	*optimistic*	≠	**pessimiste**	*pessimistic*

ACTIVITÉ 2 **Opinions personnelles**

Comparez les personnes et les choses suivantes.

⇨ Robert Redford / drôle / Woody Allen
Robert Redford est moins (plus, aussi) drôle que Woody Allen.

LE PLUS COMIQUE DES FILMS DE
WOODY ALLEN
PRENDS L'OSEILLE ET TIRE-TOI!
"TAKE THE MONEY AND RUN"
ACACIAS ET CONNAISSANCE DU CINÉMA

1. Robert Redford / beau / Woody Allen
2. Muhammad Ali / fort / King Kong
3. Paris / grand / New York
4. la France / grande / les États-Unis
5. la Californie / jolie / la Floride
6. le français / utile / l'espagnol
7. l'argent / important / l'amour
8. la cuisine française / bonne / la cuisine américaine
9. les voitures japonaises / bonnes / les voitures américaines

ACTIVITÉ 3 **Le présent et le passé**

Comparez le présent et le passé. Pour cela, utilisez l'adjectif suggéré. Faites une autre phrase en utilisant l'adjectif de sens contraire *(opposite meaning)*.

⇨ les autos / rapides? **Maintenant, les autos sont plus (moins) rapides qu'autrefois. Elles sont moins (plus) lentes.**

1. les étudiants / paresseux?
2. les professeurs / gentils?
3. les gens / riches?
4. les jeunes / généreux?
5. les Américains / pessimistes?
6. les maisons / chères?
7. la vie *(life)* / difficile?
8. les ordinateurs / lourds?
9. les communications / rapides?
10. ma vie / simple?
11. mes amis / patients?
12. moi / fort(e)?

LOTO
LO 181
C'EST FACILE

les choses

moderne	*modern*	≠	**vieux (vieille)**	*old*
facile	*easy*	≠	**difficile**	*difficult, hard*
simple	*simple*	≠	**compliqué**	*complicated*
rapide	*fast*	≠	**lent**	*slow*
léger (légère)	*light*	≠	**lourd**	*heavy*
cher (chère)	*expensive*	≠	**bon marché**	*cheap, inexpensive*
vrai	*true, right*	≠	**faux (fausse)**	*false, wrong*
utile	*useful*	≠	**inutile**	*useless*

Note: **Bon marché** is invariable. Its comparative form is **meilleur marché.**

B. Les comparaisons avec les noms

In the following sentences, comparisons are made with nouns.

J'ai **plus d'amis que** Paul.	*I have **more friends than** Paul.*
Mais j'ai **moins d'argent que** lui.	*But I have **less money than** he does.*
Tu as **autant de disques que** moi.	*You have **as many records as** I do.*

To express comparisons with nouns, the French use the following constructions:

+ **plus de (d')** − **moins de (d')** = **autant de (d')**	+ noun + **que (qu')**	*more . . . than* *less . . . than, fewer . . . than* *as much . . . as, as many . . . as*

Remember that stress pronouns are used after **que.**

ACTIVITÉ 4 C'est évident!

Comparez les personnes des colonnes A et C. Pour cela, faites deux phrases. Utilisez d'abord le verbe **être** et un adjectif de la colonne B. Ensuite utilisez le verbe **avoir** et un nom de la colonne D. Soyez logique!

A	B		C	D	
Marc	intelligent	travailleur	son frère	l'argent	l'énergie
Anne	riche	paresseux	sa cousine	les idées	les amis
Jean-Pierre	pauvre	gentil	ses amis	l'humour	la patience
	drôle	impatient	ses cousines	les projets	
	ambitieux				

➪ **Anne est plus pauvre que ses amis. Elle a moins d'argent qu'eux.**

C. Le superlatif

In a superlative construction, one or several individuals are compared with the rest of a group. Note this construction in the following sentences:

Henri est **le garçon le plus travailleur** de la classe.	*Henri is **the hardest working boy** in the class.*
Anne est **la fille la plus gentille** de la classe.	*Anne is **the nicest girl** in the class.*
Michel et Marc sont **les garçons les moins ambitieux.**	*Michel and Marc are **the least ambitious boys.***

In French, the superlative construction is formed according to the following pattern:

le/la/les + {**plus** / **moins**} + adjective	*the most . . . , the . . . -est* *the least . . .*

➪ The position of the adjective (before or after the noun) is usually the same in the superlative and nonsuperlative constructions.

Louise est une fille **riche.** C'est la fille **la plus riche.**
Sylvie est une **jolie** fille. C'est **la plus jolie** fille.

Note that if the adjective comes after the noun in a superlative construction, the definite article is used *twice:* before the noun, and before **plus** or **moins.**

➪ The superlative of **bon/bonne** is **le meilleur/la meilleure** *(the best).*
Annie est **bonne** en français. C'est **la meilleure** élève.

➪ After a superlative construction, **de** is used to express the idea of *in*.
Tu es l'élève le plus sérieux **de** la classe.
Montréal est la plus grande ville **du** Canada.

ACTIVITÉ 5 Opinion personnelle

Exprimez votre opinion personnelle.

1. Quel est le meilleur acteur de cinéma?
2. Quelle est la meilleure actrice?
3. Quel est le comédien le plus drôle?
4. Quelle est la comédienne la plus drôle?
5. Quel est le meilleur joueur *(player)* de baseball?
6. Quels sont les meilleurs joueurs de football?
7. Quelle est la femme la plus célèbre des États-Unis?
8. Quel est l'homme le plus célèbre des États-Unis?

ACTIVITÉ 6 Oui ou non?

Imaginez qu'un ami français visite les États-Unis et fait les commentaires *(comments)* suivants. Répondez-lui affirmativement ou négativement, d'après le modèle. Note: **à mon avis** = *in my opinion.*

➪ San Francisco est une jolie ville. **À mon avis, c'est la plus jolie ville.**
(À mon avis, ce n'est pas la plus jolie ville.)

1. New York est une ville intéressante.
2. Denver est une ville moderne.
3. Les Texans sont des gens sympathiques.
4. Steve Martin est un comédien drôle.
5. Les Ford sont des voitures économiques.
6. Les Cadillac sont des voitures confortables.
7. Les Steelers sont une bonne équipe *(team)* de football.
8. Les Yankees sont une bonne équipe de baseball.

À votre tour **Préférences personnelles**

Pour chacun des sujets suivants, indiquez votre choix et expliquez ce choix en une ou deux phrases.

Préférez-vous . . .
voyager en train ou en avion?

➪ Je préfère voyager en avion. L'avion est plus rapide et plus confortable que le train.

Préférez-vous . . .
habiter en Californie ou au Colorado?
passer les vacances en France ou au Mexique?
avoir une voiture ou une moto?

UNITÉ 5

Leçon 2 Les prédictions de Madame R

Christine et Sophie sont entrées dans le stand de Madame R.

MADAME R: Bonjour, Mesdemoiselles. Vous voulez connaître votre avenir? Eh bien, c'est très simple . . . Donnez-moi cinquante francs et je *vous renseignerai.* — *will inform you*

SOPHIE: Voilà cinquante francs.

MADAME R *(examine la main de Sophie)*: Ah, Mademoiselle, je vois que vous aimez les voyages. Vous voyagez souvent?

SOPHIE: Non, jamais.

MADAME R: Eh bien, cet été vous allez faire un grand voyage.

SOPHIE: Je *voyagerai?* Avec qui? Avec mon amie ou avec mes parents? — *will travel*

MADAME R: Je ne sais pas si votre amie voyagera. En tout cas, elle ne voyagera pas avec vous. Vos parents, eux, ne voyageront pas. Ils resteront chez eux . . . Vous voyagerez donc seule . . . Je vois un avion . . . Vous voyagerez en avion . . . Je vois la *mer,* des montagnes, des belles plages, une *île* . . . Vous arriverez dans une île très romantique . . . Là, vous rencontrerez des jeunes gens très sympathiques . . . Ah, Mademoiselle, quelles splendides vacances vous allez passer! — *sea; island*

SOPHIE: Vous êtes sûre?

MADAME R: Absolument sûre.

SOPHIE: Mais, c'est magnifique!

CHRISTINE *(en elle-même)*: C'est complètement idiot! Pour voyager, il faut avoir de l'argent. Et Sophie est toujours fauchée. Comment est-ce qu'elle voyagera si elle n'a pas d'argent? — *(to herself)*

NOTE CULTURELLE

Vive° les vacances! Qu'est-ce que vous faites pendant les vacances? Est-ce que vous restez chez vous ou est-ce que vous voyagez? Et quand vous voyagez, est-ce que vous voyagez seul ou en famille?°

En général, les jeunes Français voyagent pendant leurs vacances. D'après une enquête,° voici comment ils passent leurs vacances:

40% partent en vacances avec leurs familles
34% partent en vacances avec des copains°
8% vont en colonies de vacances° ou dans des clubs de jeunesse°
6% font des études linguistiques à l'étranger°
6% font des stages° dans des clubs sportifs
5% travaillent
1% étudient

Vive *Hurray for* **en famille** *with your family* **D'après une enquête** *According to a survey* **copains** *friends* **colonies de vacances** *(summer) camps* **jeunesse** *youth* **font des études linguistiques à l'étranger** *study a language abroad* **font des stages** *train*

Vocabulaire pratique

NOM:	**l'avenir**	*future*		
ADJECTIFS:	**fauché**	*broke (without money)*	**seul**	*alone, only, by oneself*
	idiot	*idiotic, dumb*	**splendide**	*splendid*
	magnifique	*magnificent*	**sûr**	*sure, certain*
VERBE:	**renseigner**	*to inform, tell*	Je ne sais pas où est le musée. Pouvez-vous me **renseigner?**	
EXPRESSION:	**en tout cas**	*in any case*	Téléphone-moi ce soir, ou **en tout cas** demain!	

Note: **Seul** has the following meanings:

alone	Je vais **seul** au cinéma.
only	Le samedi est le **seul** jour où je sors.
by oneself	J'ai fait cet exercice tout **seul.**

MOTS APPARENTÉS

French pronouns ending in **-même** (**-mêmes**) correspond to English pronouns ending in *-self* (*-selves*). In French the ending is joined to the *stress* pronoun with a hyphen.

-même	***-self***	**-mêmes**	***-selves***
moi-**même**	*myself*	nous-**mêmes**	*ourselves*
elle-**même**	*herself*	eux-**mêmes**	*themselves*

Vocabulaire spécialisé Vacances et voyages

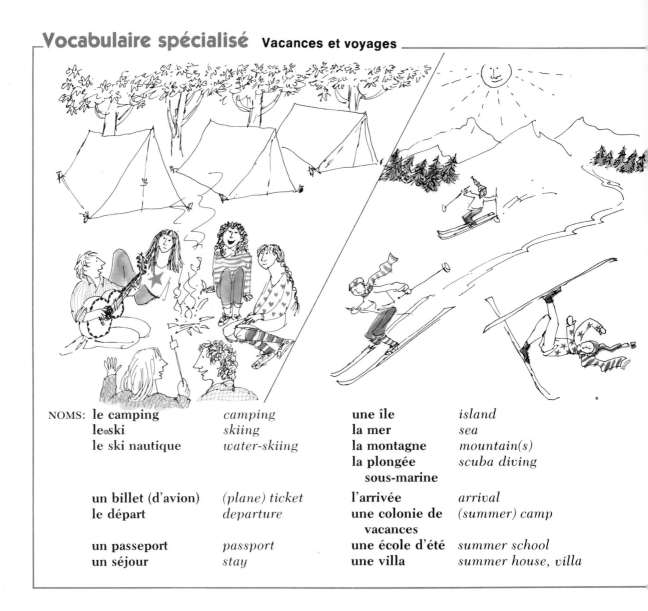

NOMS:	**le camping**	*camping*	**une île**	*island*
	le ski	*skiing*	**la mer**	*sea*
	le ski nautique	*water-skiing*	**la montagne**	*mountain(s)*
			la plongée sous-marine	*scuba diving*
	un billet (d'avion)	*(plane) ticket*	**l'arrivée**	*arrival*
	le départ	*departure*	**une colonie de vacances**	*(summer) camp*
	un passeport	*passport*	**une école d'été**	*summer school*
	un séjour	*stay*	**une villa**	*summer house, villa*

ACTIVITÉ 1 Questions personnelles

1. Préférez-vous passer les vacances à la mer ou à la montagne? Pourquoi?
2. Aux États-Unis, où est-ce qu'on peut faire du ski? du ski nautique? de la plongée sous-marine?
3. Quand vous étiez jeune, est-ce que vous alliez en colonie de vacances? Comment s'appelait cette colonie? Qu'est-ce que vous faisiez?
4. Avez-vous travaillé comme moniteur/monitrice *(counselor)* de colonie de vacances? Où? Quand?

ADJECTIF:	**étranger (étrangère)**	*foreign*	Il y a dix étudiants **étrangers** à notre école.
VERBE:	**faire un séjour**	*to stay*	Anne **a fait un séjour** de deux semaines au Canada.
EXPRESSION:	**à l'étranger**	*abroad*	Nous allons voyager **à l'étranger** cet été.

LES SÉJOURS À QUÉBEC, MONTRÉAL ET TORONTO

5. Êtes-vous allé dans une école d'été? Où? Pourquoi?
6. Avez-vous un passeport? Avez-vous voyagé à l'étranger? Où et quand?
7. Est-ce qu'il y a des étudiants étrangers à votre école? De quelles nationalités sont-ils?
8. Si vous allez en vacances, préférez-vous louer une villa ou aller à l'hôtel? Pourquoi?

Structure

A. Le futur: formation régulière

The sentences below describe events which will happen in the future. The verbs are in a new tense: the *future.* Note the forms of these verbs.

Sophie **voyagera.**	*Sophie **will travel.***
Elle **rencontrera** des jeunes gens.	*She **will meet** young people.*
Je **voyagerai** aussi.	***I will travel,** too.*
Je **visiterai** Paris.	***I will visit** Paris.*

In French the future tense is a *simple* tense: it consists of one word. It has several English equivalents:

Christine **travaillera** demain.
- *Christine **will work** tomorrow.*
- *Christine **shall work** tomorrow.*
- *Christine **will be working** tomorrow.*

Note the future forms of **voyager, finir,** and **vendre,** paying special attention to the endings.

Type of verb		**-er** VERB	**-ir** VERB	**-re** VERB	FUTURE ENDINGS
Infinitive		**voyager**	**finir**	**vendre**	
Future	je	**voyagerai**	**finirai**	**vendrai**	**-ai**
	tu	**voyageras**	**finiras**	**vendras**	**-as**
	il/elle/on	**voyagera**	**finira**	**vendra**	**-a**
	nous	**voyagerons**	**finirons**	**vendrons**	**-ons**
	vous	**voyagerez**	**finirez**	**vendrez**	**-ez**
	ils/elles	**voyageront**	**finiront**	**vendront**	**-ont**

Endings

The future endings are the *same* for all verbs, both regular and irregular.

Stem

For all regular verbs in **-er** and **-ir,** and for verbs like **sortir,** the future stem is the *infinitive.*

parler	→	je **parlerai**	**choisir**	→	je **choisirai**
chanter	→	je **chanterai**	**sortir**	→	je **sortirai**

⇨ Note the stem for verbs like **acheter, appeler,** and **payer:**

	PRESENT		FUTURE
acheter:	j'achète	→	j'**achèter**ai
appeler:	j'appelle	→	j'**appeller**ai
payer:	je paie	→	je **paier**ai

proverbe:

Rira bien qui rira le dernier!

"He who laughs last laughs best."
(literally: *The one who will laugh well will laugh the last.*)

For all regular verbs in **-re** and for most irregular verbs in **-re**, the future stem is the *infinitive minus* **-e.**

attendre	→	j'**attendr**ai	**prendr**e	→	je **prendr**ai
répondre	→	je **répondr**ai	**boir**e	→	je **boir**ai

> Note that for *all* verbs, the *future stem* ends in **r.**
> In spoken French the sound /r/ is the mark of the future.

(Madame R prédit l'aveniR. [Do you understand the origin of her name?])

ACTIVITÉ 2 En France

Des jeunes Américains vont aller en France cet été. Dites quelle ville chacun visitera et combien de temps il restera là-bas. Utilisez le futur de **visiter** et de **rester.**

⇨ Suzanne (Annecy, une semaine) **Suzanne visitera Annecy. Elle restera une semaine là-bas.**

1. Paul (Nice, un mois)
2. Millie et Anne (Paris, dix jours)
3. Robert et Roger (Tours, deux semaines)
4. nous (Bordeaux, deux mois)
5. vous (Cannes, trois semaines)
6. moi (Marseille, quinze jours)
7. toi (Toulon, vingt jours)
8. mes amis (Lyon, huit jours)

ACTIVITÉ 3 Le régime *(Diet)*

Lisez ce que chacun fait. Utilisez ces renseignements pour dire qui grossira et qui maigrira. Utilisez le futur de **grossir** ou de **maigrir,** suivant le cas *(accordingly).*

⇨ Paul mange beaucoup. **Il grossira.**
Anne boit de l'eau. **Elle maigrira.**

1. Je fais du sport.
2. Vous mangez beaucoup de spaghetti.
3. Thérèse joue souvent au tennis.
4. Mes amies mangent beaucoup de chocolat.
5. Monsieur Moreau boit de la bière.
6. Tu ne fais pas d'exercices.
7. Henri mange trop.
8. Martine a un appétit d'oiseau.

ACTIVITÉ 4 Quand on veut . . .

Lisez ce que chaque personne veut faire. Dites que ces personnes réaliseront *(will fulfill)* un jour leurs désirs *(wishes).*

⇨ Je veux visiter Paris. **Un jour, je visiterai Paris.**

1. Vous voulez visiter Dakar.
2. Henri veut travailler au Japon.
3. Vous voulez travailler pour les Nations Unies.
4. Mes cousins veulent habiter au Canada.
5. Isabelle veut apprendre l'espagnol.
6. Marc veut écrire un livre.
7. Mes cousins veulent gagner beaucoup d'argent.
8. Je veux acheter une Mercédès.

ACTIVITÉ 5 Plus ou moins?

Comment est-ce que vous imaginez l'existence *(life)* dans cinq ans? Exprimez votre opinion. Pour cela, choisissez l'option **plus** ou l'option **moins.**

⇨ les gens (travailler plus ou moins?)
Dans cinq ans, les gens travailleront plus qu'aujourd'hui.
(Dans cinq ans, les gens travailleront moins qu'aujourd'hui.)

1. les Américains (consommer [*consume*] plus ou moins d'énergie?)
2. les voitures (consommer plus ou moins d'essence?)
3. moi (voyager plus ou moins?)
4. mon père (travailler plus ou moins?)
5. nous (étudier plus ou moins?)
6. les gens (gagner plus ou moins d'argent?)
7. on (manger plus ou moins de produits artificiels?)

B. Le futur dans les phrases négatives et interrogatives

Note the use of the future in the following questions and negative replies:

Est-ce que tu **voyageras** cet été?	Non, je **ne voyagerai pas.**
Quand **est-ce que** Paul **partira?**	Il **ne partira pas** aujourd'hui.
Inviteras-tu Pierre au cinéma?	Non, je **ne** l'**inviterai pas.**
Quand **rencontrerez**-vous vos amis?	Je **ne** les **rencontrerai pas** ce soir.

Questions and negative sentences are formed the same way in the future as in the present tense.

⇨ In inverted questions, there is a **-t-** inserted between the verb and the pronouns **il, elle,** and **on.**

Voici Georges. Visitera-**t**-il Paris cet été?
Voici Christine. Voyagera-**t**-elle avec Sophie?

⇨ In the future, as in the present, object pronouns and reflexive pronouns come immediately before the verb.

Voici Jacques. Je **lui** téléphonerai. Je l'inviterai chez moi.
Je **me** promènerai ce week-end. Nous ne **nous** reposerons pas.

ACTIVITÉ 6 Petite conversation

Demandez à vos camarades s'ils vont faire les choses suivantes cet été.

⇨ voyager? —**Est-ce que tu voyageras?**
—**Oui, je voyagerai. (Non, je ne voyagerai pas.)**

1. visiter Québec?
2. travailler dans un café?
3. gagner beaucoup d'argent?
4. étudier?
5. prendre beaucoup de photos?
6. sortir souvent?
7. rendre visite à tes cousins?
8. écrire à tes professeurs?
9. acheter un maillot de bain?
10. acheter une moto?

ACTIVITÉ 7 Week-end

Lisez ce que les personnes suivantes vont faire ce week-end. Dites qui s'amusera et qui ne s'amusera pas.

➪ Madame Moreau va laver sa voiture. **Elle ne s'amusera pas.**

1. Monsieur Moreau va faire les courses.
2. Je vais sortir avec mes amis.
3. Tu vas étudier.
4. Nous allons à une surprise-partie.
5. Vous allez escalader des rochers.
6. Pierre va préparer l'examen d'anglais.
7. Suzanne va se promener.
8. Mes parents vont travailler.

ACTIVITÉ 8 Et vous?

Un ami dit ce qu'il va faire ce soir. Dites si oui ou non vous allez faire les mêmes choses. Utilisez le futur et un pronom complément.

➪ J'achèterai le journal. **Moi aussi, je l'achèterai.**
(Moi, je ne l'achèterai pas.)

1. Je lirai l'horoscope.
2. J'écouterai mes disques.
3. J'aiderai mes parents.
4. Je téléphonerai à mon meilleur ami.
5. J'écrirai à mes cousins.
6. Je rendrai visite aux voisins.
7. Je regarderai la télé.

À votre tour **Après l'école** *(After graduation)*

Dites ce que vous avez l'intention de faire après l'école en un paragraphe de huit phrases. Vous pouvez utiliser les verbes suivants dans des phrases affirmatives ou négatives.

travailler / voyager / habiter / étudier / visiter / rester / rencontrer / sortir / réussir / finir / choisir / acheter / attendre / vendre

UNITÉ 5 Leçon 3 Une île romantique

Sophie et Christine sortent du stand de Madame R. Les prédictions de la voyante ont beaucoup *impressionné* Sophie. Elle *a l'air agitée.* — *impressed; seems excited*

SOPHIE: Eh bien, maintenant, je sais où *j'irai* pendant les vacances. — *will go*
CHRISTINE: Et où iras-tu?
SOPHIE: J'irai en *Corse!* — *Corsica*
CHRISTINE: En Corse? Ah oui, je vois: l'île, les montagnes, les plages. D'abord où trouveras-tu *assez d'*argent pour aller en Corse? — *enough*
SOPHIE: Je *n'aurai pas besoin* d'argent. Je *serai* invitée. — *will not need; will be*
CHRISTINE: Et qui t'invitera?
SOPHIE: C'est très simple! Maman a un cousin qui a une villa en Corse. C'est lui qui m'invitera! *Tiens,* je vais lui écrire ce soir . . . — *Hey*
CHRISTINE: Et qu'est-ce que tu *feras* quand tu seras en Corse? — *will do*
SOPHIE: Je ferai beaucoup de choses. Le matin, je me lèverai tôt et je ferai des longues promenades dans la montagne. L'après-midi, j'irai à la plage. S'il fait du vent, je ferai de la planche à voile. Si la mer est calme, je ferai de la plongée sous-marine . . . Voyons, qu'est-ce qu'a dit Madame R? Ah oui . . . Quand je serai en Corse, je rencontrerai aussi des garçons sympathiques avec qui j'irai danser le soir! Oui, je vais passer des vacances magnifiques!
CHRISTINE *(en elle-même)*: Pauvre Sophie. Elle est complètement *folle!* — *crazy*

NOTE CULTURELLE

La Corse Savez-vous où est la Corse? C'est une île située° dans la Méditerranée, en face de l'Italie. Cette très belle île (on l'appelle l'île de Beauté) a un climat chaud et un relief° montagneux.° C'est en Corse qu'est né Napoléon, empereur des Français.

située *located* **relief** *landscape* **montagneux** *mountainous*

MOTS APPARENTÉS

French nouns which end in **-té** often have English cognates in *-ty*.

-té	↔ ***-ty***
la beau**té**	*beauty*
la socié**té**	*society*

Vocabulaire spécialisé **L'apparence et les sentiments**

NOM:

un sentiment *feeling*

ADJECTIFS ET EXPRESSIONS:

heureux	*happy*	≠	**malheureux**	*unhappy*
malade	*sick*	≠	**en bonne santé**	*in good health, healthy*
fatigué	*tired*	≠	**reposé**	*rested*
content	*happy, content*	≠	**triste**	*sad*
calme	*calm*	≠	**agité**	*restless, excited*
			nerveux (nerveuse)	*nervous*
tranquille	*quiet*	≠	**furieux (furieuse)**	*furious, mad*
			en colère	*angry*
rationnel (rationnelle)	*rational*	≠	**fou (folle)**	*crazy, mad*

VERBES:

avoir l'air	*to look*	Vous **avez l'air** en bonne santé.
sembler	*to seem, appear*	Jacques **semble** triste ce matin.

Note: The adjective which comes after the expression **avoir l'air** usually agrees with the subject.

Monique et Nicole ont l'air **contentes.**

ACTIVITÉ 1 Une question d'expression

Lisez les phrases suivantes et décrivez l'expression des personnes en question. Pour cela utilisez la construction **avoir l'air** + adjectif.

⇨ Martine a reçu un «A» en français. **Elle a l'air contente (heureuse).**

1. Philippe a reçu un «F» en maths.
2. Nous avons reçu une lettre de nos amis.
3. Vous avez joué au football pendant deux heures.
4. Tu as dormi dix heures.
5. François a de la fièvre *(fever)*.
6. Mes amis font beaucoup de sport.
7. Vous êtes très rouges.
8. Marc ne s'inquiète pas.
9. Thomas a un rendez-vous avec sa petite amie.
10. Je dois parler en public.

Structure

A. Futurs irréguliers (Première partie)

A few French verbs are irregular in the future tense. These verbs have:

(1) an *irregular* future *stem*
(2) *regular* future *endings*

Here are four of these verbs:

INFINITIVE	FUTURE STEM	
aller	**ir-**	Cet été nous **irons** au Canada.
avoir	**aur-**	**Auras**-tu beaucoup d'argent?
être	**ser-**	Je ne **serai** pas à Paris en juin.
faire	**fer-**	Pierre **fera** un voyage en France.

⇨ Note that all these future stems end in **r**.

AIR FRANCE
Hertz
Vous irez mieux.
Hertz loue des Ford et d'autres voitures de marque.

ACTIVITÉ 2 Vive les vacances!

Dites où les personnes suivantes iront pendant les vacances et ce qu'elles feront.

⇨ Paul (en Floride / du ski nautique) **Paul ira en Floride. Il fera du ski nautique.**

1. Sophie (en Corse / de la planche à voile)
2. moi (en Provence / du camping)
3. nous (à la Martinique / de la plongée sous-marine)
4. vous (au Canada / un voyage à Montréal)
5. toi (dans les Alpes / des belles promenades)
6. mes cousins (à Nice / de la voile)

ACTIVITÉ 3 Expression personnelle

Comment imaginez-vous votre existence *(life)* dans cinq ans? Dites si oui ou non vous ferez les choses suivantes.

⇨ faire beaucoup de voyages? **Oui, je ferai beaucoup de voyages. (Non, je ne ferai pas beaucoup de voyages.)**

1. aller à l'université?
2. avoir un job intéressant?
3. être marié(e)?
4. avoir une auto?
5. être millionnaire?
6. avoir une Mercédès?
7. être très heureux / heureuse?
8. faire la connaissance d'une personne sympathique?
9. être complètement indépendant(e)?
10. être président d'une compagnie?

B. L'usage du futur dans les phrases avec *si*

Note the use of the future in the following sentences:

Christine **ira** à la plage . . . s'il **fait** beau.	*Christine **will go** to the beach . . . if the weather **is** nice.*
Je **voyagerai** . . . si j'**ai** de l'argent.	***I will travel** . . . if I **have** money.*

The above sentences consist of two parts:

(1) the **si**-clause (*if*-clause), which expresses a certain condition;
(2) the *result* clause, which tells what will happen if this condition is met.

In French, as in English, the pattern of tenses is:

si-CLAUSE	RESULT CLAUSE
present	future

⇨ Remember: **si** → **s'** before **il** and **ils,** but not before **elle** and **elles.**

⇨ Sentences of the above type may begin with the **si**-clause or with the result clause.

Si je vais en France, je visiterai Paris.
Je visiterai Québec **si** je vais au Canada.

ACTIVITÉ 4 Si . . .

Dites où iront les personnes suivantes si certaines conditions sont réalisées.

⇨ Philippe (au Canada / avoir de l'argent)
Philippe ira au Canada s'il a de l'argent.

1. moi (en vacances / réussir aux examens)
2. nous (en Virginie / avoir une auto)
3. vous (au Mexique / savoir l'espagnol)
4. toi (chez Marcel / avoir le temps)
5. mes cousins (à Tahiti / connaître quelqu'un là-bas)

ACTIVITÉ 5 Et vous?

Dites ce que vous allez faire dans les circonstances suivantes. Si vous voulez, vous pouvez utiliser les verbes entre parenthèses, dans des phrases affirmatives ou négatives.

⇨ s'il fait beau dimanche (rester?)
S'il fait beau dimanche, je ne resterai pas chez moi.

1. s'il pleut ce week-end (sortir? aller? nager? faire?)
2. si je voyage cet été (visiter? rendre visite? aller? acheter? écrire?)
3. si un jour je suis millionnaire (acheter? aider? donner?)
4. si je vais à l'université (étudier? habiter? travailler? être? avoir?)

C. L'usage du futur après *quand*

The following sentences describe what will happen when certain other events take place. Compare the use of the tenses in the French and English sentences below:

Sophie **fera** beaucoup de choses quand elle **sera** en Corse.	*Sophie **will do** a lot of things when she **is** in Corsica.*
Nous **étudierons** beaucoup quand nous **irons** à l'université.	*We **will study** a lot when we **go** to college.*

When referring to future events, the French use the future tense in both the main clause and the **quand**-clause. (In English the present tense is used in the *when*-clause.) Note the following pattern:

quand-CLAUSE	MAIN CLAUSE
future	future

⇨ Sentences of this type may begin with the **quand**-clause or with the main clause.

Quand j'aurai de l'argent, je voyagerai.

Nous voyagerons **quand** nous serons en vacances.

ACTIVITÉ 6 Aux États-Unis

Des étudiants français vont aller aux États-Unis cet été. Dites ce que chacun visitera quand il sera dans la ville ou l'état où il passera ses vacances. Voici les endroits touristiques:

la Maison Blanche / Hollywood / l'Alamo / Mesa Verde /
le parc de Valley Forge / la Statue de la Liberté / le Grand Canyon

⇨ Paul / à New York **Quand il sera à New York, Paul visitera la Statue de la Liberté.**

1. Jacqueline / à Washington
2. Thomas et André / à San Antonio
3. nous / en Californie
4. vous / en Pennsylvanie
5. moi / dans le Colorado
6. toi / dans l'Arizona

ACTIVITÉ 7 C'est évident!

Ce que nous ferons plus tard dépend souvent des circonstances dans lesquelles *(which)* nous nous trouverons. Exprimez cela en phrases logiques en utilisant les éléments des colonnes A, B et C. Combien de phrases pouvez-vous faire en dix minutes? Suivez le modèle.

A	B	C
je	avoir 18 ans	voter
tu	avoir une voiture	conduire une voiture
ma sœur	être riche	étudier beaucoup
nous	être en vacances	s'amuser
vous	aller en France	se reposer
mes amis	aller à l'université	visiter Paris
		faire du camping
		faire la connaissance de gens sympathiques
		acheter une auto
		boire du champagne

⇨ **Quand nous aurons 18 ans, nous voterons.**

ACTIVITÉ 8 Expression personnelle

Utilisez votre imagination pour compléter les phrases suivantes. Utilisez un verbe au futur.

1. Quand j'aurai vingt ans, . . .
2. Quand je serai indépendant(e), . . .
3. Quand j'aurai une voiture, . . .
4. Quand je travaillerai, . . .
5. Si je vais en France, . . .
6. Si je deviens une personne célèbre, . . .
7. Si je gagne mille dollars à la loterie, . . .
8. Si je me marie, . . .

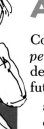

À votre tour Quelques prédictions

Comment imaginez-vous l'avenir pour vous et pour les autres *(other people)*? Composez des paragraphes de trois à cinq phrases où vous ferez des prédictions personnelles et des prédictions générales en utilisant le futur. Si vous pouvez, utilisez les verbes suivants:

avoir (quelles choses? quel âge?)
être (quelle profession? heureux / heureuse? où?)
faire (quelles choses?)
aller (où? avec qui? pourquoi? quand?)

⇨ Dans un an . . .
Dans cinq ans . . .
Dans vingt ans . . .
Dans cinquante ans . . .

UNITÉ 5

Leçon 4 L'erreur de Madame R

Un dimanche de mai . . . Six semaines ont passé. Sophie et Christine passent à l'endroit où la fête foraine a été *installée*. Sophie a l'air *soucieuse*.

set up
worried

CHRISTINE: Tu as l'air triste. *À quoi* penses-tu? — *About what*
SOPHIE: Je pense aux prédictions de Madame R.
CHRISTINE: Ah oui, au fait, est-ce que tu as écrit à ton oncle?
SOPHIE: Oui.
CHRISTINE: Et qu'est-ce qu'il t'a répondu?
SOPHIE: Il m'a répondu qu'il n'a plus sa villa en Corse. Il l'a vendue l'année dernière.
CHRISTINE: Alors qu'est-ce que tu vas faire cet été?
SOPHIE: Je vais rester à Villeneuve . . . Ce n'est pas drôle!
CHRISTINE: Eh bien, moi, j'ai une nouvelle à t'annoncer!
SOPHIE: *Quoi?* — *What?*
CHRISTINE: Moi, je vais passer un mois en Angleterre.
SOPHIE: Pas possible! Chez qui?
CHRISTINE: Chez une amie que j'ai rencontrée l'année dernière. Tu vois, Madame R a dit la vérité. Elle a fait seulement une erreur de personne: ce n'est pas toi qui pars en vacances. C'est moi!
SOPHIE: Qu'est-ce que tu feras quand tu seras en Angleterre?
CHRISTINE: Voyons, qu'est-ce que Madame R a dit? Ah oui. Eh bien, j'irai sur la plage. Là, je rencontrerai des jeunes gens très sympathiques. Je . . .
SOPHIE: Tu m'écriras?
CHRISTINE: Tu sais, je serai certainement très occupée. Enfin, oui, je t'écrirai . . . quand j'aurai le temps!

NOTE CULTURELLE

Vacances à l'étranger Aujourd'hui un très grand nombre de Français passent les vacances à l'étranger. Où vont-ils? Ils vont surtout vers° le soleil. Voilà pourquoi des pays comme° l'Italie, l'Espagne, la Grèce, l'Égypte sont très populaires.

Les jeunes, eux, vont surtout en Angleterre pour perfectionner° leur anglais. L'anglais est en effet° la première langue° étrangère enseignée° en France. C'est souvent une langue indispensable si on veut trouver un bon job après ses études.°

vers *towards* **comme** *such as* **pour perfectionner** *to improve*
en effet *in fact* **langue** *language* **enseignée** *taught*
ses études *one's studies*

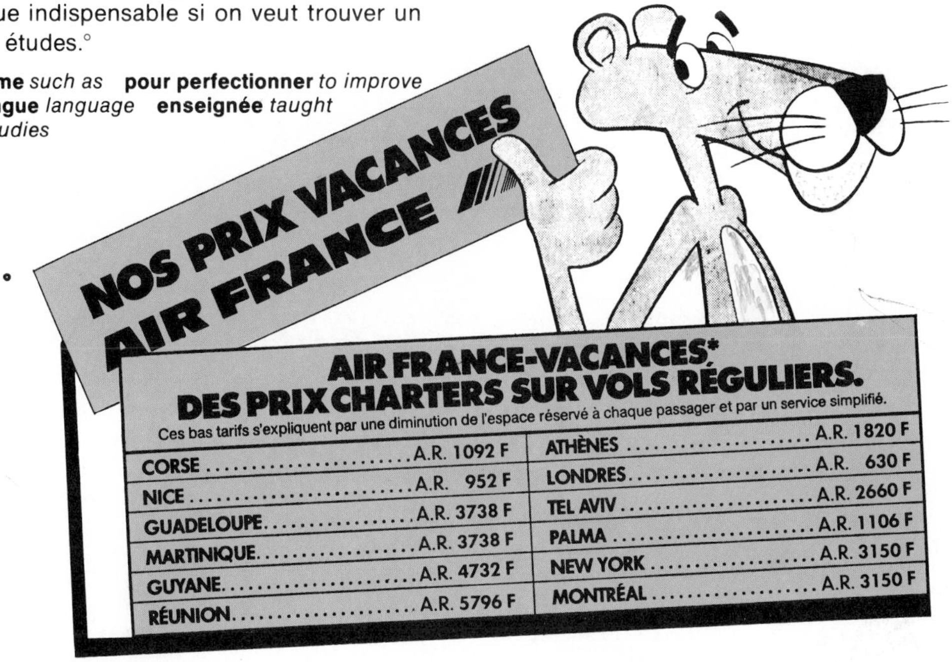
NOS PRIX VACANCES AIR FRANCE
AIR FRANCE-VACANCES*
DES PRIX CHARTERS SUR VOLS RÉGULIERS.
Ces bas tarifs s'expliquent par une diminution de l'espace réservé à chaque passager et par un service simplifié.
CORSE .... A.R. 1092 F
NICE .... A.R. 952 F
GUADELOUPE .... A.R. 3738 F
MARTINIQUE .... A.R. 3738 F
GUYANE .... A.R. 4732 F
RÉUNION .... A.R. 5796 F
ATHÈNES .... A.R. 1820 F
LONDRES .... A.R. 630 F
TEL AVIV .... A.R. 2660 F
PALMA .... A.R. 1106 F
NEW YORK .... A.R. 3150 F
MONTRÉAL .... A.R. 3150 F

Vocabulaire pratique

NOMS:	**un endroit**	*place, spot*	**une erreur**	*error, mistake*
EXPRESSION:	**Pas possible!**	*That can't be!*		

MOTS APPARENTÉS

Many French nouns in **-eur** have English cognates in *-or.*

-eur ↔	***-or***
une err**eur**	*error*
un profess**eur**	*professor*

French nouns in **-eur** /**-euse** which are derived from verbs correspond to English nouns in *-er.*

jouer	→	un jou**eur,** une jou**euse**	*play*	→	*player*
chanter	→	un chant**eur,** une chant**euse**	*sing*	→	*singer*

Structure

A. Futurs irréguliers (Deuxième partie)

The verbs below have irregular future stems.

	INFINITIVE	FUTURE STEM	
to know (how)	**savoir**	**saur-**	Je **saurai** la réponse *(answer)* dans une semaine.
to have to	**devoir**	**devr-**	**Devras**-tu travailler cet été?
to receive	**recevoir**	**recevr-**	Marc **recevra** une lettre de Sophie.
to come	**venir**	**viendr-**	Mes amis **viendront** demain.
to want	**vouloir**	**voudr-**	Paul ne **voudra** pas sortir s'il pleut.
to send	**envoyer**	**enverr-**	Je t'**enverrai** mon adresse.
to be able	**pouvoir**	**pourr-**	**Pourras**-tu me téléphoner ce soir?
to see	**voir**	**verr-**	Cet été nous **verrons** nos cousins.

Verbs conjugated like those in the chart above also have irregular future stems.

Verbs like **venir:**

to become	**devenir**	**deviendr-**
to come back	**revenir**	**reviendr-**
to remember	**se souvenir**	**se souviendr-**

Verb like **recevoir:**

to notice	**apercevoir**	**apercevr-**

ACTIVITÉ 1 **Oui ou non?**

Dites si oui ou non vous ferez les choses suivantes.

⇨ recevoir un «A» en français? **Oui, je recevrai un «A» en français.** **(Non, je ne recevrai pas d' «A» en français.)**

1. recevoir un «A» en maths?
2. voir un film ce week-end?
3. voir mes cousins cet été?
4. savoir très bien parler français?
5. devoir travailler cet été?
6. devoir étudier ce week-end?
7. envoyer une lettre au professeur cet été?
8. vouloir nager ce week-end?
9. pouvoir aller en France au printemps?
10. devenir célèbre?
11. devenir millionnaire?
12. devenir professeur?

B. Le verbe *vivre*

Note the forms of the irregular verb **vivre** *(to live)*.

Infinitive	**vivre**	
Present	je **vis** tu **vis** il/elle/on **vit**	nous **vivons** vous **vivez** ils/elles **vivent**
Passé composé	j'ai **vécu**	

Note: Both **vivre** and **habiter** mean *to live*. **Vivre** has several meanings: *to live in a given place; to live in a certain way; to be alive*. **Habiter** means only *to live in a place*. Compare:

Paul **vit** à Paris. } *Paul **lives** in Paris.*
Paul **habite** à Paris. }
Il **vit** bien. *He **lives** well.*

proverbe: Qui vivra verra.

"Live and learn."
(literally: *He who will live will see.*)

ACTIVITÉ 2 Questions personnelles

1. Dans quelle ville habitez-vous? Est-ce qu'on vit bien dans cette ville? Pourquoi?
2. Combien de temps avez-vous vécu dans la maison où vous habitez? Avez-vous toujours vécu dans cette maison? Où viviez-vous avant?
3. Avez-vous vécu dans une autre ville? Où? Avez-vous vécu dans un autre état? Où? Et vos parents?
4. En général, est-ce qu'on vit bien dans votre région? Selon vous, dans quelle région des États-Unis est-ce qu'on vit le mieux *(best)*? Pourquoi?
5. Selon vous, est-ce que les gens vivent bien aujourd'hui? Est-ce qu'ils vivaient mieux *(better)* autrefois? Pourquoi?

Vocabulaire spécialisé **Les matériaux**

les métaux

l'acier	*steel*
l'aluminium	*aluminum*
l'argent	*silver*
le cuivre	*copper*
le fer	*iron*
l'or	*gold*

les textiles

le coton	*cotton*	**la laine**	*wool*
le nylon	*nylon*		

les matériaux de construction

le bois	*wood*	**la brique**	*brick*
le plastique	*plastic*	**la pierre**	*stone*
le verre	*glass*		

Note the use of **en** with the names of materials:

Ce bracelet est **en argent.** — *This bracelet is **made of silver.***
J'habite dans une maison **en pierre.** — *I live in a **stone** house.*

ACTIVITÉ 3 **En quoi?** *(Out of what?)*

Complétez les phrases suivantes par **en** et le nom d'une matière *(material).*

⇨ J'habite dans une maison . . .
J'habite dans une maison en bois (en pierre, en brique).

1. En Nouvelle-Angleterre, il y a beaucoup de maisons . . .
2. Dans les grandes villes, les maisons sont . . .
3. Quand il fait froid, je porte un pull . . .
4. Quand il fait chaud, je porte des chemises . . .
5. Les meubles sont généralement . . .
6. Les cartes de crédit sont . . .
7. Cette fille a un bracelet . . .
8. Autrefois les pièces *(coins)* étaient . . .

C. Les pronoms interrogatifs après une préposition

The questions on the left begin with a preposition (**à, de**). In each set of questions, the first one refers to a *person,* and the second one refers to a *thing.* Note the interrogative pronouns in heavy type.

De qui parles-tu?	Je parle de mon ami Paul.
De quoi parles-tu?	Je parle de mes vacances.
À qui penses-tu?	Je pense à Christine.
À quoi penses-tu?	Je pense à son voyage.

In questions beginning with a preposition (**à, de, chez, pour, avec,** etc.), the French use the following construction:

preposition +	**qui**	to refer to *people*
	quoi	to refer to *things*

➪ In French the preposition always comes at the beginning of the question, never at the end.

À qui écrivez-vous?	***To** whom are you writing?* *Whom are you writing **to**?*
Avec quoi écrivez-vous?	***With** what are you writing?* *What are you writing **with**?*

➪ **Qui** and **quoi** may also be used to form one-word questions:

Pierre a fait quelque chose.	**Quoi?**	*What?*
Marie a vu quelqu'un?	**Qui?**	*Whom? (Who?)*

ACTIVITÉ 4 **Précisions** *(More information)*

Christine n'est jamais très explicite quand elle parle de ce qu'elle fait. Sophie lui demande des précisions. Jouez le rôle de Sophie.

➪ Je dîne avec un ami. **Avec qui est-ce que tu dînes?**

1. Je sors avec une amie.
2. Je vais chez quelqu'un.
3. Je téléphone à quelqu'un.
4. Je parle de quelque chose.
5. Je joue à quelque chose.
6. Je danse avec quelqu'un.
7. Je pense à une personne.
8. Je pense à une chose.
9. Je répare *(fix)* mon vélo avec un objet.
10. Je travaille pour quelqu'un.

D. Les pronoms interrogatifs compléments d'objet direct

In the following questions, the interrogative pronouns in heavy type are the direct objects of the verb. Note the forms used to refer to *people* and to refer to *things.*

Whom?	**Qui** regardes-tu?	Je regarde Christine.
Whom?	**Qui est-ce que** vous écoutez?	Nous écoutons Sophie.
What?	**Que** regardes-tu?	Je regarde une voiture.
What?	**Qu'est-ce que** tu écoutes?	J'écoute un disque.

When asking about the direct object of a sentence, the French use:

qui	+	inverted word order	to refer to *people*
qui est-ce que	+	normal word order	
que (qu')	+	inverted word order	to refer to *things*
qu'est-ce que	+	normal word order	

ACTIVITÉ 5 **Le week-end dernier**

Christine téléphone à Sophie et elle lui dit ce qu'elle a fait le week-end dernier. Sophie, qui n'entend pas très bien, demande à Christine de répéter. Jouez le rôle de Sophie.

➪ J'ai acheté une robe. **Qu'est-ce que tu as acheté?**
J'ai vu Paul. **Qui est-ce que tu as vu?**

1. J'ai rencontré Jacqueline.
2. J'ai invité mes cousines.
3. J'ai aidé mon père.
4. J'ai écouté du jazz.
5. J'ai vendu ma guitare.
6. J'ai vu Jean-Pierre et François.

E. Les pronoms interrogatifs sujets

In the following questions, the interrogative pronouns in heavy type are the subjects of the verb. Note the forms used to refer to *people* and to refer to *things.*

Who?	**Qui** t'a téléphoné?	Un ami.
Who?	**Qui est-ce qui** t'a écrit?	C'est Christine.
What?	**Qu'est-ce qui** est arrivé?	Une lettre de France.
What?	**Qu'est-ce qui** vous intéresse?	Les sports m'intéressent.

When asking a question about the subject of a sentence, the French use:

qui	to refer to *people*
qui est-ce qui	
qu'est-ce qui	to refer to *things* or *events*

➪ **Qui** is used more frequently than **qui est-ce qui.**

➪ The above interrogative pronouns are always followed by a singular verb.

ACTIVITÉ 6 Christine ne fait pas attention.

Sophie parle de certaines choses. Christine ne fait pas attention et demande à Sophie de répéter. Jouez le rôle de Christine en utilisant le pronom interrogatif sujet qui convient.

⇨ Paul est passé. **Qui est passé?**
Le bus est passé. **Qu'est-ce qui est passé?**

1. Mon avion part lundi.
2. Mon père part samedi.
3. Charles arrive demain.
4. Le train arrive à deux heures.
5. Cette voiture a eu un accident.
6. Nicole a eu un accident.
7. Cette lettre est arrivée hier.
8. Ma tante est arrivée à Paris.

ACTIVITÉ 7 Interview

Imaginez que vous travaillez pour un magazine français. Vous interviewez le célèbre acteur Jeannot Allidet. Demandez-lui les choses qui l'affectent personnellement. Pour cela, commencez vos phrases par **Qu'est-ce qui.**

⇨ les choses qui l'amusent? **Qu'est-ce qui vous amuse?**

1. les choses qui ne l'amusent pas?
2. les choses qui l'intéressent?
3. les choses qui ne l'intéressent pas?
4. les choses qui l'irritent?
5. les choses qui sont importantes pour lui?
6. les choses qui ne sont pas importantes pour lui?

ACTIVITÉ 8 Zut alors!

Marc a passé un mois en Angleterre. Quand il est rentré, sa sœur lui annonce certaines mauvaises nouvelles. Marc veut savoir quoi. Jouez le rôle de Marc. Pour cela utilisez le pronom interrogatif qui convient.

⇨ Quelqu'un a pris ta moto. **Zut alors! Qui a pris ma moto?**

1. Quelqu'un a cassé ta radio.
2. Quelqu'un a pris tes disques.
3. Quelque chose est tombé sur ta voiture.
4. Quelque chose est arrivé à ton ami.
5. J'ai vu quelqu'un avec ta fiancée.
6. J'ai cassé quelque chose dans ta chambre.
7. Tes amis ont fait quelque chose de stupide.
8. Ton chien a attaqué quelqu'un dans la rue.

À votre tour **Week-end**

Imaginez qu'un étudiant français visite votre ville. Posez-lui plusieurs questions sur ce qu'il fera le week-end prochain. Vous pouvez utiliser les verbes suivants au futur:

visiter / regarder / écouter / acheter / voir / téléphoner à / parler à / parler de / rendre visite à / jouer à / jouer avec

UNITÉ 5

Leçon 5 Madame R a dit la vérité!

En juin, Christine est allée en Angleterre et elle a passé un mois là-bas. Malheureusement pour elle, il a plu tout le temps pendant son séjour . . . Alors, Christine n'est pas souvent sortie et elle ne s'est pas beaucoup amusée. Elle est rentrée hier à Villeneuve et aujourd'hui, elle passe chez son amie Sophie. C'est Madame Beaumont, la mère de Sophie, qui lui répond.

MME BEAUMONT: Je vois que vous êtes de retour. J'espère que vous avez passé des bonnes vacances.

CHRISTINE: Euh oui, plus ou moins bonnes . . . Et Sophie? Est-ce que je *pourrais* lui parler? — *could*

MME BEAUMONT: Sophie n'est pas là. Elle est partie en vacances la semaine dernière.

CHRISTINE: Ah bon? Elle m'a dit qu'elle *ne partirait pas* cet été et qu'elle *resterait* ici pendant les vacances! — *would not leave*; *would stay*

MME BEAUMONT: Eh bien, aujourd'hui elle est à l'autre bout du monde . . . sur une île!

CHRISTINE: Sur une île? Où ça?

MME BEAUMONT: À Tahiti!

CHRISTINE: À Tahiti?! Mais pourquoi est-ce qu'elle est là-bas?

MME BEAUMONT: C'est une histoire *incroyable.* Vous savez que Sophie a toujours eu beaucoup de chance. Eh bien, en juin, après votre départ, Sophie a participé à un concours *publicitaire* et elle a gagné le grand prix: un voyage de six semaines à Tahiti. — *incredible*; *advertising*

CHRISTINE *(en elle-même):* Tahiti! L'île! Les montagnes! Les plages . . .! Je *ne croyais pas* aux prédictions de Madame R . . . Mais maintenant, je commence à *y croire.* *(à Mme Beaumont)* Pourriez-vous me donner l'adresse de Sophie? J'*aimerais* lui écrire. — *did not believe*; *believe in them*; *would like*

MME BEAUMONT: Bien sûr . . . Mais ne comptez pas trop sur une réponse. Sophie m'a dit qu'elle serait très occupée!

NOTE CULTURELLE

À Tahiti Pour vous, que représente Tahiti? Une île romantique? de très belles plages? un climat tropical? des habitants heureux?

C'est un marin° anglais, le capitaine Wallis, qui a découvert° Tahiti en 1768. Les explorateurs qui sont arrivés à Tahiti après Wallis ont remarqué la beauté de l'île et l'hospitalité de ses habitants. Voilà pourquoi cette île a vite attiré° les Européens: des explorateurs et des savants,° des missionnaires et des marchands,° des aventuriers et des artistes . . . Le plus célèbre de ces artistes est Paul Gauguin. Dégoûté de° la civilisation européenne, Gauguin a préféré la vie° libre et simple des Tahitiens qu'il a peints° dans ses toiles.° Aujourd'hui, Tahiti reste synonyme de Paradis. Chaque année, des milliers° de touristes viennent visiter cette île heureuse.

marin *sailor* **a découvert** *discovered* **a . . . attiré** *attracted* **savants** *scientists* **marchands** *merchants* **Dégoûté de** *Disgusted with* **vie** *life* **a peints** *painted* **toiles** *canvases* **des milliers** *thousands*

Vocabulaire pratique

NOMS:	**un bout**	*end*	**la chance**	*luck*
	un concours	*contest*	**une réponse**	*answer, reply*
	le monde	*world*		
	un prix	*prize; price*		
VERBES:	**compter sur**	*to count on, depend on, rely on*	Peux-tu m'aider? Est-ce que je peux **compter sur** toi?	
	être de retour	*to be back*	Je **serai de retour** dans deux heures.	
	participer (à)	*to participate, take part (in)*	Je vais **participer à** cette réunion!	
EXPRESSIONS:	**ah bon?**	*really?*		
	ainsi	*therefore*		
	eh bien . . .	*well . . .*		

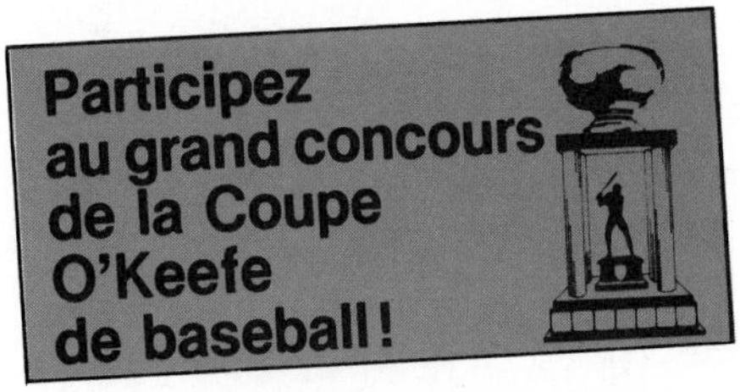
Participez
au grand concours
de la Coupe
O'Keefe
de baseball!

MOTS APPARENTÉS

Some French words in **-ix** have English cognates in *-ice.*

-ix ↔	*-ice*
prix	*price*
choix	*choice*

Structure

A. Le verbe *croire*

Note the forms of the irregular verb **croire** *(to believe).*

Infinitive	**croire**	
Present	je **crois** tu **crois** il/elle/on **croit**	nous **croyons** vous **croyez** ils/elles **croient**
Passé composé	j'ai **cru**	

Note the following constructions with **croire:**

croire à (+ noun) — Je ne **crois** pas **aux** prédictions de Madame R.
croire que (+ clause) — Christine **croit que** Sophie a de la chance.

proverbe: *Voir c'est croire.*

"Seeing is believing."

ACTIVITÉ 1 Croyances *(Beliefs)*

Décrivez les croyances des personnes suivantes.

⇨ Paul / à son horoscope — **Paul croit à son horoscope.**

1. Christine / à la chance
2. vous / aux fantômes *(ghosts)*
3. nous / au surnaturel *(supernatural)*
4. toi / aux extraterrestres *(beings from outer space)*
5. moi / aux OVNI *(UFO's)*
6. mes camarades / à la perception extrasensorielle *(ESP)*

B. La conjonction *que*

Note the use of **que** *(that)* in the following sentences:

Je crois **que** vous avez raison. — *I believe* ***(that)*** *you are right.*
Nous pensons **que** tu es stupide. — *We think* ***(that)*** *you are stupid.*
Charles dit **qu'**il est intelligent. — *Charles says* ***(that)*** *he is intelligent.*

The conjunction **que** *(that)* is used after verbs such as **croire, penser, trouver, dire,** and **écrire** to introduce a clause.

⇨ Note that while the equivalent conjunction *that* is sometimes omitted in English, **que** must always be used in French.

Vocabulaire spécialisé **Comment exprimer son opinion**

VERBES:

croire	*to believe, think*	Christine **croit** que Sophie est à Villeneuve.
penser	*to think, believe*	Mme Beaumont **pense** que sa fille a de la chance.
trouver	*to find*	Christine **trouve** que Madame R avait raison.

EXPRESSIONS:

à (mon) avis	*in (my) opinion*	**À mon avis,** les voyantes n'ont pas toujours raison.
d'après	*according to*	**D'après** vous, est-ce que Christine est jalouse?
selon	*according to*	**Selon** moi, Christine pense trop à elle-même.

Note: **Selon** and **d'après** are followed by a noun or a stress pronoun.

ACTIVITÉ 2 **Est-ce que les OVNI existent?**

Ce matin les personnes suivantes discutent de la question: Est-ce que les OVNI existent? (Note: Un OVNI est un Objet Volant Non-Identifié.) Donnez l'opinion de chacun.

⇨ Paul / croire / c'est vrai **Paul croit que c'est vrai.**

1. Philippe / trouver / c'est faux
2. nous / croire / les OVNI n'existent pas
3. Sophie / dire / elle a vu un OVNI
4. vous / croire / Sophie est folle
5. moi / croire / les OVNI viennent de Mars
6. Sylvie / trouver / j'ai raison
7. mes cousins / penser / les OVNI existent
8. Charles / déclarer / ses amis sont fous

RENCONTRE AVEC LES OVNIS

La Fédération Française d'étude des O.V.N.I.S. a recueilli une cinquantaine de témoignages d'habitants de la région qui affirment avoir vu des apparitions troublantes.

« ... le mode de propulsion des O.V.N.I.S. est totalement étranger à notre conception, l'étude de ce phénomène nous paraît susceptible d'apporter à l'humanité des connaissances nouvelles, d'une importance considérable, pour l'amélioration de nos techniques... » Cette déclaration, et non des moindres, n'émane pas de n'importe qui, puisqu'elle a été rédigée par le G.E.P.A.N., organisme scientifique officiel, dépendant du Centre national d'Etudes spatiales. La région lyonnaise, nous allons le voir, présente un certain nombre de cas d'apparitions d'O.V.N.I.S., particulièrement troublants.

ENLEVÉE A BORD D'UN O.V.N.I.

Le sud de Lyon a d'abord retenu notre attention. Tout commence une nuit de juin. Hélène G., seule, route à bord de sa « R 4 », quand son moteur cale, et ses phares s'éteignent. A 20 mètres devant, elle voit une forme lumineuse orangée, immobilisée au sol. Elle a peur. Le temps de fermer et d'ouvrir les yeux, le phénomène a disparu. Elle regarde sa montre : deux heures se sont écoulées dont elle n'a pas le souvenir ! Son cas est étudié, et on la place sous hypnose. Le récit devient hallucinant. Deux humanoïdes de petite taille sortent de la lumière, viennent vers la « R 4 » et attrapent Hélène G. Ils la conduisent dans la lumière, l'O.V.N.I., et lui font subir une sorte d'examen médical, sur une table métallique, à l'aide de divers instruments. Le tout terminé, les deux personnages ramènent « leur patiente ». Ils réintègrent ensuite l'objet lumineux, qui disparaît rapidement dans le ciel.

C. Le conditionnel: formation

To express what *would happen,* people use the *conditional.* Note the use of the conditional in the following sentences:

S'ils avaient de l'argent, . . .	*If they had money, . . .*
Charles **voyagerait.**	*Charles **would travel.***
Philippe **visiterait** Paris.	*Philippe **would visit** Paris.*
mes cousins **achèteraient** une moto.	*my cousins **would buy** a motorcycle.*
mes parents **iraient** au Japon.	*my parents **would go** to Japan.*

In French the conditional is a *simple* tense and consists of one word. Note the forms of the conditional in the chart below, paying attention to the stem and the endings.

Infinitive		**parler**	**finir**	**vendre**	**aller**	CONDITIONAL (IMPERFECT) ENDINGS
Future	je	**parlerai**	**finirai**	**vendrai**	**irai**	
Conditional	je	**parlerais**	**finirais**	**vendrais**	**irais**	**-ais**
	tu	**parlerais**	**finirais**	**vendrais**	**irais**	**-ais**
	il/elle/on	**parlerait**	**finirait**	**vendrait**	**irait**	**-ait**
	nous	**parlerions**	**finirions**	**vendrions**	**irions**	**-ions**
	vous	**parleriez**	**finiriez**	**vendriez**	**iriez**	**-iez**
	ils/elles	**parleraient**	**finiraient**	**vendraient**	**iraient**	**-aient**

The conditional is formed as follows:

future stem + imperfect endings

➪ Verbs which have an irregular future stem keep this same irregular stem in the conditional.

avoir:	j'**aur**ais	**venir:**	je **viendr**ais
être:	je **ser**ais	**voir:**	je **verr**ais
aller:	j'**ir**ais	**recevoir:**	je **recevr**ais
faire:	je **fer**ais	**envoyer:**	j'**enverr**ais
devoir:	je **devr**ais		
pouvoir:	je **pourr**ais		
vouloir:	je **voudr**ais		
savoir:	je **saur**ais		

➪ The negative and interrogative forms of the conditional follow the same patterns as all other simple tenses.

Aimerais-tu voyager?	***Would** you **like** to travel?*
Non, je **n'aimerais pas** voyager.	*No, I **would not like** to travel.*

ACTIVITÉ 3 Aux États-Unis

Des étudiants français discutent des choses qu'ils aimeraient visiter s'ils allaient aux États-Unis. Exprimez le choix de chacun. Pour cela, utilisez le conditionnel de **visiter.**

⇨ Georges (Disneyland) **Georges visiterait Disneyland.**

1. Caroline (Chicago)
2. mes cousins (Washington)
3. Denise (le parc de Yellowstone)
4. moi (les montagnes Rocheuses [*Rockies*])
5. toi (San Francisco)
6. nous (le cap Canaveral)
7. vous (un ranch au Texas)
8. Michel et Luc (le cap Cod)

ACTIVITÉ 4 La loterie

Imaginez que vos camarades ont participé à une loterie. Demandez-leur s'ils feraient les choses suivantes s'ils gagnaient le grand prix de mille dollars. Vos camarades vont répondre affirmativement ou négativement.

⇨ voyager? **—Est-ce que tu voyagerais?**
—Oui, je voyagerais. (Non, je ne voyagerais pas.)

1. partir en vacances?
2. quitter l'école?
3. mettre tout l'argent à la banque?
4. acheter une moto?
5. prêter de l'argent à tes amis?
6. organiser une grande fête?
7. aider les pauvres?
8. passer un mois en France?
9. visiter Tahiti?

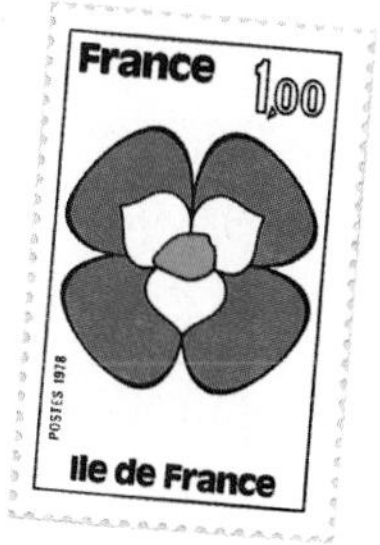

ACTIVITÉ 5 Décisions, décisions . . .

Imaginez que vous avez le choix entre les choses suivantes. Que choisiriez-vous?

⇨ avoir un vélo ou une moto? **J'aurais une moto (un vélo).**

1. avoir un chien ou un chat?
2. avoir des patins à glace ou des patins à roulettes?
3. aller en France ou en Espagne?
4. aller à un concert ou à un match de baseball?
5. faire du ski ou du ski nautique?
6. faire de la voile ou de la planche à voile?
7. voir Paris ou Rome?
8. voir un OVNI ou une éclipse?
9. être architecte ou avocat(e)?
10. être en vacances à Tahiti ou en Floride?
11. savoir jouer du piano ou de la guitare?
12. recevoir un «A» en français ou un «A» en maths?

D. Le conditionnel: usage

The conditional is used to express what would happen if a condition contrary to reality were met.

Si c'était les vacances, nous **irions** à la plage.	*If it were vacation time, we **would go** to the beach.*

The conditional is also used to make polite requests. Compare the following sentences:

Je **veux** te parler.	*I **want** to talk to you.*
Je **voudrais** te parler.	*I **would like** to talk to you.*
Peux-tu m'aider?	***Can** you help me?*
Pourrais-tu m'aider?	***Could** you help me?*
Tu **dois** étudier.	*You **must** study.*
Tu **devrais** étudier.	*You **should** study.*

ACTIVITÉ 6 Vive les vacances!

Nous sommes en janvier. Aujourd'hui les élèves sont en classe. Ils regardent la neige qui tombe. Chacun rêve aux *(is dreaming of)* vacances. Dites que ces personnes n'étudieraient pas si c'était les vacances. Dites aussi ce que chacun ferait.

⇨ Marc (nager) **Marc n'étudierait pas. Il nagerait.**

1. Cécile (aller à la montagne)
2. Marthe (faire un pique-nique)
3. nous (faire une promenade)
4. vous (voyager)
5. moi (rendre visite à mon oncle)
6. toi (prendre des photos)
7. Sylvie (s'amuser)
8. Philippe (se reposer sur la plage)

ACTIVITÉ 7 La politesse

Vous voulez dire les choses suivantes à vos amis. Dites-leur ces choses d'une manière plus polie. Pour cela, utilisez le conditionnel.

⇨ Je veux jouer au tennis avec toi. **Je voudrais jouer au tennis avec toi.**

1. Je veux te demander un service *(favor).*
2. Nous voulons vous parler.
3. Est-ce que je peux prendre tes disques?
4. Est-ce que tu peux me prêter un dollar?
5. Est-ce que vous pouvez m'aider?
6. Tu dois être plus patient.
7. Vous devez faire des efforts.

À votre tour Le million

Dites ce que vous feriez et ce que vous ne feriez pas si vous étiez millionnaire. Composez un paragraphe de six à huit phrases.

⇨ J'achèterais une moto, mais je n'achèterais pas d'auto.

Section Magazine

Le monde de la découverte 3

Gustave Eiffel

Connaissez-vous les personnes suivantes? Parmi° elles, il y a des inventeurs, un mathématicien, un fabricant° d'instruments de musique, un acrobate . . . Est-ce que le nom de ces personnes vous dit quelque chose? Peut-être pas! Pourtant, ces personnes ont donné leurs noms à des choses que vous connaissez certainement. Lisez attentivement les descriptions biographiques de ces personnes. Dans chaque description, vous trouverez un indice° qui vous permettra d'identifier la personne en question. Voyons si vous êtes bon détective!

Parmi: Among
fabricant: maker
indice: clue

Qui est-ce?

1. André Ampère (1775–1836)
2. Michel Bégon (1638–1710)
3. Louis Braille (1809–1852)
4. Coco Chanel (1883–1971)
5. Gustave Eiffel (1832–1923)
6. Jules Léotard (1830–1870)
7. Louis Pasteur (1822–1895)
8. Adolphe Sax (1814–1894)

Jules Léotard

Coco Chanel

Louis Braille

Adolphe Sax

Michel Bégon

a) Ce chimiste° et biologiste français est le père de la bactériologie moderne. Il a prouvé que les maladies° contagieuses sont transmises° par des microbes ou bactéries et il a découvert° des vaccins pour combattre ces microbes. Il a aussi inventé une méthode pour arrêter° la fermentation de liquides comme le lait. Cette méthode porte° le nom de ce grand savant.°

chemist; diseases; transmitted; discovered; of stopping; bears; scientist

b) Cet officier de marine° a beaucoup voyagé. C'était aussi un botaniste amateur qui étudiait les plantes et les fleurs des pays qu'il visitait. Il a donné son nom à une fleur.

navy

c) C'était l'un des acrobates les plus célèbres de son époque.° Dans ses exercices de trapèze, il portait un costume spécial que portent les danseurs et les danseuses d'aujourd'hui.

time

d) Cet ingénieur a introduit° l'usage du fer dans la construction des édifices.° Il a construit de nombreux° ponts.° Il a surtout construit une tour° très célèbre que des millions de touristes visitent chaque année!

introduced; buildings; numerous; bridges; tower

e) Ce fabricant d'instruments de musique est né en Belgique. Il a créé° un instrument très utilisé dans les orchestres de danse et les orchestres de jazz.

created

f) Cette femme a révolutionné° le monde de la mode° en créant des vêtements simples et confortables. Elle a aussi créé un parfum connu° dans le monde entier.

revolutionized; fashion; known

g) Ce musicien est devenu aveugle° à la suite° d'un accident. Il a inventé un système d'écriture° en relief pour permettre aux aveugles° de lire la musique et les textes écrits.

blind; as the result; writing; blind people

h) Ce savant français a démontré° les rapports° entre l'électricité et le magnétisme. Il a créé une nouvelle branche scientifique appelée l'électrodynamique. L'unité d'intensité des courants° électriques porte son nom.

demonstrated; relationship; currents

Louis Pasteur

André Ampère

RÉPONSES:
Avez-vous établi *(established)* les correspondances suivantes?

1-h Ampère / l'ampère
2-b Bégon / le bégonia
3-g Braille / le système Braille d'écriture
4-f Chanel / Chanel No 5
5-d Eiffel / la tour Eiffel
6-c Léotard / le léotard
7-a Pasteur / la pasteurisation
8-e Sax / le saxophone

Un nouvel art est né!

La date: le 22 mars 1895.
L'endroit: une salle située 44, rue de Rennes à Paris. C'est dans cette salle que deux frères ont convoqué° quelques amis. Pourquoi? Mystère! Les amis ne savent pas exactement pourquoi ils ont été invités.

called together

Les deux frères ont un nom prédestiné: ils s'appellent Lumière.° L'aîné,° Auguste Lumière, a 33 ans. Le plus jeune, Louis Lumière, a 31 ans. Ce sont des industriels.° Leur spécialité? La photographie! À l'heure indiquée, les deux frères arrivent rue de Rennes avec une mystérieuse boîte noire. Est-ce un appareil-photo? Oui et non. Les invités pensent qu'ils vont assister à° une projection de photos. On met un écran° blanc sur un mur. La séance° commence. Des images apparaissent° sur l'écran. Un miracle se produit:° les images s'animent.° Les images bougent.° Les spectateurs voient des hommes et des femmes marcher, saluer° . . . Ils voient des enfants jouer dans la rue . . . Ils voient une voiture et des bicyclettes . . . Le spectacle dure une minute seulement, mais ce jour-là le cinéma est né!

light; oldest
industrialists
to attend; screen
performance; appear
happens; come alive; move
greet one another

La première représentation° commerciale a lieu quelques mois plus tard au «Grand Café» à Paris. Il y a des journalistes, des artistes, des acteurs, des personnalités politiques. Cette première représentation a un succès extraordinaire. Bientôt toute l'Europe parle de la nouvelle invention. L'empereur d'Autriche,° le tzar de Russie, le roi° d'Italie, les rois de Serbie,° d'Espagne, de Suède,° de Roumanie assistent à des représentations du «cinématographe». (C'est le nom que les frères Lumière ont donné à leur invention.)

performance
Austria; king
Serbia; Sweden

Les Américains aussi veulent voir le cinématographe. La première représentation américaine a lieu à New York le 29 juin 1896. C'est un triomphe. À la fin° de la représentation, l'orchestre joue «La Marseillaise» et tous les spectateurs applaudissent.

end

Ainsi est né le cinéma qu'on appelle aujourd'hui le huitième art![1]

[1] Les sept arts:
la poésie *(poetry)*
la peinture *(painting)*
la sculpture
l'architecture
la musique
le théâtre
la danse

LES FRÈRES LUMIÈRE

Les frères Lumière n'étaient pas seulement des industriels. Ils étaient aussi d'authentiques hommes de science. Louis Lumière était sujet à des migraines violentes et bizarrement° ses migraines stimulaient ses facultés° d'invention. À 17 ans, il a inventé une émulsion qui a permis le développement de la photographie instantanée. En 1899, il a inventé un procédé° qui a permis le développement de la photographie panoramique. En 1903, il a perfectionné° la photographie en couleurs. Auguste Lumière, lui, s'est spécialisé dans la recherche° médicale, en particulier dans le traitement° du cancer.

bizarrement *strangely* **facultés** *powers*
procédé *procedure* **a perfectionné** *perfected*
recherche *research* **traitement** *treatment*

Un appareil des Frères Lumière

«Le voyage à la lune», un des premiers films français

D'autres inventions et découvertes° françaises		
INVENTION	DATE	INVENTEUR
la machine à calculer	1641	Pascal
le parachute	1783	Lenormand
le stéthoscope	1815	Laënnec
la photographie	1826	Niepce
l'aspirine	1853	Gerhardt
le caoutchouc° synthétique	1879	Bouchardat
la radioactivité	1896	Becquerel
le radium	1898	Pierre et Marie Curie

découvertes *discoveries* **caoutchouc** *rubber*

ILS VOLENT!

Nous sommes le 19 septembre 1783 à Versailles. Une immense foule° est rassemblée° dans le parc du château. Il y a le roi° Louis XVI et la reine° Marie-Antoinette. Il y a aussi tous les courtisans.° Tout le monde regarde dans la même direction. Qu'est-ce que cette foule attend? À quel événement extraordinaire est-elle venue assister?° Qu'est-ce qui va se passer?

crowd; assembled; king
queen; court attendants
to attend

Devant cette foule, deux hommes préparent un feu.° Au-dessus de° ce feu, quatre serviteurs° tendent° une immense enveloppe° de toile° et de papier. Peu à peu, l'enveloppe prend la forme d'un ballon. Le ballon se gonfle.° Puis il s'élève° dans les airs.

fire
Above; servants; stretch
bag; cloth
inflates; rises

«Il vole,° il vole . . .» Le ballon, en effet,° vient de s'envoler.° À son bord,° il y a un canard,° une poule° et un mouton.° Ce sont les premiers passagers de l'espace. Le ballon va atteindre° une altitude de 1.500 pieds, puis il va redescendre. Cette spectaculaire démonstration a duré huit minutes. Le roi, la reine et tous les courtisans applaudissent.

is flying; indeed; lifted off
On board; duck; hen; sheep
to reach

Les auteurs° de cette expérience° scientifique sont deux frères, les frères Montgolfier. Leur expérience est basée sur un principe simple. L'air chaud est plus léger que l'air froid. Quand une masse d'air chaud est mise en présence d'une masse d'air froid, l'air chaud monte. Pourquoi ne pas enfermer° cette masse d'air chaud dans une enveloppe? L'idée du ballon est ainsi née. Les frères Montgolfier ont réalisé° leurs premières expériences à Annonay, une petite ville du centre de la France. Puis, ils ont décidé de faire une démonstration publique de leur invention. Pour cela, le roi les a invités à Versailles. Cette première démonstration publique est un immense succès.

originators; experiment
enclose
carried out

Deux mois plus tard, le 21 novembre, les frères Montgolfier renouvellent° leur expérience à Paris devant 400.000 spectateurs. Dans la foule, il y a un spectateur très intéressé. Ce spectateur est un Américain de 77 ans: Benjamin Franklin! Cette fois-ci, il y a deux hommes à bord de la montgolfière (c'est ainsi° que s'appelaient les premiers ballons). La montgolfière s'élève dans le ciel° de Paris et parcourt° une distance de neuf kilomètres. Les deux navigateurs ou «aéronautes» viennent de réaliser le rêve millénaire° de l'humanité: voler.

repeat · *this is the way* · *sky* · *travels* · *thousand-year-old dream*

Les expériences et les succès continuent. Le 7 janvier 1785, deux navigateurs traversent° la Manche° en ballon. Malheureusement, il y a aussi des accidents. Le 15 juin de cette année-là, un aéronaute se tue° en ballon. C'est la première victime de l'espace.

cross; English Channel · *is killed*

Les premières applications des ballons ont été scientifiques . . . et militaires. Dès° 1784, on a utilisé les ballons pour analyser l'air à différentes altitudes, pour observer les phénomènes météorologiques, pour étudier les variations de pression° atmosphérique. En 1794, pendant la Révolution française, on a utilisé des ballons captifs° pour observer les mouvements des troupes ennemies. En 1870, alors que° Paris était encerclé par les troupes allemandes, des ballons ont assuré° les communications entre la capitale et la province.°

As early as · *pressure* · *tethered (moored)* · *while* · *permitted* · *= the rest of the country*

Les progrès techniques ont été rapides. On a remplacé° l'air chaud par l'hydrogène, puis par l'hélium. On a ajouté° un moteur qui a permis de diriger° la marche° du ballon. Le ballon est devenu alors un «dirigeable». Ces dirigeables ont été utilisés pour le transport des marchandises et des passagers.

replaced · *added* · *to steer; course*

Le ballon a perdu son utilité commerciale quand il a été remplacé par l'avion. Mais le ballon n'a pas totalement disparu.° Aujourd'hui il est devenu un sport pratiqué en France et surtout aux États-Unis. La capitale de ce nouveau sport est Albuquerque. Chaque année,° des compétitions ont lieu au Nouveau Mexique, au Texas, en Californie . . .

disappeared · *year*

Pour les sportifs, le grand exploit est la traversée° de l'Atlantique en ballon. La première tentative° a eu lieu en 1873. D'autres tentatives ont suivi,° sans succès. Finalement, trois aéronautes américains ont réussi cette traversée en 1978. À quand le tour du monde° en ballon?

crossing · *attempt* · *followed* · *flight around the world*

RENCONTRE (imaginaire) AVEC UN EXPLORATEUR (véritable)

Il est là, dans son bureau. C'est un endroit où on le trouve rarement. Il est grand et mince.° Il n'est plus très jeune. Pourtant, son allure° sportive, son visage° bruni° par le soleil expriment° une jeunesse° éternelle. Vous le connaissez certainement. Ses films ont été présentés à la télévision américaine où ils ont connu° un succès extraordinaire. Cet homme, c'est Jacques-Yves Cousteau, l'un des grands explorateurs du vingtième siècle.° Ce n'est pas un explorateur ordinaire. Son domaine est le «monde du silence», c'est-à-dire,° le monde de la mer et des espaces sous-marins.°

thin; manner; face
tanned; express; youth
have enjoyed
century
that is
underwater

L'INTERVIEWER: Vous êtes connu° principalement pour vos expéditions sous-marines, mais vous êtes aussi un inventeur.

known

J.-Y. COUSTEAU: C'est exact.° J'ai inventé un scaphandre autonome° qui facilite° l'exploration sous-marine. J'ai aussi créé une caméra sous-marine. Ces inventions ont beaucoup contribué au succès de mes expéditions.

right; aqualung
makes easy

L'INTERVIEWER: Ces expéditions sont très nombreuses.° Vous avez exploré les espaces sous-marins de la mer Rouge, de l'océan Indien, de l'Atlantique et du Pacifique. Vous avez aussi exploré les côtes° de la Grèce, de Madagascar, du Brésil, de l'Égypte . . .

numerous
coasts

J.-Y. COUSTEAU: . . . et même les côtes françaises. Une de nos expéditions les plus intéressantes a été une expédition archéologique à quelques° kilomètres de Marseille.

within a few

L'INTERVIEWER: Pouvez-vous nous raconter cette expédition?

J.-Y. COUSTEAU: Eh bien, voilà. Il y a plusieurs années,° nous avons découvert° une épave° très, très ancienne. C'était l'épave d'un navire° grec° de l'Antiquité. Elle était située exactement ici.

years
discovered; wreckage
ship; Greek

(Cousteau indique un point sur la carte.°)

map

Ce navire faisait le transport° de vin entre la Grèce et Marseille, probablement au troisième siècle° avant Jésus-Christ. Pris° dans une tempête,° il s'est échoué° juste en face de Marseille. Dans ce «super-tanker» de l'Antiquité, nous avons trouvé des centaines° d'amphores.° Ces amphores étaient en excellent état° de conservation. Certaines contenaient encore° du vin. Imaginez! Du vin de plus de deux mille ans!°

= transportait
century
Caught; storm; sank
about 100 Greek vases
= condition
still contained
more than 2000 years ago

L'INTERVIEWER: Plus tard, vous avez dirigé° une importante expédition en Méditerranée. Pouvez-vous nous décrire brièvement cette expédition?

directed

J.-Y. COUSTEAU: Vous parlez probablement de l'expédition «Précontinent III». Le but° de cette expédition était d'étudier les conditions d'adaptation de l'homme à la vie° sous-marine. Pour cela, nous avons construit une véritable «maison sous la mer», où nous sommes restés plusieurs semaines à explorer le monde autour de nous.

aim
life

L'INTERVIEWER: Et quelles ont été les conclusions de cette expérience?°

experiment

J.-Y. COUSTEAU: Cette expérience a prouvé que l'homme peut très bien vivre sous la mer.

L'INTERVIEWER: Vous avez écrit de nombreux livres. Vous avez également° fait de nombreux films. Vos films ont connu un très grand succès aux États-Unis . . .

= aussi

J.-Y. COUSTEAU: Je connais et j'apprécie l'intérêt des jeunes Américains pour la recherche° sous-marine.

research

L'INTERVIEWER: Et maintenant que faites-vous?

J.-Y. COUSTEAU: Je continue mes explorations et mes recherches . . . Et je prêche° une nouvelle croisade.°

am preaching; crusade

L'INTERVIEWER: Quelle croisade?

J.-Y. COUSTEAU: Une croisade pour la protection de la nature et contre° la pollution. Si nous voulons survivre, il est absolument essentiel que nous préservions nos ressources naturelles. À mon avis, le problème de la conservation de la nature est devenu le problème numéro un du monde d'aujourd'hui.

against

Chine
Pakistan
ANNAPURNA
Népal
Inde
0
600
KM

VICTOIRE SUR L'ANNAPURNA

Encore 100 mètres! Encore 50 mètres, 30 mètres, 10 mètres, 5 mètres . . . Victoire! L'Annapurna est conquise!°

conquered

L'Annapurna est un sommet° du Népal. Avec une altitude de 8.078 mètres, c'est un des plus hauts° sommets du monde. Ce jour-là, le 3 juin 1950, pour la première fois dans l'histoire de la montagne,° les hommes ont atteint° un sommet de plus de 8.000 mètres. Ce n'est pas la première expédition. Une centaine d'équipes° l'ont précédée. Des équipes anglaises, allemandes, françaises, italiennes, américaines, japonaises . . . Personne n'a réussi. Mais aujourd'hui, finalement, c'est la victoire.

peak
highest
mountaineering
reached
About 100 teams

Les conquérants° de l'Annapurna sont deux Français: Maurice Herzog (31 ans) et Louis Lachenal (29 ans). Ces deux hommes sont des experts de la montagne. Ils ont longtemps préparé cette expédition. Au total, il y a huit hommes dans l'expédition: six alpinistes, un médecin, un photographe. L'équipe quitte Paris le 30 mars. Le premier avril, elle arrive à New Delhi. Le 5 avril, elle est au Népal. Le 10 avril, les hommes aperçoivent la formidable masse de l'Annapurna.

conquerors

Est-ce qu'il y a un accès° jusqu'au° sommet? Évidemment il n'existe pas de cartes° de la région. Tous les jours, des missions partent pour reconnaître° le terrain. La conclusion est claire:° l'ascension° sera très difficile.

approach; up to
maps
to survey; clear; ascent

Cette ascension commence. 18 mai: altitude 5.300 mètres. 24 mai: altitude 6.600 mètres. Les progrès sont lents. Il y a aussi de sérieuses difficultés: les avalanches, les tempêtes de neige,° le vent, le froid, le soleil qui brûle° les yeux. 28 mai: altitude 7.150 mètres. Encore 900 mètres. 3 juin: Herzog et Lachenal plantent le drapeau° français sur le sommet de l'Annapurna. Leur expédition a réussi!

blizzards
burns
flag

L'expédition cependant° n'est pas terminée. Si l'ascension a été très difficile, la descente sera encore plus dure. Il y a de nouvelles avalanches. Les alpinistes tombent, se perdent . . . Lachenal perd ses chaussures et ses gants.° Ses pieds et ses mains sont gelés.° Le soleil le rend aveugle.° La descente est une terrible épreuve.° Les conquérants de l'Annapurna sont maintenant des invalides qui souffrent° terriblement. Le 19 juin, finalement, ils rejoignent leurs camarades.°

however
gloves; frozen
blind; ordeal
suffer
companions

En juillet, l'expédition rentre à Paris. À l'aéroport, il y a des journalistes, des personnalités politiques. C'est le triomphe! Pour Lachenal et Herzog, c'est aussi l'hôpital où ils sont amputés. L'amputation partielle des pieds et des mains n'arrête pas° l'activité de ces deux héros. Louis Lachenal reprendra son métier° de guide. Maurice Herzog, lui, fera carrière° dans la politique. Il sera Ministre de la Jeunesse° et des Sports. Pour les Français, ces deux hommes resteront les conquérants de l'impossible!

doesn't stop
profession
career; Youth

Les connaissez-vous?

La Salle

Connaissez-vous les personnes suivantes? Qu'est-ce qu'elles ont en commun? Au moins deux choses. Elles sont d'origine française et chacune a sa place dans l'histoire américaine.

COPLEY, John Singleton *Paul R...* Arts B...

Revere

Robert Cavelier de La Salle (1643–1687)
La Salle est l'un des grands explorateurs du continent américain. Né en France, il est venu au Canada à l'âge de 23 ans. Il a d'abord exploré la région des Grands Lacs, puis la vallée du Mississippi. C'est lui qui a nommé° la Louisiane en l'honneur du roi° de France, Louis XIV.

La Fayette

Paul Revere (1735–1818)
La famille de Paul Revere s'appelait Rivoire. C'était une famille huguenote d'origine française. Dans sa vie,° Paul Revere a exercé un grand nombre de métiers:° soldat,° commerçant,° imprimeur,° graveur,° orfèvre° . . . Si Paul Revere est resté célèbre, c'est à cause du rôle qu'il a joué pendant la Révolution américaine.

Le marquis de La Fayette (1757–1834)
La Fayette était issu d'une° famille française très célèbre et très riche. À dix-huit ans, il a entendu parler de° la Révolution américaine. Il a alors décidé de rejoindre° les patriotes américains et de combattre° avec eux contre° les Anglais. Malheureusement, sa famille et ses amis se sont opposés à ses projets et le roi de France lui a interdit° de partir. Que faire? La Fayette n'a pas hésité longtemps. Il est allé en Espagne où il a acheté un bateau avec son propre° argent et il est parti pour l'Amérique . . . Dès° son arrivée, La Fayette s'est engagé° dans l'armée américaine. À vingt ans, le Congrès continental l'a nommé général. Il est devenu l'ami de Washington avec qui il a participé aux grandes batailles° de la guerre° de l'Indépendance. La Fayette est l'un des grands héros de la Révolution américaine.

Du Pont

E. Irénée Du Pont de Nemours (1771–1834)
En France, le jeune Irénée était un apprenti-chimiste° spécialisé dans la fabrication des explosifs. Arrivé aux États-Unis en 1800, il a réalisé° le rêve° de tous les immigrants en créant° sa propre entreprise.° Cette entreprise, la compagnie E. I. Du Pont de Nemours, est aujourd'hui l'une des plus grandes compagnies chimiques° du monde.

Jean Laffite (1782–1854)
Jean Laffite est un héros de légende. C'était le chef° d'un groupe de contrebandiers° qui opérait dans la région de la Nouvelle-Orléans. C'était aussi un ardent patriote. Jean Laffite a défendu victorieusement la Nouvelle-Orléans quand les Anglais ont attaqué cette ville en 1814. Après la guerre, il a reconstitué° son groupe de contrebandiers, puis il a mystérieusement disparu° . . .

Laffite

a nommé *named* **roi** *king* **vie** *life* **métiers** *professions* **soldat** *soldier* **commerçant** *merchant* **imprimeur** *printer* **graveur** *engraver* **orfèvre** *silversmith* **était issu d'une** *came from a* **a entendu parler de** *heard about* **rejoindre** *to join* **combattre** *to fight* **contre** *against* **a interdit** *forbade* **propre** *own* **Dès** *Upon* **s'est engagé** *enlisted* **batailles** *battles* **guerre** *war* **apprenti-chimiste** *chemist's apprentice* **a réalisé** *achieved* **rêve** *dream* **créant** *setting up* **entreprise = compagnie** **chimiques** *chemical* **chef** *leader* **contrebandiers** *smugglers* **a reconstitué** *reorganized* **a . . . disparu** *disappeared*

John James Audubon (1785–1851)

Où est né Audubon? À la Nouvelle-Orléans? À Haïti? En France? Les origines de ce grand artiste restent mystérieuses. Après avoir fait ses études° en France, Audubon est arrivé à Philadelphie en 1803. Puis, pendant trente ans, il a passé sa vie à voyager et à peindre° la nature autour de lui. Dans son œuvre° *Les oiseaux d'Amérique,* Audubon combine le talent artistique avec l'esprit d'observation scientifique.

Audubon

John Charles Frémont (1813–1890)

Né en Géorgie, Frémont était le fils d'un officier français. Est-ce un héros ou un aventurier? Peut-être les deux! Frémont a commencé sa carrière comme° professeur de mathématiques, mais bien vite, il a abandonné ce métier pour devenir explorateur. C'est l'un des grands explorateurs de l'Ouest.° Il a exploré les montagnes Rocheuses,° le Nevada, l'Oregon. Arrivé en Californie en 1846, il a proclamé l'indépendance de ce territoire espagnol. Puis il est devenu gouverneur et sénateur du nouvel état. En 1856, Frémont a été le candidat républicain aux élections présidentielles. Battu,° Frémont a continué à défendre ses idées alors révolutionnaires: l'abolition de l'esclavage,° la construction d'un chemin de fer° transcontinental qui rejoindrait le Pacifique. Plus tard, Frémont a été gouverneur du territoire de l'Arizona.

Frémont

L'histoire de ces sept hommes illustre la contribution des gens d'origine française à l'histoire des États-Unis. Cette contribution est très importante. Pensez aux colons° français qui se sont installés° en Louisiane, aux milliers° de soldats français qui ont combattu° pendant la guerre de l'Indépendance, aux chercheurs° d'or français qui sont arrivés en Californie en 1848. Pensez surtout aux deux millions de Franco-Américains qui vivent aujourd'hui aux États-Unis!

fait ses études = étudié **à peindre** *painting*
œuvre *work* **comme** *as* **Ouest** *West*
montagnes Rocheuses *Rockies* **Battu** *Defeated*
esclavage *slavery* **chemin de fer** *railroad*
colons *colonists* **se sont installés** *settled*
milliers *thousands* **ont combattu** *fought*
chercheurs *seekers*

PROJETS CULTURELS

1. Établissez *(Draw up)* une liste des savants *(scientists)* français qui ont eu le Prix Nobel en physique, chimie ou médecine. Expliquez brièvement *(briefly)* leurs contributions.
2. Choisissez un savant français. Décrivez sa vie et ses découvertes. Choix possibles: Descartes, Pascal, Lavoisier, Ampère, Laënnec, Pasteur, Becquerel.
3. Les Français ont joué un rôle important dans le développement de certains domaines techniques, comme la photo, l'automobile, l'aviation, la télévision. Choisissez l'un de ces domaines et décrivez son histoire.
4. Préparez une exposition *(exhibit)* sur le cinéma en France. Vous pouvez centrer cette exposition sur un aspect particulier: aspect historique, films anciens et modernes, acteurs et actrices d'aujourd'hui, grands metteurs en scène *(directors)*, etc.
5. Choisissez un explorateur français et faites l'historique de ses explorations. Choix possibles: Jacques Cartier, Bougainville, La Pérouse.

UNITÉ 6
Les cinq surprises de Paul et de David

UNITÉ 6

Leçon 1 Première surprise

Scène 1. 28 mars

Paul et David sont deux étudiants américains qui passent l'*année* à Paris. *year*
Ils sont arrivés en janvier, et maintenant, ils *suivent* les cours de l'Alliance *are taking*
Française. Un jour, ils reçoivent l'invitation suivante:

jeudi, 3 avril
à 21 heures, grand bal du Printemps
dans les salons de l'Alliance Française — **salons** *halls*
Les élèves et leurs amis sont invités.

Paul et David décident d'aller à ce bal. Il y aura certainement beaucoup de monde à cette *soirée.* Pour les deux garçons ce sera une excellente occasion de faire la connaissance de jeunes Français . . . et de jeunes Françaises! — *party*

Scène 2. 3 avril

Paul et David avaient raison. Il y a beaucoup de monde au bal, mais comme ils ne connaissent personne, les deux garçons s'embêtent un peu. David décide de partir. *Au moment où* il va quitter la salle, une jeune fille le remarque. — *When*

LA JEUNE FILLE *(en elle-même)*: Qui est ce garçon? Il me semble que je le connais. Où est-ce que je l'ai rencontré?

David a remarqué la jeune fille.

DAVID *(en lui-même)*: Qui est cette jeune fille? Je ne la connais pas! Alors, pourquoi est-ce qu'elle me regarde comme ça?
LA JEUNE FILLE *(en elle-même)*: Non, je ne rêve pas . . . Maintenant, je me souviens où j'ai vu ce garçon. Je vais lui parler.

La jeune fille va *vers* David. — *toward*

LA JEUNE FILLE: Vous êtes américain, n'est-ce pas?
DAVID *(un peu surpris)*: Oui.
LA JEUNE FILLE: Et vous habitez à Boston?
DAVID *(encore plus surpris)*: Oui.
LA JEUNE FILLE: Alors, vous êtes le frère de Christine!
DAVID *(de plus en plus surpris)*: C'est vrai . . . Mais, où est-ce que je vous ai rencontrée?
LA JEUNE FILLE *(mystérieusement)*: Vous ne m'avez jamais rencontrée!

DAVID (*très perplexe*): Alors, comment est-ce que vous me connaissez?

LA JEUNE FILLE: Il n'y a pas de mystère. C'est très simple! Je suis la correspondante de votre sœur Christine . . . Je lui écris régulièrement, mais elle, elle ne m'écrit pas très souvent . . . *En fait,* elle ne m'a pas écrit depuis octobre . . . Dans sa dernière lettre, elle m'a envoyé des photos de votre famille. Voilà comment je vous ai reconnu . . . même si je ne vous ai jamais rencontré.

In fact

DAVID: Quelle coïncidence extraordinaire! Vous êtes Colette Charron, je suppose.

LA JEUNE FILLE: Bien sûr!

Scène 3.

Paul et David passent une agréable *soirée en compagnie de* Colette et de ses amis. *Avant de les quitter,* Colette invite les deux garçons à déjeuner.

evening; in the company of
Before leaving them

COLETTE: Vous êtes libres *mardi en huit?*

a week from Tuesday

DAVID: Oui, bien sûr!

COLETTE: Est-ce que vous voulez déjeuner chez moi?

PAUL: Avec *grand* plaisir!

great

COLETTE: Je vous préviens. J'habite un modeste *studio* d'étudiant, rue de Sèvres . . . Je vous recevrai très simplement . . . C'est d'accord?

studio apartment

DAVID: D'accord!

COLETTE: À *bientôt,* alors.

See you soon

PAUL: À bientôt.

DAVID: Au revoir et merci!

NOTE CULTURELLE

L'Alliance Française L'Alliance Française est une organisation internationale pour l'enseignement° de la langue° et de la culture françaises. C'est la plus grande école de français du monde. Elle a 250.000 élèves, en France et à l'étranger. Aux États-Unis, l'Alliance Française a des écoles à New York, à San Francisco, à Chicago et dans d'autres villes.

enseignement *teaching* **langue** *language*

Vocabulaire pratique

NOMS:	**un bal**	*dance*	**une correspondante**	*pen pal*
	un correspondant	*pen pal*	**une occasion**	*opportunity*
	un cours	*course, class*	**une salle**	*hall*
	le monde	*world*		
	du monde	*(many) people*		
	le plaisir	*pleasure*		

ADJECTIFS:	**agréable**	*pleasant, agreeable*	
	libre	*free*	
	surpris	*surprised*	
VERBES:	**expliquer**	*to explain*	Je n'ai pas compris. Peux-tu m'**expliquer** ce problème?
	prévenir (like **venir**)	*to warn, tell in advance*	Je vous **préviendrai** si je sors ce soir.
	rêver (de)	*to dream*	Henri **rêve** d'avoir une moto.
EXPRESSIONS:	**bientôt**	*soon*	Je vais partir **bientôt.**
	comme	*like, as*	Êtes-vous **comme** moi? Aimez-vous aller au cinéma?
		since	**Comme** vous n'étiez pas là, je suis parti.
	même	*even*	J'aime me promener, **même** quand il fait froid.
	même si	*even if*	J'irai chez toi **même s**'il pleut.

Note: The noun **monde** has several meanings:

le monde	*the world*	**Le monde** devient de plus en plus petit.
du monde	*(many) people*	Il y avait **du monde** au concert.
beaucoup de monde	*many people*	J'ai vu **beaucoup de monde** au bal.
tout le monde	*everyone*	**Tout le monde** s'est amusé.

MOTS APPARENTÉS

French adjectives in **-lier/-lière** often have English cognates in *-lar*.

-lier/-lière	↔	***-lar***
régu**lier**		*regu**lar***
singu**lier**		*singu**lar***

Vocabulaire spécialisé **Le temps qui passe**

Les divisions du temps

un an	*year*	**une année**	*(whole) year*
un jour	*day*	**une journée**	*(whole) day*
un matin	*morning*	**une matinée**	*(whole) morning*
un soir	*evening*	**une soirée**	*(whole) evening, evening party*
le début	*beginning*	**la fin**	*end*

prochain	*next*	Je vous inviterai la semaine **prochaine.**
dernier (dernière)	*last*	J'ai vu Colette la semaine **dernière.**

Note: In general, the ending **-ée** (or **-née**) is used with **an, jour, matin,** and **soir** to emphasize the duration of these periods. Contrast:

(point in time)	**Ce soir,** je vais sortir avec mes amis.
(duration)	Nous allons passer une excellente **soirée.**

Expressions quand on se quitte

à tout de suite	*see you (meet you) right away*
à tout à l'heure	*see you in a little while*
à bientôt	*see you soon (in a few days)*

à + (l'heure)

à midi	*see you at noon*

à + (partie de la journée)

à cet après-midi	*see you this afternoon*
à ce soir	*see you tonight*

à + (jour de la semaine)

à demain	*see you tomorrow*
à lundi prochain	*see you next Monday*
à mardi en huit	*see you a week from Tuesday*

à + (date)

au 24	*see you on the 24th*
au 2 juin	*see you June 2*

à + (un moment futur)

à la semaine prochaine	*see you next week*
au week-end prochain	*see you next weekend*

ACTIVITÉ 1 Au téléphone

Imaginez que vous êtes étudiant en France. Vous parlez au téléphone avec les personnes indiquées. Qu'est-ce que vous allez leur dire à la fin de votre conversation? Utilisez une expression du Vocabulaire spécialisé.

⇨ Vous allez déjeuner avec Suzanne. **À midi! (À midi et demi! À tout à l'heure!)**

1. Vous allez dîner avec Paul.
2. Ce soir, vous allez au cinéma avec Colette.
3. Vous allez voir Thomas demain matin.
4. Vous allez voir Jacqueline samedi prochain.
5. Vous allez passer le week-end avec la famille de Charles.
6. Vous avez rendez-vous avec Louise le 3 mai.
7. Vous allez voir Henri dans deux heures.
8. Vous allez voir Mélanie dans dix minutes.

Structure

A. Le verbe *suivre*

Note the forms of the irregular verb **suivre** *(to follow).*

Infinitive	**suivre**			
Present	je	**suis**	nous	**suivons**
	tu	**suis**	vous	**suivez**
	il/elle/on	**suit**	ils/elles	**suivent**
Passé composé	j'ai	**suivi**		

Suivre means *to follow—physically or mentally.* It is also used in the following expressions:

suivre un conseil	*to take advice*	Je ne **suis** pas toujours tes **conseils.**
suivre un cours	*to take a course (class)*	Henri **suit un cours** de maths.
suivre un régime	*to be on a diet*	Quel **régime suivez**-vous?

proverbe: *Les jours se suivent et ne se ressemblent pas!*

"Tomorrow is another day."
(literally: *The days follow one another and don't resemble one another.)*

ACTIVITÉ 2 Questions personnelles

1. Suivez-vous les sports à la télé? Quels sports suivez-vous? Avez-vous suivi le World Series l'année dernière? Qui a gagné?
2. Est-ce que vos parents suivent la politique? Est-ce qu'ils ont suivi les dernières élections présidentielles?
3. Suivez-vous bien quand le professeur parle français? Et les autres élèves?
4. Avez-vous suivi un cours de français l'année dernière? Suivrez-vous un cours de français l'année prochaine?
5. Suivez-vous les conseils de vos amis? les conseils de vos parents? les conseils de vos professeurs?
6. Avez-vous déjà suivi un régime? Décrivez ce régime.

Le Marathon international de Montréal ***Viens courir avec nous...***

B. Révision: les pronoms compléments d'objet

Review the object pronouns in heavy type in the chart below.

SUBJECT	DIRECT OBJECT	INDIRECT OBJECT		
je (j')	**me (m')**		Louise **m'**invite.	Elle **me** téléphone.
tu	**te (t')**		Thomas **te** connaît.	Il **t'**écrit.
il	**le (l')**	**lui**	Je **le** connais.	Je **lui** téléphone.
elle	**la (l')**	**lui**	Je ne **la** connais pas.	Je ne **lui** parle pas.
nous	**nous**		Luc **nous** trouve gentils.	Il **nous** rend visite.
vous	**vous**		Je **vous** écoute.	Je **vous** réponds.
ils elles	**les**	**leur**	Anne **les** connaît. Marc ne **les** connaît pas.	Elle **leur** parle. Il ne **leur** parle pas.

The forms in parentheses are used before a vowel sound.

Position of object pronouns

Object pronouns come directly *before* the verb, except in affirmative commands. In negative sentences, these pronouns come between **ne** and the verb.

Je **vous** téléphonerai.   Je ne **vous** écrirai pas.

➪ In affirmative commands, object pronouns come *after* the verb and are attached to it with a hyphen.

Note: after the verb, **me** → **moi.**

Voici Jacques.   Invite-**le.**   Invite-**moi** aussi.

Direct object pronouns

The pronouns **le/la/les** replace direct object nouns designating people or things.

Voici Paul.	Tu **le** vois?	*Do you see **him**?*
Voici un livre.	Tu **le** vois?	*Do you see **it**?*

➪ The following verbs take *direct objects:*

aider, amener, appeler, inviter, rencontrer . . .	**quelqu'un**
acheter, apporter, avoir, choisir, conduire, faire, finir, lire, mettre, perdre, prendre, vendre . . .	**quelque chose**
aimer, apercevoir, attendre, chercher, comprendre, connaître, critiquer, détester, écouter, entendre, laisser, oublier, préférer, recevoir, regarder, remarquer, suivre, trouver, voir . . .	**quelqu'un** ou **quelque chose**

⇨ When the verb is in the **passé composé,** the past participle agrees with the preceding direct object pronoun.

Tu connais **Louise et Pauline?** Je **les** ai rencontré**es** hier au bal.

Indirect object pronouns

The pronouns **lui** and **leur** replace **à** + *a person.*

Je parle **à Paul.** Je **lui** parle.
Je téléphone **à mes cousins.** Je **leur** téléphone.

⇨ The following verbs take *indirect objects:*

écrire à, obéir à, parler à, permettre à, promettre à, rendre visite à, répondre à, sourire à, téléphoner à . . . } **quelqu'un**

ACTIVITÉ 3 Non!

David ne fait pas ce que fait Paul. Exprimez cela en utilisant des pronoms compléments dans des phrases négatives.

⇨ Paul regarde la télé. **David ne la regarde pas.**

1. Paul achète le journal.
2. Paul écoute la radio.
3. Paul connaît cette fille.
4. Paul prépare ses examens.
5. Paul fait les courses.
6. Paul attend le bus.
7. Paul parle à son professeur.
8. Paul téléphone à ces personnes.

ACTIVITÉ 4 Expression personnelle

Décrivez vos rapports *(relationship)* avec les personnes suivantes. Pour cela utilisez les verbes entre parenthèses et les pronoms compléments qui conviennent.

⇨ votre meilleur ami (inviter? téléphoner souvent?)
Je l'invite. (Je ne l'invite pas.)
Je lui téléphone souvent. (Je ne lui téléphone pas souvent.)

1. les parents de votre meilleur ami (connaître bien? parler souvent?)
2. vos voisins (téléphoner? inviter? voir tous les jours? trouver gentils? aider?)
3. le directeur / la directrice *(principal)* de l'école (connaître? parler souvent? trouver sympathique?)
4. vos cousins (voir souvent? écrire? rendre visite pendant les vacances? parler de vos problèmes?)
5. vos professeurs (écouter? écrire pendant les vacances? obéir?)
6. le président (connaître personnellement? trouver intelligent? téléphoner? écrire?)

ACTIVITÉ 5 Oui ou non?

Imaginez que vous êtes dans les situations suivantes. Dites à un ami de faire ou de ne pas faire *(not to do)* les choses indiquées entre parenthèses. Utilisez l'impératif de ces verbes dans des phrases affirmatives ou négatives.

⇨ Ce soir, je sors avec des amis. (téléphoner?) **Ne me téléphone pas!**

1. Ce soir, je suis à la maison. (téléphoner?)
2. Je ne comprends pas ce problème. (aider?)
3. Je ne veux pas aller au cinéma. (attendre?)
4. Je veux te dire quelque chose d'important. (écouter?)
5. Cet été, je vais en vacances. (écrire?)
6. J'ai besoin d'encouragements. (critiquer?)
7. Ce soir, je veux me reposer. (rendre visite?)
8. Je suis de très mauvaise humeur. (parler?)

ACTIVITÉ 6 Bon voyage!

Avant leur départ pour la France, Paul demande à David s'il a fait certaines choses. David répond affirmativement ou négativement. Jouez le rôle de David.

⇨ Tu as téléphoné à l'oncle Robert? (non) **Non, je ne lui ai pas téléphoné.**

1. Tu as téléphoné à nos cousins? (oui)
2. Tu as acheté les billets? (oui)
3. Tu as acheté les traveller-chèques? (non)
4. Tu as fait les bagages? (oui)
5. Tu as pris ton passeport? (oui)
6. Tu as mis la moto au garage? (non)
7. Tu as pris la caméra? (non)
8. Tu as écrit à Grand-mère? (oui)
9. Tu as parlé à Christine? (non)
10. Tu as dit au revoir aux voisins? (oui)

ACTIVITÉ 7 Petite conversation

Demandez à vos camarades si oui ou non ils ont fait les choses suivantes. Ils utiliseront **ne . . . jamais** dans les réponses négatives.

⇨ visiter la Floride? **—Est-ce que tu as visité la Floride?**
—Oui, je l'ai visitée. (Non, je ne l'ai jamais visitée.)

1. visiter la tour Eiffel?
2. regarder les Yankees à la télé?
3. voir les Yankees à Yankee Stadium?
4. écouter la Neuvième *(Ninth)* Symphonie de Beethoven?
5. lire le magazine Paris-Match?
6. conduire la voiture de tes parents?
7. conduire la voiture du professeur?
8. avoir la rougeole *(chicken pox)*?
9. avoir les oreillons *(mumps)*?

À votre tour **Votre meilleur(e) ami(e)**

Dans un paragraphe de 6 à 10 phrases, décrivez vos relations avec votre meilleur(e) ami(e). Utilisez des pronoms compléments avec des verbes au présent, au passé composé et au futur.

⇨ Ma meilleure amie s'appelle Linda. Je la vois souvent. Je l'ai vue dimanche. Je la verrai le week-end prochain aussi. Quand je la vois, je lui parle de . . .

UNITÉ 6

Leçon 2 Deuxième surprise

Scène 1.

Nous sommes le 8 avril. Paul regarde le calendrier.

PAUL: Dis, David. C'est bien aujourd'hui que Colette nous a invités chez elle?
DAVID: Mais oui, c'est aujourd'hui.
PAUL: Au fait, est-ce que Colette t'a donné son adresse?
DAVID: Bien sûr, elle me l'a donnée. Je l'ai inscrite dans ce carnet qui est sur la table. Tiens, passe-le-moi, s'il te plaît.

David consulte le carnet.

DAVID: Colette habite 125, rue de Sèvres.
PAUL: À quel *étage?* — *floor*
DAVID: Zut! Je ne le lui ai pas demandé . . . Ça ne fait rien. Nous demanderons à la concierge.

Scène 2.

À midi moins le quart, Paul et David arrivent au 125, rue de Sèvres, l'*immeuble* où habite Colette. David va parler à la concierge. — *apartment building*

DAVID: S'il vous plaît, Madame, à quel étage habite Mademoiselle Charron?
LA CONCIERGE: Elle habite au cinquième à droite.

Les deux garçons montent les *escaliers* et comptent les étages. — *stairs*

PAUL: Deux, trois, quatre, cinq . . . Cinquième droite. Voilà le studio de Colette.

NOTE CULTURELLE

La concierge Vous rencontrerez cette personne dans beaucoup d'immeubles° parisiens. Elle habite une chambre ou un petit appartement au rez-de-chaussée.° C'est elle qui distribue le courrier et qui nettoie° les escaliers° . . . Son rôle est d'assurer l'ordre dans l'immeuble. Elle aime parler et faire parler.° Elle connaît beaucoup de choses sur° les personnes qui habitent son immeuble. Attention! Si un jour vous habitez à Paris, il est préférable que vous soyez° en bons termes avec votre concierge.

immeubles *apartment buildings* **au rez-de-chaussée** *on the ground floor* **nettoie** *cleans* **escaliers** *stairs* **faire parler** *make others talk* **sur** *about* **soyez** *be*

Il *sonne* à la porte, mais il n'y a pas de réponse. — *rings*

DAVID: Sonne *encore une fois!* — *once more*

Paul sonne une fois, deux fois, trois fois . . . Personne ne répond.

PAUL: Tu es bien certain que c'est le studio de Colette?
DAVID: Mais oui! Regarde! Son nom est *inscrit* sur la porte: «Charron». — *written*
PAUL: Tu crois qu'elle nous a oubliés?
DAVID: Mais non!
PAUL: Tiens, il y a une enveloppe *sous* le *tapis!* — *under; doormat*
DAVID: Une enveloppe? Passe-la-moi. C'est sûrement pour nous.

David ouvre l'enveloppe et lit la note suivante:

> Chers amis,
> Excusez-moi de ne pas être° ici. Ce matin, j'ai reçu une convocation° de la Préfecture de police°. Une histoire idiote de contravention° mais qui, hélas, m'oblige° à m'absenter°.
> Entrez et faites comme chez vous°. Vous trouverez le déjeuner tout préparé. Ne m'attendez pas. Je rentrerai à trois heures.
> Cordialement,
> CC

for not being; *summons; Police Department*; *traffic ticket*; *requires me*; *to be away*; *make yourselves at home*

DAVID: Dis, Paul. Est-ce que tu as vu les clés?
PAUL: Oui, elles sont sous le tapis aussi.
DAVID: Passe-les-moi! Je vais ouvrir!

Vocabulaire pratique

NOM:	**un calendrier**	*calendar*	
VERBES:	**compter**	*to count*	Je n'**ai** pas **compté** mon argent.
	inscrire (*like* **écrire**)	*to write* (in a notebook)	J'**ai inscrit** ton adresse dans mon carnet.
EXPRESSIONS:	**ça ne fait rien**	*that doesn't matter, no problem*	
	hélas	*unfortunately*	
	tiens!	*look! hey!*	

MOTS APPARENTÉS

French verbs ending in **-scrire** often have English cognates in *-scribe.*

-scrire	↔	***-scribe***
inscrire		***inscribe**, write in*
transcrire		***transcribe***

Vocabulaire spécialisé La résidence

NOMS:

un appartement	*apartment*	**la banlieue**	*suburbs*
un immeuble	*apartment building*	**une maison**	*house*
un quartier	*district, neighborhood*	**la ville**	*city*
un studio	*studio apartment*		
un ascenseur	*elevator*	**une clé**	*key*
un escalier	*staircase*		
des escaliers	*stairs*		
un étage	*floor, story*		
un mur	*wall*		
le rez-de-chaussée	*ground floor*		
un toit	*roof*		

ADJECTIFS:

ancien(ne) ≠ neuf (neuve)	*old ≠ new*	Voici une maison **neuve** dans un quartier **ancien.**
ancien(ne) ≠ actuel(le)	*former ≠ present*	Voilà mon **ancien** appartement, et voici mon studio **actuel.**

VERBES:

cacher	*to hide*	Où **avez**-vous **caché** les clés?
fermer	*to close*	**As**-tu bien **fermé** la porte?
fermer à clé	*to lock*	**As**-tu **fermé** la porte **à clé?**
frapper	*to knock*	Quelqu'un **a frappé** à la porte.
ouvrir	*to open (the door)*	Je vais **ouvrir.**
sonner	*to ring (the bell)*	Qui **a sonné?**

Note: In French buildings the ground floor is called **le rez-de-chaussée.** What would be the second floor in English is **le premier étage,** etc.

ACTIVITÉ 1 Questions personnelles

1. Est-ce que vous habitez dans une grande ville? Est-ce que vous habitez dans le centre de cette ville ou dans la banlieue? Est-ce que vous habitez dans un quartier neuf ou dans un quartier ancien?
2. Est-ce que vous habitez dans un immeuble ou dans une maison individuelle? Si vous habitez dans un immeuble, à quel étage est-ce que vous habitez? Si vous habitez dans une maison individuelle, combien d'étages a votre maison?
3. Est-ce qu'il y a des immeubles très élevés dans votre ville? Combien d'étages a l'immeuble le plus élevé?
4. Pour monter les étages, prenez-vous les escaliers ou préférez-vous l'ascenseur?

5. En hiver, est-ce que vous ouvrez la fenêtre de votre chambre? Et en été? Pourquoi ou pourquoi pas?
6. Quand vous êtes dans votre chambre le soir, est-ce que vous fermez la porte? Est-ce que vous la fermez à clé?
7. Avez-vous la clé de votre maison ou de votre appartement? Quand vous sortez, est-ce que vous cachez cette clé? Où?
8. Est-ce qu'il y a une antenne de télévision sur le toit de votre maison?

Vocabulaire spécialisé Quelques prépositions

dans	*in, inside*	Les clés sont **dans** ma chambre.
sur	*on*	Il y a une antenne de télévision **sur** le toit.
sous	*under*	Le chien est **sous** la table.
vers	*toward* (place)	Henri va **vers** la fenêtre.
	around (time)	Nous déjeunons **vers** midi.
jusqu'à	*as far as* (place)	Je vais aller **jusqu'à** la plage.
	until (time)	Je vais étudier **jusqu'à** dix heures.
avec	*with*	Claire est **avec** ses amis.
sans	*without*	Suzanne est partie **sans** ses frères.
pour	*for, in favor of*	Nous sommes **pour** la justice.
contre	*against*	Vous êtes **contre** la violence.
entre	*between*	Je vous verrai **entre** une heure et deux heures.
par	*through*	Nous sommes passés **par** Paris.
	by	Cet immeuble a été construit **par** un architecte suisse.

Note: The indefinite article **un/une/des** is almost always omitted after **sans.**

Vous ne pouvez pas aller au bal **sans**	. . .	invitation.
You can't go to the dance ***without***	*an*	*invitation.*

ACTIVITÉ 2 **Expression personnelle**

Complétez les phrases suivantes avec une expression de votre choix.

⇨ J'habite dans . . . **J'habite dans une maison ancienne (un immeuble moderne, etc.).**

1. Mon meilleur ami habite dans . . .
2. Si vous allez chez moi, vous devez passer par . . .
3. Aujourd'hui, j'ai des classes jusqu'à . . .
4. Mon livre de français est sur . . .
5. En général, nous dînons vers . . .
6. Je suis pour . . .
7. Je suis contre . . .
8. Je n'aime pas être sans . . .

Structure

A. Révision: le verbe *ouvrir*

You have learned the forms of the irregular verb **ouvrir** *(to open).* Now pay special attention to the past participle.

Infinitive	**ouvrir**	
Present	j' **ouvre** tu **ouvres** il/elle/on **ouvre**	nous **ouvrons** vous **ouvrez** ils/elles **ouvrent**
Passé composé	**j'ai ouvert**	

➪ The present tense of **ouvrir** is like that of regular **-er** verbs.

offrez des fleurs
à vos amis ...

The following verbs are conjugated like **ouvrir:**

découvrir	*to discover*	Qui **a découvert** l'Amérique?
offrir	*to offer, give*	J'**ai offert** un disque à mon ami pour Noël.
souffrir	*to suffer*	Personne n'aime **souffrir.**

ACTIVITÉ 3 **Questions personnelles**

1. Est-ce que votre livre est ouvert ou fermé?
2. Est-ce que vous faites des cadeaux à vos amis pour leur anniversaire? Qu'est-ce que vous leur offrez? Qu'est-ce qu'ils vous offrent?
3. Qu'est-ce que vous avez offert à votre père pour son anniversaire? et à votre mère?
4. Est-ce que vous souffrez quand vous êtes chez le dentiste? quand vous avez une mauvaise note *(grade)*? quand vos amis ne vous comprennent pas?
5. Qui a découvert l'Amérique? le Canada? la pénicilline? le vaccin anti-polio?

B. L'ordre des pronoms compléments (Première partie)

The answers to the questions below contain both a *direct object* pronoun and an *indirect object* pronoun. Note the sequence of these two pronouns.

Tu donnes **les clés à Pierre?**	Oui, je **les lui** donne.	*I am giving* ***them to him.***
Tu prêtes **ta voiture à Anne?**	Non, je ne **la lui** prête pas.	*I don't lend* ***it to her.***
Tu montres **tes photos à tes amis?**	Oui, je **les leur** montre.	*I am showing* ***them to them.***
Tu as donné **ce disque à Paul?**	Non, je ne **le lui** ai pas donné.	*I did not give* ***it to him.***

When two object pronouns are used in the same sentence, they follow this sequence:

le **la** **les**	before	**lui** **leur**

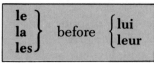

➪ In statements, questions, and negative commands, both pronouns come immediately *before* the verb or infinitive.

—Claire n'a pas vu tes photos.
—Est-ce que je **les lui** montre?
—Non, **ne les lui montre pas!** Je vais **les lui montrer** moi-même.

➪ In affirmative commands, the pronouns come *after* the verb. The same sequence is followed.

Je prête ma moto à Thomas? Oui, prête-**la-lui!**

The following verbs are often used with a direct and an indirect object:

demander	*to ask (for)*	Henri **a demandé** dix francs à Suzanne.
dire	*to tell*	Je **dis** toujours la vérité à mes amis.
donner	*to give*	**J'ai donné** mon adresse à Colette.
écrire	*to write*	Vous **avez écrit** la lettre à Pierre.
envoyer	*to send*	Nous **avons envoyé** ce télégramme à nos cousins.
montrer	*to show*	Est-ce que tu **montres** tes photos à tes amis?
passer	*to pass*	**Passe** l'enveloppe à David!
prêter	*to lend, loan*	**J'ai prêté** mon vélo à Sylvie.
raconter	*to tell*	**As**-tu **raconté** cette histoire à tes amis?
rendre	*to give back*	**J'ai rendu** le livre au professeur.
vendre	*to sell*	Jacques **a vendu** sa moto à Marc.

ACTIVITÉ 4 Le vélo de Colette

Colette a un nouveau vélo. Dites à qui elle le prête et à qui elle ne le prête pas, d'après le modèle.

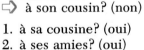

➪ à son cousin? (non) **Colette ne le lui prête pas.**

1. à sa cousine? (oui)
2. à ses amies? (oui)
3. à sa sœur? (oui)
4. à son frère? (non)
5. à Paul et à David? (oui)
6. à ses voisins? (non)
7. au frère de son amie? (non)
8. aux amis de sa sœur? (non)

ACTIVITÉ 5 **Petite conversation**

Demandez à vos camarades s'ils font les choses suivantes.

⇨ prêter tes disques à tes amis? **—Tu prêtes tes disques à tes amis?**
—Oui, je les leur prête.
(Non, je ne les leur prête pas.)

1. prêter ta bicyclette à tes amis?
2. prêter tes magazines à ton frère?
3. donner ton numéro de téléphone à tes amis?
4. montrer tes photos à ton meilleur ami?
5. montrer tes photos aux élèves de la classe?
6. demander sa voiture à ton père?
7. montrer tes notes *(grades)* à tes parents?
8. dire toujours la vérité à ta meilleure amie?
9. dire la vérité à tes parents?
10. passer tes notes à tes camarades?

ACTIVITÉ 6 **Oui et non**

Paul demande à Philippe et à Isabelle s'il doit faire certaines choses. Philippe dit oui et Isabelle dit non. Jouez le rôle de Philippe et d'Isabelle.

⇨ Je vends ma guitare à Yvette? Philippe: **Oui, vends-la-lui!**
Isabelle: **Non, ne la lui vends pas!**

1. Je vends ma raquette à Georges?
2. Je prête mes livres à Thomas?
3. Je montre mes photos à mes cousines?
4. Je demande sa moto à Henri?
5. Je donne mes magazines à mes amis?
6. Je dis la vérité à ma cousine?
7. Je raconte cette histoire à nos amis?
8. J'envoie cette lettre à mon oncle?
9. J'écris cette note au professeur?
10. Je rends le livre à Patrick?

C. L'ordre des pronoms compléments (Deuxième partie)

The answers to the questions below contain two pronouns. Note the sequence of these pronouns.

Tu me donnes ton adresse?	Oui, je **te la** donne.
Tu nous prêtes tes disques?	Non, je ne **vous les** prête pas!
Je t'ai donné mon adresse?	Oui, tu **me** l'as donnée.
Je vous ai rendu vos livres?	Oui, tu **nous les** as rendus.

When the following object pronouns are used in the same sentence, the sequence is:

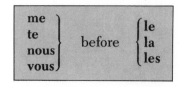

me / **te** / **nous** / **vous**	before	**le** / **la** / **les**

ACTIVITÉ 7 L'envie *(Envy)*

Marc a certaines choses. Robert veut ces choses. Il les demande à Marc. Jouez le rôle de Robert, d'après le modèle.

⇨ J'ai un vélo. (prêter) **Tu me le prêtes?**

1. J'ai un livre intéressant. (prêter)
2. J'ai une raquette. (prêter)
3. J'ai des disques. (prêter)
4. J'ai un magazine. (donner)
5. J'ai l'adresse de Colette. (donner)
6. J'ai des photos. (montrer)
7. J'ai un beau livre. (montrer)
8. J'ai l'adresse de Paul. (passer)

D. L'ordre des pronoms compléments (Troisième partie)

When the verb is in the affirmative imperative, the order is:

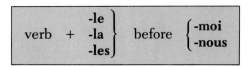

verb	+	**-le** / **-la** / **-les**	before	**-moi** / **-nous**

Je te donne mon adresse? Oui, donne-**la-moi!**
Je vous rends vos disques? Oui, rends-**les-nous!**

ACTIVITÉ 8 Un ami français

Vous avez un ami français. Vous voulez obtenir *(to obtain)* les choses suivantes de cet ami. Demandez-les-lui, d'après le modèle.

⇨ les clés de la voiture (donner) **Donne-les-moi, s'il te plaît.**

1. ton numéro de téléphone (donner)
2. tes disques (prêter)
3. ta photo (montrer)
4. cette histoire (raconter)
5. tes posters (vendre)
6. ce magazine (passer)
7. ton adresse (envoyer)
8. la vérité (dire)

À votre tour **La générosité**

Faites une liste de six à huit objets que vous possédez *(own)*. Dites si oui ou non vous les prêtez à votre meilleur(e) ami(e).

⇨ J'ai une nouvelle calculatrice. Si ma meilleure amie veut l'utiliser, je la lui prête.

UNITÉ 6

Leçon 3 Troisième surprise

David a pris les clés et a ouvert la porte . . .

Une autre surprise attend les deux garçons. En effet, ce n'est pas dans un «modeste studio d'étudiant» qu'ils viennent d'entrer, mais dans un appartement très moderne et très *luxueux!*

luxurious

Paul va au salon. Il admire les meubles et les tableaux. David, lui, va directement dans la salle à manger. Il appelle son frère.

DAVID: Eh Paul! Viens voir! Colette nous a préparé un repas sensationnel!

Sur la table il y a en effet un repas froid très *appétissant:* du caviar, du *homard* avec de la mayonnaise, du rosbif, de la salade de tomates, des fromages de toutes sortes . . .

appetizing
lobster

PAUL: Colette nous a dit qu'elle nous recevrait «simplement». Eh bien, ce repas est un véritable *festin.*

feast

DAVID: Oui . . . Mais où sont les boissons?
PAUL: Il y a certainement quelque chose dans la cuisine.
DAVID: Bon, j'*y* vais.

there

David va dans la cuisine. Il *en* revient avec une *bouteille* . . .

from there; bottle

PAUL: Hm! Du champagne!
DAVID: Tu *en* as *déjà* bu?

any; before

PAUL: Non, je n'en ai jamais bu! Et toi?
DAVID: Moi non plus.
PAUL: Quel repas! Nous allons *nous régaler!*

to have a great meal

DAVID: On commence?
PAUL: Non, attendons Colette. C'est plus poli!

NOTE CULTURELLE

Le logement° des étudiants Le logement est un grand problème pour les étudiants français. Ceux° qui ont de la chance sont logés° à la Cité Universitaire.° Les autres, c'est-à-dire° la majorité, doivent trouver une chambre ou un petit studio en ville. Typiquement, les chambres d'étudiant sont petites et pas toujours très confortables.

logement *lodging* **Ceux** *Those* **sont logés** *have a room* **Cité Universitaire** *students' residence(s)* **c'est-à-dire** *that is*

Vocabulaire pratique

ADJECTIFS:	**poli**	*polite*	
	véritable	*real, true*	
EXPRESSIONS:	**en effet**	*indeed, as a matter of fact*	Jacques a beaucoup d'amis. Il est **en effet** très sympathique.
	moi non plus	*neither do I, "me neither"*	Tu ne sors pas ce soir. **Moi non plus!**

MOTS APPARENTÉS

French adjectives in **-el/-elle** often have cognates in *-al* in English.

-el(le) ↔	***-al***
sensationn**el(le)**	*sensation**al***
natur**el(le)**	*natur**al***

Structure

A. Le pronom *y*

Note the use of **y** in the answers to the questions below.

Est-ce que Paul est **chez Colette?**	Oui, il **y** est.
Est-ce que David va **dans la cuisine?**	Oui, il **y** va.
Dînez-vous souvent **au restaurant?**	Non, nous n'**y** dînons pas souvent.
Es-tu allé **au Canada?**	Oui, j'**y** suis allé.
Êtes-vous allés **à Paris?**	Non, nous n'**y** sommes jamais allés.

> The pronoun **y** replaces a noun introduced by a preposition of place (such as **à, chez, en, dans, sur, sous**).

The pronoun **y** is the equivalent of the English *there.*

➪ Like other pronouns, **y** comes before the verb, except in the affirmative imperative.

Allons au cinéma! Bonne idée! Allons-y!

Note: In the affirmative imperative, there is liaison between the verb and **y**.

In the **tu** form of **aller** the final **-s** is not dropped.

Vas-y!

On y sera...
y serez-vous?
loto-québec

➪ The pronoun **y** sometimes replaces **à** + a noun designating a thing.

Tu crois **à ton horoscope?**	Oui, j'y crois.
Tu penses **aux vacances?**	Non, je n'y pense pas.

ACTIVITÉ 1 Dialogue

Demandez à vos camarades si oui ou non ils font les choses suivantes.

➪ aller au cinéma le week-end? —**Tu vas au cinéma le week-end?**
—**Oui, j'y vais. (Non, je n'y vais pas.)**

1. aller à l'école le dimanche?
2. aller chez tes cousins ce week-end?
3. aller en France cet été?
4. dîner souvent au restaurant?
5. déjeuner à la cafétéria de l'école?
6. être en classe maintenant?
7. croire à ton horoscope?
8. croire à la perception extrasensorielle?
9. croire à la destinée?
10. croire aux OVNI?
11. penser à l'avenir?

B. Révision: l'article partitif

Review the forms and uses of the partitive article in the sentences below.

Il y a **du** caviar. — *There is (some) caviar.*
Veux-tu **de la** mayonnaise? — *Do you want (any) mayonnaise?*
Je voudrais **de l'**eau. — *I would like (some) water.*
Prenez-vous **des** spaghetti? — *Are you having (any) spaghetti?*

Forms

The partitive article has the following forms:

	SINGULAR	PLURAL
Masculine	**du (de l')**	**des**
Feminine	**de la (de l')**	

In negative sentences the partitive article is expressed as **de (d').**

Je veux de la mayonnaise, mais je **ne** veux **pas de** moutarde.
Les Français **ne** prennent **jamais de** ketchup.

Uses

The French use the partitive article to refer to *a certain quantity* or *a certain amount* of something. While the English equivalent *(some* or *any)* is often omitted, the partitive article must always be used in French.

➪ The partitive article may be used with both *concrete* and *abstract* nouns.

J'ai **de la patience.** Vous avez **de l'énergie.**

ACTIVITÉ 2 **Les courses** *(Shopping)*

Lisez les phrases suivantes. Dites dans quels magasins les personnes en question vont et ce qu'elles vont acheter. (Si vous voulez, utilisez aussi le vocabulaire de la page 58).

⇨ Suzanne veut faire une salade de fruits.
Elle va chez le marchand de fruits.
Elle achète des bananes, du raisin, des pêches, des pommes et des fraises.

1. Jacqueline veut se maquiller.
2. Nous voulons laver nos chemises.
3. André veut se laver.
4. Tu as mal à la tête.
5. Je veux faire une tarte aux pommes.
6. Ma mère veut un bon dessert.
7. Vous voulez faire des sandwichs.
8. Marc veut faire une promenade en voiture.

Vocabulaire spécialisé **Qu'est-ce qu'on vend?**

OÙ?	QUOI?
à la boucherie (chez le boucher)	**du bœuf** *beef* **du veau** *veal* **de l'agneau** *lamb*
à la charcuterie (chez le charcutier)	**du porc** **des saucisses** *sausages*
à la boulangerie (chez le boulanger)	**du pain** **des croissants**
à la pâtisserie (chez le pâtissier)	**des tartes** **des gâteaux** **de la glace**
à l'épicerie (chez l'épicier)	**du riz** *rice* **de la farine** *flour* **du poivre** *pepper*
à la crémerie (chez le crémier)	**du lait** **du fromage** **du beurre**
à la pharmacie (chez le pharmacien)	**de l'aspirine** **des médicaments** *drugs and medicine*

ACTIVITÉ 3 **Commerçants** *(Shopkeepers)*

Pour chacun des magasins suivants, dites une chose qu'on y vend et une chose qu'on n'y vend pas.

➪ à la pharmacie **À la pharmacie on vend de l'aspirine (des médicaments). On n'y vend pas de pain (de bœuf, de beurre, etc.).**

1. à la boucherie
2. chez l'épicier
3. à la boulangerie
4. chez le marchand de fruits
5. à la crémerie
6. au supermarché
7. à la station-service
8. chez le charcutier
9. chez le pâtissier
10. à la parfumerie

OÙ?	QUOI?
à la station-service	**de l'essence**
à la parfumerie	**du parfum** **du rouge à lèvres** *lipstick*
chez le marchand de fruits	**du raisin** *grapes* **des cerises** *cherries* **des pêches** *peaches* **des fraises** *strawberries*
au supermarché	**du savon** **de la lessive** *detergent*
au bureau de tabac	**des cigarettes** **des journaux** **des timbres**

Note: The preposition **à** is used with the name of the *store,* while the preposition **chez** is used with the name of the *shopkeeper.*

C. Le pronom *en*

Note the object pronoun which replaces the nouns in heavy type.

Buvez-vous **du champagne?**	Oui, nous **en** buvons.
As-tu **de l'aspirine?**	Non, je n'**en** ai pas.
Fais-tu **de la gymnastique?**	Oui, j'**en** fais.
Est-ce que Sylvie a **de la patience?**	Oui, elle **en** a.
Avez-vous mangé **des saucisses?**	Non, nous n'**en** avons pas mangé.

The pronoun **en** replaces a direct object introduced by **du/de la/de l'/des.**

Like the other object pronouns, **en** comes before the verb except in the affirmative imperative.

Je prends de l'essence?	Oui, prends-**en!**
J'achète du savon?	Oui, achètes-**en!**

Note: In the affirmative imperative there is liaison between the verb and **en.** In the **tu** form of **-er** verbs the final **-s** is not dropped.

⇨ Note the use of **en** with **il y a.**

Il y a **du poivre?**	Oui, il y **en** a.
Il y a **des croissants?**	Non, il n'y **en** a pas.

⇨ In the **passé composé** the past participle does *not* agree with **en.**

Tu as acheté **de la lessive?**	Oui, j'**en** ai acheté.

The pronoun **en** may also replace the preposition **de** *(from, of, about)* + noun.

Vous venez **de l'épicerie?**	Oui, nous **en** venons.
Tu parles **de tes projets?**	Non, je n'**en** parle pas.
Vous avez besoin **de ce livre?**	Non, nous n'**en** avons pas besoin.

ACTIVITÉ 4 Au régime!

Les personnes suivantes veulent maigrir. Dites si oui ou non elles mangent les choses indiquées entre parenthèses.

⇨ Pierre (du poisson?) **Il en mange. (Il n'en mange pas.)**

1. Jacques (de la salade?)
2. nous (de la glace?)
3. vous (de l'agneau?)
4. Paul et David (du beurre?)
5. moi (du raisin?)
6. toi (des saucisses?)
7. Charlotte (du chocolat?)
8. mes cousins (des fraises?)

ACTIVITÉ 5 Questions personnelles

Répondez aux questions suivantes. Utilisez le pronom **en** dans vos réponses.

1. Chez vous, mangez-vous souvent du bœuf? du veau? de l'agneau? du porc?
2. À la cafétéria de l'école, mangez-vous du fromage? des spaghetti? des cerises? du jambon? du riz?

3. Le matin, buvez-vous du thé? du café? du lait? du jus d'orange?
4. Achetez-vous du chewing-gum? du chocolat? de la glace? des croissants?
5. Prenez-vous de l'aspirine quand vous avez mal à la tête? mal aux dents? mal à l'estomac?
6. À l'école, faites-vous du sport? de la gymnastique? de la danse?
7. En été, faites-vous du sport? du camping? de la voile? du ski nautique?
8. Avez-vous de la patience? de l'ambition? du bon sens *(common sense)*?
9. Avec vos amis, parlez-vous de vos projets? de vos problèmes? de votre famille?
10. Avez-vous besoin de vacances? de repos *(rest)*? de vos amis? de conseils *(advice)*?

ACTIVITÉ 6 Renseignements *(Information)*

Imaginez qu'un ami français veut obtenir certains renseignements sur la vie *(life)* aux États-Unis. Répondez à ses questions en utilisant **en** et l'une des expressions suivantes.

en Californie / en Floride / en Géorgie / au Texas / dans le Colorado / au supermarché / à la pharmacie / à la boucherie

⇨ Où vend-on de l'aspirine? **On en vend à la pharmacie (au supermarché).**

1. Où vend-on du jus d'orange?
2. Où produit-on du jus d'orange?
3. Où produit-on du pétrole *(oil)*?
4. Où produit-on du vin?
5. Où produit-on des pêches?
6. Où fait-on du ski?
7. Où fait-on du ski nautique?
8. Où fait-on de la planche à voile?
9. Où achète-t-on de la farine?
10. Où achète-t-on du rosbif?

ACTIVITÉ 7 Pique-nique

Imaginez que vous préparez un pique-nique. Un ami propose de faire les choses suivantes. Répondez-lui affirmativement ou négativement.

⇨ J'achète du pain? **Oui, achètes-en! (Non, n'en achète pas!)**

1. J'achète du fromage?
2. J'achète de la glace?
3. J'apporte du poivre?
4. J'apporte des cerises?
5. Je prends du Coca-Cola?
6. Je prends de l'eau minérale?
7. Je cherche de l'aspirine?
8. Je cherche des saucisses?

À votre tour **Bon appétit!**

Faites une liste de six à huit produits que vous aimez. Dites si vous achetez ces produits, où vous les achetez et si vous en mangez (ou en buvez) souvent.

⇨ J'aime le fromage. Ma mère en achète au supermarché et nous en mangeons souvent à la maison.

UNITÉ 6

Leçon 4 Quatrième surprise

Scène 1.

Il est une heure. Colette n'est toujours pas là.

DAVID: J'ai faim.
PAUL: Moi aussi, j'ai une faim de *loup*. On déjeune? — *wolf*
DAVID: Bien sûr! Colette nous a dit de *ne pas* l'attendre! — *not*
Eh bien, nous allons commencer sans elle.
PAUL: D'accord! Tiens, *débouche* le champagne! — *uncork*

David débouche la *bouteille* et remplit son *verre*. — *bottle; glass*

PAUL: N'*en* prends pas trop! — *of it*
DAVID: Ne t'inquiète pas. Je vais t'*en* laisser. — *some*
PAUL: C'est bon?
DAVID: Hm. Délicieux. Tiens, goûte!
PAUL: Tu as raison, c'est excellent. Donne-m'en un verre!

Les deux garçons boivent un peu de champagne.
Ils boivent beaucoup de champagne.
Ils boivent un peu trop de champagne.
Ils en boivent tellement qu'ils n'entendent pas le téléphone.
Le téléphone sonne une fois, deux fois, trois fois . . .
Ni David ni Paul ne répondent.

Scène 2.

Il est trois heures maintenant. Quelqu'un vient de rentrer dans l'appartement. C'est une *dame* d'*une cinquantaine* d'années, très élégante. Nos deux amis sont *si* absorbés dans leur *rêverie* qu'ils ne la voient pas. La dame vient vers eux, très surprise.

woman; about fifty
so; dreams

David enfin la remarque.

DAVID *(à Paul):* Qui est-ce? Est-ce que c'est Colette?
PAUL *(à David):* Mais non, c'est sa mère.
DAVID *(à Paul):* Mais non, c'est sa grand-mère.
PAUL *(à David):* Mais non, c'est la concierge.
DAVID *(à la dame):* Madame, vous n'êtes pas chez vous ici. Vous êtes chez . . .
LA DAME: Comment? Mais je suis chez moi ici! Et vous, qui êtes-vous? Et qu'est-ce que vous faites dans ma salle à manger? Et qui vous a donné la permission de boire mon champagne?
PAUL: Mais, Madame . . .

NOTE CULTURELLE

Les Français et le vin Qu'est-ce que vous buvez avec vos repas? Du lait, du Coca-Cola ou de l'eau? Le vin est la boisson nationale des Français. Ils boivent surtout du «vin rouge ordinaire» qui n'est pas nécessairement très bon. Au dessert, ils boivent parfois du vin blanc. Pour les grandes occasions ils boivent des vins de qualité et du champagne. Les grands° vins portent° le nom des régions où ils sont produits:° Bordeaux, Bourgogne,° Chablis, etc.

Les habitudes° changent. Aujourd'hui, les Français boivent moins de vin qu'avant. Les jeunes, en particulier, préfèrent les jus de fruits, la limonade et surtout l'eau minérale.

grands *great* **portent** *bear* **produits** *produced*
Bourgogne *Burgundy* **habitudes** *habits*

Vocabulaire pratique

VERBES:	**goûter**	*to taste, try*	Je vais **goûter** ce fromage. Il a l'air bon!
	laisser	*to leave*	Tu me **laisses** un peu de fromage?
	remplir	*to fill*	Ne **remplissez** pas mon verre *(glass)*.
EXPRESSIONS:	**ni . . . ni . . .**	*neither . . . nor . . .*	**Ni** Paul **ni** ses amis **n'**aiment attendre.
	tellement	*so*	Éric a reçu un «A». Il est **tellement** content.
	tellement de	*so much, so many*	Oh là là! J'ai **tellement de** travail . . .

Note: In a sentence with **ni . . . ni . . .** , the word **ne** must be used with the verb.

Je **n'**ai vu **ni** Martine **ni** Michèle.
Ni Charles **ni** Henri **ne** sont venus.

MOTS APPARENTÉS

In French the suffix **-aine** is used with numbers to indicate an approximate quantity.

une douz**aine**	*about 12; a dozen*
une vingt**aine**	*about 20*
une cent**aine**	*about 100*

Structure

A. Les expressions de quantité

Note the following expressions of quantity and their uses.

		MODIFYING A VERB OR AN ADJECTIVE	MODIFYING A NOUN
peu	*little, not much*	Je travaille **peu.**	J'ai **peu de** travail.
un peu	*a little, some*	Je suis **un peu** malade.	J'ai **un peu de** température.
assez	*enough*	C'est **assez.**	Avez-vous **assez de** salade?
beaucoup	*much, many, very much; a lot (of)*	Je mange **beaucoup.**	Je mange **beaucoup de** viande.
trop	*too much, too many*	Tu bois **trop.**	Tu bois **trop de** champagne.
combien	*how much, how many*	**Combien** coûte ce disque?	**Combien de** disques as-tu?

➪ When introducing nouns, the above expressions of quantity are followed by **de (d').**

➪ The French expression corresponding to *very much, very many, a lot* consists of one word: **beaucoup.** Similarly, *too much, too many* is expressed by **trop.**

➪ To express *some* (in the sense of *a little, a few*), the French use:

un peu de + singular noun **quelques** + plural noun	Je prends **un peu de** glace et **quelques** fraises.	*I'm having* ***a little*** *ice cream and* ***a few*** *strawberries.*

ACTIVITÉ 1 Le régime de Colette

Colette est au régime. Son docteur lui dit de manger ou de ne pas manger les choses suivantes. Jouez le rôle du docteur en utilisant les expressions entre parenthèses.

➪ du pain (pas trop) **Ne mangez pas trop de pain.**
des oranges (beaucoup) **Mangez beaucoup d'oranges.**

1. du rosbif (un peu)
2. des bananes (peu)
3. de la salade (beaucoup)
4. du céleri (beaucoup)
5. des tomates (assez)
6. de la soupe (un peu)
7. du jambon (pas beaucoup)
8. du poulet (pas beaucoup)
9. de la mayonnaise (pas trop)
10. des œufs (pas trop)

B. Le pronom *en* avec les expressions de quantité

Note the use of **en** in the answers to the following questions:

Paul boit **beaucoup de champagne?**	Oui, il **en** boit **beaucoup.**
Nous avons **trop de travail.** Et toi?	J'**en** ai **trop** aussi!
Je prends **deux kilos d'oranges.** Et vous?	Moi, j'**en** prends **deux kilos** aussi.
Vous voulez **deux litres de lait?**	Non, nous **en** voulons **trois litres.**

> The pronoun **en** replaces **de** + noun when the noun is introduced by an expression of quantity.

ACTIVITÉ 2 Expression personnelle

Répondez aux questions suivantes en utilisant **en** et une expression de quantité.

⇨ Vous avez de la patience? — **Oui, j'en ai beaucoup** (**un peu, assez**). (**Non, je n'en ai pas beaucoup.**)

1. Vous avez des amis?
2. Vous avez de l'imagination?
3. Vous avez des disques?
4. Vous avez des examens?
5. Vous faites du sport?
6. Vous faites des progrès en français?
7. Vous buvez du thé?
8. Vous mangez des fruits?

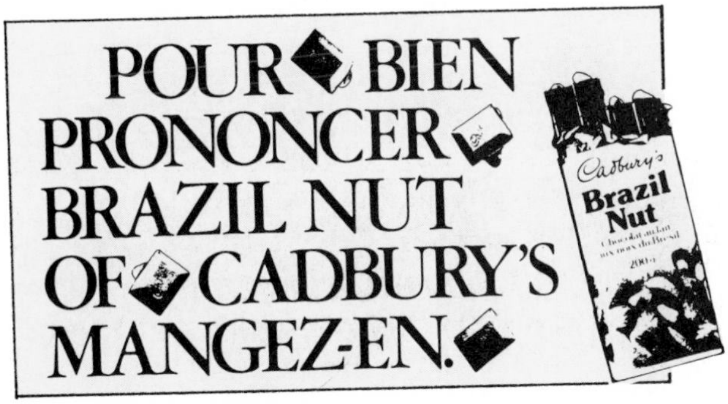

Vocabulaire spécialisé — Quelques quantités et quelques récipients *(containers)*

NOMS:

un kilo	*kilogram*	**une livre**	*(metric) pound*
un litre	*liter*		
un paquet	*package, pack*	**une boîte**	*box, can*
un pot	*jar*	**une bouteille**	*bottle*
un sac	*sack, bag*	**une tasse**	*cup*
un tube	*tube*		
un verre	*glass*		

ADJECTIFS:

plein	*full*	La bouteille est **pleine** . . .
vide	*empty*	mais mon verre est **vide!**

ACTIVITÉ 3 **La bonne quantité** *(The right amount)*

Imaginez que vous faites les courses pour votre famille. Votre mère a préparé la liste suivante. Remarquez qu'elle n'a pas mentionné les quantités. Vous êtes au supermarché. Dites quelle quantité vous achetez de chaque produit. Choisissez une expression du vocabulaire.

⇨ de l'huile **J'en achète une bouteille.**
(J'en achète deux bouteilles, un litre, etc.).

1. du Coca-Cola
2. de la mayonnaise
3. du ketchup
4. des spaghetti
5. du café
6. des pommes de terre
7. de l'aspirine
8. du dentifrice

C. Le pronom *en* avec les nombres

Note the use of **en** in the answers to the questions below.

Tu as **un vélo?**	Oui, j'**en** ai **un.**	*Yes, I do (have* ***one****).*
Tu as **une guitare?**	Oui, j'**en** ai **une.**	*Yes, I do (have* ***one****).*
Combien **de disques** a Paul?	Il **en** a **vingt.**	*He has* ***twenty (of them).***
Combien **de posters** avez-vous?	Nous **en** avons **cinq.**	*We have* ***five (of them).***

> The pronoun **en** replaces a direct object noun introduced by **un/une** or a *number.*

⇨ While the equivalent expression *(of them)* is usually omitted in English, **en** must be used in French.

⇨ **Un** and **une** are not used in negative sentences.
Paul a une moto? Non, il n'**en** a pas.

ACTIVITÉ 4 **Expression personnelle**

Demandez à vos camarades s'ils ont les choses suivantes.

⇨ un vélo? **—Tu as un vélo?**
—Oui, j'en ai un.
(Non, je n'en ai pas.)

1. un livre de français?
2. une radio?
3. un appareil-photo?
4. une moto?
5. un chien?
6. une calculatrice?
7. un stylo?
8. un crayon?

ACTIVITÉ 5 **Isabelle Endouble**

Quand Georges mentionne quelque chose, son amie Isabelle Endouble dit qu'elle a deux fois les mêmes choses. Jouez le rôle d'Isabelle.

⇨ J'ai deux livres. **Moi, j'en ai quatre.**

1. J'ai dix disques.
2. J'ai quinze posters.
3. Je mange un sandwich.
4. J'invite cinq amis pour mon anniversaire.
5. Je connais trois Américains.
6. J'achète deux croissants.

ACTIVITÉ 6 Questions personnelles

Répondez aux questions en utilisant le pronom **en.**

1. Combien de cousins avez-vous?
2. Combien de cousines avez-vous?
3. Combien de pièces a votre appartement ou votre maison?
4. Combien de téléviseurs avez-vous chez vous?
5. Combien de disques avez-vous?
6. Combien d'élèves est-ce qu'il y a dans la classe?
7. Combien de professeurs différents avez-vous?
8. Combien de livres est-ce qu'il y a sur la table du professeur?

D. L'ordre des pronoms avec *en*

In the answers to the questions below, **en** is used together with another pronoun. Note the sequence of these pronouns.

David donne du champagne à Paul?	Oui, il **lui en** donne.
Tu as donné des disques à tes amis?	Oui, je **leur en** ai donné.
Tu me donnes de la bière?	Oui, je **t'en** donne.
Tu nous prêtes de l'argent?	Non, je ne **vous en** prête pas.

> When **en** is used together with another object pronoun, it always comes in *second* position.

⇨ **En** also comes in second position in affirmative commands.

Donnez-moi des cerises.	Donnez-m'**en** deux kilos!
Prêtez-nous de l'argent.	Prêtez-nous-**en!**

Note that before **en, moi** → **m'.**

ACTIVITÉ 7 Questions personnelles

Répondez aux questions suivantes en utilisant deux pronoms.

1. Demandez-vous des conseils à votre père? à votre mère? à vos amis? à vos professeurs?
2. Donnez-vous des conseils à vos amis? à votre frère? à votre sœur?
3. Demandez-vous de l'argent à vos parents? à vos grands-parents?
4. Prêtez-vous de l'argent à vos amis?

À votre tour Pique-nique

Imaginez que vous êtes chargé(e) d'organiser *(in charge of organizing)* le pique-nique annuel du Club Français. Faites la liste des produits que vous devez acheter. Dites en quelles quantités vous allez acheter ces produits.

⇨ des oranges

Je vais en acheter vingt (trois sacs, quatre kilos, huit livres, etc.).

UNITÉ 6

Leçon 5 Cinquième (et dernière) surprise

Scène 1.

David et Paul se sont vite réveillés.

Comment? Ils ne sont pas chez Colette? Mais alors, chez qui sont-ils? Et qui est cette *dame*? Évidemment, c'est elle la propriétaire de l'appartement. Heureusement pour les deux garçons, elle n'a pas l'air trop furieuse. *Au contraire,* elle semble s'amuser . . .

woman

On the contrary

LA DAME: À votre accent, je vois que vous êtes américains. Vous êtes certainement les amis de ma nièce Colette. Elle m'a parlé de vous.

PAUL: Ah! Vous êtes la tante de Colette . . . Excusez-nous . . . La concierge s'est trompée. Elle nous a dit que Colette habitait au cinquième étage.

LA DAME: Elle ne s'est pas trompée. Colette habite bien un petit studio au cinquième, l'étage *au-dessus.* C'est vous qui vous êtes trompés. Vous êtes ici au quatrième étage.

above

DAVID: Au quatrième étage? Je ne comprends pas! Nous avons pourtant compté les étages.

LA DAME: Votre erreur est bien excusable. Notre premier étage en France correspond au deuxième étage américain. Ainsi, vous avez cru être au cinquième étage, mais en réalité vous êtes seulement au quatrième.

PAUL: Ça, par exemple!

DAVID: Et le repas?

LA DAME: Je l'ai préparé pour des amis de Versailles qui viennent passer la journée à Paris.

PAUL: Et la note que nous avons trouvée sous le *tapis?*

doormat

LA DAME: C'est moi qui l'ai écrite pour dire à mes amis que . . . Mais, au fait, où sont-ils?

Le téléphone sonne *à nouveau.* La dame va répondre. Elle revient *au bout de* quelques minutes.

again; = **après**

LA DAME: Ce sont *justement* mes amis qui viennent de téléphoner. Il *paraît* qu'ils ont déjà téléphoné plusieurs fois. Ils ont eu une panne, un peu avant Paris. — *as a matter of fact*; *seems*

PAUL: *Tout s'explique!* — *That explains everything!*

LA DAME: Pour vous et pour moi, mais pas pour Colette. Ma pauvre nièce vous attend certainement. Allez vite chez elle!

Scène 2.

Paul et David vont chez Colette. Elle a l'air étonnée.

COLETTE: Tiens, bonjour! Quelle bonne surprise!

DAVID: Bonjour, Colette. Euh . . . nous nous excusons de . . .

COLETTE: Ne vous excusez pas. Je suis très contente de vous voir. Vous avez de la chance car j'avais l'intention de passer toute la journée à la bibliothèque.

PAUL: La bibliothèque? Et votre invitation à déjeuner?

COLETTE: J'espère que vous n'avez pas changé d'avis. Je compte absolument sur vous mardi prochain.

DAVID: Comment? Ce n'est pas pour aujourd'hui?

PAUL: Vous nous avez dit «mardi huit». Nous sommes bien le 8 avril aujourd'hui!

COLETTE: Non, je vous ai dit «mardi en huit». C'est différent. «Mardi en huit» *signifie* le mardi de la semaine prochaine. Mais au fait, vous avez probablement soif. Malheureusement, je n'ai rien à vous offrir. Ah, si, attendez! J'ai une bouteille de champagne au réfrigérateur. Je vais l'ouvrir! — *means*

DAVID: Euh, non merci, Colette. Pas aujourd'hui.

COLETTE: Comment? Vous n'aimez pas le champagne?

DAVID: Si, mais . . .

Vocabulaire pratique

NOMS:	**le propriétaire**	*landlord*	**la propriétaire**	*landlady*
	un avis	*opinion*		
ADJECTIF:	**étonné**	*surprised*		
VERBES:	**changer d'avis**	*to change one's mind*	Pourquoi est-ce que tu **changes** toujours **d'avis?**	
	se tromper	*to be mistaken, make a mistake*	Zut! Je **me suis trompé!**	
EXPRESSIONS:	**bien**	*indeed*	**pourtant**	*nevertheless, however*
	ça, par exemple!	*what do you know!*	**seulement**	*only*

MOTS APPARENTÉS

The French suffix **-ième** (abbreviated **-ème** or **-e**) corresponds to the English suffix *-th*.

-ième	↔	***-th***
six**ième**		*six**th***
sept**ième**		*seven**th***

NOTES CULTURELLES

1. **Versailles** Versailles est une ville située° à une vingtaine de kilomètres de Paris. Cette ville est célèbre° pour son château,° qui était la résidence des rois° de France.
2. **La vie° en ville** À Paris et dans les grandes villes, les gens n'habitent pas dans des maisons individuelles. En général, ils ont un appartement dans un immeuble. Dans la banlieue, les immeubles ont dix, vingt ou trente étages, comme dans les villes américaines, mais dans le centre, les immeubles ont seulement cinq ou six étages. L'étage le plus bas s'appelle le rez-de-chaussée. Le premier étage est situé au-dessus° du rez-de-chaussée. Cet étage correspond au deuxième étage américain. Le deuxième étage français correspond au troisième étage américain, etc. Dans beaucoup d'immeubles, le rez-de-chaussée est occupé par des commerces:° boutiques° de vêtements, magasins de chaussures, magasins de disques, librairies,° etc.

située *located* **célèbre** *famous* **château** *castle* **rois** *kings* **vie** *life* **au-dessus** *above* **commerces** *businesses* **boutiques** *shops* **librairies** *bookstores*

Structure

A. Les nombres ordinaux

Ordinal numbers (*first, second, third, . . .*) are used to rank people or things and to put them into a given order. Note how the ordinal numbers are derived from regular numbers.

2	**deux**	→	**deuxième**	Février est le **deuxième** mois de l'année.
8	**huit**	→	**huitième**	J'habite au **huitième** étage.
11	**onze**	→	**onzième**	Qui est le **onzième** président des États-Unis?
26	**vingt-six**	→	**vingt-sixième**	Mon cousin célèbre son **vingt-sixième** anniversaire.

In French, ordinal numbers are formed as follows:

number (minus **-e,** if any) + **-ième**

Note the following exceptions:

un/une → **premier/première**
cinq → **cinquième**
neuf → **neuvième**

⇨ Ordinal numbers are adjectives which come before the noun.

ACTIVITÉ 1 **Classement** *(Ranking)*

Complétez les phrases suivantes avec le nombre ordinal qui convient.

➪ Octobre est le . . . mois de l'année.
Octobre est le dixième mois de l'année.

1. Avril est le . . . mois.
2. Juin est le . . . mois.
3. Septembre est le . . . mois.
4. Décembre est le . . . mois.
5. Lundi est le . . . jour de la semaine.
6. Vendredi est le . . . jour.
7. Washington est le . . . président des États-Unis.
8. Lincoln est le . . . président.
9. Kennedy est le . . . président.
10. L'Alaska est le . . . état.

B. Les adverbes en *-ment*

In the sentences below, compare the adverbs with the adjectives from which they are derived.

Colette est **calme.**	Elle parle **calmement.**	*(calmly)*
Christine est **nerveuse.**	Elle conduit **nerveusement.**	*(nervously)*

French adverbs are derived from descriptive adjectives as follows:

feminine form of the adjective + **-ment**

➪ Note how this pattern works with both regular and irregular adjectives:

rapide, rapide	→	**rapidement**	sérieux, sérieuse	→	**sérieusement**
normal, normale	→	**normalement**	actif, active	→	**activement**

➪ Adverbs based on ordinal numbers are formed in the same manner.

premier, première	→	**premièrement**	*(first)*
deuxième	→	**deuxièmement**	*(secondly)*

➪ Exception 1: When the feminine form of the adjective ends in *vowel* + **e**, the **e** is dropped when **-ment** is added.

vrai, vrai(e) → **vraiment**
poli, poli(e) → **poliment**

➪ Exception 2: For adjectives of two or more syllables that end in **-ent** and **-ant,** the corresponding adverbs are formed by replacing these endings with **-emment** and **-amment.**

intellig**ent**	→	intellig**emment**	brill**ant**	→	brill**amment**
réc**ent**	→	réc**emment**	const**ant**	→	const**amment**

ACTIVITÉ 2 **L'auto-école** *(Driving School)*

Imaginez que vous êtes professeur dans une auto-école française. Dites à vos élèves comment ils doivent conduire. Pour cela, commencez vos phrases par **Conduisez** ou **Ne conduisez pas,** et utilisez un adverbe correspondant aux adjectifs suivants.

⇨ rapide? **Conduisez rapidement. (Ne conduisez pas rapidement.)**

1. stupide?
2. nerveux?
3. sérieux?
4. impulsif?
5. naturel?
6. idiot?
7. intelligent?
8. patient?
9. lent?

Vocabulaire spécialisé **Quelques adverbes en *-ment***

actuellement	*at present*	**Actuellement,** je suis à Paris.
autrement	*otherwise*	**Autrement,** j'habite en Normandie.
franchement	*frankly*	**Franchement,** je préfère la campagne.
généralement	*generally*	**Généralement,** je vais à l'école à pied.
habituellement	*usually*	**Habituellement,** je me lève vers sept heures.
justement	*as a matter of fact*	Mais, **justement,** ce matin je me suis réveillé tard.
naturellement	*naturally*	**Naturellement,** j'ai dû me dépêcher.
normalement	*normally*	**Normalement,** j'ai beaucoup de temps.
heureusement	*fortunately*	**Heureusement,** mon père a pu me conduire.
malheureusement	*unfortunately*	**Malheureusement,** j'ai oublié mes livres.
vraiment	*really*	**Vraiment,** je n'ai pas de chance!

C. La position des adverbes

In the sentences below, note the position of the adverbs of manner (**bien, mal,** etc., as well as adverbs in **-ment**) and the adverbs of quantity (**beaucoup, trop,** etc.).

Vous parlez **bien** français.	*You speak French **well.***
Vous avez **bien** parlé français.	*You spoke French **well.***
David aime **beaucoup** le champagne.	*David likes champagne **very much.***
Il a **beaucoup** aimé le champagne.	*He liked the champagne **very much.***
Je joue **mal** au tennis.	*I play tennis **poorly.***
J'ai **mal** joué au tennis.	*I played tennis **poorly.***
Je lis **rapidement** ce livre.	*I am reading this book **quickly.***
J'ai lu **rapidement** ce livre.	*I read this book **quickly.***

When the verb is in a simple tense (present, imperfect, future, conditional), adverbs of manner and quantity come immediately *after* the verb they modify.

➪ In French, adverbs do *not* come between the subject and the verb. Contrast:

Il se trompe **souvent.**	*He **often** makes mistakes.*
J'achète **toujours** cette revue.	*I **always** buy that magazine.*

In the **passé composé,** many adverbs come *between* the auxiliary verb (**avoir** or **être**) and the past participle.

➪ Adverbs in **-ment,** however, come *after* the past participle.

ACTIVITÉ 3 Expression personnelle

Demandez à vos amis s'ils font les choses suivantes. Utilisez les adverbes entre parenthèses dans les questions et les réponses.

➪ aimer la musique? (beaucoup) —**Tu aimes beaucoup la musique?**
—**Oui, j'aime beaucoup la musique.**
(Non, je n'aime pas beaucoup la musique.)

1. aimer les sports? (beaucoup)
2. jouer au tennis? (bien)
3. parler français? (souvent)
4. être content(e)? (toujours)
5. étudier les leçons? (rapidement)
6. penser aux vacances? (souvent)
7. connaître le directeur *(principal)* de l'école? (personnellement)
8. être d'accord avec tes parents? (totalement)

ACTIVITÉ 4 Le débat

Les personnes suivantes ont participé à un débat. Dites comment chacun a parlé. Utilisez le passé composé de **parler** et l'adverbe entre parenthèses.

➪ Jacqueline (bien) **Jacqueline a bien parlé.**

1. Philippe (mal)
2. Henri (trop)
3. Annette et Louise (beaucoup)
4. vous (très bien)
5. nous (brillamment)
6. toi (nerveusement)
7. ces garçons (timidement)
8. moi (remarquablement)

D. La comparaison avec des adverbes

In the sentences below, note how comparisons are made with adverbs.

Colette écrit **plus souvent que** Christine.	*Colette writes* ***more often than*** *Christine.*
Vous conduisez **aussi vite que** mon frère.	*You drive* ***as fast as*** *my brother.*
J'apprends **moins facilement que** toi.	*I learn* ***less easily than*** *you do.*

Comparisons with adverbs follow the same pattern as comparisons with adjectives:

+ **plus** / − **moins** / = **aussi**	+ adverb + **que** (**qu'**)	*more . . . than, . . . -er than* / *less . . . than* / *as . . . as*

➪ The comparative of **bien** *(well)* is **mieux** *(better).*

Tu danses **mieux que** moi,
mais tu danses **moins bien que** David.

ACTIVITÉ 5 Qu'est-ce qu'ils font?

Lisez la description des personnes suivantes. Dites ce qu'elles font, d'après le modèle. Utilisez le verbe entre parenthèses et un adverbe en **-ment.**

➪ Paul est plus sérieux que Jacques. (étudier)
Il étudie plus sérieusement que lui.

1. Sylvie est moins sérieuse que Philippe. (étudier)
2. Je suis plus consciencieux que mes cousins. (travailler)
3. Mélanie est plus calme que son frère. (parler)
4. Vous êtes moins prudents que vos amis. (conduire)
5. Henri est plus lent que sa sœur. (lire)
6. Nathalie est plus élégante que ses amies. (s'habiller)

À votre tour De quelle manière? *(How?)*

Décrivez plusieurs choses que vous aimez faire et dites comment vous faites ces choses. Utilisez des adverbes dans vos descriptions.

➪ Je joue assez souvent au tennis. Généralement, je joue assez bien.

Nourriture° et langage

°Food

Les Français utilisent un grand nombre d'expressions où il est question de nourriture. Voici sept de ces expressions. Pouvez-vous deviner° leur sens?°

°guess; meaning

1. Jacques a du pain sur la planche.° — °board

a. Il a beaucoup d'argent.
b. Il a beaucoup de travail.
c. Il grossit beaucoup.

2. Ça, c'est du gâteau!

a. C'est excellent.
b. C'est facile.
c. C'est très cher.

3. Vous êtes une nouille!° — °noodle

a. Vous êtes végétarien.
b. Vous aimez la cuisine italienne.
c. Vous n'êtes pas très intelligent.

4. Cette fille a un cœur d'artichaut.° — °artichoke

a. Elle est très généreuse.
b. Elle aime la nature.
c. Elle est souvent amoureuse.

5. Il a mis de l'eau dans son vin.

a. Il n'aime pas le vin.
b. Il ne connaît pas les règles° de la politesse. — °rules
c. Il est moins exigeant° qu'avant. — °demanding

6. Je n'ai pas un° radis. — °a single

a. Je n'ai pas d'argent.
b. Je n'aime pas les légumes.
c. Je suis un régime très strict.

7. Philippe n'est pas dans son assiette.° — °plate

a. Il suit un régime.
b. Il ne veut pas dîner.
c. Il a l'air malade.

RÉPONSES: 1-b, 2-b, 3-c, 4-c, 5-c, 6-a, 7-c

L'addition

Jacques Prévert crée une histoire humoristique à partir° d'un principe° mathématique élémentaire: On ne peut pas additionner° des choses d'espèce° différente. Dans cette histoire, un client utilise ce principe comme prétexte pour ne pas payer l'addition que lui présente le garçon. (Remarquez la double signification du mot **addition:** *addition* et *check.*)

from; principle; add together; kind

LE CLIENT:	Garçon, l'addition!	
LE GARÇON:	Voilà. *(Il sort° son crayon et note.)* Vous avez . . . deux œufs durs, un veau, un petit pois, une asperge, un fromage avec beurre, une amande verte, un café filtre, un téléphone.	*takes out*
LE CLIENT:	Et puis des cigarettes!	
LE GARÇON:	*(Il commence à compter.)* C'est ça même° . . . des cigarettes . . . Alors ça fait . . .	= **exactement**
LE CLIENT:	N'insistez pas, mon ami, c'est inutile, vous ne réussirez jamais.	
LE GARÇON:	!!!	
LE CLIENT:	On ne vous a donc pas appris° à l'école que c'est ma-thé-ma-ti-que-ment impossible d'additionner des choses d'espèce différente!	*taught*
LE GARÇON:	!!!	
LE CLIENT:	*(élevant° la voix)* Enfin, tout de même,° de qui se moque-t-on? . . . Il faut réellement être insensé° pour oser° essayer de tenter° d'«additionner» un veau avec des cigarettes, des cigarettes avec un café filtre, un café filtre avec une amande verte et des œufs durs avec des petits pois, des petits pois avec un téléphone . . . Pourquoi pas un petit pois avec un grand officier de la Légion d'Honneur,[1] pendant que vous y° êtes! *(Il se lève.)* Non, mon ami, croyez-moi, n'insistez pas, ne vous fatiguez pas,° ça ne donnerait rien,° vous entendez,° rien, absolument rien . . . pas même le pourboire!	*raising; all the same*; = **fou;** *to dare*; *attempt*; *at it*; *don't strain yourself; wouldn't give any result*; = **comprenez**
	(Et il sort en emportant° le rond de serviette à titre gracieux.°)	*taking along; without paying*

Jacques Prévert, *Histoires*
© Éditions Gallimard

[1] La Légion d'Honneur est une décoration créée par Napoléon. Un grand officier est un dignitaire de l'ordre de la Légion d'Honneur. L'introduction de cette personne dans le dialogue accentue *(emphasizes)* l'aspect ridicule de l'addition.

AU RESTAURANT

Using the dictionary

An end vocabulary has been included in this book to help you with unfamiliar words in the text. However, when you are reading other material, such as a French magazine or story, you will probably need a dictionary.

As you know, French words, like English words, often have more than one meaning. **Addition,** for instance, means *addition, bill,* and *check.* These different meanings are listed in the dictionary. As you look up a word, you will have to use your judgment to decide which meaning is most appropriate for the context in which the word is used. Reread the whole sentence and decide which meaning makes sense.

Which meaning would you have selected for the following words which are found in "**L'addition**":

apprendre (1) *to learn;* (2) *to teach*
tenter (1) *to tempt;* (2) *to put to the test;* (3) *to attempt, try*
entendre (1) *to intend, mean;* (2) *to hear;* (3) *to understand*
un rond (1) *round;* (2) *ring;* (3) *washer* (for a faucet)

Sometimes the dictionary will contain phrases showing special meanings a word may have in specific contexts. For instance, which meaning would you select here?

gracieux (1) *graceful;* (2) *gracious;* (3) **à titre gracieux** *(a) as a favor; (b) free-of-charge*

UNITÉ 7

Quelle soirée!

ROENA

UNITÉ 7

Leçon 1 Une invitation

Olivier est un garçon heureux!
Ce matin il a fait la queue pendant trois heures devant le Rex-Palace.
Finalement il *a obtenu* deux billets pour le grand concert de samedi soir. — *got*
La seule question est de savoir qui il va inviter . . .

Olivier pense à Mireille. Mireille est une fille très sympathique et très jolie. Voilà justement le problème. Mireille a beaucoup d'*admirateurs* et quand il est question de sortir avec elle, il y a toujours beaucoup de *concurrence*. *Aussi*, il n'est pas très facile de l'inviter! Olivier décide de tenter sa chance. Il téléphone à Mireille.

admirers; *competition*; *Therefore*

OLIVIER: Allô, Mireille?
MIREILLE: Ah, c'est toi, Olivier? Ça va?
OLIVIER: Ça va! Tu sais, j'ai pu *obtenir* des billets pour le concert de samedi soir . . . — *to get*
MIREILLE: Comment *as-tu fait?* Je suis passée au Rex-Palace cet après-midi. Impossible de trouver des billets! Tout est vendu! Je voulais absolument aller à ce concert et maintenant je ne suis pas sûre d'y aller! — *did you manage*
OLIVIER: Si tu veux, je t'invite.
MIREILLE: Tu es vraiment gentil de penser à moi. Bien sûr, je serai très contente d'aller au concert avec toi samedi prochain.
OLIVIER: Bon! Je passerai *te prendre* chez toi à huit heures! D'accord? — *pick you up*
MIREILLE: D'accord! Alors, à samedi . . . et merci!
OLIVIER: À samedi!

Olivier est très, très heureux. C'est la première fois qu'il sort avec Mireille. Avec un peu de chance, ce ne sera pas la dernière fois!

NOTE CULTURELLE

Les jeunes Français et la musique Aimez-vous la musique? Et quelle sorte de musique préférez-vous? Selon une enquête,° la musique que les jeunes Français préfèrent est la musique pop et le rock. Viennent ensuite la musique folklorique américaine, les variétés étrangères,° les chansons° françaises, la musique classique et le jazz. Les jeunes Français vont relativement moins souvent aux concerts que les Américains: moins de la moitié° vont au concert une fois par an.

Voici d'autres statistiques sur les habitudes° musicales des jeunes Français:

35% jouent d'un instrument de musique (Les instruments préférés sont les instruments à vent° comme la flûte et l'harmonica. Ensuite viennent la guitare et le piano.)

50% écoutent la radio tous les jours

32% savent lire la musique

9% chantent dans une chorale°

enquête *survey* **variétés étrangères** *TV variety shows from other countries* **chansons** *songs* **moitié** *half* **habitudes** *habits* **à vent** *wind* **chorale** *choir*

Vocabulaire pratique

NOMS: **un billet** *ticket* **la chance** *luck*

EXPRESSIONS: **faire la queue** *to stand in line*
tenter sa chance *to try one's luck*

MOTS APPARENTÉS

French verbs in **-tenir** often have English cognates in *-tain.*

-tenir	↔	***-tain***
ob**tenir**		*ob**tain***
main**tenir**		*main**tain***

Structure

A. Le verbe *tenir*

Note the forms of the irregular verb **tenir** *(to hold)*, paying attention to the future stem and the past participle.

Infinitive	**tenir**	
Present	je **tiens** tu **tiens** il/elle/on **tient**	nous **tenons** vous **tenez** ils/elles **tiennent**
Future	je **tiendrai**	
Passé composé	j'ai **tenu**	

Expressions with **tenir:**

tenir une promesse	*to keep a promise*	Olivier **tient** toujours **ses promesses.**
se tenir bien	*to behave*	Les élèves **se tiennent bien** en classe.
se tenir + adjective	*to keep, stay*	**Tenez-vous tranquilles!**

The following verbs are conjugated like **tenir:**

appartenir à	*to belong to*	**À** qui **appartient** cette voiture?
obtenir	*to get, obtain*	**J'ai obtenu** un «A» à l'examen de maths.
retenir	*to reserve, retain*	**As**-tu **retenu** nos billets?

ACTIVITÉ 1 Oui ou non?

Lisez les phrases suivantes et dites si oui ou non les personnes font les choses entre parenthèses.

➪ Jacques déteste les sports. (appartenir à un club sportif?)
Non, il n'appartient pas à un club sportif.

1. Nous aimons chanter. (appartenir à une chorale [*choir*]?)
2. Les élèves étudient. (obtenir des bonnes notes [*grades*]?)
3. Henri est nerveux. (se tenir tranquille?)
4. Vous avez un excellent appareil-photo. (obtenir des bonnes photos?)
5. Je suis honnête. (tenir mes promesses?)
6. Tu es un mauvais élève. (se tenir bien en classe?)
7. Nous jouons au tennis. (tenir une raquette à la main?)
8. Olivier est content. (obtenir un rendez-vous de Mireille?)
9. Mes cousins veulent aller au concert. (retenir des billets?)

B. La construction: adjectif + infinitif

Note the use of the infinitive in the sentences below.

Mireille est **contente d'aller** au concert.	*Mireille is **glad to go** to the concert.*
Olivier est **heureux de sortir** avec elle.	*Olivier is **happy to go out** with her.*
Nous sommes **fatigués d'étudier.**	*We are **tired of studying.***
Je suis **furieux d'attendre.**	*I am **upset at waiting.***

When an adjective is followed by a verb, the most common pattern is:

adjective + **de** + infinitive

ACTIVITÉ 2 Expression personnelle

Voici certaines choses que vous faites. Dites si oui ou non vous êtes heureux/heureuse de faire ces choses.

⇨ Vous étudiez l'histoire. **Je suis heureux/heureuse d'étudier l'histoire. (Je ne suis pas heureux/heureuse d'étudier l'histoire.)**

1. Vous allez à l'école.
2. Vous avez beaucoup d'amis.
3. Vous avez des examens.
4. Vous faites la queue au cinéma.
5. Vous habitez aux États-Unis.
6. Vous êtes américain/américaine.
7. Vous avez un «D» à l'examen.
8. Vous allez à un concert de jazz.

ACTIVITÉ 3 Réactions

Lisez ce que font les personnes suivantes. Décrivez leurs réactions en utilisant l'adjectif entre parenthèses.

⇨ Mireille sort avec Olivier. (heureuse)
Elle est heureuse de sortir avec Olivier.

1. Henri travaille. (fatigué)
2. Nous sortons ce week-end. (contents)
3. Jacqueline attend Pierre. (furieuse)
4. Les élèves étudient. (obligés)
5. Mes cousins partent. (tristes)
6. Thomas téléphone à Hélène. (heureux)
7. Nous quittons nos amis. (tristes)
8. Vous invitez vos amis. (heureux)

C. L'expression impersonnelle: *il est* + adjectif . . .

In the sentences below, general statements are made. Note how these statements are expressed.

Il est facile de parler français.	*It is easy to speak French. (Speaking French is easy.)*
Il est important d'étudier.	*It is important to study. (Studying is important.)*
Il n'est pas amusant de travailler le week-end.	*It is not amusing to work on weekends. (Working on weekends is not amusing.)*

To make a general statement about an activity, the French use the impersonal construction:

il est + adjective + **de** + infinitive

Vocabulaire spécialisé Quelques adjectifs

agréable	≠	**pénible**	*pleasant*	≠	*painful, unpleasant*
amusant	≠	**ennuyeux**	*amusing*	≠	*boring*
bon	≠	**mauvais**	*good*	≠	*bad*
facile	≠	**difficile**	*easy*	≠	*hard, difficult*
important	≠	**ridicule**	*important*	≠	*ridiculous*
poli	≠	**impoli**	*polite*	≠	*impolite*
prudent	≠	**dangereux**	*advisable, prudent*	≠	*dangerous*
nécessaire / **utile**	≠	**inutile**	*necessary* / *useful*	≠	*useless, unnecessary*

LOTO
c'est facile
ça peut rapporter gros
RESULTATS DU LOTO
c'est pas cher

ACTIVITÉ 4 Commentaires

Lisez ce que font les personnes suivantes. Faites des commentaires généraux sur leurs activités en utilisant l'adjectif entre parenthèses dans des phrases affirmatives ou négatives.

⇨ Mireille parle espagnol. (utile?) **Il est utile de parler espagnol. (Il n'est pas utile de parler espagnol.)**

1. Marc parle chinois. (facile?)
2. Robert travaille beaucoup. (nécessaire?)
3. Charles étudie le week-end. (amusant?)
4. Olivier conduit vite. (dangereux?)
5. Mon père fait la cuisine. (difficile)?
6. Ma mère fait les courses. (ennuyeux?)
7. Tu gagnes beaucoup d'argent. (utile?)
8. Vous avez beaucoup d'amis. (important?)
9. Jean-Claude mange beaucoup. (bon?)
10. Ma meilleure amie tient ses promesses. (naturel?)

ACTIVITÉ 5 Opinions personnelles

Dites ce que vous pensez en général des activités suivantes. Pour cela, utilisez les adjectifs du Vocabulaire spécialisé dans des expressions impersonnelles affirmatives ou négatives.

⇨ jouer au football **Il (n')est (pas) dangereux de jouer au football.**

1. parler français
2. parler français en classe
3. suivre un régime
4. faire la queue
5. se moquer des autres
6. tomber amoureux
7. suivre les conseils de ses parents
8. gaspiller son argent
9. pleurer de temps en temps
10. tenter sa chance
11. obtenir un «A» en maths
12. se marier à 18 ans

À votre tour Et vous?

Parlez de ce que vous aimez faire, de vos projets, de vos activités. Complétez les phrases suivantes avec une expression de votre choix.

En général, je suis heureux/heureuse de . . .
En ce moment, je suis fatigué/fatiguée de . . .
Je ne suis jamais fatigué/fatiguée de . . .
À la maison, je suis obligé/obligée de . . .
En classe, nous sommes obligés de . . .
Chez moi, je suis libre de . . .
Je ne suis pas libre de . . .
Pour moi, il est important de . . .
Il n'est pas important de . . .
Il est ridicule de . . .

UNITÉ 7

Leçon 2 Déception et décision

Scène 1.

Nous sommes samedi après-midi. Olivier regarde *par* la fenêtre. Dehors, il pleut. La pluie a commencé à tomber *vers* deux heures et maintenant, *il pleut à torrents* . . .

par: *out*
vers: *around*
il pleut à torrents: *it's pouring*

Olivier pense au rendez-vous de ce soir. Il a promis à Mireille de passer chez elle à huit heures. Oui, mais comment? Avec ce temps-là, il ne peut pas aller chercher Mireille à pied!

«Heureusement, pense Olivier, il y a la voiture de Papa! Papa est toujours très généreux. Il me prête souvent sa voiture quand j'en ai besoin. Il me la prêtera certainement aujourd'hui. Je vais la lui demander quand il rentrera.»

Scène 2.

Monsieur Roussel, le père d'Olivier, est rentré à cinq heures. Olivier a tout de suite remarqué que son père était de très mauvaise humeur.

OLIVIER: Dis, Papa. Je sors ce soir. Est-ce que je peux prendre ta voiture?

M. ROUSSEL: Écoute, Olivier, je *veux bien* que tu sortes, mais je ne veux absolument pas que tu prennes la voiture!

veux bien: *don't mind*

OLIVIER: Mais d'habitude . . .

M. ROUSSEL: D'habitude, d'habitude . . . As-tu vu le temps qu'il fait aujourd'hui? D'habitude, il ne pleut pas comme aujourd'hui!

OLIVIER: Je serai très prudent . . .

M. ROUSSEL: Je ne veux pas que tu prennes la voiture ce soir. *Un point, c'est tout!* Si tu veux sortir, tu peux prendre le bus!

Un point, c'est tout!: *Period!*

OLIVIER: Mais . . .

M. ROUSSEL: Vraiment, je préfère que tu n'insistes pas.

Scène 3.

Olivier est déçu, très déçu. Il comptait en effet sur la voiture de son père. C'est une voiture de sport *toute neuve.* Mireille aurait certainement été très impressionnée . . . Dommage! — *brand new*

Olivier, *cependant,* ne perd pas tout espoir. Il sait que ses parents sortent ce soir. Ils sont invités chez les Mallet, des voisins. Olivier sait aussi que lorsque ses parents rendent visite aux Mallet, ils ne rentrent jamais avant une heure du matin. — *however*

Olivier réfléchit . . . Le concert finira vers onze heures. Vers onze heures et demie, il sera de retour chez lui. Ses parents rentreront beaucoup plus tard. Alors?

Alors, Olivier n'hésite plus . . . Il attend patiemment le départ de ses parents . . . Puis à huit heures moins le quart il prend les clés de la voiture et va dans le garage . . . Il *monte dans* la voiture de son père et sort *sans faire* de bruit . . . Dans cinq minutes, il sera chez Mireille! — *gets into*; *without making*

NOTE CULTURELLE

L'autorité paternelle En général, la famille française est très unie.° Elle est aussi très structurée. Le père est le chef.° C'est lui le symbole de l'autorité, et on respecte ses décisions. Par exemple, dans l'histoire que vous lisez, Olivier ne demande pas à son père pourquoi il ne peut pas avoir la voiture. Même quand il a l'idée de désobéir, il accepte l'autorité paternelle.

unie *close, united* **chef** *head*

Vocabulaire pratique

NOMS:	**le bruit**	*noise*	
	l'espoir	*hope*	
	un point	*period, point*	
ADJECTIFS:	**déçu**	*disappointed*	
	impressionné	*impressed*	
VERBE:	**réfléchir** (à)	*to think, reflect*	**Réfléchissez à** cette question!
EXPRESSIONS:	**dehors**	*outside*	Mon petit frère joue **dehors.**
	lorsque	*when*	Où étais-tu **lorsque** je suis entré?
	tout de suite	*right away*	Attends-moi! J'arrive **tout de suite.**

MOTS APPARENTÉS

French adjectives and past participles in **-çu** are often related to English words ending in *-ceived.* (The corresponding French infinitive ends in **-cevoir.**)

-çu	↔	***-ceived***
dé**çu**		***deceived,*** *disappointed*
re**çu**		***received***

Structure

A. Le subjonctif: formation régulière

In the sentences below, the subject expresses a wish that concerns someone else. The verbs in heavy type are in a new form, the *subjunctive*. Note the forms of the subjunctive and the manner in which they are used.

Je veux que tu **sortes** avec moi.	*I want you **to go out** with me.*
Je ne veux pas que tu **prennes** l'auto.	*I don't want you **to take** the car.*
Le professeur veut que les élèves **finissent** la leçon.	*The teacher wants the students **to finish** the lesson.*
Mireille veut qu'Olivier l'**attende.**	*Mireille wants Olivier **to wait for** her.*

The *subjunctive* is a verb form which occurs frequently in French. Usually it is found in clauses introduced by **que.**

For all regular and most irregular verbs, the subjunctive is formed as follows:

	STEM	+	ENDING
je tu il/elle/on ils/elles	**ils** stem of present	+	**-e** **-es** **-e** **-ent**
nous vous	**nous** stem of present	+	**-ions** **-iez**

Here is the form chart for the subjunctive of four verbs:

Type of verb	REGULAR -er		REGULAR -ir	REGULAR -re	IRREGULAR
Infinitive		**demander**	**finir**	**répondre**	**venir**
Present	nous ils	**demand**ons **demand**ent	**finiss**ons **finiss**ent	**répond**ons **répond**ent	**ven**ons **vienn**ent
Subjunctive	que je que tu qu'il/elle/on	**demande** **demandes** **demande**	**finisse** **finisses** **finisse**	**réponde** **répondes** **réponde**	**vienne** **viennes** **vienne**
	que nous que vous qu'ils/elles	**demandions** **demandiez** **demand**ent	**finissions** **finissiez** **finiss**ent	**répondions** **répondiez** **répond**ent	**venions** **veniez** **vienn**ent

➩ Note that for most regular verbs (**-er**, **-ir**, and **-re**), the **ils** and the **nous** stems of the present are the same. Therefore, these verbs have the same subjunctive stem for all forms.

➪ Verbs like **acheter, préférer, appeler, payer,** which have a spelling change in the present, have the same spelling change in the subjunctive.

que j'**achèt**e	que nous **achet**ions
que je **préfèr**e	que nous **préfér**ions
que j'**appell**e	que nous **appel**ions
que je **pai**e	que nous **pay**ions

➪ Irregular verbs which have different **ils** and **nous** stems in the present have two stems in the subjunctive.

(boire)	que je **boive**	que nous **buv**ions
(prendre)	que je **prenne**	que nous **pren**ions

➪ For all verbs, regular as well as irregular, the **je, tu,** and **ils** forms of the subjunctive are pronounced the same.

ACTIVITÉ 1 Un professeur exigeant *(A demanding teacher)*

Imaginez que vous êtes professeur d'anglais dans une école française. Vos élèves doivent faire les choses suivantes. Exprimez cela, d'après le modèle.

➪ réussir à l'examen **Je veux qu'ils réussissent à l'examen.**

1. parler anglais en classe
2. arriver à l'heure
3. étudier le week-end
4. préparer l'examen
5. finir la leçon
6. obéir
7. choisir des livres intéressants
8. répondre à mes questions
9. attendre la fin de la classe

ACTIVITÉ 2 Non!

Les personnes suivantes ne veulent pas que leurs amis fassent *(do)* certaines choses. Exprimez cela, d'après le modèle. Utilisez le subjonctif.

➪ Annie / prendre ses disques **Annie ne veut pas que ses amis prennent ses disques.**

1. Philippe / prendre sa moto
2. Thomas / conduire sa voiture
3. Thérèse / lire son journal *(diary)*
4. Monique / mettre la télé
5. Henri / dire des mensonges
6. Jacques / sortir avec sa petite amie
7. Nicole / se mettre en colère
8. Albert / venir chez lui ce soir
9. Christine / boire du café

ACTIVITÉ 3 **La surprise-partie de Mireille.**

Mireille organise une surprise-partie chez elle. Elle demande à ses amis de l'aider. Jouez le rôle de Mireille, d'après le modèle.

⇨ Isabelle / décorer le salon **Je veux qu'Isabelle décore le salon.**

1. Paul / inviter ses cousines
2. Charles / couper le pain
3. Antoine / préparer les sandwichs
4. Thérèse / acheter du Coca-Cola
5. Sylvie / acheter de la limonade
6. Jacqueline / apporter sa guitare
7. Henri / choisir les disques
8. Albert / mettre de la musique
9. Thomas / prendre des photos
10. Roger / venir avec ses amis

ACTIVITÉ 4 **Chez le médecin**

Imaginez que vous êtes médecin en France. Dites à vos patients de faire ou de ne pas faire les choses suivantes. Commencez vos phrases par **Je veux** ou **Je ne veux pas.** Utilisez la forme **vous** du subjonctif.

⇨ manger beaucoup? **Je veux que vous mangiez beaucoup.** **(Je ne veux pas que vous mangiez beaucoup.)**

1. manger des frites?
2. manger des fruits?
3. grossir?
4. maigrir?
5. perdre dix kilos?
6. nager?
7. boire de la bière?
8. boire du jus d'orange?
9. se promener?
10. s'impatienter?
11. se reposer?
12. se mettre en colère?

FRANCE
A vous de choisir: Le Tabac ou la Santé
POSTES 1980
1,30

ACTIVITÉ 5 Non!

Olivier pense que ses amis ne doivent pas faire les choses suivantes. Jouez le rôle d'Olivier, d'après le modèle.

⇨ Tu prends ma raquette. **Je ne veux pas que tu prennes ma raquette.**

1. Marc prend mes disques.
2. Vous buvez mon Coca-Cola.
3. Tu écoutes mes disques.
4. Charles casse mon électrophone.
5. Vous regardez mes photos.
6. Tu te reposes sur mon lit.
7. Vous prenez mes magazines.
8. Paul sort avec Mireille.

B. L'usage du subjonctif après les expressions de volonté *(will)*

Note the use of the subjunctive in the sentences below.

J'aimerais **que vous** me **téléphoniez.**	*I would like **you to call** me.*
Marc veut **que je sorte** avec lui.	*Marc wants **me to go out** with him.*
Mon père ne veut pas **que je conduise.**	*My father does not want **me to drive.***

In French the subjunctive is used after verbs expressing *wish, will,* or *desire.*

⇨ Note that the wish must concern someone or something *other than the subject.* When the wish concerns the subject, the infinitive is used. Contrast:

the wish concerns the subject:	the wish concerns someone else:
INFINITIVE	SUBJUNCTIVE
Je veux **sortir.**	**Je** veux que **tu sortes** avec moi.
Mon père désire **maigrir.**	**Mon père** désire que **je maigrisse.**

Vocabulaire spécialisé — Expressions de volonté

désirer	*to wish, want*	**Désirez**-vous que je prenne des photos?
préférer	*to prefer*	Je **préfère** que vous ne téléphoniez pas ce soir.
vouloir	*to want, wish*	Je **veux** que vous veniez chez moi.
vouloir bien	*to accept, agree*	Monsieur Roussel **veut bien** qu'Olivier sorte.
je voudrais / **j'aimerais**	*I would like*	Je **voudrais** que tu me comprennes. / J'**aimerais** que tu me cherches chez moi à midi.

ACTIVITÉ 6 C'est évident!

Exprimez les souhaits *(wishes)* des personnes de la colonne A en utilisant les éléments des colonnes B, C et D et, si vous voulez, une expression de votre choix. Combien de phrases logiques pouvez-vous faire en dix minutes?

A	B	C	D
je	vouloir	je	voyager
nous	vouloir bien	tu	rester à la maison
Olivier	désirer	mes/nos/ses amis	sortir
mes parents	préférer	les élèves	prendre la voiture
le professeur		vous	se tenir tranquille(s)
le médecin			boire du champagne
			dormir
			étudier
			partir en vacances
			retenir des billets

⇨ **Le médecin veut que tu dormes beaucoup.**

⇨ **Le professeur ne veut pas que vous dormiez en classe.**

ACTIVITÉ 7 Pas d'accord

Olivier veut faire certaines choses mais son père, qui est de mauvaise humeur, n'est pas d'accord. Jouez le rôle d'Olivier et de Monsieur Roussel d'après le modèle.

➪ sortir ce soir — Olivier: **Je voudrais sortir ce soir.**
M. Roussel: **Eh bien, moi, je ne veux pas que tu sortes ce soir.**

1. organiser une surprise-partie
2. inviter mes amis
3. partir en vacances
4. acheter une moto
5. apprendre le karaté
6. prendre la voiture ce soir
7. conduire très vite
8. rentrer à deux heures du matin

ACTIVITÉ 8 Week-end

Proposez à vos camarades de faire les choses suivantes ce week-end. Ils vont accepter ou refuser. Suivez le modèle.

➪ jouer au tennis? — **—Veux-tu que nous jouions au tennis?**
—D'accord, je veux bien jouer au tennis.
(Non, je ne veux pas jouer au tennis.)

1. jouer au volley?
2. visiter un musée?
3. dîner au restaurant?
4. rendre visite au professeur?
5. sortir avec des amis?
6. acheter des disques?

À votre tour **Souhaits *(Wishes)* et désirs**

Exprimez le désir que les personnes suivantes fassent *(do)* certaines choses pour vous. Commencez vos phrases par des expressions comme:

Je (ne) veux (pas) que . . . / Je (ne) désire (pas) que . . . / Je (ne) voudrais (pas) que . . . / J'aimerais que . . .

mon meilleur ami
ma meilleure amie
mes parents
le professeur

➪ Je désire que mes parents m'achètent une guitare pour mon anniversaire.
J'aimerais que le professeur nous donne un examen facile.

UNITÉ 7

Leçon 3 Catastrophe!

Scène 1.

La soirée commence bien . . .
Olivier est allé chercher Mireille et Mireille a été très impressionnée par la voiture d'Olivier. Le concert a commencé à huit heures et demie. L'orchestre est excellent. Mireille est très contente et Olivier est très heureux et très fier d'être avec elle.

Soudain, Olivier pense à quelque chose. «Zut, j'ai oublié d'*éteindre* les *phares* de la voiture! Bon, ça ne fait rien. Je vais aller les éteindre pendant l'entracte.»

to turn off
headlights

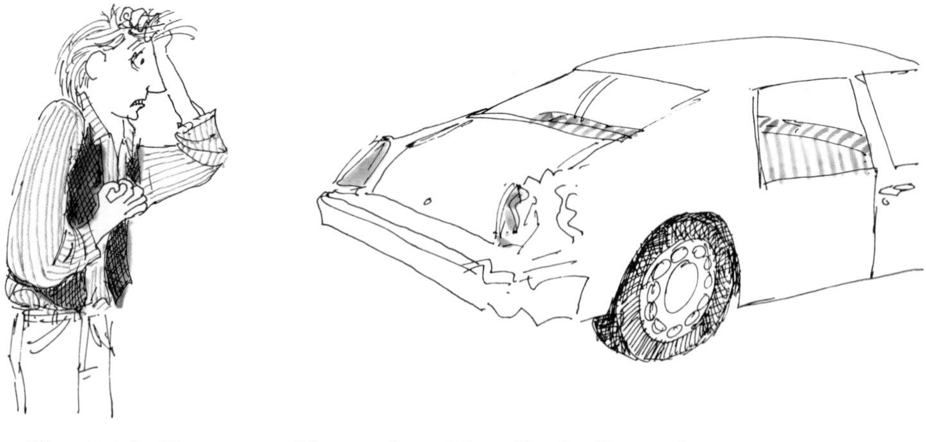

Scène 2.

Il est dix heures, l'heure de l'entracte. Olivier dit à Mireille de l'attendre cinq minutes et il va au parking où il a laissé la voiture. Là, il a une très, très mauvaise surprise! Olivier remarque en effet que le *feu arrière* de la voiture de son père est complètement *défoncé*.

«Zut alors! Pendant que j'étais avec Mireille, quelqu'un *est rentré dans* la voiture de Papa! *Mon Dieu*, quelle catastrophe! Qu'est-ce que je vais faire? Il faut que je trouve quelqu'un pour changer le feu arrière! Oui, mais qui va réparer la voiture maintenant? À cette heure, tous les garages sont fermés . . . Il faut absolument que je trouve une solution! Il faut absolument que cette voiture soit réparée avant demain, sinon . . .»

taillight
bashed in
bumped into
My goodness

Scène 3.

Olivier pense à son cousin Jean-Jacques. Jean-Jacques est mécanicien. Il a peut-être les pièces nécessaires. Olivier va lui téléphoner. Une voix endormie répond.

JEAN-JACQUES: Allô . . .
OLIVIER: Jean-Jacques? Il faut que tu m'aides.
JEAN-JACQUES: Ah, c'est toi, Olivier. Qu'est-ce qui se passe?
OLIVIER: Un accident!
JEAN-JACQUES: Grave?
OLIVIER: Je ne sais pas. Quelqu'un est rentré dans la voiture de Papa.
JEAN-JACQUES: Et c'est pour ça que tu me réveilles? *Dis donc*, tu peux bien attendre à lundi. *Hey*
OLIVIER: Non, non! Il faut que je passe chez toi immédiatement.
JEAN-JACQUES: Dis! Tu sais l'heure qu'il est?
OLIVIER: Écoute, c'est très sérieux.

Olivier a expliqué toute la situation: le refus de son père, sa désobéissance, le concert, l'accident.

JEAN-JACQUES: Bon, bon! J'ai compris! Si tu veux que je répare ta voiture avant une heure du matin, il faut que tu viennes tout de suite!
OLIVIER: Merci, Jean-Jacques! Tu es un vrai copain!

Vocabulaire pratique

NOMS:	**un copain**	*pal, friend*	**une copine**	*pal, friend*
	un entracte	*intermission*	**la désobéissance**	*disobedience, failure to obey*
	un orchestre	*band; orchestra*		
	un refus	*refusal*	**une pièce**	*part*
			une voix	*voice*
ADJECTIFS:	**endormi**	*sleepy, asleep*		
	fier (fière)	*proud*		
EXPRESSIONS:	**sinon**	*otherwise; if not, or else*		
	soudain	*all of a sudden*		

MOTS APPARENTÉS

Over the past hundred years, French has borrowed quite a number of English words. Often these expressions are shortened in French.

un parking	*parking lot*
un living	*living room*
un golf	*golf course*

Structure

A. Le concept du subjonctif

Tenses and moods

In a sentence, the *verb* tells what the action is. A verb form is characterized by its ***tense*** and its ***mood.***

➪ The ***tense*** indicates *the time of the action.*
The *present,* the **passé composé,** the *imperfect,* and the ***future*** are different ***tenses.***

➪ The ***mood*** reflects *the attitude of the speaker* toward the action.
The *indicative* and the *subjunctive* are different ***moods.***

Indicative vs. subjunctive

In English, the subjunctive, although rare, is still occasionally used. Compare the verbs in the following sentences:

INDICATIVE	SUBJUNCTIVE
You are often not on time.	It is important (that) **you be** on time tonight.
I was late again.	I wish (that) **I were** not so disorganized.
Olivier usually **takes** the car.	Today his father insists (that) **he take** the bus.

In French the subjunctive occurs quite frequently. Therefore, it is very important to know when to use it. Compare the uses of the indicative and the subjunctive in the following sentences:

PRESENT INDICATIVE	PRESENT SUBJUNCTIVE
Vous parlez français.	Je veux que **vous parliez** italien.
Je sais que **vous parlez** français.	Je préfère que **vous parliez** italien.
Je vois que **vous parlez** français.	Il est important que **vous parliez** italien.

Indicative

The *indicative* mood is the most frequently used mood in both French and English. It is used *to state facts* (**Vous parlez français**) or *to express knowledge of facts* (**Je sais que vous parlez français**).

Subjunctive

In French the *subjunctive* is used *to express wishes* (**Je veux que vous parliez italien**) and *attitudes about an idea or a fact* (**Il est important que vous parliez italien**).

Note that both indicative and subjunctive may be used in clauses introduced by **que.** The choice between the indicative and the subjunctive depends on the verb or expression which comes *before* **que.** In the last lesson you learned that the subjunctive is used after expressions of *wish* and *desire.* In this lesson and the following ones you will encounter other uses of the subjunctive.

ACTIVITÉ 1 Jamais content!

Pierre n'est jamais content de ce que font ses amis. Il préfère qu'ils fassent *(do)* autre chose *(something else)*. Exprimez cela, d'après le modèle.

⇨ Vous organisez un pique-nique. (une surprise-partie)
Pierre préfère que vous organisiez une surprise-partie.

1. Nous sortons ce soir. (demain)
2. Sa sœur sort avec Henri. (avec Paul)
3. Je conduis bien. (vite)
4. Tu viens à six heures. (à sept heures)
5. Vous achetez un livre. (un disque)
6. Nous l'invitons au restaurant. (au cinéma)

B. Le subjonctif d'*être* et d'*avoir*

Note the irregular subjunctive forms of **être** and **avoir.**

être				avoir			
que je	**sois**	que nous	**soyons**	que j'	**aie**	que nous	**ayons**
que tu	**sois**	que vous	**soyez**	que tu	**aies**	que vous	**ayez**
qu'il/elle/on	**soit**	qu'ils/elles	**soient**	qu'il/elle/on	**ait**	qu'ils/elles	**aient**

⇨ The imperative forms of **être** and **avoir** are derived from the subjunctive.

Sois patient! ***Be patient!***
Ayez du courage! ***Have courage!***

ACTIVITÉ 2 Souhaits *(Wishes)*

Faites des souhaits pour les personnes suivantes. Commencez vos phrases par **Je veux que** ou **Je ne veux pas que** et utilisez le subjonctif d'**être.**

⇨ mon professeur / très strict
Je veux que mon professeur soit très strict.
(Je ne veux pas que mon professeur soit très strict.)

1. mes amis / pessimistes
2. mes parents / généreux
3. mon meilleur ami / sincère
4. toi / malade
5. nous / millionnaires
6. vous / tristes
7. le professeur / de mauvaise humeur
8. vous / de bonne humeur
9. Mireille / heureuse

ACTIVITÉ 3 D'autres souhaits

Exprimez les souhaits des personnes suivantes en utilisant les mots entre parenthèses et le subjonctif d'**avoir.**

⇨ Olivier (Mireille / plus de patience) **Olivier veut que Mireille ait plus de patience.**

1. le professeur (les élèves / des bonnes notes [*grades*])
2. je (vous / de la chance)
3. mes parents (je / de l'ambition)
4. je (tu / de l'argent)
5. les élèves (le professeur / de la patience)
6. le professeur (nous / nos livres)

C. L'usage du subjonctif après *il faut que*

Note the use of the subjunctive after **il faut que** in the sentences below.

Il faut que je **conduise** bien.	*I have to (must)* ***drive*** *well.*
Il faut que vous **soyez** patients.	*You must (have to)* ***be*** *patient.*
Il faut qu'Olivier **téléphone** à son cousin.	*Olivier needs to (must)* ***phone*** *his cousin.*

To state that a specific person or thing must do something, the French often use the construction:

il faut que + subjunctive

➪ The negative construction (**il ne faut pas que** + *subjunctive*) is used to forbid someone to do something.

Il ne faut pas que tu partes. *You* ***must not*** *leave.*

➪ Note that the construction **il faut** + *infinitive* is used to express a more general obligation. Compare:

Il faut que tu sois prudent.	***You*** (personally) ***have to be careful.***
Il faut être prudent.	***One*** (generally) ***has to be careful.***

ACTIVITÉ 4 Une leçon de conduite *(A driving lesson)*

Imaginez que vous donnez une leçon de conduite à Mireille. Dites si oui ou non elle doit faire les choses suivantes.

➪ être impatiente? **Il ne faut pas que tu sois impatiente.**

1. être patiente?
2. avoir des bons réflexes?
3. conduire à droite?
4. conduire trop vite?
5. prendre des risques?
6. avoir peur?
7. obéir à la police?
8. insulter les automobilistes *(drivers)*?

ACTIVITÉ 5 Bons conseils

Lisez ce que les personnes suivantes veulent faire. Dites si oui ou non elles doivent faire les choses entre parenthèses.

➪ Paul veut aller en France. (apprendre le français?)
Il faut qu'il apprenne le français.

1. Thérèse veut maigrir. (manger de la salade? boire du Coca-Cola?)
2. François veut grossir. (manger de la glace? boire du thé?)
3. Catherine veut aller à l'université. (quitter l'école? obtenir son diplôme?)
4. Vous voulez avoir beaucoup d'amis. (être généreux? être pénibles?)
5. Nous voulons aller au Mexique. (avoir un passeport? parler espagnol?)
6. Tu veux acheter une auto. (avoir de l'argent? avoir 18 ans?)
7. Je veux être millionnaire. (gagner à la loterie? avoir de la chance?)
8. Charles veut être heureux. (avoir une petite amie? être pessimiste?)

ACTIVITÉ 6 Petite conversation

Demandez à vos camarades s'ils doivent faire les choses suivantes à la maison.

➪ étudier —**Est-ce qu'il faut que tu étudies?**
—**Oui, il faut que j'étudie.**
(Non, il ne faut pas que j'étudie.)

1. obéir
2. travailler
3. aider ton père
4. te coucher tôt
5. mettre de l'ordre dans ta chambre
6. laver la voiture
7. finir tes devoirs
8. sortir les ordures *(take out the garbage)*

D. L'usage du subjonctif après certaines expressions impersonnelles

Note the use of the subjunctive in the following sentences:

Il est important **que tu sois** à l'heure.	*It is important **that you be** on time.*
Il est naturel **que nous ayons** des vacances.	*It is natural **that we have** vacation.*
Il est bon **que nous parlions** français.	*It is good **that we speak** French.*
Il est dommage **que tu partes.**	*It is too bad **that you are leaving.***

The French use the subjunctive after impersonal expressions of opinion when they are referring to someone or something specific.

➪ When an impersonal expression is used in a general sense, it is followed by **de** + *infinitive.* Compare:

Il est utile que tu parles français.	***It is useful that you*** (specifically) ***speak** French.*
Il est utile de parler français.	***It is useful*** (in general) ***to speak** French.*

Vocabulaire spécialisé Quelques expressions impersonnelles

il est absurde . . .	*it is absurd (crazy) . . .*
il est bon . . .	*it is good . . .*
il est indispensable . . .	*it is essential, indispensable . . .*
il est naturel . . .	*it is natural . . .*
il est nécessaire . . .	*it is necessary . . .*
il est normal . . .	*it is normal . . .*
il est utile . . .	*it is useful . . .*
il est dommage . . .	*it is too bad . . .*
il vaut mieux . . .	*it is better . . .*
il vaudrait mieux . . .	*it would be better . . .*

proverbe:

Mieux vaut tard que jamais.

"Better late than never."

Note: When the expressions **il vaut mieux** and **il vaudrait mieux** are used in a general sense, they are followed directly by an infinitive.

Il vaut mieux **partir** tout de suite. *It is better **to leave** right away.*

ACTIVITÉ 7 Commentaires personnels

Lisez ce que font les personnes suivantes. Exprimez votre opinion en utilisant le mot entre parenthèses dans des phrases affirmatives ou négatives.

⇨ Vous apprenez le français. (utile?)
Il est utile que vous appreniez le français.
(Il n'est pas utile que vous appreniez le français.)

1. Vous grossissez. (bon?)
2. Paul maigrit. (bon?)
3. Vous pensez à l'avenir. (important?)
4. Les élèves étudient le week-end. (nécessaire?)
5. Le professeur est malade. (dommage?)
6. Olivier conduit trop vite. (absurde?)
7. Mes parents sont généreux. (naturel?)
8. Les journalistes disent la vérité. (indispensable?)
9. Le président est honnête. (important?)
10. J'ai de l'argent. (indispensable?)

ACTIVITÉ 8 Qualifications professionnelles

Choisissez une profession (colonne B) pour chaque personne de la colonne A. Exprimez une opinion sur les qualifications professionnelles correspondantes en utilisant les éléments des colonnes C et D. Soyez logiques!

A	B	C	D
je	acteur/actrice	utile	être honnête
tu	journaliste	important	dire la vérité
Olivier	mécanicien(ne)	nécessaire	écrire bien
nous	professeur	indispensable	parler français
vous	vendeur/ vendeuse		avoir le sens des relations publiques
mes cousins	médecin		avoir une bonne prononciation
	photographe		être patient(e)
			suivre des cours de mécanique
			avoir du talent
			être habile *(skillful)*

⇨ **Olivier veut être acteur. Il est indispensable qu'il ait du talent.**

⇨ **Je veux être photographe. Il n'est pas indispensable que je parle français.**

ACTIVITÉ 9 Bons conseils

Dans certaines situations il vaut mieux faire certaines choses. Donnez des conseils aux personnes suivantes en commençant vos phrases par **Il vaut mieux que tu . . .** Utilisez votre imagination!

⇨ Olivier: «Il pleut et je dois chercher Mireille.»
Il vaut mieux que tu prennes la voiture.
(Il vaut mieux que tu appelles un taxi.)

1. Charlotte: «J'ai un examen demain.»
2. Michèle: «Je veux perdre cinq kilos.»
3. Philippe: «J'ai un rendez-vous en ville dans dix minutes.»
4. Georges: «C'est l'anniversaire de Maman demain.»
5. Isabelle: «Oh là là, j'ai mal à la tête.»
6. Thomas: «Zut, j'ai cassé l'électrophone de ma sœur.»
7. Henri: «Je suis invité à un bal, mais je ne sais pas danser.»
8. Claire: «J'ai envie d'acheter cette robe, mais je n'ai pas assez d'argent.»

À votre tour **Opinions personnelles**

Exprimez des opinions sur *(about)* vous-même ou sur d'autres personnes. Pour cela complétez les phrases suivantes.

⇨ Il est nécessaire que . . .
Il est nécessaire que j'aie de l'argent (que mes parents me comprennent, que les professeurs nous donnent moins de travail, etc.).

Il est bon que . . .
Il est important que . . .
Il est indispensable que . . .
Il est dangereux que . . .
Il est absurde que . . .
Il est ridicule que . . .
Il est dommage que . . .
Il vaudrait mieux que . . .

UNITÉ 7

Leçon 4 Tout s'arrange!

Tout s'arrange *Everything gets settled*

Scène 1. Une dispute

dispute *quarrel*

Maintenant Olivier est rassuré, mais il est aussi inquiet. Il faut qu'il *aille* chez Jean-Jacques immédiatement! Est-ce que Mireille comprendra la situation? Olivier retourne au concert . . . C'est la fin de l'entracte.

subjunctive of **aller**

MIREILLE: Dis, Olivier. Où étais-tu? Je commençais à m'impatienter . . .
OLIVIER: Excuse-moi . . . Euh . . . Il faut que je te raccompagne chez toi . . .
MIREILLE: Mais le concert n'est pas fini.
OLIVIER: Il faut absolument que je rentre.
MIREILLE: Tu es malade?
OLIVIER: Euh, non . . . Il faut que j'aille chez mon cousin qui est *garagiste.*

mechanic

MIREILLE: Comment? Il faut que tu ailles chez le garagiste à dix heures du soir? Si tu n'es pas malade, tu es fou!
OLIVIER: Je suis vraiment désolé que tu ne comprennes pas, mais il faut que je parte . . .
MIREILLE: Eh bien, moi, je suis furieuse que tu me *traites de* cette façon! Veux-tu que je te dise quelque chose? Tu es un vrai mufle! Et la prochaine fois, il est inutile que tu m'invites. Après tout, j'ai d'autres copains . . .

treat . . . in

Scène 2. Chez Jean-Jacques

Il est onze heures . . .
Olivier a raccompagné Mireille chez elle. Il arrive chez son cousin. Jean-Jacques examine la voiture.

OLIVIER: Alors?
JEAN-JACQUES: Quand tu m'as téléphoné, j'ai eu peur que ton accident soit plus grave que ça.

OLIVIER: Ce n'est pas trop sérieux?

JEAN-JACQUES: Non! *Il va falloir que je répare* le pare-chocs et que je change le feu arrière. Tu as de la chance que j'aie les *pièces de rechange.*

I will have to repair

spare parts

Jean-Jacques est un excellent mécanicien. À minuit, il a fini la réparation. Olivier est très content que son cousin soit si habile . . . Il remercie Jean-Jacques et rentre chez lui . . .

NOTE CULTURELLE

Les voitures françaises Savez-vous que ce sont des ingénieurs français qui ont construit les premiers véhicules automobiles? Aujourd'hui, l'industrie automobile française est la quatrième du monde après le Japon, les États-Unis et l'Allemagne. Il y a deux grands constructeurs° de voitures, Renault et Peugeot-Citroën. Chaque constructeur a plusieurs modèles, identifiés généralement par des lettres ou un nombre.

Voici les principales marques de voitures françaises:

Renault	5 9 11 21 25 Alpine
Peugeot	104Z 205 305 309 505
Citroën	2 Chevaux Spécial Visa BX BX Sport CX25

constructeurs *manufacturers*

NOUVEAUTÉS
PEUGEOT Bonnes notes
367 GBG 75
309 CHORUS Peugeot propose une série limitée à 3 500 exemplaires pour la France (plus 2 000 dans le reste de l'Europe) d'une version 55 ch de la 309 cinq portes dénommée Chorus. Pour un prix d'accroche de 59 900 F, la 309 Chorus se veut économique (6,3 l/100 km en moyenne) et bien équipée (sièges en tissu bleu, appuie-tête, lunette arrière chauffante). Un autoradio K7 et deux haut-parleurs justifient son nom.

Vocabulaire pratique

NOMS:	**une façon**	*manner, way*	
	une réparation	*repair*	
ADJECTIFS:	**désolé**	*very sorry*	
	fini	*over, finished*	
	habile	*skillful*	
VERBES:	**raccompagner**	*to take back (home)*	J'ai **raccompagné** Mireille chez elle.
	retourner	*to return, go back*	Ensuite, je **suis retourné** au concert.

Note: The **passé composé** of **retourner** is conjugated with **être.**

Vocabulaire spécialisé **La voiture**

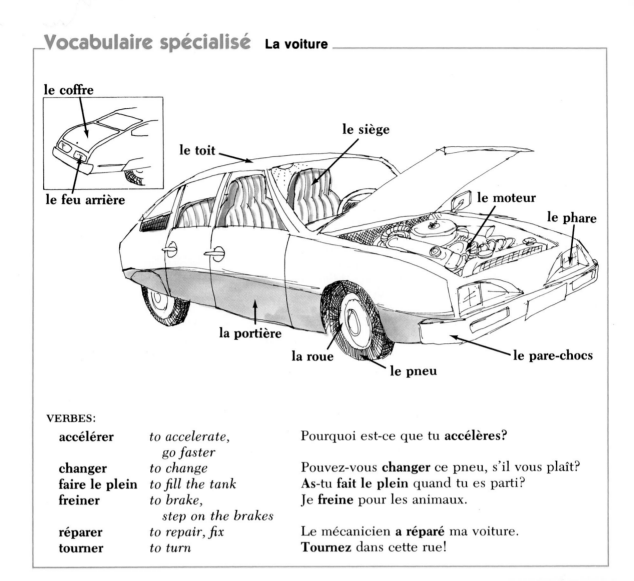

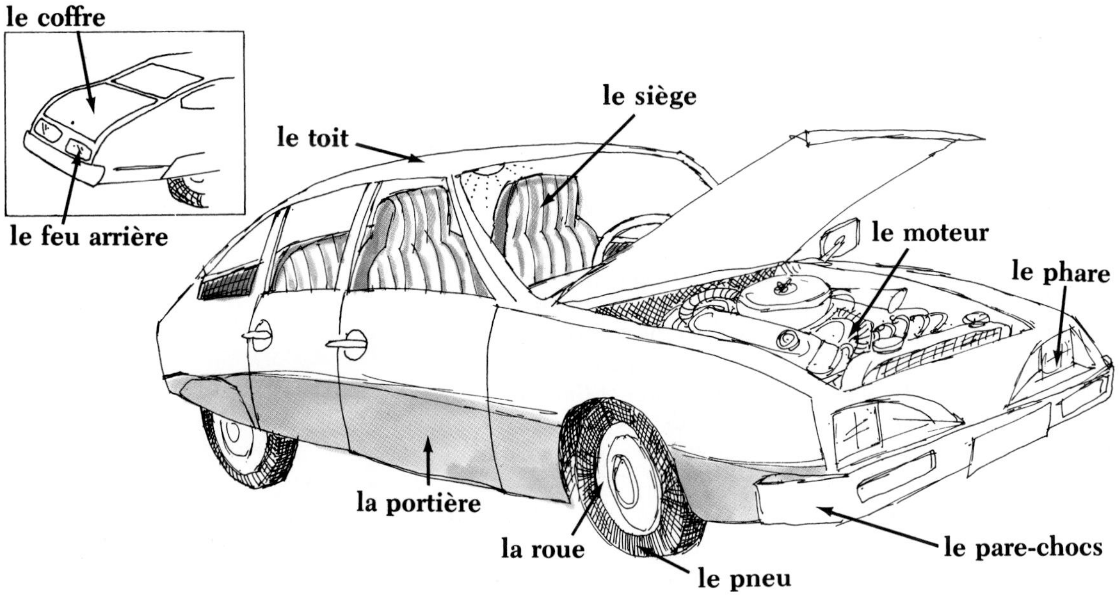

VERBES:

accélérer	*to accelerate, go faster*	Pourquoi est-ce que tu **accélères?**
changer	*to change*	Pouvez-vous **changer** ce pneu, s'il vous plaît?
faire le plein	*to fill the tank*	As-tu **fait le plein** quand tu es parti?
freiner	*to brake, step on the brakes*	Je **freine** pour les animaux.
réparer	*to repair, fix*	Le mécanicien **a réparé** ma voiture.
tourner	*to turn*	**Tournez** dans cette rue!

ACTIVITÉ 1 Questions personnelles

1. Est-ce que vos parents ont une voiture? De quelle couleur est-elle? Quelle est la marque (*make*) de cette voiture? Combien de portières est-ce qu'elle a? Est-ce que les sièges sont confortables? Est-ce que les pneus sont en bon état *(condition)*?
2. Êtes-vous bricoleur/bricoleuse *(mechanically inclined)*? Est-ce que vous réparez votre bicyclette? la radio? la télévision? Est-ce que vous changez les plombs *(fuses)* chez vous?
3. Savez-vous conduire? Quand est-ce qu'il faut freiner? Quand est-ce qu'il faut accélérer?

Renault 12
Version L et TL : moteur 1 289 cm3, 7 CV fiscaux, 60 ch SAE à 5 250 tr/mn, 145 km/h. Freins à disque à l'AV, à tambour à l'AR avec répartiteur de pression.

Structure

A. Subjonctifs irréguliers: *aller* et *faire*

Note the irregular subjunctive forms of **aller** and **faire.**

	aller		faire
que j'	**aille**	que je	**fasse**
que tu	**ailles**	que tu	**fasses**
qu'il/elle/on	**aille**	qu'il/elle/on	**fasse**
que nous	**allions**	que nous	**fassions**
que vous	**alliez**	que vous	**fassiez**
qu'ils/elles	**aillent**	qu'ils/elles	**fassent**

ACTIVITÉ 2 **Où?**

Lisez ce que les personnes suivantes veulent faire et dites où elles doivent aller. Utilisez la construction **il faut que** et le subjonctif d'**aller** avec l'expression qui convient.

à la mer / en Angleterre / à la bibliothèque / à la pharmacie / à la poste / à la station-service / à Paris / dans les Alpes / au supermarché

⇨ Olivier veut apprendre l'anglais. **Il faut qu'il aille en Angleterre.**

1. Je veux prendre de l'essence.
2. Vous voulez acheter de l'aspirine.
3. Mireille veut regarder un magazine.
4. Mes cousins veulent faire du ski.
5. Tu veux des timbres.
6. Ma mère veut acheter des fruits.
7. Nous voulons faire de la planche à voile.
8. Je veux voir la tour Eiffel.

ACTIVITÉ 3 **Vive le sport!**

Imaginez que vous êtes le directeur / la directrice d'un club sportif. Dites aux personnes suivantes quels sports elles doivent pratiquer. Utilisez la construction **il faut que** et le subjonctif de **faire.**

⇨ Olivier / du jogging **Il faut qu'Olivier fasse du jogging.**

1. Mireille / de la gymnastique
2. vous / du volley
3. toi / du ski
4. ces garçons / du basket
5. nous / du judo
6. ces filles / du karaté

B. Le subjonctif après les expressions d'émotion

In the sentences below, the subject expresses certain emotions about someone or something else. Note the use of the subjunctive after the expressions of emotion.

Mireille **est furieuse** qu'Olivier **parte.**	*Mireille* ***is angry*** *that Olivier* ***is leaving.***
Olivier **est triste** que Mireille **soit** furieuse.	*Olivier* ***is sad*** *that Mireille* ***is*** *angry.*
Je **suis content** que vous **veniez** chez moi.	*I* ***am happy*** *that you* ***are coming*** *to my house.*

To express feelings about someone else's actions, the French use the following construction:

expression of emotion + **que** + subjunctive

⇨ When the emotion concerns the actions of the subject, the following construction is used:

expression of emotion + **de** + infinitive

Compare:

Je suis **triste de partir.**	*I am* ***sad to leave (that I am leaving).***
Je suis **triste que vous partiez.**	*I am* ***sad that you are leaving.***

Vocabulaire spécialisé **Quelques expressions d'émotion**

être content	*to be glad*	Olivier **est content** que son cousin l'aide.
être heureux (heureuse)	*to be happy*	Il **est heureux** que sa voiture soit réparée.
être ravi	*to be delighted*	Je **suis ravi** que tu me téléphones.
être fier (fière)	*to be proud*	M. Moreau **est fier** que sa fille soit médecin.

CODOFINE
SOYONS FIERS
DE PARLER
FRANÇAIS
CODOFINE

être triste	*to be sad*	Nous **sommes tristes** que tu sois malade.
être désolé	*to be sorry*	Je **suis désolé** que vous partiez.
être furieux (furieuse)	*to be angry (mad, upset)*	Marc **est furieux** que Louise ne lui parle pas.
être surpris	*to be surprised*	**Êtes**-vous **surpris** qu'il neige aujourd'hui?
être étonné	*to be astonished*	Je **suis étonné** que Paul ne soit pas en classe.
avoir peur	*to be afraid*	J'**ai peur** que mes amis aient un accident.

ACTIVITÉ 4 Expression personnelle: content ou triste?

Est-ce que les choses suivantes sont vraies ou non? Exprimez vos sentiments suivant le cas *(accordingly)* en commençant vos phrases par **Je suis content(e)** ou **Je suis triste.**

⇨ Le professeur est gentil? **Je suis content(e) que le professeur soit gentil.**
Je suis triste que le professeur ne soit pas gentil.

1. Le professeur est très strict?
2. Il donne des examens difficiles?
3. Mes parents sont généreux?
4. Ils me comprennent?
5. Nous faisons beaucoup de sport à l'école?
6. Nous nous amusons beaucoup?
7. Mes amis sont sympathiques?
8. Mes amis vont en France cet été?

ACTIVITÉ 5 Sentiments

Décrivez les sentiments des personnes de la colonne A en fonction des éléments des colonnes B, C et D. Combien de phrases logiques pouvez-vous faire en cinq minutes?

A	B	C	D
je	être content	(le) meilleur ami	être malade
tu	être désolé	(la) meilleure amie	aller en vacances
Marc	être ravi	(le) frère	sortir avec d'autres garçons/filles
Sylvie	être fier	(la) sœur	avoir une belle voiture
Paul et Mireille	être furieux	(les) cousins	gagner beaucoup d'argent
	être surpris	vous	faire des choses stupides
	être étonné		dire des mensonges
	avoir peur		avoir un accident
			tenir (ses) promesses
			être champion/championne de tennis

⇨ **Sylvie est fière que sa sœur soit championne de tennis.**

À votre tour **Réactions**

Exprimez vos réactions devant les situations suivantes. Pour chaque situation, faites une phrase commençant par une expression d'émotion.

⇨ Vous avez un accident avec la voiture de votre père.
J'ai peur que mon père soit furieux.
Je suis triste que mon père ne me prête plus sa voiture, etc.

Votre cousin gagne cent dollars dans un concours.
Vos grands-parents viendront chez vous demain.
Vos parents partent ce week-end sans vous.
Votre meilleur(e) ami(e) ne vient pas au rendez-vous que vous lui avez donné.
Votre cousine va se marier.
Votre frère a cassé votre bicyclette.

UNITÉ 7

Leçon 5 Sauvé? Pas tout à fait!

Sauvé? Pas tout à fait! *Saved? Not quite!*

Scène 1.

Olivier est rentré chez lui à minuit et demi. Ses parents sont rentrés *bien* plus tard, vers une heure et demie. Ils n'ont rien remarqué . . . Olivier s'est couché immédiatement après son retour, mais il n'a pas pu dormir. Il pense aux événements de la soirée.

bien = **beaucoup**

«Quelle soirée! Elle *avait* si bien *commencé.* Et puis, il y a eu cet imbécile, ce fou qui est rentré dans la voiture de Papa et a cassé le feu arrière! *Heureusement* que Jean-Jacques était chez lui! Est-ce que Papa s'apercevra de la réparation? Non! Jean-Jacques est un excellent mécanicien et Papa est un peu *myope.* Je *doute* qu'il s'aperçoive de quelque chose . . . Sinon, ce serait un *drame* à la maison!

«Et Mireille? Elle était vraiment furieuse! Je ne crois pas que je *puisse* sortir *encore* avec elle. Bah, tant pis pour Mireille . . . L'essentiel, c'est que la voiture soit réparée. Je suis sauvé, sauvé . . .»

had begun
It was fortunate
nearsighted; doubt
scene
subjunctive of **pouvoir**
again

Scène 2.

Dimanche matin, Olivier s'est levé assez tard. Il a rencontré sa mère dans la cuisine. Madame Roussel est *en train de préparer* le déjeuner.

in the midst of preparing

MME ROUSSEL: Tu sais, Olivier, il ne faut pas que tu sois fâché contre ton père parce qu'il a refusé de te prêter sa voiture hier. Moi aussi, j'ai été surprise de sa mauvaise humeur. Il faut que je t'explique *ce qui* s'est passé. Voilà: hier après-midi, *comme d'habitude,* ton père avait laissé sa voiture *en stationnement* devant son bureau. Quand il a voulu la reprendre, il s'est aperçu qu'un imbécile *lui était rentré dedans.* Évidemment le type qui a fait cela est parti *sans laisser*

what; as usual
parked
had run into him
without leaving

de trace. Il *paraît* que le pare-chocs et le feu arrière sont *endommagés!* Quand Papa est rentré à la maison, il était absolument furieux. Il était si furieux qu'il n'a rien dit à personne. Enfin, il *s'est calmé,* et chez les Mallet il a tout raconté. *Tu t'imagines?* Une voiture *toute neuve!* Tu comprends maintenant pourquoi il n'a pas voulu te prêter la voiture hier soir!

seems
damaged
calmed down
Can you imagine?
brand-new

Épilogue

À cause de l'accident Olivier est dans une situation très embarrassante. Selon vous, qu'est-ce qu'il doit faire? — *Because of*

Il faut qu'il prenne un *marteau* et qu'il casse à nouveau le feu-arrière de la voiture. — *hammer*
Il faut qu'il propose à son père de réparer *lui-même* la voiture. — *himself*
Il faut qu'il dise la vérité.

Quelle est la meilleure solution? Avez-vous une autre solution à proposer à Olivier?

NOTE CULTURELLE

Les Français et la voiture Que représente la voiture pour vous? Est-ce uniquement° un moyen° de transport? Une voiture peut être aussi un passe-temps, un moyen d'évasion,° un objet de prestige . . . ou un embarras.° Pour beaucoup de jeunes, la voiture est un symbole d'indépendance.

Les Français sont des passionnés de la voiture.° Ils aiment conduire aggressivement et vite, même lorsque° la vitesse est limitée. En général, les Français s'occupent° de leur voiture et passent beaucoup de temps à son entretien.° Pour beaucoup de Français, la voiture est un peu l'extension de leur personnalité. Voilà pourquoi une voiture accidentée° représente plus qu'un problème matériel. Souvent c'est aussi une catastrophe personnelle.

uniquement *only* **moyen** *means* **évasion** *escape* **embarras** *problem* **passionnés de la voiture** *car buffs* **lorsque = quand** **s'occupent** *take care* **entretien** *maintenance* **accidentée** *damaged in an accident*

Vocabulaire pratique

NOM:	**un type**	*guy, fellow*	
ADJECTIF:	**fâché (contre)**	*angry, upset (with)*	
VERBE:	**laisser**	*to leave, let*	J'**ai laissé** mes disques chez toi.
EXPRESSIONS:	**à nouveau**	*again*	Zut! Il pleut **à nouveau!**
	tant pis!	*too bad!*	J'ai joué au tennis et j'ai perdu. **Tant pis!**

MOTS APPARENTÉS

French verbs in **-quer** often have English cognates in *-cate.*

-quer	↔	***-cate***
indi**quer**		*indicate*
expli**quer**		*explicate, explain*

Vocabulaire spécialisé Explications

NOMS:

une explication	*explanation*	
une raison	*reason*	

VERBES:

commencer (à)	*to begin (to)*	Il **a commencé à** pleuvoir.
continuer	*to continue*	Jean-Jacques **a continué** son travail.
être en train de	*to be in the midst of*	Il **était en train de** réparer la voiture.
expliquer	*to explain*	Je vais t'**expliquer** la situation.
s'exprimer	*to express oneself*	Je vais essayer de **m'exprimer** clairement.

EXPRESSIONS:

pour quelle raison?	*for what reason? why?*	**Pour quelle raison** êtes-vous rentrés?
à cause de	*because of*	C'est **à cause de** la pluie.
parce que	*because*	C'est **parce qu'**il pleuvait.

Notes: 1. The construction **être en train de** (+ infinitive) is used to indicate that an action is in progress. It has no real English equivalent.

Qu'est-ce que tu **es en train de faire**? *What are you doing (at this moment)?*
Je **suis en train d'écrire** à un ami. *I am (in the midst of) writing to a friend.*

2. Contrast the uses of **à cause de** and **parce que:**

à cause de (+ noun or pronoun) J'étudie **à cause de** l'examen.
parce que (+ clause) J'étudie **parce que** j'ai un examen.

ACTIVITÉ 1 Accidents

Expliquez pourquoi les personnes suivantes ont eu un accident. Utilisez **parce que** ou **à cause de**, suivant le cas *(accordingly)*.

⇨ Jacques / la visibilité était mauvaise
Jacques a eu un accident parce que la visibilité était mauvaise.

1. Isabelle / il faisait mauvais
2. Paul / la pluie
3. Jean / il n'avait pas ses lunettes
4. Henri / la neige
5. Claire / elle n'a pas vu le «stop»
6. Philippe / un automobiliste *(driver)* imprudent

ACTIVITÉ 2 Oui ou non?

Dites si oui ou non les personnes suivantes sont en train de faire les choses entre parenthèses en ce moment.

⇨ le professeur (parler?)
Oui, en ce moment le professeur est en train de parler.
(Non, en ce moment le professeur n'est pas en train de parler.)

1. les élèves (dormir?)
2. moi (étudier?)
3. ma mère (travailler?)
4. mon père (lire le journal?)
5. nous (faire du sport?)
6. mes amis (s'amuser?)

Structure

A. Le subjonctif après les expressions de doute

In the sentences on the left, the speaker considers some things as *certain*. In the sentences on the right, the speaker considers these things as *doubtful, untrue,* or *uncertain.* Compare the verbs in each pair of sentences.

CERTAINTY	DOUBT OR UNCERTAINTY
Je sais qu'Olivier **a** un problème.	Je doute qu'il **ait** un problème sérieux.
Je crois que tu **es** fatigué.	Je ne crois pas que tu **sois** malade.
Il est certain que nous **sortons** souvent.	Il n'est pas certain que nous **sortions** demain.

The *indicative* is used after *expressions of* ***certainty.***
The *subjunctive* is used after *expressions of* ***doubt*** *or* ***uncertainty.***

⇨ Some expressions of certainty may become expressions of doubt when used in the negative or interrogative. When this occurs, the subjunctive is often used.

(certainty) **Je crois qu'**Olivier **est** sympathique.
(doubt) **Je ne crois pas qu'**Olivier **soit** sympathique.
Crois-tu qu'Olivier **soit** sympathique?

ACTIVITÉ 3 Une querelle *(A quarrel)*

Olivier et Mireille ne sont pas d'accord. Olivier dit oui. Mireille dit non. Jouez le rôle d'Olivier et de Mireille, d'après le modèle.

⇨ Mon cousin est un bon mécanicien.
Olivier: **Je crois que mon cousin est un bon mécanicien.**
Mireille: **Eh bien, moi, je ne crois pas qu'il soit un bon mécanicien.**

1. Il est onze heures.
2. L'accident est sérieux.
3. L'orchestre est excellent.
4. Nous nous amusons.
5. Mes parents sont généreux.
6. Nous allons nous voir demain.

ACTIVITÉ 4 Expression personnelle

Donnez votre opinion sur les sujets suivants. Utilisez **je crois que** + indicatif ou **je ne crois pas que** + subjonctif.

⇨ Le français est facile. **Oui, je crois que le français est facile.**
(Non, je ne crois pas que le français soit facile.)

1. Le français est utile.
2. Le professeur est strict.
3. Les examens sont faciles.
4. Les filles sont plus intelligentes que les garçons.
5. Les garçons sont plus sportifs que les filles.
6. Les adultes sont plus idéalistes que les jeunes.
7. Les voitures américaines sont meilleures que les voitures japonaises.
8. Les voitures françaises sont très économiques.

Vocabulaire spécialisé **Quelques expressions de doute et de certitude**

CERTITUDE:		DOUTE:	
Je crois que . . . **Je sais que . . .** **Je pense que . . .** **Je suis sûr que . . .**	+ indicative	**Je ne crois pas que . . .** **Je doute que . . .** **Je ne pense pas que . . .** **Je ne suis pas sûr que . . .**	+ subjunctive
Il est vrai que . . . **Il est certain que . . .**	+ indicative	**Il n'est pas vrai que . . .** **Il n'est pas certain que . . .** **Il est possible que . . .** **Il est impossible que . . .**	+ subjunctive

Note: **Douter** *(to doubt)* is a regular verb.

ACTIVITÉ 5 Expression personnelle

Dites ce que vous pensez des choses suivantes. Utilisez des expressions du Vocabulaire spécialisé.

⇨ Les Américains sont généreux?
Je pense (Il est vrai . . .) que les Américains sont généreux.
Je ne pense pas (Je doute . . . , Il n'est pas certain . . .) que les Américains soient généreux.

1. Les voitures américaines sont économiques?
2. New York est une belle ville?
3. Il fait froid dehors?
4. Les gens sont plus heureux qu'autrefois?
5. Le vendredi 13 est un jour de chance?
6. Le professeur a des facultés extrasensorielles (ESP)?
7. Les chats noirs sont dangereux?
8. Il y a des hommes sur Mars?

ACTIVITÉ 6 Rumeurs

Demandez à un(e) camarade si les choses suivantes sont vraies.

⇨ Tu as une voiture? —**Est-il vrai que tu aies une voiture?**
—**Oui, j'ai une voiture.**
(Non, je n'ai pas de voiture.)

1. Tu as une guitare?
2. Tu es un(e) champion(ne) de ski?
3. Tu fais du judo?
4. Tu sors samedi?
5. Ton meilleur ami a une Peugeot?
6. Ta meilleure amie est française?
7. Ton père est pilote?
8. Tes parents sont canadiens?

B. L'usage du subjonctif: résumé

The *subjunctive* is used—

	REMARKS
(1) after an expression of *wish, will,* or *desire:* Je veux que vous **maigrissiez.**	The *infinitive* is used if the wish concerns the *subject* itself: Je veux **maigrir.**
(2) after **il faut** and many *impersonal expressions:* Il faut que vous **travailliez.** Il est utile que tu **parles** français.	The *infinitive* is used if the expression does not concern anyone in particular: Il faut **travailler.** Il est utile de **parler** français.
(3) after an expression of *emotion:* Nous sommes heureux que tu **viennes.**	The *infinitive* is used if the emotion concerns the *subject* itself: Nous sommes contents de **venir.**
(4) after an expression of *doubt* or *uncertainty:* Je doute que tu **sois** patient.	The *indicative* is used after an expression of *certainty:* Je sais que tu **es** impatient.

ACTIVITÉ 7 **Expression personnelle: important ou non?**

Dites si les choses suivantes sont importantes (*a*) en général, (*b*) pour vous en particulier.

⇨ être riche (*a*) **En général, il est important d'être riche.**
(En général, il n'est pas important d'être riche.)
(*b*) **Il est important que je sois riche.**
(Il n'est pas important que je sois riche.)

1. étudier
2. parler français
3. comprendre les maths
4. avoir un bon job
5. avoir des amis sympathiques
6. être sincère
7. voyager
8. aller à l'université
9. faire du sport
10. avoir une voiture

ACTIVITÉ 8 Réactions personnelles

Exprimez vos réactions aux choses suivantes. Commencez chaque phrase par une expression qui nécessite *(requires)* le subjonctif.

➪ Mes amis sont sincères.
Il est important (Il faut . . . , Je veux . . . , Je suis heureux . . . , Je doute . . .) que mes amis soient sincères.

1. Mes amis ont de l'argent.
2. Les femmes sont indépendantes.
3. Tous les hommes sont égaux *(equal).*
4. Les États-Unis sont un pays puissant *(powerful).*
5. Les jeunes sont généreux.
6. Mes amis vont en vacances.
7. Nous faisons du sport.
8. Mes parents font un voyage cet été.

À votre tour Le monde autour de nous

Exprimez vos idées au sujet du *(about the)* monde autour de vous: vos parents, vos amis, votre école, votre ville, votre pays . . . Pour cela, composez un petit paragraphe où vous pourrez utiliser les expressions suivantes:

Je crois que . . .
Je ne crois pas que . . .
Je doute que . . .
Je suis heureux/heureuse que . . .
Je suis triste que . . .
J'ai peur que . . .
Il faut que . . .
Il est important que . . .
Il vaut mieux que . . .

Le Canada...
il faut voir ça.

Section Magazine

Le monde de la création et des idées 4

République
Populaire
du Congo

The Metropolitan Museum of Art, The Michael C. Rockefeller Memorial Collection of Primitive Art, Bequest of Nelson A. Rockefeller, 1979.

MASQUES AFRICAINS

«Masques! O Masques
Masque noir masque rouge, vous masques blanc-et-noir
Masques aux quatre points° d'où souffle° l'Esprit
Je vous salue° dans le silence!»

points *directions* **souffle** *blows* **salue** *hail*

Cameroun

The Metropolitan Museum of Art, Fletcher Fund, 1972.

Côte-d'Ivoire

The Metropolitan Museum of Art, The Michael C. Rockefeller Memorial Collection of Primitive Art, Bequest of Nelson A. Rockefeller, 1964.

Zaïre

The Metropolitan Museum of Art, The Michael C. Rockefeller Memorial Collection of Primitive Art, Bequest of Nelson A. Rockefeller, 1979.

Ces lignes sont les premiers vers° d'un poème intitulé «Prière° aux masques». Ce poème a été écrit par Léopold Senghor, l'un des grands poètes africains d'expression française. Dans ce poème, Senghor évoque l'Afrique de ses ancêtres.

Aujourd'hui, les masques africains font partie du patrimoine° artistique universel. Ils ont inspiré des grands peintres° européens comme Picasso et Modigliani. On les trouve dans les plus grands musées du monde. Mais en Afrique, le masque n'est pas un objet artistique. C'est avant tout° un objet religieux.

Selon les religions africaines, la destinée humaine est déterminée par des forces surnaturelles° toujours présentes autour de nous. Le masque représente le moyen° d'entrer en communication avec ces forces et surtout avec l'esprit des ancêtres. Les masques sont particulièrement importants aux moments critiques de l'existence individuelle et collective: naissance,° passage de l'adolescence à l'âge adulte, mariage, funérailles° pour l'individu; saison des récoltes° ou période de la chasse° pour le village. À ces moments-là, des cérémonies rituelles sont organisées où les participants portent des masques pour obtenir la protection des déités.

Les masques africains sont très variés. La majorité sont en bois, mais il y a des masques en bronze et des masques en cuivre. Certains° représentent des figures humaines. D'autres représentent des animaux: lions, girafes, antilopes, bœufs, crocodiles. Il y a des masques simples et des masques très complexes. Certains ont des formes abstraites; d'autres sont très réalistes et très détaillés. Chaque village et chaque tribu° a son style. La variété des masques africains est infinie.°

lines
Prayer
heritage
painters
above all
supernatural
means
birth
funeral
harvests; hunting
Some
tribe
infinite

Sénégal

© American Museum of Natural History

Bénin

© American Museum of Natural History

Petite histoire de la chanson française

Aimez-vous chanter? Qui sont vos chanteurs° ou vos chanteuses préférés?

singers

Un proverbe français dit que «tout finit par une chanson». On pourrait dire aussi que tout a commencé par une chanson. L'histoire de la chanson française est en effet un peu l'histoire de France. La première grande œuvre° littéraire française date du douzième siècle.° C'était une chanson: *La Chanson de Roland.*

work; century

Au Moyen Âge,° les «troubadours» allaient de cour° en cour en chantant des poèmes qu'ils composaient. Sous Louis XIV, les soldats° allaient à la guerre° en chantant des chansons comme «Malbrough s'en va-t-en° guerre» ou «Auprès de° ma blonde». En 1789, les Français ont fait la Révolution en chantant «Ça ira!»° Pendant la guerre de 1940, le «Chant des partisans» était le cri de ralliement° de la Résistance contre les troupes allemandes.

Middle Ages; court
soldiers
war
goes off to; Next to
It will be all right!
rallying

Mais la chanson n'est pas seulement un phénomène historique. C'est aussi un art populaire et un spectacle. Les premiers chanteurs populaires chantaient dans la rue. Ils recevaient un peu d'argent si leurs chansons étaient bonnes . . . et parfois un seau° d'eau sur la tête si leurs chansons étaient mauvaises. Plus tard la chanson a fait son entrée dans les «cabarets». Le cabaret le plus célèbre était un cabaret de Montmartre qui s'appelait le «Chat Noir». C'était un cabaret artistique où se réunissaient° les peintres,° les musiciens, les poètes, les étudiants pour écouter les «chansonniers» de l'époque.° Ces chansonniers chantaient surtout des chansons politiques, des chansons satiriques et parfois des chansons comiques.

pail
got together
painters
period

Le cabaret artistique

Le grand public, lui, allait au «café-concert» ou au «music-hall». Dans les années 1930, la grande vedette° était Joséphine Baker, une danseuse noire américaine que tout le monde applaudissait quand elle chantait «J'ai deux amours: mon pays et Paris».

star

Joséphine Baker

Dans les années 1960, avec le développement de l'amplificateur° et le succès de la guitare électrique, une nouvelle forme de chanson est apparue° en France. C'est la chanson «yé-yé». Ce qui° compte, ce n'est plus le texte de la chanson, mais son rythme et surtout les contorsions du chanteur sur scène.° Maintenant les jeunes et les très jeunes ont leurs «idoles». La chanson «yé-yé» est un phénomène de masse. Un jour, 200.000 adolescents sont venus applaudir les deux grandes idoles yé-yé, Johnny Hallyday et Sylvie Vartan.

amplifier / *appeared* / *What* / *stage*

Aujourd'hui la chanson française reste très vivante° et très variée. Elle va de la chanson traditionnelle au rock, de la chanson «yé-yé» à la chanson d'amour, de la chanson comique à la chanson politique. Et n'oublions pas le grand succès en France des chanteurs régionaux et des chanteurs canadiens.

lively

La chanson française d'aujourd'hui, Julien Clerc

Édith Piaf (1915–1963) La chanteuse française la plus populaire reste sans doute Édith Piaf. Édith Piaf est née à Belleville, un quartier pauvre de Paris. Son enfance° a été misérable. C'est dans la rue qu'elle chantait lorsqu'un impresario° célèbre l'a découverte en 1935. Le succès de ses chansons est facile à expliquer. Édith Piaf a chanté sa vie. Cette vie a été faite de° moments heureux et surtout de moments tragiques. C'est donc avec une extraordinaire sincérité qu'Édith Piaf pouvait chanter le bonheur° et le malheur,° la fatalité et l'espoir, l'amour merveilleux° et l'amour désespéré.° Quand Édith Piaf était sur scène, le public ne pouvait pas faire la différence entre sa vie et ses chansons. Édith Piaf est morte il y a vingt ans, mais ses chansons vivent dans la mémoire de tous les Français.

enfance *childhood* **lorsqu'un impresario** *when a manager*
faite de *made up of* **bonheur** *happiness* **malheur** *unhappiness*
merveilleux *marvelous* **désespéré** *hopeless*

Les secrets de La JOCONDE

Les Américains l'appellent «Mona Lisa», mais les Français l'appellent «la Joconde». C'est peut-être la femme la plus célèbre du monde. Les musiciens ont composé des chansons et des opéras en son honneur. Les poètes l'ont chantée dans leurs vers.° Les peintres° l'ont copiée ou imitée. Aujourd'hui son portrait réside au musée du Louvre. Chaque année des millions de touristes viennent au Louvre admirer son fameux sourire.

verses; painters

Pourquoi sourit-elle? Et sourit-elle vraiment? La Joconde est en effet un personnage° très énigmatique.° Voilà ce qu'on sait d'elle. C'est le grand peintre italien, Léonard de Vinci (1452–1519), qui a peint la Joconde. Il a passé quatre années de sa vie à exécuter le célèbre portrait. C'est avec ce portrait que Léonard de Vinci est venu en France, invité par le roi° François Ier (1494–1547). François Ier était tombé amoureux du portrait et voulait absolument l'acheter. Léonard de Vinci a d'abord refusé, puis il a vendu *la Joconde* pour une somme° fabuleuse et à une condition: elle resterait en sa possession jusqu'à sa mort.° Le vieil artiste a passé les dernières années de sa vie à retoucher le portrait. Après la mort de Léonard de Vinci, *la Joconde* est devenue la propriété° personnelle des rois de France et elle a orné° leurs résidences pendant trois siècles.° Les Français ont pu enfin admirer le fameux portrait quand Napoléon a décidé d'ouvrir le Louvre au public . . .

character; puzzling
king
sum
death
property
adorned; centuries

Voilà les faits.° Et maintenant le mystère commence. Regardez la Joconde. Elle est assise° devant un parapet. Derrière elle, on peut voir un paysage lointain.° La Joconde sourit, mais elle ne dit pas qui elle est. On sait que le modèle a posé pendant quatre ans, mais on ignore° son identité. Les historiens ne sont pas d'accord. Certains pensent qu'elle était la femme d'un marchand de Florence, Francesco del Giocondo. (Ceci expliquerait son nom: la Gioconda ou la Joconde.) D'autres croient qu'elle était la cousine d'un prince italien. D'autres enfin déclarent qu'elle était un jeune homme déguisé en femme . . .

facts
seated
distant
we don't know

Une question plus troublante mystifie les experts. Est-ce que *la Joconde* qui est au musée du Louvre est bien la «vraie» Joconde? Un critique italien du seizième siècle a décrit avec admiration la couleur rose de ses mains . . . or° le portrait du Louvre a les mains blanches! Certaines personnes pensent que c'est une copie. Les copies de *la Joconde* sont en effet très nombreuses.° Il y a des copies à Rome, à Londres, à Milan, aux États-Unis . . . et même dans les greniers° du Louvre. Certaines de ces copies sont peut-être de la main de Léonard de Vinci. Le grand artiste avait en effet l'habitude° de faire plusieurs versions du même tableau. Est-ce que le portrait du Louvre est bien l'original?

however
numerous
attics
habit

Les historiens continuent à se poser° cette question et la Joconde continue à sourire . . . sans révéler ses secrets!

to ask

DEGAS, Edgar. *The Rehearsal.* Fogg Museum. Bequest-Collection of Maurice Wertheim.

RENOIR, Pierre Auguste. *By the Seashore.* The Metropolitan Museum of Art. Bequest of Mrs. H. O. Havemeyer, 1929. The H. O. Havemeyer Collection.

La révolution

Vous souvenez-vous de vos vacances d'été? Un soir vous avez peut-être observé les reflets° de la lumière° sur les eaux d'un lac. L'eau prend alors des reflets bleus, des reflets rouges, des reflets jaunes, des reflets verts . . . On dirait que la lumière se fragmente et se décompose.

reflections; light

Est-ce qu'on peut regarder de la même façon les autres éléments de la nature: le ciel,° les nuages,° les arbres,° les fleurs° . . . ? Pourquoi pas les objets et les gens?

sky; clouds; trees; flowers

Cette nouvelle façon de voir le monde a été la base° du mouvement impressionniste. Ce mouvement a révolutionné le monde des arts dans la seconde moitié° du dix-neuvième siècle.° Les peintres° traditionnels peignaient° avec exactitude les choses qu'ils voyaient. Pour les peintres impressionnistes, ce n'est plus la forme d'un objet qui compte. C'est la sensation visuelle créée par la décomposition de la lumière sur l'objet. Pour exprimer cette sensation visuelle, les impressionnistes ont inventé une technique nouvelle. Ils travaillaient par petites taches° de couleur: du jaune, du rouge, du vert, du bleu, de l'orange et souvent du blanc et du noir.

basis

half; century; painters
painted

spots

Aujourd'hui les impressionnistes sont universellement connus. Monet,

Quelques peintres impressionnistes

Edgar Degas (1834–1917)

Degas était le fils d'un banquier.° Sa mère était issue d'une° riche famille de la Nouvelle-Orléans. Degas a étudié le droit,° mais il a abandonné ses études pour se consacrer° à la peinture. C'est aussi un sculpteur. Ses sujets préférés étaient les danseuses de l'Opéra, les scènes de café et les chevaux.

banquier *banker* **issue d'une** *from a* **droit** *law*
pour se consacrer *to devote himself*

Pierre-Auguste Renoir (1841–1919)

Renoir a commencé par peindre des devantures° de café, puis il est allé à l'École des Beaux-Arts.° Ce peintre aimait les couleurs chaudes. Ses sujets principaux sont des enfants, des jeunes filles, des femmes et des fleurs.

devantures *fronts* **Beaux-Arts** *Fine Arts*

MONET, Claude. *Banks of Seine.* National Gallery of Art.

CASSATT, Mary. *Mother and Child.* Courtesy Wichita Art Museum, the Roland P. Murdock Collection.

impressionniste

Renoir, Degas, Cézanne . . . Qui ne connaît pas ces grands peintres? On peut admirer leurs tableaux dans les grands musées du monde—à Paris, mais aussi à Londres, à New York, à Chicago, à Boston et . . . à Leningrad!

À l'origine° cependant° les impressionnistes n'ont pas eu de succès. Au contraire! Leurs collègues les considéraient comme des dangereux révolutionnaires. Les directeurs de musée refusaient d'exposer° leurs tableaux. Les marchands refusaient de vendre leurs œuvres.° Le public se moquait d'eux. C'est par dérision° qu'un critique les a appelés «les Impressionnistes». Comme ils ne pouvaient pas présenter leurs tableaux dans les expositions officielles, les impressionnistes organisaient leurs propres° expositions chez des amis. Il y a eu huit expositions impressionnistes entre 1874 et 1886, mais ces expositions ont surtout été des échecs.°

beginning; however
to exhibit
works
mockingly
own
failures

Peu à peu cependant les amateurs° se sont intéressés à leur peinture. Ces premiers amateurs ont fait connaître° l'impressionnisme en France et à l'étranger. En 1886, une exposition impressionniste a eu lieu à New York. Bientôt, c'est le succès et la gloire . . . Aujourd'hui, des millions de visiteurs viennent chaque année admirer les peintures impressionnistes au musée d'Orsay, le nouveau musée de Paris consacré° à l'art français du dix-neuvième siècle.

enthusiasts
made known
dedicated

Claude Monet (1840–1926)

Monet aimait peindre° en plein air.° Il trouvait ses sujets à la campagne, et surtout dans son jardin. Ce sont des fleurs, des plantes des nénuphars° . . . Monet a souvent peint les mêmes sujets, mais sous différentes lumières: la Tamise° à Londres, la cathédrale de Rouen, la gare Saint-Lazare à Paris.

peindre *to paint* **en plein air** *outdoors*
nénuphars *water lilies* **Tamise** *Thames River*

Mary Cassatt (1845–1926)

Mary Cassatt n'était pas française mais américaine. C'était la fille d'un riche banquier de Pittsburgh. Elle a étudié la peinture en France où elle a rencontré Degas. Elle a participé aux expositions impressionnistes. Ses sujets étaient surtout des femmes et des enfants. C'est grâce à° Mary Cassatt que les Américains se sont intéressés très tôt à la peinture impressionniste.

grâce à *thanks to*

Les grands moments de L'HISTOIRE DE FRANCE

La France a une longue histoire. Voici certains épisodes importants de cette histoire.

La Préhistoire (20.000 avant Jésus-Christ)

Les historiens savent peu de choses sur les premiers habitants de la France. Ces habitants ont cependant° laissé de nombreux° vestiges: peintures° d'animaux dans les grottes° du Sud-Ouest,° monuments préhistoriques en Bretagne.

Grotte de Lascaux

L'occupation romaine° (150 avant Jésus-Christ–400 après Jésus-Christ)

Les premières légions romaines sont arrivées en Provence au deuxième siècle° avant Jésus-Christ. Plus tard, Jules César a occupé le reste de la Gaule (l'ancien nom de la France) malgré° la résistance héroïque du chef gaulois Vercingétorix. Les Romains sont restés quatre siècles en Gaule. Ils ont laissé de nombreux monuments, surtout dans le sud de la France: arènes, amphithéâtres, temples, arcs de triomphe . . . Ils ont aussi laissé leur langue,° le latin, qui est la base du français actuel.°

Arènes de Lutèce, Paris

L'empire de Charlemagne (800 après Jésus-Christ)

Charlemagne, ou Charles le Grand, a régné sur° un immense empire qui comprenait° la France, l'Allemagne et l'Italie. Le petit-fils de Charlemagne, Charles le Chauve,° est devenu le premier roi° de France en 840.

Charlemagne

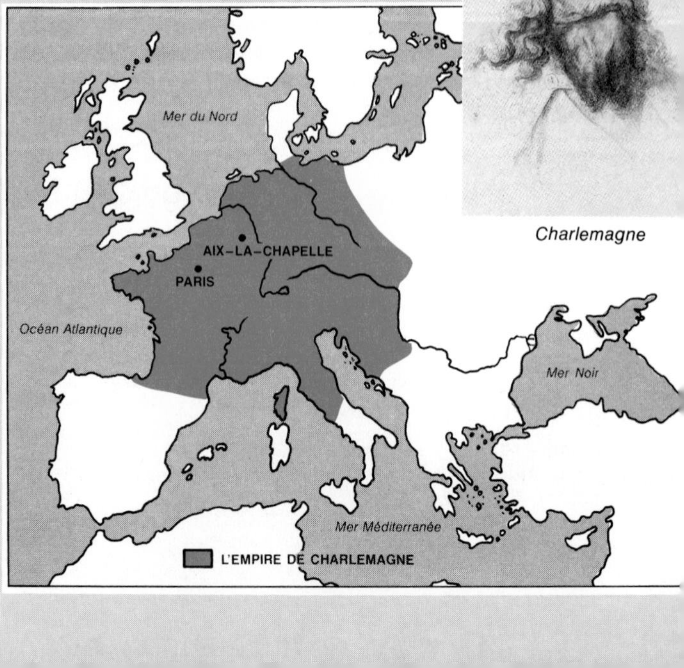

La guerre° de Cent Ans (1337–1453)

Cette guerre a commencé quand Édouard III, roi d'Angleterre, a décidé de devenir roi de France. Les armées anglaises ont occupé la France et dévasté le pays. Finalement la France a été libérée par Jeanne d'Arc (1412–1431) que les Français considèrent aujourd'hui comme leur héroïne nationale.

cependant *however* **nombreux** *numerous* **peintures** *paintings* **grottes** *caves* **Sud-Ouest** *Southwest* **romaine** *Roman* **siècle** *century* **malgré** *despite* **langue** *language* **actuel** *of today* **a régné sur** *reigned over* **comprenait** *included* **Chauve** *Bald* **roi** *king* **guerre** *war*

Château de Chambord

Palais de Versailles

Louis XIV

Prise de la Bastille

La Renaissance (1500–1570)

La Renaissance a été une période de grande activité artistique et culturelle. C'est à cette époque° que les rois de France ont construit de magnifiques châteaux dans la vallée de la Loire: Chambord, Chenonceaux, Amboise, Azay-le-Rideau.

Le Grand Siècle (1643–1715)

Le Grand Siècle, c'est le siècle de Louis XIV, ou «Roi-Soleil». C'est aussi la période la plus brillante de l'histoire de France. Louis XIV a régné pendant 72 ans. Pendant son règne, il a encouragé les arts et les sciences. Il a créé des académies de peinture, de sculpture, de sciences, d'architecture. Il s'est intéressé personnellement au théâtre, à la musique, au ballet. Avec Louis XIV, le prestige de la culture française s'est répandu dans° toute l'Europe. Mais Louis XIV était aussi un roi autoritaire et ambitieux. De son palais° de Versailles il exerçait un pouvoir° absolu sur le reste du pays. C'est lui qui a dit: «L'État, c'est moi.» Vers la fin de son règne, Louis XIV a engagé la France dans des guerres qui ont ruiné le pays.

La Révolution française (1789–1799)

La Révolution française a été inspirée par la Révolution américaine. Le 14 juillet 1789, les Français ont pris la Bastille, une prison qui était le symbole de l'autorité royale. Le 26 août de la même année, ils ont voté la «Déclaration des Droits° de l'Homme et du Citoyen»° qui proclamait un principe nouveau: l'égalité° de tous les hommes.

Plus tard, les Français ont aboli° la monarchie et ont institué° la République. C'est la Révolution qui a donné à la France sa devise:°«Liberté, Égalité, Fraternité». La Révolution a aussi créé les départements et elle a institué le système métrique.

époque *period* **s'est répandu dans** *spread across*
palais *palace* **pouvoir** *power* **Droits** *Rights*
Citoyen *Citizen* **égalité** *equality*
ont aboli *abolished* **ont institué** *set up*
devise *motto*

L'épopée° napoléonienne (1799–1815)

Napoléon Bonaparte était le plus brillant des généraux de la Révolution. Extrêmement populaire, il a pris le pouvoir et est devenu empereur sous le nom de Napoléon Premier. Il a alors voulu conquérir° l'Europe. Napoléon a d'abord remporté° de brillantes victoires, et l'Italie, la Hollande, les états allemands sont devenus des états-satellites de la France. Finalement Napoléon a été vaincu° et il a été obligé de s'exiler.

Génie° militaire, Napoléon a été aussi un grand administrateur. Il a développé l'industrie. Il a encouragé les sciences. Il a ouvert de nombreuses écoles d'ingénieurs. Il a établi° une solide administration. Il a institué le Code Napoléon qui reste la base du système de justice en France.

Napoléon Bonaparte

La France d'aujourd'hui (depuis 1945)

La première partie du vingtième siècle a été marquée par deux grandes guerres mondiales° (en 1914 et en 1940). Le héros de la Seconde Guerre mondiale est Charles de Gaulle (1890–1970) qui a organisé la Résistance contre les Allemands. En 1959, de Gaulle a été élu° président de la République. L'un des premiers actes de sa présidence a été de donner leur indépendance aux anciennes colonies d'Algérie et d'Afrique Noire. De Gaulle a aussi aidé le développement de l'économie française en favorisant° certaines industries très importantes, comme l'aéronautique et l'informatique.° Aujourd'hui, la France est un pays moderne qui joue un rôle important en politique internationale.

Charles de Gaulle

Qu'est-ce qu'ils ont dit?

Louis XIV (1638–1715): «L'État, c'est moi!»
Louis XV (1710–1774): «Après moi, le déluge!»
Napoléon (1769–1821): «L'imagination gouverne le monde!»
Charles de Gaulle (1890–1970): «La France a perdu une bataille, mais elle n'a pas perdu la guerre!»

épopée *epic* **conquérir** *to conquer* **a . . . remporté** *won* **vaincu** *defeated* **Génie** *Genius* **a établi** *established* **mondiales** *world* **élu** *elected* **en favorisant** *by favoring* **informatique** *data processing*

Jeanne d'Arc à Chinon

Jeanne d'Arc est née en 1412 à Domrémy, un petit village de Lorraine. À cette époque, la France était occupée par les Anglais. Un jour, Jeanne a entendu des voix.° Elle a reconnu Sainte Catherine, Sainte Marguerite et Saint Michel. Ces voix lui ont dit: «Jeanne, c'est toi qui vas délivrer le pays.» «Moi? Mais je suis une paysanne° qui sait à peine° lire et écrire,» a répondu Jeanne. Mais les voix ont insisté: «Jeanne, va chez le roi et dis-lui que c'est Dieu qui t'envoie.»

Jeanne a accepté la mission, mais maintenant elle est inquiète. «Aller chez le roi? Oui, mais comment? Le roi habite si loin et les routes sont pleines de brigands.»° Jeanne va trouver un seigneur° local, le sire de Beaudricourt.

—Messire,° donnez-moi une escorte. Je veux aller chez le roi de France.

—Et qui t'envoie?

—Le Roi du Ciel.°

Beaudricourt se moque de Jeanne et il la renvoie° chez elle. Jeanne revient. Elle insiste et finalement elle obtient une escorte. C'est avec cette escorte de six hommes qu'elle arrive devant le château de Chinon où réside Charles, roi de France, avec sa cour.° Immédiatement elle demande d'être présentée au roi.

Le roi Charles est un roi sans royaume.° C'est un jeune homme timide qui ne croit plus en la victoire et qui certainement ne croit pas aux miracles. «Qui est cette Jeanne et qu'est-ce qu'elle veut de moi?» Un courtisan,° Bernard de Chissay, suggère au roi de jouer un bon tour° à Jeanne. «Déguisons-nous!° Je vais mettre vos vêtements et vous, vous allez vous déguiser en simple courtisan. Nous allons voir si cette petite paysanne va reconnaître le vrai roi.» Bernard de Chissay met les vêtements du roi alors que° Charles met un simple vêtement noir.

Jeanne entre dans la grande salle du château. Il y a plusieurs centaines de dames et de chevaliers.° Bernard de Chissay, magnifiquement habillé,° reçoit les hommages des courtisans. Charles, le vrai roi, est au fond° de la salle, mais c'est vers lui que Jeanne s'avance.°

—Gentil roi de France, le Roi du Ciel m'envoie vers vous.

—Mais ce n'est pas moi, le roi. Le roi est là-bas.

—C'est vous, le roi, et pas un autre . . .

Oui, Jeanne a reconnu le vrai roi malgré° ses humbles apparences. Charles est très impressionné. Il décide d'écouter Jeanne. Jeanne et Charles ont une longue conversation secrète. Charles est maintenant convaincu.° Jeanne est l'envoyée° de Dieu.° Le roi lui donne une armée. C'est avec cette armée que Jeanne d'Arc, à l'âge de 17 ans, va délivrer la France.

PROJETS CULTURELS

1. Écoutez une chanson française. Dites ce que cette chanson exprime *(expresses)*.
2. Allez voir un film français. Décrivez ce film: les acteurs, le scénario, la mise en scène *(production)*, la photographie. Faites la critique de ce film et expliquez pourquoi vous l'avez aimé ou pas aimé.
3. Préparez une exposition *(exhibit)* sur la peinture française. Choisissez un artiste ou un grand mouvement de peinture (impressionnisme, fauvisme, cubisme, etc.).
4. Choisissez un personnage *(character)* historique français. Décrivez la vie de cette personne et expliquez son rôle dans l'histoire de France.
5. Préparez une exposition sur l'art africain des pays francophones (comme le Sénégal, la Côte-d'Ivoire, le Zaïre).

voix *voices* **paysanne** *peasant* **à peine** *barely* **brigands** *robbers* **seigneur** *lord* **Messire** *My lord* **Ciel** *Heaven* **renvoie** *sends back* **cour** *court* **royaume** *kingdom* **courtisan** *courtier* **tour** *trick* **Déguisons-nous!** *Let's disguise ourselves!* **alors que** *while* **chevaliers** *knights* **habillé** *dressed* **au fond** *at the back* **s'avance** *moves* **malgré** *despite* **convaincu** *convinced* **envoyée** *messenger* **Dieu** *God*

UNITÉ 8
Camping

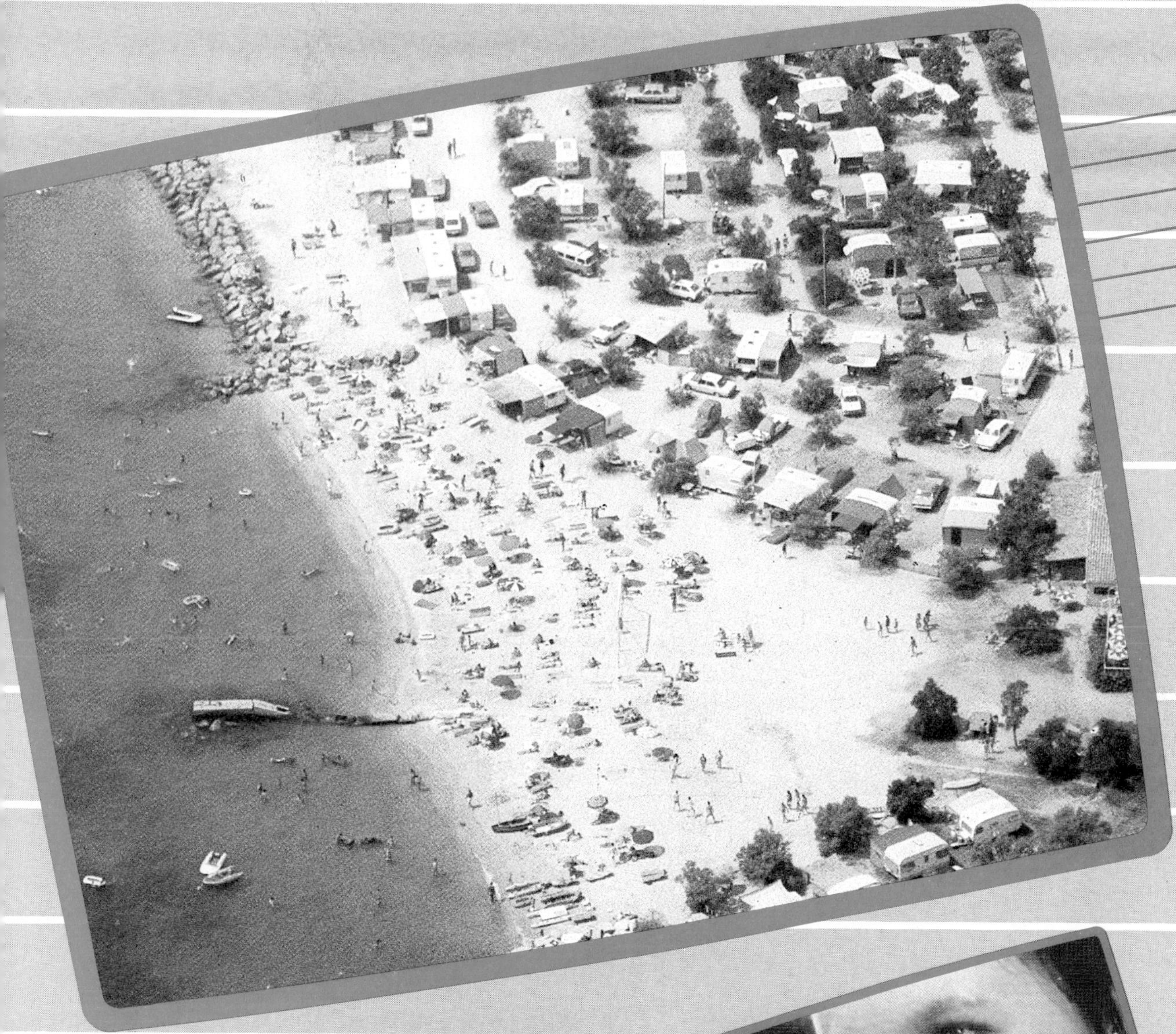

C3

UNITÉ 8

Leçon 1 Préparatifs

Préparatifs *Preparations*

Nous sommes le 14 juin. Les grandes vacances commencent dans deux semaines. Cette année, Jacques va passer le mois de juillet avec ses cousins Roger et Bernard. Les trois garçons ont décidé d'aller faire du camping dans le Midi. Roger et Bernard sont des campeurs *expérimentés*, mais c'est la première fois que Jacques fait du camping. Aussi, il n'a pas tout l'équipement nécessaire. Heureusement, Jacques est un garçon débrouillard.

expérimentés: *experienced*

Il n'a pas de sac de couchage. Il emprunte *celui d'*un camarade de classe.
Il n'a pas de sac à dos. Il emprunte celui d'un voisin.
Il n'a pas de lampe de poche. Il prend celle de son frère.

celui d': *the one belonging to*

Maintenant Jacques a *tout ce qu'il faut.* Il est prêt pour la grande aventure et il attend impatiemment le jour du départ . . .

tout ce qu'il faut: *everything he needs*

NOTES CULTURELLES

1. **Le camping en France** En France le camping est une forme de tourisme très populaire. Chaque année, plusieurs millions de Français font du camping. Les campeurs vont dans des terrains de camping spécialement équipés. Les terrains sont classés° d'après leur confort. La majorité des terrains de camping ont l'eau courante.° Pour être sûr d'avoir une place dans un terrain de camping, il faut souvent réserver cette place longtemps à l'avance.
2. **Le Midi** Le Midi est la région sud° de la France. C'est une région célèbre pour l'hospitalité et la bonne humeur de ses habitants et pour son climat chaud et ensoleillé° en été. Voilà pourquoi des millions de Français passent leurs vacances dans le Midi, spécialement sur les plages de la Méditerranée.

classés *ranked* **courante** *running* **sud** *southern* **ensoleillé** *sunny*

Vocabulaire pratique

NOMS:	**une aventure**	*adventure*	
	les grandes vacances	*summer vacation*	
ADJECTIFS:	**débrouillard**	*able to manage*	
	prêt	*ready*	
VERBE:	**emprunter**	*to borrow*	J'**emprunte** la raquette de Jacques.
	emprunter à	*to borrow from*	J'**emprunte** 10 francs à Pierre.

MOTS APPARENTÉS

French nouns ending in **-iste** often have English cognates in *-ist*.
French adjectives in **-iste** often have English cognates in *-istic*.

-iste	↔ *-ist*	*-istic*
un optim**iste**	optim***ist***	
optim**iste**		*optim**istic***

Vocabulaire spécialisé **Le camping**

NOMS: **un terrain de camping** *campground*

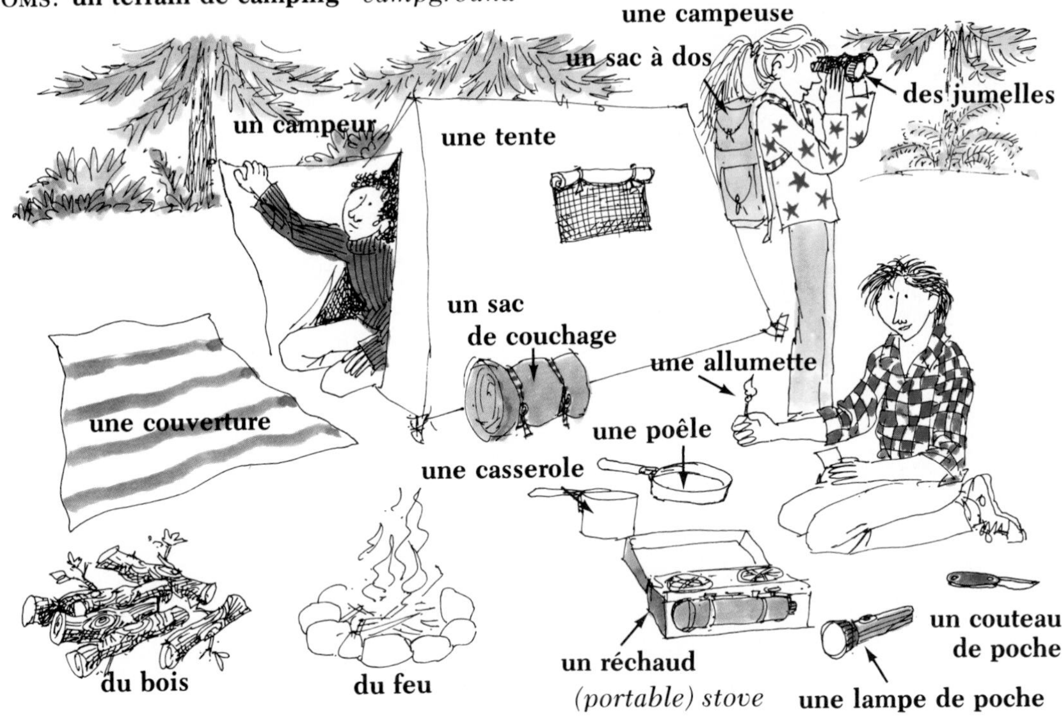

VERBES:

camper	*to camp*	Où allons-nous **camper** ce soir?
faire du camping	*to go camping*	En été, je **fais du camping** avec ma famille.
faire du feu	*to build a fire*	Pour **faire du feu,** il faut du bois.

proverbe: Il n'y a pas de fumée sans feu.

"Where there's smoke, there's fire."
(literally: *There's no smoke without fire.*)

ACTIVITÉ 1 Les campeurs

Les personnes suivantes font du camping. Lisez ce que chaque personne veut faire et dites de quoi cette personne a besoin. Utilisez les noms du Vocabulaire spécialisé.

⇨ Jacques veut faire la cuisine. **Il a besoin d'un réchaud (d'une poêle, etc.).**

1. Roger veut faire une omelette.
2. Albert veut faire de la soupe.
3. Je veux observer un oiseau.
4. Charlotte veut faire une promenade la nuit.
5. Nous voulons faire du feu.
6. Tu veux dormir.
7. Vous ne pouvez pas dormir parce que vous avez froid.
8. Anne veut couper le pain.

Structure

A. Le pronom interrogatif *lequel*

In the questions on the right, the nouns have been replaced by interrogative pronouns. Note the forms of these pronouns.

Passe-moi **le couteau!** **Lequel** veux-tu? ***Which one*** *do you want?*
Prête-moi **tes livres!** **Lesquels** veux-tu? ***Which ones*** *do you want?*

The interrogative pronoun **lequel** *(which one)* agrees in gender and number with the noun it replaces. It has the following forms:

	SINGULAR	PLURAL	
Masculine	**lequel?**	**lesquels?**	*which one? which ones?*
Feminine	**laquelle?**	**lesquelles?**	*which one? which ones?*

⇨ Note that **lequel** consists of two parts, both of which agree with the noun it replaces:

definite article	+	interrogative adjective
le		**quel**

ACTIVITÉ 2 Curiosité

Quand Jacques parle à son amie Françoise, elle lui demande toujours des détails. Jouez le rôle de Françoise, d'après le modèle.

⇨ J'ai vu ton cousin. **Ah oui? Lequel?**

1. J'ai vu un western.
2. J'ai acheté des disques.
3. J'ai regardé le journal.
4. J'ai parlé à tes cousins.
5. J'ai pris ta cassette.
6. J'ai regardé tes photos.
7. J'ai téléphoné à une amie.
8. Je suis allé chez ma tante.

B. Le pronom démonstratif *celui*

In the second sentence of each pair, the nouns have been replaced by demonstrative pronouns. Note the forms of these pronouns.

ROGER	JACQUES	
J'aime **ce couteau.**	Moi, je préfère **celui-ci.**	*I prefer **this one.***
J'écoute **cette cassette.**	Moi, j'écoute **celle-là.**	*I'm listening to **that one.***
Je vais acheter **ces disques.**	Moi, je vais acheter **ceux-là.**	*I'm going to buy **those.***

The demonstrative pronoun **celui** *(the one)* agrees in gender and number with the noun it replaces. It has the following forms:

	SINGULAR	PLURAL
Masculine	**celui**	**ceux**
Feminine	**celle**	**celles**

➪ The pronoun **celui** cannot stand alone. It is often followed by **-ci** or **-là.**
Celui-ci usually means *this one* (or *these,* in the plural).
Celui-là usually means *that one* (or *those,* in the plural).

Où est mon livre?	*Where is my book?*
Est-ce que c'est **celui-ci** ou **celui-là?**	*Is it **this one** or **that one?***
Donnez-moi les disques!	*Give me the records.*
Lesquels? **Ceux-ci** ou **ceux-là?**	*Which ones? **These** or **those?***

ACTIVITÉ 3 Pas d'accord!

Quand Jacques fait une chose, son cousin Roger fait quelque chose d'autre *(something else).* Jouez le rôle de Roger, d'après le modèle.

➪ Je vais acheter ces disques. **Eh bien, moi, je vais acheter ceux-ci.**

1. J'aime cette tente.
2. Je regarde ces jumelles.
3. Je vais acheter ce sac à dos.
4. Je vais acheter cet appareil-photo.
5. Je vais inviter cette fille.
6. Je vais inviter ces garçons.
7. Je vais dans ce magasin.
8. Je choisis ces chaussures.

C. *Celui de*

Note the use of the pronoun **celui** in the answers to the questions below.

Tu as la couverture de Roger?	*Do you have Roger's blanket?*
Non, mais j'ai **celle de Bernard.**	*No, but I have **Bernard's (the one belonging to Bernard).***
Tu aimes les films de Robert Redford?	*Do you like Robert Redford's movies?*
Oui, mais je préfère **ceux de Woody Allen.**	*Yes, but I prefer **Woody Allen's (those of Woody Allen).***

Vous attendez l'avion de Paris? *Are you waiting for the Paris plane?*
Non, j'attends **celui de Genève.** *No, I'm waiting for* ***the one from Geneva.***

The construction **celui de** + *noun* is used to indicate possession, relationship, and origin.

ACTIVITÉ 4 Rendez à César . . . *(Render unto Caesar . . .)*

Françoise pense que certains objets sont à Jacques. Jacques dit que non et il indique leurs propriétaires *(owners).* Jouez le rôle de Françoise et de Jacques.

⇨ ta guitare (mon frère) Françoise: **C'est ta guitare?**
Jacques: **Non, c'est celle de mon frère.**

1. ton réchaud (mon cousin)
2. ta lampe de poche (mon père)
3. ton couteau (ma sœur)
4. ta tente (mon oncle)
5. tes livres (Jacqueline)
6. tes disques (Robert)
7. tes allumettes (Marc)
8. tes jumelles (Philippe)

ACTIVITÉ 5 Comparaisons personnelles

Comparez les choses suivantes en utilisant les adjectifs entre parenthèses. Étudiez attentivement le modèle.

⇨ les films de Woody Allen (amusants) / Jerry Lewis
Les films de Woody Allen sont plus amusants que ceux de Jerry Lewis.
(Les films de Woody Allen sont moins amusants que ceux de Jerry Lewis.)

1. la voiture de mes parents (économique) / mes voisins
2. ma maison (grande) / mon meilleur ami
3. ma chambre (grande) / mes parents
4. la cuisine de la cafétéria (bonne) / ma mère
5. le climat de la Floride (chaud) / l'Alaska
6. l'air de la campagne (pur) / les villes

À votre tour **Emprunts** *(Borrowed things)*

Qu'est-ce que vous faites quand vous n'avez pas certaines choses? Dites à qui vous les empruntez. Pour cela, complétez les phrases suivantes avec la forme appropriée de **celui de** + nom.

⇨ Si je n'ai pas ma bicyclette, j'emprunte . . .
Si je n'ai pas ma bicyclette, j'emprunte celle de mon frère (ma sœur . . .).

Si je n'ai pas mes livres, j'emprunte . . .
Si je n'ai pas mes clés, j'emprunte . . .
Si je n'ai pas mon appareil-photo, j'emprunte . . .
Quand je veux écouter des disques, j'emprunte . . .
Quand je veux lire le journal, j'emprunte . . .
Quand je veux lire des magazines, j'emprunte . . .

UNITÉ 8

Leçon 2 Départ . . . et arrivée

Scène 1.

La *veille* du départ, Jacques est allé chez ses cousins Roger et Bernard. *day before*
Bernard est le plus âgé des trois garçons. C'est aussi celui qui a la voiture.
Par conséquent, c'est celui qui prend les décisions. C'est Bernard qui a
organisé l'expédition. C'est lui qui a préparé l'itinéraire. C'est lui qui a fixé
l'heure du départ: demain matin à cinq heures. Jacques n'aime pas se lever
tôt, mais il ne proteste pas trop. Après tout, demain, il sera sur les *bords* de *shores*
la Méditerranée. Ça, c'est l'essentiel!

Scène 2.

Les trois garçons sont partis à cinq heures du matin, comme *prévu*. Ils *planned*
ont roulé pendant toute la journée. Vers six heures, ils aperçoivent enfin la *drove*
Méditerranée. Il a fait très chaud et Jacques et Roger sont *morts de fatigue*. *dead-tired*
Bernard, qui a conduit tout le temps, est *frais* comme une rose . . . *fresh*

Jacques remarque un terrain de camping. Il propose de s'arrêter là pour
la nuit, mais Bernard n'est pas d'accord.

«Regardez tous les gens qui sont ici. Vous ne voulez pas camper avec
tout ce monde? Allons un peu plus loin . . .» *all these people*

Et Bernard continue . . . Une *demi-heure* plus tard, les garçons passent devant un autre terrain de camping. Il n'est pas aussi bien équipé que le premier et il y a encore plus de monde. Cette fois, c'est Roger qui propose de s'arrêter, mais Bernard refuse à nouveau.

half-hour

«Un peu plus loin, il y a un autre *camping* que je connais bien. Il est mieux équipé que ce camping-ci et il est beaucoup plus grand. Allons là-bas!»

= terrain de camping

Jacques et Roger protestent un peu, mais c'est Bernard qui décide. Et il décide de continuer . . .

Finalement, vers sept heures, les garçons arrivent au troisième camping. Là, une *pancarte* en lettres rouges annonce:

sign

full

NOTE CULTURELLE

Les grandes vacances En France, comme aux États-Unis, l'été est la période des vacances. Pour les jeunes, les grandes vacances commencent fin° juin et finissent au début° de septembre. En général, les Français voyagent pendant leurs vacances. Le premier juillet et le premier août sont les journées de «grands départs». Ces jours-là, des millions de Français prennent leur voiture ou le train et partent en vacances.

fin *at the end of* **début** *beginning*

Vocabulaire pratique

VERBES:	**annoncer**	*to announce, proclaim*	Je vous **annonce** que je pars demain.
	fixer	*to set, fix* (a date)	As-tu **fixé** la date de ton départ?
	prendre une décision	*to make a decision*	**J'ai pris une décision** importante.
	protester	*to protest, complain*	Pierre n'est jamais content. Il **proteste** toujours.
EXPRESSIONS:	**après tout**	*after all*	
	par conséquent	*consequently, therefore*	

MOTS APPARENTÉS

Many words which look alike in French and English are partial cognates. This means that a word in one language has more than one equivalent in the other language. Here are two examples:

fixer means *to fix* but also *to set*
rouler means *to roll* but also *to drive (along)*

Vocabulaire spécialisé Les cartes

NOMS:

un carrefour *intersection, crossroads*
un itinéraire *itinerary, route*
un plan *(street) map*

une autoroute *divided highway*
une carte *map*
une pancarte *sign*
une route *highway, road*

les points cardinaux *compass points*

le nord

l'ouest

l'est

le sud

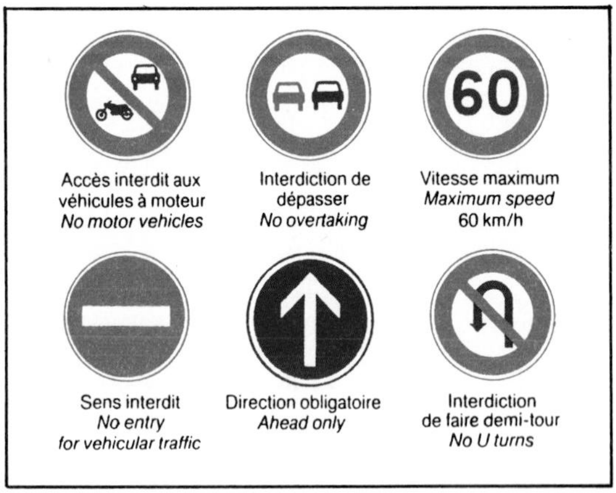

les distances
un mètre *meter*
un kilomètre *kilometer*
un mille *mile*

VERBES:

être situé *to be (situated, located)*
Cannes **est situé** sur la mer Méditerranée.
rouler *to drive (along)*
Ne **roulez** pas si vite!
se trouver *to be (located)*
Où **se trouve** la ville de Nice?

ACTIVITÉ 1 Questions personnelles

1. Avez-vous un plan de votre ville? Avez-vous une carte de votre région?
2. Dans quelle région des États-Unis est située votre ville? Dans le Nord? Dans le Sud? Dans l'Est? Dans l'Ouest?
3. Avez-vous visité le Sud des États-Unis? l'Ouest? Quelle région des États-Unis préférez-vous? Pourquoi?
4. Quand vous voyagez en auto, est-ce que vous préférez prendre les autoroutes ou les petites routes de campagne?
5. Est-ce que vous allez voyager avec votre famille cet été? Dans quelle région? Qui va préparer l'itinéraire? Qui va conduire? Est-ce que cette personne roule vite?

Structure

A. Révision: les pronoms relatifs *qui* et *que*

Review the use of the relative pronouns **qui** and **que** in the sentences below. Remember that **qui** replaces a subject and **que** replaces a direct object.

Voici **une fille.** **Cette fille** fait du camping.	Voici **une fille qui** fait du camping.
Voici **une carte.** **Cette carte** indique les terrains de camping.	Voici **une carte qui** indique les terrains de camping.
Voici **un garçon.** Bernard connaît bien **ce garçon.**	Voici **un garçon que** Bernard connaît bien.
Voici **l'itinéraire.** Bernard a organisé **cet itinéraire.**	Voici **l'itinéraire que** Bernard a organisé.

The subject pronoun **qui** *(who, which, that)* may represent people or things. The object pronoun **que** *(whom, which, that)* may also represent people or things.

⇨ The choice between **qui** and **que** depends on whether the relative pronoun is the *subject* or the *direct object* of the verb which follows.

⇨ Although the object pronouns *whom, which,* and *that* are often omitted in English, **que** must be used in French.

ACTIVITÉ 2 Les commentaires de Bernard

Pendant le voyage, Bernard fait des commentaires sur certaines choses ou certaines personnes. Jouez le rôle de Bernard, d'après le modèle.

⇨ Voici un terrain. Il est bien équipé. **Voici un terrain qui est bien équipé.**
Voici une ville. Je ne la connais pas. **Voici une ville que je ne connais pas.**

1. J'ai une voiture. Elle est économique.
2. C'est une voiture. Je ne la prête pas.
3. Le Midi de la France est une région. Elle est très jolie.
4. C'est une région. Je la connais bien.
5. Voici une ville. Je l'ai visitée l'année dernière.
6. J'ai des amis. Ils habitent dans cette ville.
7. Les habitants du Midi sont des gens. Je les trouve sympathiques.
8. J'ai un cousin. Il proteste toujours.

ACTIVITÉ 3 Commentaires personnels

Complétez les phrases en utilisant votre imagination.

⇨ J'ai un ami qui . . .
J'ai un ami qui est très paresseux (qui habite à Louisville, etc.).

⇨ J'ai un ami que . . .
J'ai un ami que j'invite souvent (que mes parents trouvent sympathique, etc.).

1. J'ai une amie qui . . .
2. J'aime les gens qui . . .
3. J'ai une chambre qui . . .
4. Mes parents ont une voiture qui . . .
5. J'ai des amis que . . .
6. J'ai des disques que . . .

B. *Celui qui* et *celui que*

Note the use of the pronoun **celui** in the sentences below.

Tu aimes ce livre?

Je préfère **celui qui** est sur la table.	*I prefer **the one that** is on the table.*
Je préfère **celui que** je lis maintenant.	*I prefer **the one (that)** I am reading now.*

Qui est cette fille?

C'est **celle qui** travaille avec moi.	*She is **the one who** works with me.*
C'est **celle que** je vais inviter demain.	*She is the **one (whom)** I am going to invite tomorrow.*

The pronoun **celui** can be followed by **qui** or **que.**

Usually **celui qui** and **celui que** correspond to the English expressions *the one(s) that, which,* and *the one(s) who(m).*

➪ Since **qui** acts as a *subject,* **celui qui** is followed by a verb.

➪ Since **que** acts as a *direct object,* **celui que** is followed by subject + verb. Note that while the pronouns *that, which, whom* are often omitted in English, **que** must be used in French.

Écoute ce disque.	*Listen to this record.*
C'est **celui que** j'ai acheté hier.	*It's **the one (that)** I bought yesterday.*

ACTIVITÉ 4 C'est ça! *(That's it!)*

Roger et Monique sont à une surprise-partie. Monique essaie d'identifier certaines personnes. Roger lui dit qu'elle a raison. Jouez le rôle de Monique et de Roger.

➪ Annie est la fille qui porte une robe rouge.
Monique: **Annie est la fille qui porte une robe rouge, n'est-ce pas?**
Roger: **C'est ça. C'est celle qui porte une robe rouge!**

1. Francine est la fille qui danse avec Bernard.
2. Nathalie est la fille qui parle à Gérard.
3. Gérard est le garçon qui porte un costume bleu.
4. Jacqueline est la fille qui porte un pull-over bleu.
5. André et Pierre sont les garçons qui mettent des disques.
6. Juliette et Renée sont les filles qui mangent des sandwichs.
7. Gilles est le garçon qui joue de la guitare.
8. Irène est la fille qui téléphone.

ACTIVITÉ 5 Au choix *(Your choice)*

Imaginez que vous avez le choix entre les personnes ou entre les choses suivantes. Exprimez votre choix, d'après le modèle.

➪ des amis qui sont sincères ou des amis qui sont riches? **Je préfère ceux qui sont riches. (Je préfère ceux qui sont sincères.)**

1. des professeurs qui sont stricts ou des professeurs qui donnent des bonnes notes *(grades)*?
2. une voiture qui est économique ou une voiture qui va vite?
3. un appartement qui est grand ou un appartement qui est très moderne?
4. une amie qui joue au tennis ou une amie qui aime la musique?
5. des amis qui ont des idées originales ou des amis qui pensent comme moi?
6. un restaurant qui a beaucoup d'ambiance *(atmosphere)* ou un restaurant qui a un excellent chef?

ACTIVITÉ 6 Oui!

Bernard demande à Jacques s'il fait certaines choses. Jacques répond affirmativement. Jouez le rôle de Jacques, d'après le modèle.

➪ Tu lis ce livre? **Oui, c'est celui que je lis.**

1. Tu écoutes ce disque?
2. Tu regardes cette carte?
3. Tu achètes ces jumelles?
4. Tu invites ces filles?
5. Tu vas inviter ce garçon?
6. Tu as lu ce livre?

À votre tour **Préférences personnelles**

Dans les catégories suivantes, décrivez les personnes ou les choses que vous aimez et celles que vous n'aimez pas.

➪ les personnes

J'aime les personnes qui sont sincères.
Je n'aime pas celles qui sont égoïstes.

les garçons	les voitures
les filles	les examens
les professeurs	les films

UNITÉ 8

Leçon 3 Dispute et réconciliation

Scène 1.

Qu'est-ce que les garçons vont faire maintenant? Où vont-ils passer la nuit? Personne n'est d'accord.

Bernard propose de chercher un autre camping, mais cette fois-ci il ne peut pas *convaincre* ses deux compagnons. — *to convince*

Roger refuse de l'écouter.

Jacques continue à protester.

Alors, Bernard commence à s'énerver.

Il *menace* de partir *seul* . . . — *threatens; by himself*

Scène 2.

Quand Bernard menace de partir, Roger et Jacques *acceptent de* l'écouter. — *agree to*
Chacun essaie de trouver une solution acceptable pour tout le monde. Bernard propose de chercher un endroit pour camper. S'il ne trouve rien de *convenable* très vite, il promet de chercher un hôtel. Roger et Jacques décident d'accepter cette solution. — *suitable*

Les garçons *repartent*. Ils découvrent bientôt l'endroit idéal; une prairie, une rivière, une forêt! — *set out again*

ROGER: Pourquoi *ne pas camper* ici? — *not camp*
JACQUES: Tu as raison. C'est un endroit *parfait* pour camper. — *perfect*
BERNARD: Je suis d'accord avec vous. Arrêtons-nous!

Bernard *monte* la tente. Pendant ce temps, Jacques et Roger *allument* un feu et préparent le dîner. Tout le monde mange avec appétit. Après le dîner, Bernard prend sa guitare et commence à jouer. Après tout, ces vacances ne commencent pas si mal! — *puts up; light*

NOTE CULTURELLE

La campagne française La France est un pays très varié. Il y a des plaines au nord et à l'ouest, des montagnes à l'est et au sud. La campagne est donc très différente d'une région à une autre, mais la nature est partout° présente. Si vous aimez celle-ci,° vous trouverez toujours une forêt pour vous promener, une rivière pour nager, une prairie ou un coin d'herbe° pour pique-niquer.

partout *everywhere* **celle-ci = la nature**
coin d'herbe *grassy corner (spot)*

Vocabulaire spécialisé **La nature**

la campagne *countryside*

un canard	*duck*	**un champ**	*field*	**une forêt**	*forest*
un oiseau	*bird*	**un lac**	*lake*	**une prairie**	*meadow*
		un parc	*park*	**une rivière**	*river*

Notes: 1. Remember that nouns which end in **-al** and **-eau** form their plural as follows:

-al	**-aux**	un cheva**l**	des cheva**ux**
-eau	**-eaux**	un ois**eau**	des ois**eaux**

2. Remember that adjectives in **-al** form the masculine plural in **-aux.** The feminine forms, however, are regular.

Paul est **original.** Il a des amis **originaux.**
Christine est **originale.** Elle a des amies **originales.**

ACTIVITÉ 1 Où sont-ils?

Lisez ce que font les personnes suivantes et dites où elles sont. Pour cela utilisez les mots du Vocabulaire spécialisé.

⇨ Paul nage. **Il est dans une rivière (dans un lac).**

1. Jacques regarde les arbres.
2. Nous faisons un pique-nique sur l'herbe.
3. Je regarde les fleurs.
4. Philippe fait du ski nautique.
5. Nous voyons des vaches.
6. J'attrape *(catch)* des poissons.

Le Parc
Naturel Regional
de la Martinique

ACTIVITÉ 2 **Questions personnelles**

1. Est-ce qu'il y a un parc près de votre maison? Comment s'appelle ce parc? Est-ce qu'il y a des arbres dans ce parc? Est-ce qu'il y a des fleurs?
2. Préférez-vous nager dans une piscine ou dans une rivière? Expliquez votre choix.
3. Où est-ce que vous allez quand vous voulez faire un pique-nique? Décrivez cet endroit. Faites la description de l'endroit idéal pour faire un pique-nique.
4. Avez-vous fait du camping? Décrivez l'endroit où vous êtes allé(e). Faites la description de l'endroit idéal pour faire du camping.
5. Est-ce que vous vous promenez souvent dans la campagne? Décrivez la campagne dans la région où vous habitez.
6. Êtes-vous allé(e) dans une ferme *(farm)*? Décrivez les animaux de cette ferme.
7. Décrivez les avantages d'habiter à la campagne.

Structure

A. L'infinitif

Note the use of the infinitive in the following sentences:

Bernard aime **conduire** vite.	*Bernard likes **to drive** fast.*
Conduire vite peut être dangereux.	***Driving** fast can be dangerous.*

The infinitive form of the verb is often used in French. It can function as a *direct object* or as the *subject* of the sentence.

➪ When an object pronoun is used with an infinitive, it comes immediately before that infinitive.

Tu vas parler à Jacques? Oui, je vais **lui** parler.

➪ When an infinitive is used in the negative, the pattern is:

ne pas + infinitive

Je préfère **ne pas camper** ici. *I prefer **not to camp** here.*

citation célèbre:

Être ou ne pas être, voilà la question.

(Shakespeare)

ACTIVITÉ 3 **Préférences personnelles**

Lisez ce que les personnes suivantes font. Dites si vous aimez faire ces choses ou si vous préférez ne pas les faire. Étudiez attentivement le modèle.

⇨ Jacques travaille en été. **Moi aussi, j'aime travailler en été.**
(Moi, je préfère ne pas travailler en été.)

1. Philippe étudie le samedi soir.
2. Annie fait du camping en hiver.
3. Thérèse se réveille à six heures du matin.
4. Albert a des animaux dans sa chambre.
5. Thomas attend ses amis.
6. Robert parle français en classe.
7. Nicole mange à la cafétéria de l'école.
8. Sylvie met du ketchup dans sa salade.

B. La construction: verbe suivi de l'infinitif

Note the use of the infinitive in the following sentences:

Nous allons **camper** ici.	*We are going **to camp** here.*
Bernard veut **continuer.**	*Bernard wants **to go on.***
J'apprends **à conduire.**	*I am learning (how) **to drive.***
Tu hésites **à parler.**	*You are hesitant **about speaking.***
Vous décidez **de travailler.**	*You are deciding **to work.***
Nous cessons **de protester.**	*We stop **complaining.***

French verbs are frequently used with infinitives. Such constructions follow one of three patterns:

main verb + infinitive	Je **veux** camper ici.
main verb + **à** + infinitive	**J'hésite à** camper ici.
main verb + **de** + infinitive	Je **décide de** camper ici.

The choice of the pattern depends on what the first verb is.

Vocabulaire spécialisé Verbe + *à* + infinitif / Verbe + *de* + infinitif

VERBE + **à** + INFINITIF:

apprendre à	*to learn (how) to*	Ma sœur **apprend à** conduire.
arriver à	*to be successful in*	Je n'**arrive** pas **à** comprendre ce problème.
commencer à	*to begin to*	Roger **commence à** préparer le repas.
continuer à	*to continue, go on*	Nous **continuons à** travailler.
hésiter à	*to hesitate, be hesitant about*	Pourquoi **hésitez**-vous **à** répondre?
réussir à	*to succeed in*	J'**ai réussi à** faire du feu.

VERBE + **de** + INFINITIF:

accepter de	*to accept, agree to*	J'**accepte de** vous aider.
cesser de	*to stop*	Les garçons **ont cessé de** protester.
décider de	*to decide to*	Nous **avons décidé de** faire du camping.
essayer de	*to try to*	J'**essaie de** comprendre mes amis.
finir de	*to finish*	**Avez**-vous **fini de** travailler?
menacer de	*to threaten to*	Qui **menace de** partir?
oublier de	*to forget to*	Zut! J'**ai oublié de** téléphoner à mon cousin.
refuser de	*to refuse to*	Pourquoi **refusez**-vous **d'**étudier?
rêver de	*to dream about*	Je **rêve d'**avoir une voiture de sport.

ACTIVITÉ 4 Oui ou non?

Demandez à vos camarades s'ils apprennent à faire les choses suivantes.

⇨ jouer de la guitare? **—Apprends-tu à jouer de la guitare?**
—Oui, j'apprends à jouer de la guitare.
(Non, je n'apprends pas à jouer de la guitare.)

1. jouer du piano?
2. conduire?
3. danser?
4. faire la cuisine?
5. faire du ski?
6. faire de la planche à voile?
7. piloter un avion?
8. parler chinois?

ACTIVITÉ 5 Les étudiants

Les étudiants ont des attitudes différentes envers *(toward)* leurs études. Décrivez l'attitude de chacun en complétant les phrases par **à étudier** ou **d'étudier.** Dites ensuite si c'est un bon ou un mauvais élève.

⇨ Hélène refuse . . . **Hélène refuse d'étudier. C'est une mauvaise élève.**

1. Philippe décide . . .
2. Catherine réussit toujours . . .
3. Robert oublie . . .
4. Nicole hésite . . .
5. Thomas cesse . . .
6. Albert essaie . . .
7. Isabelle continue . . .
8. Alain n'a pas commencé . . .
9. Charlotte ne finit jamais . . .

ACTIVITÉ 6 Qu'est-ce qu'ils font?

Lisez la description des personnes suivantes. Ensuite, dites ce que font ces personnes. Pour cela, faites des phrases affirmatives ou négatives en utilisant les deux verbes entre parenthèses.

⇨ Paul est timide. (hésiter / parler)
Il hésite à parler.

⇨ Jacqueline est généreuse. (hésiter / aider ses amis)
Elle n'hésite pas à aider ses amis.

1. Sylvie est paresseuse. (refuser / étudier)
2. Charles n'a pas beaucoup de mémoire. (oublier / téléphoner)
3. Je suis fatigué. (cesser / travailler)
4. Nous voulons maigrir. (refuser / manger de la glace)
5. Henri est de mauvaise humeur. (menacer / partir)
6. Nous sommes nerveux. (réussir / être calmes)
7. Philippe prend des leçons de guitare. (commencer / jouer très bien)
8. Thomas n'est pas débrouillard. (arriver / réparer son vélo)
9. Tu es ambitieux. (rêver / être président)

À votre tour Et vous?

Décrivez ce que vous faites et ce que vous ne faites pas. Pour cela, complétez les phrases suivantes avec une expression de votre choix.

Je voudrais apprendre à . . .
En ce moment je commence à . . .
J'essaie de . . .
Je n'arrive jamais à . . .
Parfois je refuse de . . .
Je ne refuse jamais de . . .
Souvent je rêve de . . .
J'ai réussi à . . .
Parfois je menace de . . .
Je n'oublie jamais de . . .

Leçon 4 Une nuit agitée

Il est deux heures du matin. Jacques se réveille. Il fait très chaud dans la tente. Jacques a mal à la tête. Il décide de sortir *pour prendre l'air.* Dehors, *il fait nuit noire.* Jacques regarde les étoiles. Soudain, il remarque une lueur bleue qui *illumine* le ciel. Puis, une lueur rouge . . . Puis, une lueur verte . . .

to get fresh air
it's pitch dark
lights up

Jacques n'est pas très rassuré. Il rentre dans la tente pour prévenir ses cousins.

JACQUES: Réveillez-vous, les gars!
BERNARD *(de mauvaise humeur):* Qu'est-ce qu'il y a?
JACQUES: Je ne sais pas. Quelque chose d'extraordinaire. Il y a des lueurs dans le ciel.
ROGER: Mais, mon pauvre vieux, ce sont des éclairs . . .
JACQUES: Des éclairs? Tu as *déjà* vu des éclairs rouges, verts et bleus, toi?
BERNARD: Écoute! Couche-toi *au lieu de rêver tout haut!*
JACQUES: J'ai peur . . .

ever
instead of dreaming aloud

Soudain, des explosions *interrompent* le silence de la nuit. Jacques ouvre la tente. Dans la direction de la forêt, on aperçoit des ombres *menaçantes.* Ces ombres s'approchent, *sans faire* de bruit . . . Cette fois, les cousins de Jacques se réveillent complètement.

interrupt
threatening
without making

NOTE CULTURELLE

Les forêts en France Il y a beaucoup de forêts en France. Certaines° sont privées et il est interdit° d'y camper. D'autres sont des forêts publiques. Ces forêts, privées ou publiques, sont souvent utilisées° comme réserves de chasse.° Les Français en effet aiment chasser.° En automne, beaucoup pratiquent° leur sport favori: la chasse.°

Pour préserver la vie° animale, l'État° a décidé de créer des parcs nationaux où il est interdit de chasser. Le plus grand parc national se trouve dans les Alpes et s'appelle le Parc des Écrins.

Certaines *Some* **interdit** *forbidden* **utilisées** *used*
réserves de chasse *game preserves* **chasser** *to hunt*
pratiquent *engage in* **la chasse** *hunting* **vie** *life*
État = gouvernement français

Vocabulaire pratique

NOMS:	**un gars**	*guy, fellow*	**une lueur**	*flash of light, glimmer, glow*
ADJECTIFS:	**privé**	*private*		
	public (publique)	*public*		
VERBES:	**s'approcher (de)**	*to approach, get near (to)*	Quelqu'un s'**approche de** la tente.	
	prévenir	*to warn, tell in advance*	Je t'**ai prévenu** du danger.	

Note: **Prévenir** is conjugated like **venir.** Its **passé composé**, however, is conjugated with **avoir.**

Vocabulaire spécialisé **La nature**

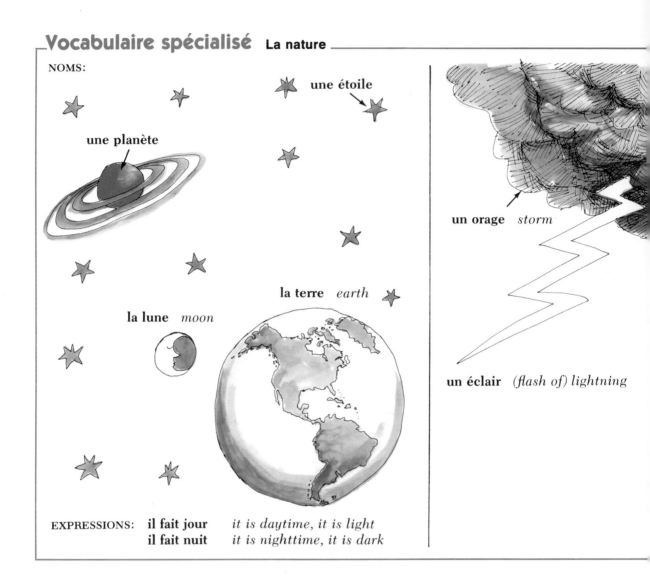

NOMS:

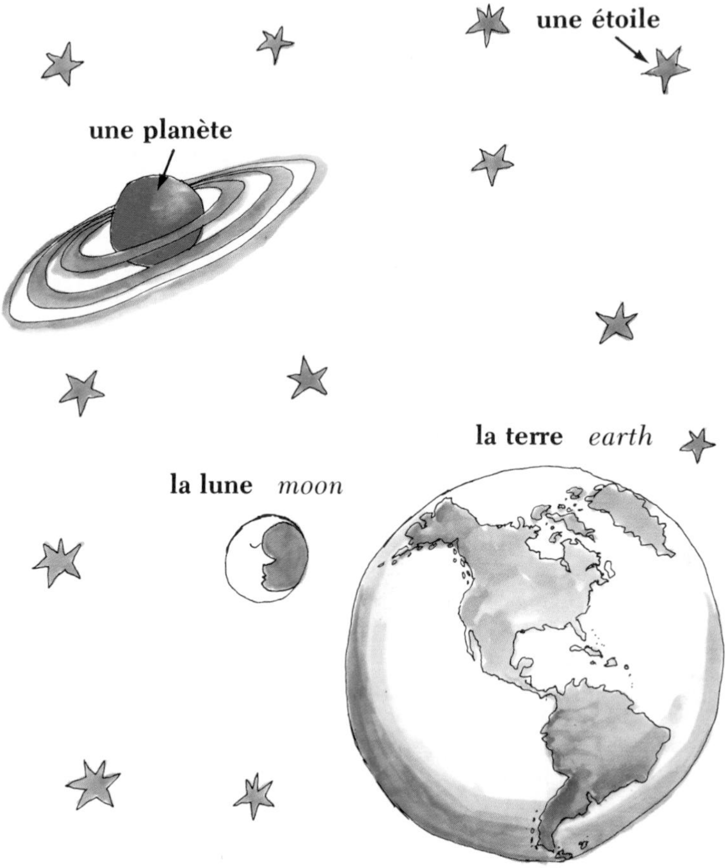

EXPRESSIONS: **il fait jour** *it is daytime, it is light*
il fait nuit *it is nighttime, it is dark*

ACTIVITÉ 1 Vrai ou faux?

Lisez les phrases suivantes et exprimez votre opinion en disant **C'est vrai** ou **C'est faux.**

1. Le soleil est une étoile.
2. La lune est un satellite de la terre.
3. La terre est une planète.
4. Il y a des hommes qui vivent sur la lune.
5. Les étoiles déterminent notre destinée.
6. Les éclairs annoncent un orage.
7. Les éclairs sont des phénomènes électriques.

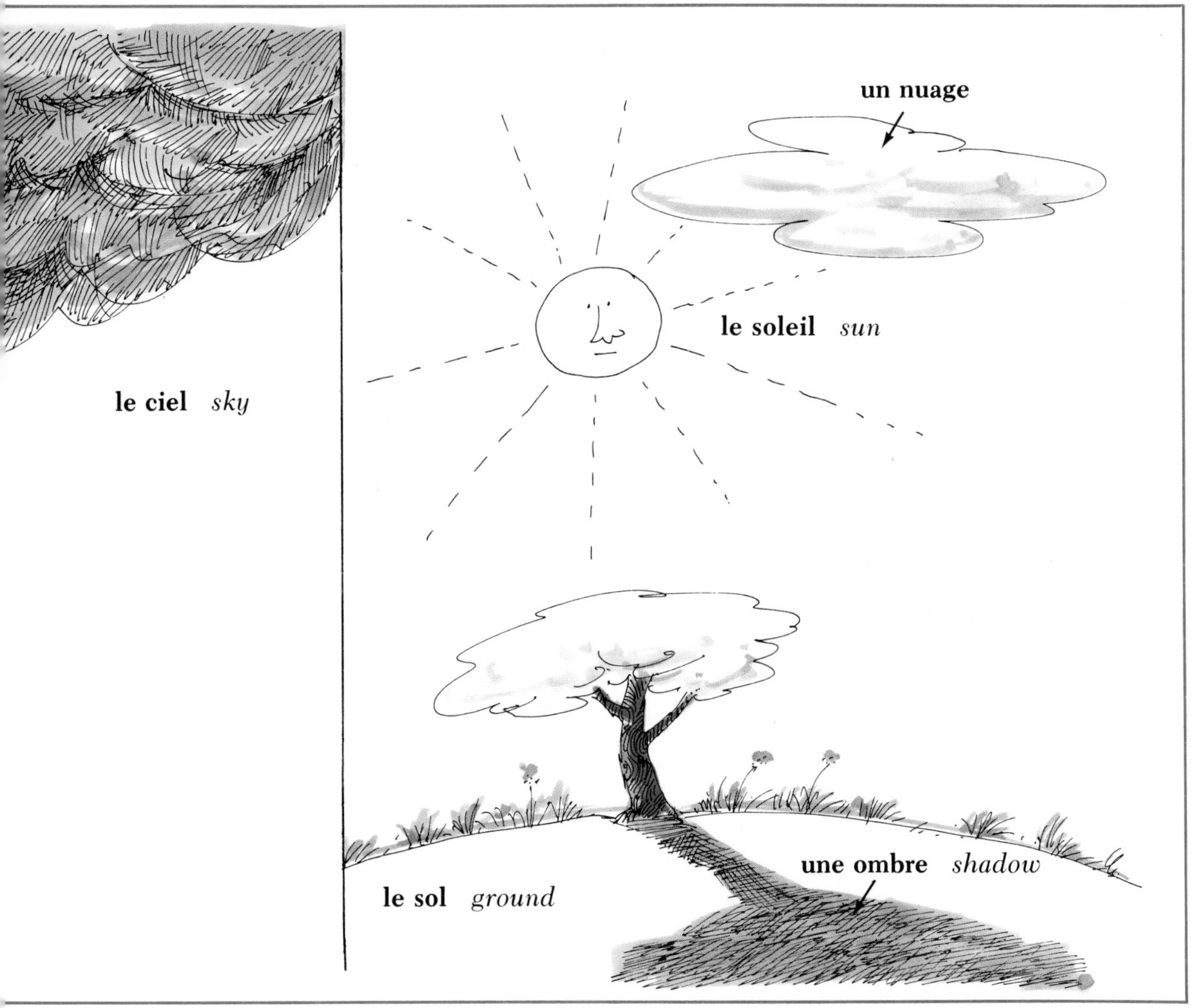

Structure

A. L'usage de l'infinitif après une préposition

Note the use of the infinitive in the sentences below.

Je travaille **pour gagner** de l'argent.	*I work* ***in order to earn*** *money.*
Nous sortons **sans faire** de bruit.	*We leave* ***without making*** *any noise.*
Tu dors **au lieu d'étudier.**	*You are sleeping* ***instead of studying.***
Je te téléphonerai **avant de partir.**	*I will call you* ***before leaving.***

In French the infinitive is the verb form which is used after a *preposition.*

Vocabulaire spécialisé Prépositions suivies de l'infinitif

avant de	*before*	**pour**	*to, in order to; for*
au lieu de	*instead of*	**sans**	*without*

Note: When **pour** is followed by an infinitive, it usually means *in order to.* In English the words *in order* are often omitted.

J'étudie **pour** avoir un «A». — *I study (**in order**) to have an A.*

Pour may also mean *for.*

C'est un endroit idéal **pour** camper. — *It's an ideal spot **for** camping.*

ACTIVITÉ 2 **Une question de priorité**

On fait certaines choses avant d'en faire d'autres. Pour exprimer cela, transformez les phrases suivantes, d'après le modèle. Utilisez la construction **avant de** + infinitif.

⇨ Bernard consulte l'itinéraire et il part. **Bernard consulte l'itinéraire avant de partir.**

1. Je me lave et je me couche.
2. Vous téléphonez et vous allez chez des amis.
3. Ils étudient et ils vont au cinéma.
4. Hélène se brosse les cheveux et elle sort.
5. Nous prenons des leçons et nous conduisons.
6. Tu prends de l'essence et tu pars.
7. Nous achetons les billets d'avion et nous allons en France.
8. Je demande la permission et j'organise une surprise-partie.

ACTIVITÉ 3 **Étourderies** *(Oversights)*

Les personnes suivantes oublient de faire certaines choses essentielles. Pour exprimer cela, transformez les phrases suivantes, d'après le modèle. Utilisez **sans** + infinitif.

⇨ Il part, mais il ne prend pas d'essence. **Il part sans prendre d'essence.**

1. Mes amis viennent chez moi, mais ils ne téléphonent pas.
2. Tu parles, mais tu n'écoutes pas les autres.
3. Vous êtes partis, mais vous ne dites pas au revoir.
4. Nous partons du restaurant, mais nous ne payons pas.
5. Bernard conduit, mais il ne fait pas attention.
6. Tu parles, mais tu ne connais pas la réponse.

ACTIVITÉ 4 **Pourquoi sont-ils allés en France?**

Les personnes suivantes font un voyage en France. Lisez ce qu'elles font et dites pourquoi elles sont allées en France, d'après le modèle.

⇨ Sophie rencontre des Français.
Sophie est allée en France pour rencontrer des Français.

1. Paul rencontre des Françaises.
2. Mes parents visitent Paris.
3. Isabelle étudie l'architecture.
4. Vous allez dans les restaurants.
5. Je bois du champagne.
6. Tu achètes une voiture française.
7. Nous parlons français.
8. Mes cousins passent des bonnes vacances.

À votre tour **Pourquoi?**

Dites pour quelles raisons vous voudriez faire ou avoir certaines choses. Complétez les phrases suivantes avec la construction **pour** + l'infinitif. Utilisez votre imagination.

⇨ Je voudrais avoir de l'argent . . .
Je voudrais avoir de l'argent pour acheter une guitare (pour faire un voyage, pour aller à l'université, etc.).

Je voudrais avoir une voiture . . .
Je voudrais aller à l'université . . .
Je voudrais parler français . . .
Je voudrais aller en France . . .
Je voudrais être riche . . .
Je voudrais réussir à mes examens . . .

UNITÉ 8

Leçon 5 Les manœuvres

En voyant les ombres, les trois garçons sont sortis de la tente *en vitesse*. Trois hommes *armés* les ont immédiatement *entourés*. Leur chef s'est adressé à Bernard:

On seeing; fast
armed; surrounded

LE CHEF: Qu'est-ce que vous faites ici?
BERNARD: Eh bien . . . Vous voyez . . . Nous faisons du camping.
LE CHEF: Du camping! Mais vous ne savez donc pas qu'*en campant* ici, vous *risquez* votre vie?
BERNARD: Euh, non . . . Pourquoi?
LE CHEF: Comment? Vous n'avez pas vu la pancarte *en arrivant* sur ce *terrain*? Eh bien, si vous ne l'avez pas vue, je vous conseille de la regarder en partant! Allez, *décampez* immédiatement!

by camping
risk
upon arriving
grounds
= partez

Les trois garçons ont quitté *précipitamment* les lieux. En partant; ils ont vu une énorme pancarte avec cette inscription:

quickly

Do not enter!

Au matin, ils se sont installés dans le premier camping qu'ils ont trouvé. Il y a beaucoup de monde. Bernard a déclaré *en plaisantant* que la foule donne un certain sentiment de sécurité . . . un sentiment qui, après tout, est assez réconfortant.

jokingly

NOTE CULTURELLE

Le service militaire En France, le service militaire est obligatoire.° En principe,° tous les jeunes Français doivent faire leur service militaire avant 21 ans. (Si elles le veulent, les jeunes Françaises peuvent aussi faire leur service militaire.) Il y a des sursis° pour les étudiants. Le service militaire dure un an.

Un certain nombre de jeunes Français font leur service militaire dans la "Coopération". Cela signifie° qu'ils passent un an dans un pays étranger (en général dans un pays africain d'expression française° . . . ou même en Louisiane!). Là, ils enseignent° le français ou d'autres disciplines.°

L'attitude des jeunes Français devant° le service militaire est très variable. Certains° pensent que le service militaire est complètement inutile. D'autres pensent que c'est une bonne transition entre l'adolescence et l'âge adulte. Mais en général, les jeunes Français font leur service militaire sans trop protester. Ils savent qu'il n'y a pas de discrimination sociale: En France, tout le monde fait son service militaire.

obligatoire *compulsory* **En principe** *In principle* **sursis** deferments **signifie** *means* **d'expression française = où on parle français** **enseignent** *teach* **disciplines** *subjects* **devant** *toward* **Certains** *Some*

Vocabulaire pratique

NOMS:	**un chef**	*chief, leader*	**la foule**	*crowd*
	un lieu	*place, area*	**la vie**	*life*
	les lieux	*premises*		
ADJECTIFS:	**énorme**	*enormous, huge*		
	réconfortant	*comforting*		
VERBES:	**s'adresser à**	*to talk to*	Henri! C'est **à** toi que je **m'adresse!**	
	conseiller	*to advise*	**J'ai conseillé** à mon frère de travailler plus.	
	s'installer	*to settle*	Mon cousin **s'est installé** à Paris.	

MOTS APPARENTÉS

French nouns and adjectives in **-aire** often have English cognates in *-ary*.

-aire	↔	***-ary***
un itinér**aire**		*itiner**ary***
milit**aire**		*milit**ary***

Structure

A. Le participe présent: formes

Read the following sentences carefully, paying attention to the expressions in heavy type. The verbs are in a new form: the *present participle.*

En restant ici, vous prenez des risques.	***By staying** here, you are taking risks.*
En partant, regardez la pancarte!	***On leaving,** look at the sign!*
En voyant la pancarte, ils ont compris.	***By looking** at the sign, they understood.*

The present participle has only one form, which ends in **-ant.** It is derived as follows:

STEM	+	ENDING
nous-form of *present* minus **-ons**	+	**-ant**

			PRESENT PARTICIPLE
travailler:	nous **travaill**ons	→	**travaill**ant
finir:	nous **finiss**ons	→	**finiss**ant
attendre:	nous **attend**ons	→	**attend**ant
commencer:	nous **commenç**ons	→	**commenç**ant
manger:	nous **mange**ons	→	**mange**ant
boire:	nous **buv**ons	→	**buv**ant
sortir:	nous **sort**ons	→	**sort**ant

⇨ There are three irregular present participles:

être	→	**ét**ant	**En étant** généreux, vous aurez des amis.
avoir	→	**ay**ant	**En ayant** des amis, vous serez heureux.
savoir	→	**sach**ant	**En sachant** parler français, vous aimerez votre voyage à Paris.

⇨ When a reflexive verb is used in the present participle form, the reflexive pronoun represents the same person as the subject.

se promener	**En me promenant, j'**ai vu des canards.
se raser	**Tu** t'es coupé **en te rasant.**

ACTIVITÉ 1 **La détente** *(Relaxation)*

Il y a beaucoup de façons de se détendre *(to relax).* Dites si oui ou non vous vous détendez en faisant les choses suivantes. Commencez vos phrases par **Je me détends** ou **Je ne me détends pas,** et utilisez **en** + le *participe présent* des verbes suivants.

⇨ écouter de la musique — **Je me détends en écoutant de la musique.**
(Je ne me détends pas en écoutant de la musique.)

1. écouter la radio
2. regarder la télé
3. aller au cinéma
4. jouer au ping-pong
5. faire du sport
6. lire des romans policiers
7. sortir avec des amis
8. nager

ACTIVITÉ 2 La radio

On peut écouter la radio et faire autre chose *(something else)*. Dites ce que font les personnes suivantes quand elles écoutent la radio. Pour cela, faites des phrases où vous utiliserez le présent de l'expression **écouter la radio** et le *participe présent*, d'après le modèle.

⇨ Philippe travaille. **Philippe écoute la radio en travaillant.**

1. Jacques étudie.
2. Suzanne déjeune.
3. Mon père se rase.
4. Nous nous promenons.
5. Tu conduis.
6. Mes cousins dînent.
7. Je me lave.
8. Ma cousine prépare le dîner.
9. Paul met la table.

B. Le participe présent: usages

In French the present participle is mainly used—

(1) to describe two *simultaneous* actions:

Nous étudions **en écoutant** la radio. — *We study* ***while listening*** *to the radio.*
En arrivant, je n'ai pas vu la pancarte. — ***Upon arriving,*** *I did not see the sign.*

(2) to express a relationship of *cause* and *effect:*

En travaillant, tu gagneras de l'argent. — ***By working,*** *you will earn money.*
Vous maigrirez **en mangeant** moins. — *You will lose weight* ***by eating*** *less.*

⇨ The present participle is usually introduced by the preposition **en** *(while, on, upon, by).*

ACTIVITÉ 3 Zut alors!

Les personnes suivantes ont eu des accidents. Expliquez les circonstances de ces accidents, d'après le modèle.

⇨ Paul s'est cassé la jambe. (Il faisait du ski.)
Paul s'est cassé la jambe en faisant du ski.

1. Jacqueline s'est cassé le bras. (Elle faisait du judo.)
2. Henri a eu un accident. (Il allait au supermarché.)
3. J'ai eu un accident. (Je conduisais trop vite.)
4. Mon père s'est coupé. (Il se rasait.)
5. Vous êtes tombés. (Vous montiez les escaliers.)
6. Tu t'es électrocuté. (Tu réparais la lampe.)

ACTIVITÉ 4 Nouveaux proverbes

Composez des proverbes. Pour cela, transformez les phrases suivantes, d'après le modèle.

⇨ On cherche et on trouve. **C'est en cherchant qu'on trouve.**

1. On fait du sport et on est en forme *(in shape)*.
2. On s'impatiente et on rate ses examens.
3. On se lave et on est propre *(clean)*.
4. On conduit trop vite et on a un accident.
5. On parle tout le temps et on irrite le professeur.
6. On danse et on apprend à danser.
7. On perd patience et on s'énerve.
8. On est égoïste et on perd ses amis.
9. On étudie et on apprend.
10. On se dépêche et on est à l'heure.

ACTIVITÉ 5 Et vous?

Dites comment vous faites certaines choses. Pour cela, complétez les phrases suivantes avec une expression personnelle. Utilisez la construction **en** + *participe présent.*

⇨ J'aide mes parents . . **J'aide mes parents en faisant les courses (en lavant la voiture, etc.).**

1. J'aide mes amis . . .
2. Je prépare l'examen . . .
3. Je perds mon temps . . .
4. Le soir, je m'occupe *(keep busy)* . . .
5. Pendant les vacances, je vais gagner de l'argent . . .
6. Le week-end, je m'occupe . . .

C. L'adjectif verbal en *-ant*

Many French adjectives end in **-ant.** These adjectives are derived from verbs in the same manner as the present participle.

(intéresser)	nous intéressons	un garçon **intéressant**	*an **interesting** boy*
		une fille **intéressante**	*an **interesting** girl*
(amuser)	nous amusons	un livre **amusant**	*an **amusing** book*
		des histoires **amusantes**	***amusing** stories*

⇨ Adjectives in **-ant** agree in gender and number with the nouns or pronouns they modify.

⇨ Adjectives in **-ant** often correspond to English adjectives in *-ing.* Note the exception: obéir → **obéissant** *(obedient)*

ACTIVITÉ 6 Définitions

Complétez les définitions suivantes avec un adjectif en **-ant.**

⇨ Des livres qui intéressent . . . **Des livres qui intéressent sont des livres intéressants.**

1. Une personne qui intéresse . . .
2. Un remède qui calme . . .
3. Une remarque qui irrite . . .
4. Une activité qui amuse . . .
5. Une idée qui trouble . . .
6. Un symptôme qui alarme . . .
7. Un garçon qui obéit . . .
8. Des filles qui obéissent . . .

À votre tour **Réaction en chaîne**

Un événement ne vient jamais tout seul. Continuez l'histoire en utilisant le participe présent du verbe précédent. Chaque élève ajoute une phrase.

⇨ En me promenant . . .
Élève 1: En me promenant, j'ai vu mon cousin.
Élève 2: En voyant mon cousin, je lui ai parlé.
Élève 3: En lui parlant, j'ai appris une nouvelle extraordinaire.

1. En allant en classe . . .
2. En téléphonant à un ami . . .
3. En rentrant chez moi . . .
4. En regardant la télé . . .
5. En faisant les courses . . .
6. En allant au cinéma . . .
7. En revenant de vacances . . .
8. En allant à une surprise-partie .

Le test du bon conducteur

Un jour ou l'autre, vous apprendrez certainement à conduire. Pour juger si vous serez un bon conducteur, répondez aux six questions du **Test du bon conducteur.** Avant de commencer, lisez le **Vocabulaire spécialisé:**

Vocabulaire spécialisé

Au volant

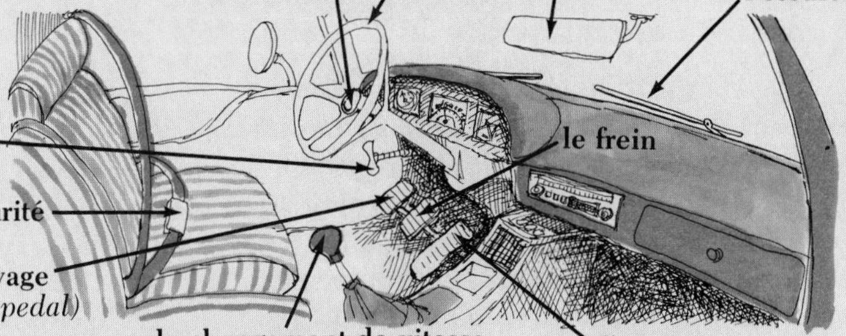

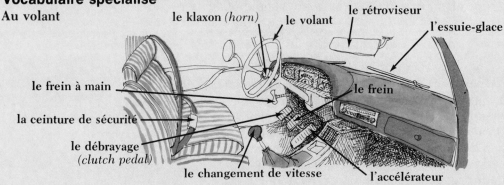

1. Que faites-vous avant de démarrer?° *starting*
   - A. Vous vous regardez dans le rétroviseur.
   - B. Vous mettez la ceinture de sécurité.
   - C. Vous mettez la radio.
2. Pour aller plus vite, vous appuyez° *step (push)*
   - A. sur le frein
   - B. sur l'accélérateur
   - C. sur le klaxon
3. En arrivant devant un feu rouge, que faites-vous?
   - A. Vous accélérez.
   - B. Vous vous arrêtez brusquement.
   - C. Vous vous arrêtez progressivement.
4. Si vous avez un accident, vous appelerez d'abord
   - A. la police
   - B. vos parents
   - C. le garagiste° *mechanic*
5. Quelle est la chose la plus importante à faire avant de commencer un très long voyage en voiture?
   - A. vérifier les pneus et les freins
   - B. célébrer l'occasion avec des amis
   - C. laver la voiture
6. Un jour où il neige beaucoup, il est plus prudent de
   - A. prendre l'autobus
   - B. mettre de l'eau dans le radiateur
   - C. ne pas vous arrêter aux feux rouges

Résultats

Marquez un point pour les réponses suivantes: 1-B, 2-B, 3-C, 4-A, 5-A, 6-A. Faites le total de vos points.

Si vous avez 6 points, vous serez un excellent conducteur.

Si vous avez 4 ou 5 points, vous devrez prendre des leçons.

Si vous avez 2 ou 3 points, gardez votre bicyclette.

Si vous avez moins de 2 points, prenez le bus.

L'incroyable histoire de l'or noir

L'or noir, c'est le pétrole. On compare le pétrole à l'or parce que c'est une substance minérale très précieuse. On l'appelle «or noir» à cause de sa couleur. En permettant le développement de l'automobile au vingtième siècle,° le pétrole a révolutionné l'existence des hommes. L'histoire du pétrole a cependant° commencé bien avant l'automobile.

century
however

L'Antiquité

De nombreux° auteurs° de l'Antiquité parlent du pétrole et de ses effets. Avez-vous lu la Bible? Alors vous vous souvenez certainement de l'histoire de Moïse. Moïse est le chef des Hébreux. Les Hébreux sont alors en Égypte. Un jour, Dieu° donne à Moïse l'ordre de quitter l'Égypte. C'est l'exode d'Égypte. La nuit, une colonne de feu guide la marche des Hébreux dans le désert. L'origine de cette colonne de feu? Probablement du pétrole qui flambe!°

Numerous; writers
God
burns

Alexandre le Grand, roi° de Macédoine (356–323 avant Jésus-Christ), est le plus grand conquérant de l'histoire. En 333 avant Jésus-Christ, Alexandre arrive en Perse où il découvre un liquide mystérieux. C'est du pétrole qu'on allume° en son honneur.

king
lights

Dans de nombreux pays antiques, le pétrole est révéré° comme la source de la flamme sacrée. Le pétrole n'est pas seulement l'objet d'un culte religieux. On l'utilise aussi en médecine et dans la construction. À Babylone, les médecins prescrivent des baumes° à base de pétrole contre certaines maladies.° Les architectes utilisent l'asphalte, dérivé du pétrole, pour construire des routes.

honored
balms
diseases

Plus tard, les Grecs et les Romains utilisent le pétrole dans leurs lampes à la place de° l'huile d'olive.

instead of

Au Moyen Âge°

Middle Ages

Au Moyen Âge, le pétrole devient une arme° très dangereuse. Au septième siècle, un ingénieur militaire grec, Collinicos, invente le «feu grégeois» (c'est-à-dire le feu grec). Ce feu grégeois est un mélange° de soufre,° de salpêtre et d'asphalte. On utilise ce mélange dans les combats° navals. Le feu grégeois sauve Constantinople au dixième siècle. À cette époque, un prince russe,° le prince Igor, décide d'attaquer la ville. Il arrive à Constantinople avec ses bateaux. Les Grecs de Constantinople contre-attaquent avec le feu grégeois. La flotte° russe est détruite.

weapon
mixture; sulfur
battles
Russian
fleet

Les Arabes utilisent le même procédé.° Ils créent un corps de spécialistes, les «naffatins». Les «naffatins» sont chargés° de lancer° du pétrole enflammé° sur leurs ennemis. Au douzième siècle, les ennemis des Arabes sont des Chrétiens° venus d'Europe, les Croisés.° Les Croisés sont terrifiés par l'arme magique du pétrole.

process
in charge; throwing; flaming
Christians; Crusaders

Le pétrole est utilisé aussi pacifiquement.° Les médecins du Moyen Âge préparent des potions à base de pétrole. Avec ces potions, ils prétendent° guérir° les maladies pulmonaires° et les maladies intestinales.

peacefully
claim; to cure
of the lungs

En Amérique

Bien avant Christophe Colomb, les Incas connaissent le pétrole. Ils l'adorent.° Ils l'utilisent aussi: pour fabriquer° des torches, pour réparer leurs pirogues,° pour lubrifier leurs chariots.

worship; make
canoes

En Amérique du Nord, d'autres Indiens connaissent aussi le pétrole et l'utilisent comme médicament. Ces Indiens, ce sont les Sénécas qui vivent dans l'état de New York actuel. Un charlatan blanc, Samuel Kier, les imite. Kier met le pétrole en bouteille et le vend comme remède miracle. Ce remède guérit toutes les maladies: l'asthme, la bronchite, la diarrhée, les névralgies,° etc. . . . En 1829, Kier vend 240.000 bouteilles. C'est la fortune.

pains

En 1859, un autre Américain, Edwin Drake, découvre du pétrole à Titusville, en Pennsylvanie. Quelques années plus tard, un jeune homme dynamique décide de commercialiser ce produit. Ce jeune homme s'appelle John D. Rockefeller. L'industrie du pétrole est née . . .

L'ART DE LA LECTURE

Word families

Sometimes you may come across words which seem totally new to you, like the word **incroyable** used in "**L'incroyable histoire de l'or noir.**" A closer look at these words, however, may reveal some familiar elements. **Incroyable,** for example, may be broken up as follows:

the ending: **-able** is the same as the English suffix *-able*
the beginning: **in-** often corresponds to the English prefix *un-* or *in-*
the middle part: the stem **croy** comes from the verb **croire** *(to believe)*

Thus, **incroyable** turns out to be the French equivalent of *unbelievable.*

When you don't know a word, check to see whether the entire word or parts of it resemble words you already know. In French, as in English, there are many *word families,* that is, clusters of words which are built on the same stem. For instance:

If you know **la flamme** = *flame,* you will be able to guess **flamber** *(to flame, burn)* and **enflammer** *(to enflame, set on fire).*

Appendix 1 Sound-spelling Correspondences

SOUND	SPELLING	EXAMPLES
Vowels		
/a/	**a, à, â**	Madame, là-bas, théâtre
/i/	**i, î**	visite, Nice, dîne
	y (initial, final, or between consonants)	Yves, Guy, style
/u/	**ou, où, oû**	Toulouse, où, août
/y/	**u, û**	tu, Luc, sûr
/o/	**o** (final or before silent consonant)	piano, idiot, Margot
	au, eau	jaune, Claude, beau
	ô	hôtel, drôle, Côte-d'Ivoire
/ɔ/	**o**	Monique, Noël, jolie
	au	Paul, restaurant, Laure
/e/	**é**	Dédé, Québec, télé
	e (before silent final **z, t, r**)	chez, et, Roger
	ai (final or before final silent consonant)	j'ai, mai, japonais
/ɛ/	**è**	Michèle, Ève, père
	ei	seize, neige, tour Eiffel
	ê	tête, être, Viêt-nam
	e (before two consonants)	elle, Pierre, Annette
	e (before pronounced final consonant)	Michel, avec, cher
	ai (before pronounced final consonant)	française, aime, Maine
/ə/	**e** (final or before single consonant)	je, Denise, venir
/ø/	**eu, œu**	deux, Mathieu, œufs
	eu (before final **se**)	nerveuse, généreuse, sérieuse
/œ/	**eu, œu** (before final pronounced consonant except /z/)	heure, neuf, Lesieur, sœur
Nasal vowels		
/ɑ̃/	**an, am**	France, quand, lampe
	en, em	Henri, pendant, décembre
/ɔ̃/	**on, om**	non, Simon, bombe
/ɛ̃/	**in, im**	Martin, invite, impossible
	yn, ym	syndicat, sympathique, Olympique
	ain, aim	Alain, américain, faim
	(o) + in	loin, moins, point
	(i) + en	bien, Julien, viens
/œ̃/	**un, um**	un, Lebrun, parfum
Semi-vowels		
/j/	**i, y** (before vowel sound)	bien, piano, Lyon
	-il, -ill (after vowel sound)	œil, travaille, Marseille
/ɥ/	**u** (before vowel sound)	lui, Suisse, juillet
/w/	**ou** (before vowel sound)	oui, Louis, jouer
/wa/	**oi, oî, oy** (before vowel)	voici, Benoît, voyage

SOUND	SPELLING	EXAMPLES
Consonants		
/b/	**b**	Barbara, banane, Belgique
/k/	**c** (before **a, o, u,** or consonant)	Coca-Cola, cuisine, classe
	ch(r)	Christine, Christian, Christophe
	qu, q (final)	Québec, qu'est-ce que, cinq
	k	kilo, Kiki, ketchup
/ʃ/	**ch**	Charles, blanche, chez
/d/	**d**	Didier, dans, médecin
/f/	**f**	Félix, franc, neuf
	ph	Philippe, téléphone, photo
/g/	**g** (before **a, o, u,** or consonant)	Gabriel, gorge, légumes, gris
	gu (before **e, i, y**)	vague, Guillaume, Guy
/ɲ/	**gn**	mignon, champagne, Allemagne
/ʒ/	**j**	je, Jérôme, jaune
	g (before **e, i, y**)	rouge, Gigi, gymnastique
	ge (before **a, o, u**)	orangeade, Georges, nageur
/l/	**l**	Lise, elle, cheval
/m/	**m**	Maman, moi, tomate
/n/	**n**	banane, Nancy, nous
/p/	**p**	peu, Papa, Pierre
/r/	**r**	arrive, rentre, Paris
/s/	**c** (before **e, i, y**)	ce, Cécile, Nancy
	ç (before **a, o, u**)	ça, garçon, déçu
	s (initial or before consonant)	sac, Sophie, reste
	ss (between vowels)	boisson, dessert, Suisse
	t (before **i** + vowel)	attention, Nations Unies, natation
	x	dix, six, soixante
/t/	**t**	trop, télé, Tours
	th	Thérèse, thé, Marthe
/v/	**v**	Viviane, vous, nouveau
/gz/	**x**	examen, exemple, exact
/ks/	**x**	Max, Mexique, excellent
/z/	**s** (between vowels)	désert, télévision, Louise
	z	Suzanne, zut, zéro

Appendix 2 Review of Pronunciation

REPRISE **Sounding French** Just as Americans have trouble understanding someone who speaks English with a strong foreign accent, so do French speakers have difficulty understanding French spoken with a strong American accent. Sounding French is mainly a matter of adopting French patterns of rhythm, accent, and intonation.

1. Rythme et accent final

French rhythm is very *even.* (English rhythm is uneven.) The stress falls on the last syllable of a word or group of words.

1-2-3 J'aime chanter.
1-2-3-4 Vous dansez bien.
1-2-3-4-5 Je voyage souvent.
1-2-3-4-5-6 Tu dînes au restaurant.
1-2-3-4-5-6-7 Vous téléphonez à Marc.
1-2-3-4-5-6-7-8 J'organise une surprise-partie.

2. Lettres finales

Not all letters in a French word are pronounced. Final **e** is usually silent. Final consonants (except **c, r, f, l**) are usually not pronounced.

Martine écoute une cassette française.
Louis et Bernard travaillent beaucoup.
Luc est actif. C'est le meilleur ami de Paul.

3. Enchaînement

All words within a sentence or phrase are linked together. In pronouncing a word or group of words, the French try to have each syllable begin with a consonant sound and end in a vowel sound. (The last syllable often ends in a consonant sound.)

au-to-bus
ci-né-ma
ma-ga-sin
l'hô-pi-tal
re-stau-rant

Je vais chan-ter.
Voi-ci un beau thé-âtre.
Pau/l es/t un gar-çon for-mi-dable.
I/l est qua-tre heures.

4. Intonation des phrases

In short statements the voice falls at the end of the sentence.
In long sentences the voice rises at the end of each group of words and falls on the last one.

Mon père arrive.
Ma cousine rentre.
Tu as dix ans.

Mon père va arriver à midi et demi.
Ma cousine Jacqueline ne rentre pas ce soir.
Mes deux petits cousins ont dix ans.

5. Intonation des questions et des ordres

Yes-no questions: the voice rises.
Tu réponds? Est-ce que tu attends? Portez-vous un manteau?

Information questions: the voice falls, with a slight rise at the end.
Quel temps fait-il? Pourquoi rougit-elle?
À quelle heure finissez-vous? Qu'est-ce que vous vendez?

Commands: the voice falls.
Attends ici! Choisissez une cravate! Ne répondez pas!

UNITÉ 1 **Basic vowels** In French all vowels are pronounced clearly, even when they are unaccented.

1. Les voyelles /o/ et /ɔ/

/o/ usually occurs as the last sound or in the final syllable /oz/: **o, ô, au, eau.**

au, eau, beau, nos, vos, haricot, maillot, rose, drôle
Charlot a un beau chapeau.

/ɔ/ is usually followed by a consonant sound: **o, au.**

école, carotte, omelette, objet, Paul, restaurant, joli, fromage
Paul commande de la sole et des tomates.

2. Les voyelles /ø/ et /œ/

/ø/ usually occurs as the last sound in a word or in the final syllable /øz/: **eu, œu.**

deux, bleu, peu, dangereux, veux, peut, vendeuse, sérieuse
Je veux les deux cravates bleues.

/œ/ is usually followed by a consonant sound: **eu, œu.**

œuf, sœur, beurre, leur, heure, jeune, professeur, neuf, veulent
Mes sœurs veulent parler à leur professeur.

3. Les voyelles /a/ et /wa/

The letter **a** alone represents the sound /a/.

la, ma, Canada, dollar, Paris, avocat, patron, passer, alors
Mardi Nathalie va gagner quatorze dollars.

The letters **oi, oy** alone represent the sound /wa/.

moi, toi, avoir, soif, froid, dois, boire, soir, endroit
Antoine Lavoie a soif. Il doit boire du thé.

4. Les voyelles /e/ et /ɛ/

/e/ usually occurs as the last sound in a word: **é, ai, er, ez.** In all positions **é** represents /e/.

été, musée, lycée, café, détester, déjeuner, j'ai, allez, chez
Dédé veut aller chez les Léger cet été.

/ɛ/ is usually followed by a consonant sound: **è, ê, ai, ei, e** + *consonant.*

père, mère, frère, crème, bête, être, elle, française, seize
Vous êtes bêtes. Michèle va mettre ses lunettes.

5. Les voyelles /i/, /u/, /y/

The letters **i, î, y** alone represent the sound /i/.

frites, ski, parti, permis, gris, fils, mari, lycée, île
Le mari de Gigi est sorti à midi.

The letters **ou, où** represent the sound /u/.

nous, vous, tout, soupe, vouloir, pouvez, poulet, rouge, pour
Nous voulons de la soupe et du poulet.

The letter **u** alone represents the sound /y/. (This sound has no English equivalent.)

tu, venu, sur, bu, pu, voulu, une, brune, étudie
Tu as bu ton thé avec du sucre.

UNITÉ 2 **Liaison** When a final consonant which is normally silent is pronounced as if it were the first consonant of the following word, this is called *liaison.* Liaison only occurs before words beginning with a vowel sound.

1. La liaison: pronom sujet et verbe

Liaison is required between a subject pronoun and its conjugated verb.

Nous écrivons. Vous invitez. On arrive. Ils apprennent. Elles ont.
Est-elle ici? Ont-ils téléphoné? Font-ils des projets? Écrivent-elles?

2. La liaison: verbe et pronom complément

Liaison is required between an object pronoun and the verb with which it is used.

Je les‿aime. Tu ne nous‿écoutes pas. Il nous‿écrit. Elle vous‿adore. Nous les‿avons mis là-bas. Je ne vous‿ai pas reconnu.

3. La liaison: déterminant + adjectif + nom

Liaison is required between the words introducing a noun (article, possessive adjective, number, etc.), the preceding adjective, and the noun.

mon‿anorak; cet‿endroit; deux‿ans; un‿ami; vos‿enfants; dix‿heures; les‿avocats; aux‿élèves; des‿objets; un mauvais‿élève; un petit‿oiseau; un grand/t/‿avion

4. D'autres liaisons

Liaison is required after the following short words: **bien, très, en, plus, sans,** and **chez** + stress pronoun.

très‿intéressant; bien‿intelligent; plus‿amusant; sans‿argent; en‿Italie; chez‿elle

Liaison is usually used after **est** and **sont.**

Paul est‿ici. Mes parents sont‿à Paris.

Liaison is required in certain phrases.

aux‿États-‿Unis; Comment‿allez-vous?

5. Liaisons interdites [‿̸]

There is *never* liaison:

before and after **et**	Georges est généreux ‿̸ et ‿̸ impulsif.
after a singular noun	C'est un garçon ‿̸ ambitieux.
before aspirate **h**	Les ‿̸ hors-d'œuvre sont délicieux.

UNITÉ 3 Mute e and semi-vowels

The *mute* **e** /ə/ is the only French vowel which may be dropped in rapid speech. The semi-vowels—or semi-consonants—are pronounced very quickly, with much tension.

1. La voyelle /ə/ à la fin d'un mot

The final **e** of one-syllable words like **je, me, ne,** and **le** is pronounced /ə/. It may be dropped in rapid speech when the preceding word ends in a vowel sound. The final **e** of longer words is almost always silent.

LENTEMENT	RAPIDEMENT
Je me lav~~e~~.	Je m~~e~~ lav~~e~~.
Tu te coup~~e~~s.	Tu t~~e~~ coup~~e~~s.
Où est le salon?	Où est l~~e~~ salon?
Marie ne sort pas.	Marie n~~e~~ sort pas.

2. La voyelle /ə/ au milieu d'un mot

In the middle of a word, the letter **e** alone followed by a single consonant or *consonant* + **r, l** represents /ə/. When preceded by a syllable ending in *one* consonant sound, the /ə/ may be dropped.

vendredi	contredire	sam~~e~~di	om~~e~~lette
mercredi	quatre-vingts	maintenant	promenade
appartement	quelque chose	ach~~e~~tez	
grenier	prenez	app~~e~~lons	
premier	reprendre	env~~e~~loppe	
Angleterre		brac~~e~~let	

3. La semi-voyelle /j/: voyelle + *ill* (*il*)

When the letters **ill** (or **il** at the end of a word) are preceded by a vowel, they often represent the sound /j/.

/aj/ travaille, travail, maillot
/ɛj/ réveille, soleil, oreille, meilleur, appareil, sommeil
/œj/ œil

Note: **-ille** may be pronounced /ij/ or /il/.

/ij/ fille, famille, habiller, maquiller, billet
/il/ ville, Gilles

4. La semi-voyelle /j/: *i, y* + voyelle

The letters **i, y** before a vowel usually represent the sound /j/.

piano, inquiet, pièce, grenier, se marier, étudier, cahier, curieux, sérieux, avion, derrière, milieu, Yolande, yaourt

5. Les semi-voyelles /ɥ/, /w/

The letter **u** before a vowel represents /ɥ/.

/ɥ/ huit, conduire, lui, suis, nuit, huile, ensuite, minuit

The letters **ou** before a vowel represent /w/.

/w/ oui, Louis, Louise, ouest

UNITÉ 4 Some consonants

Consonants in French are pronounced very clearly and distinctly.

1. Les lettres *g* et *c*

The sound /g/ is represented by:
- the letter **g** + **a, o, u,** or *consonant* — garçon, gâteau, golf, figure, glace, gris
- the letters **gu** + **e, i, y** — longue, fatigué, guitare, Guy

The sound /ʒ/ is represented by:
- the letter **g** + **e, i, y** — Roger, argent, Gigi, rougir, gymnastique
- the letters **ge** + **a, o** — geai (*jay*), Georges, mangeons, changeons

The sound /k/ is represented by:
- the letter **c** + **a, o, u,** or *consonant* — café, commence, curieux, boucle, crayon

The sound /s/ is represented by:
- the letter **c** + **e, i, y** — Cécile, ici, bicyclette
- the letter **ç** + **a, o, u** — ça, fiançailles, garçon, reçu

2. Les lettres s et ss

The letter **s** between two vowels represents the sound /z/. — refuser, cuisine, rose, chose, heureuse, rasoir, valise

The letter **s** in other positions represents the sound /s/. — savon, sept, espérer, touriste, construire, sportif, rester

The letters **ss** always represent the sound /s/. — essayer, adresse, pressé, passager, vitesse, rassuré

3. Les consonnes initiales /p/, /t/, /k/

At the beginning of a word, the following French consonants are pronounced *without* releasing a puff of air.

p : /p/ — Papa, peigne, partir, porte; Pourquoi parlez-vous à Paul?
t, th : /t/ — tableau, table, théâtre, temps; Thérèse téléphone à ta tante.
c, k, qu : /k/ — caméra, cœur, cou, kilo, quand; Quelle commode est cassée?

4. La consonne /l/

The French consonant /l/ is pronounced with the tip of the tongue touching the upper front teeth.

lampe, lit, lettre, pluie, soleil, salle, belle
Quelle belle demoiselle!
L'oncle de Lili est malade.

5. La consonne /r/

The French consonant /r/ is pronounced at the back of the throat. At the end of a word it is pronounced very softly.

revenir, roman, rue, rire, rare, sourire, trente, triste, grand, larme, marque, moutarde, leur, sœur, père, votre, autre, théâtre

UNITÉ 5 Nasal vowels

In English, vowels are often partly nasalized before the consonants **n, m, nk, ng** (e.g., *can, calm, tank, rang*). In French, vowels are either completely nasalized (and the consonant **n** or **m** is not pronounced), or vowels are not nasalized at all (and the following **n, m,** or **gn** is pronounced). In written French, the combination *vowel* + **n, m** represents a nasal vowel, unless followed by a vowel or another **n, m**.

1. Les voyelles nasales /ɛ̃/ et /œ̃/

NASALE	NON-NASALE	CONTRASTEZ	
in, im, ym : /ɛ̃/	**ine** : /in/	cousin : cousine	/ɛ̃/ matin, sympathique, important,
ain, aim : /ɛ̃/	**aine** : /ɛn/	américain : américaine	Alain, africain, bains
ien : /jɛ̃/	**ienne** : /jɛn/	vient : viennent	/jɛ̃/ canadien, bien, reviens
oin : /wɛ̃/	**oine** : /wan/	moins : moine (*monk*)	/wɛ̃/ loin, besoin
un, um : /œ̃/	**une** : /yn/	brun : brune	/œ̃/ un, parfum

2. La voyelle nasale /ɑ̃/

an, am : /ɑ̃/	**ane, anne** : /an/	an : Anne	/ɑ̃/ vacances, étranger, ambitieux, camping,
en, em : /ɑ̃/	**ène, enne** : /ɛn/	en : scène	décembre, vent, dents, rentrer, pendant

3. La voyelle nasale /ɔ̃/

on, om : /ɔ̃/	**onne, omme** : /ɔn/, /ɔm/	bon : bonne	/ɔ̃/ compliqué, annoncer, son, ton, montre

4. Les voyelles nasales contrastées

Be sure to distinguish between /ɔ̃/, /ɛ̃/, and /ɑ̃/. (Many French speakers tend to pronounce **un, um** as /ɛ̃/.)

un - onze - quinze - trente
un bon vin blanc
un garçon intelligent

5. Les voyelles nasales sans /n/, /m/

Be sure to avoid pronouncing a brief /n/ or /m/ after a nasal vowel.

penser: ses - pan - ses - pan - ses - penser
tomber: bé - ton - bé - ton - bé - tomber
lundi: dis - l'un - dis - l'un - dis - lundi

UNITÉ 6 **Pure vowels** French vowels are pure sounds. There is no diphthong, or glide, as in English.

1. La voyelle /e/

Contrast:	**ses**	*say*	année, journée, soirée, matinée, agité, reposé
	des	*day*	Roger a passé une journée agitée.

2. La voyelle /u/

Contrast:	**sous**	*Sue*	nous, tout, pour, sous, trouve, amour, Loulou
	cou	*coo*	Où voulez-vous ouvrir votre boutique?

3. La voyelle /i/

Contrast:	**si**	*sea*	ici, Gigi, qui, samedi, mardi, Sylvie, piscine, cinéma
	lit	*Lee*	Alice est timide. Philippe invite Sylvie à la piscine.

Note: In French the letter **i** never represents the English vowel of *it*.
Contrast: **timide** *timid*

4. La voyelle /o/

Contrast:	**l'eau**	*low*	kilo, agneau, veau, gâteau, beau, trop, vos, nos
	chaud	*show*	Ce manteau est trop beau.

5. La voyelle /y/

To produce the French vowel sound /y/, say /i/ and round your lips as if to whistle.

Contrast:	**vu**	*view*	juste, absolu, début, mur, sur, pu, voulu, su, connu
	musique	*music*	Le tube n'est pas sur le bureau.

UNITÉ 7 **More consonants** Be sure to pronounce French consonants very distinctly.

1. Consonnes finales: masculin/féminin

In French the final consonant sound of a word is strongly released; that is, it is pronounced very clearly. Often the absence or presence of a final consonant sound distinguishes between masculine and feminine forms.

amusant : amusante	un avocat : une avocate
dangereux : dangereuse	un Anglais : une Anglaise
mauvais : mauvaise	un étudiant : une étudiante
faux : fausse	Louis : Louise
léger : légère	Raymond : Raymonde

2. Consonnes finales: verbes

Often the absence or presence of a final consonant sound distinguishes between indicative and subjunctive forms in the singular.

Tu finis.	Je veux que tu finisses.
Tu bois.	Je veux que tu boives.
Tu écris.	Je veux que tu écrives.
Tu lis.	Je veux que tu lises.
Tu mets ta veste.	Je veux que tu mettes ta veste.
Tu sors.	Je veux que tu sortes.
Tu dors.	Je veux que tu dormes.

3. La consonne /ʃ/

The letters **ch** represent the sound /ʃ/. Do not pronounce a /t/ before the /ʃ/, as in the English word *chop.*

chose, chemise, cher, chance, chaise, charcutier, riche, machine, architecte, Michel, cacher

4. La lettre *h*

The letter **h** is always silent. Usually words beginning with **h** are treated like words beginning with a vowel sound: **l'homme, les hommes.**

un homme, les hommes, un hôpital, des hôpitaux, en hiver, trois heures, nous habitons, vous vous habillez

A few words beginning with **h** are treated like words beginning with a consonant sound: **le héros, les hors-d'œuvre.** Such words are said to begin with an **aspirate h** and are marked with an asterisk (*) in French dictionaries.

le hockey, le haricot, le huit avril, les hors-d'œuvre, les héros, les haricots

5. Les lettres *gn*

The letters **gn** represent the sound /ɲ/. Note: When a word is divided into syllables, these letters are not separated: **ma-gni-fi-que.**

signe, montagne, champagne, espagnol, campagne, agneau, gagner, peigne, ignorer
Agnès se peigne.

UNITÉ 8

Interference from English When French words look like their English counterparts, it is easy to mispronounce them. Watch out for the following problem areas.

1. Voyelles non-accentuées

In English, non-accented vowels are usually reduced to an *"uh"*-sound. In French this does not occur: each vowel maintains its character.

accident, cigarette, optimiste, réfrigérateur, imaginatif, courageux

2. La terminaison: consonne + *re*

In French the letter combination *consonant* + **re** is pronounced so that no vowel sound is heard between the consonant and the /r/.

mètre, kilomètre, orchestre, lettre, chambre, centre, autre, rentre, prendre
Je vais vendre l'autre montre.

3. La terminaison: consonne + *le*

In French the letter combination *consonant* + **le** is pronounced so that no vowel sound is heard between the consonant and the /l/.

table, immeuble, probable, ensemble, possible, angle
Mes meubles sont aussi simples que possibles.

4. Les terminaisons *-tion* et *-sion*

Note the absence of /ʃ/ and /ʒ/ in the following endings:

-tion : /sjɔ̃/ **-stion** : /stjɔ̃/

nation, éducation, intention, solution, question, suggestion

-sion : /zjɔ̃/

occasion, télévision, vision

5. La lettre *a*

The letter *a* in English represents many different sounds: *bare, bat, are, was, date.* In French the letter **a** only represents the sound /a/.

adresse, accepter, animal, machine, salade, mariage, appartement, banane, table, carotte

Appendix 3 Numbers

A. Cardinal numbers

0	**zéro**	18	**dix-huit**	82	**quatre-vingt-deux**
1	**un (une)**	19	**dix-neuf**	90	**quatre-vingt-dix**
2	**deux**	20	**vingt**	91	**quatre-vingt-onze**
3	**trois**	21	**vingt et un (une)**	100	**cent**
4	**quatre**	22	**vingt-deux**	101	**cent un (une)**
5	**cinq**	23	**vingt-trois**	102	**cent deux**
6	**six**	30	**trente**	200	**deux cents**
7	**sept**	31	**trente et un (une)**	201	**deux cent un**
8	**huit**	32	**trente-deux**	300	**trois cents**
9	**neuf**	40	**quarante**	400	**quatre cents**
10	**dix**	41	**quarante et un (une)**	500	**cinq cents**
11	**onze**	50	**cinquante**	600	**six cents**
12	**douze**	60	**soixante**	700	**sept cents**
13	**treize**	70	**soixante-dix**	800	**huit cents**
14	**quatorze**	71	**soixante et onze**	900	**neuf cents**
15	**quinze**	72	**soixante-douze**	1.000	**mille**
16	**seize**	80	**quatre-vingts**	2.000	**deux mille**
17	**dix-sept**	81	**quatre-vingt-un (une)**	1.000.000	**un million**

Notes:
1. The word **et** occurs only in the numbers 21, 31, 41, 51, and 61: **vingt et un**
2. **Un** becomes **une** before a feminine noun: **trente et une filles**
3. **Quatre-vingts** becomes **quatre-vingt** before another number: **quatre-vingt-cinq**
4. **Cents** becomes **cent** before another number: **trois cent vingt**
5. **Mille** never adds an -s: **quatre mille**

B. Ordinal numbers

1er **premier (première)**	5e **cinquième**	9e **neuvième**
2e **deuxième**	6e **sixième**	10e **dixième**
3e **troisième**	7e **septième**	11e **onzième**
4e **quatrième**	8e **huitième**	12e **douzième**

Note: Premier becomes **première** before a feminine noun: **la première histoire**

Appendix 4 Verbs

A. Regular verbs

INFINITIVE	PRESENT	IMPERATIVE	PASSÉ COMPOSÉ	IMPERFECT
parler (*to talk, speak*)	je **parle** tu **parles** il **parle** nous **parlons** vous **parlez** ils **parlent**	**parle** **parlons** **parlez**	j'**ai parlé** tu **as parlé** il **a parlé** nous **avons parlé** vous **avez parlé** ils **ont parlé**	je **parlais** tu **parlais** il **parlait** nous **parlions** vous **parliez** ils **parlaient**
finir (*to finish*)	je **finis** tu **finis** il **finit** nous **finissons** vous **finissez** ils **finissent**	**finis** **finissons** **finissez**	j'**ai fini** tu **as fini** il **a fini** nous **avons fini** vous **avez fini** ils **ont fini**	je **finissais** tu **finissais** il **finissait** nous **finissions** vous **finissiez** ils **finissaient**
vendre (*to sell*)	je **vends** tu **vends** il **vend** nous **vendons** vous **vendez** ils **vendent**	**vends** **vendons** **vendez**	j'**ai vendu** tu **as vendu** il **a vendu** nous **avons vendu** vous **avez vendu** ils **ont vendu**	je **vendais** tu **vendais** il **vendait** nous **vendions** vous **vendiez** ils **vendaient**
se laver (*to wash oneself*)	je **me lave** tu **te laves** il **se lave** nous **nous lavons** vous **vous lavez** ils **se lavent**	**lave-toi** **lavons-nous** **lavez-vous**	je **me suis lavé(e)** tu **t'es lavé(e)** il/elle **s'est lavé(e)** nous **nous sommes lavé(e)s** vous **vous êtes lavé(e)(s)** ils/elles **se sont lavé(e)s**	je **me lavais** tu **te lavais** il **se lavait** nous **nous lavions** vous **vous laviez** ils **se lavaient**

B. *-er* verbs with spelling changes

INFINITIVE	PRESENT		IMPERATIVE	PASSÉ COMPOSÉ	IMPERFECT
acheter (*to buy*)	j'**achète** tu **achètes** il **achète**	nous **achetons** vous **achetez** ils **achètent**	**achète** **achetons** **achetez**	j'**ai acheté**	j'**achetais**
	Verbs like **acheter**: **amener** (*to take, bring along*), **se lever** (*to get up*), **se promener** (*to take a walk, take a ride*)				
appeler (*to call*)	j'**appelle** tu **appelles** il **appelle**	nous **appelons** vous **appelez** ils **appellent**	**appelle** **appelons** **appelez**	j'**ai appelé**	j'**appelais**
	Verb like **appeler**: **s'appeler** (*to be named*)				

FUTURE	CONDITIONAL	SUBJUNCTIVE	PRESENT PARTICIPLE
je **parlerai** tu **parleras** il **parlera** nous **parlerons** vous **parlerez** ils **parleront**	je **parlerais** tu **parlerais** il **parlerait** nous **parlerions** vous **parleriez** ils **parleraient**	que je **parle** que tu **parles** qu'il **parle** que nous **parlions** que vous **parliez** qu'ils **parlent**	**parlant**
je **finirai** tu **finiras** il **finira** nous **finirons** vous **finirez** ils **finiront**	je **finirais** tu **finirais** il **finirait** nous **finirions** vous **finiriez** ils **finiraient**	que je **finisse** que tu **finisses** qu'il **finisse** que nous **finissions** que vous **finissiez** qu'ils **finissent**	**finissant**
je **vendrai** tu **vendras** il **vendra** nous **vendrons** vous **vendrez** ils **vendront**	je **vendrais** tu **vendrais** il **vendrait** nous **vendrions** vous **vendriez** ils **vendraient**	que je **vende** que tu **vendes** qu'il **vende** que nous **vendions** que vous **vendiez** qu'ils **vendent**	**vendant**
je **me laverai** tu **te laveras** il **se lavera** nous **nous laverons** vous **vous laverez** ils **se laveront**	je **me laverais** tu **te laverais** il **se laverait** nous **nous laverions** vous **vous laveriez** ils **se laveraient**	que je **me lave** que tu **te laves** qu'il **se lave** que nous **nous lavions** que vous **vous laviez** qu'ils **se lavent**	**se lavant**

FUTURE	CONDITIONAL	SUBJUNCTIVE	PRESENT PARTICIPLE
j'achèterai	**j'achèterais**	que j'**achète** que nous **achetions**	**achetant**
j'appellerai	**j'appellerais**	que j'**appelle** que nous **appelions**	**appelant**

INFINITIVE	PRESENT		IMPERATIVE	PASSÉ COMPOSÉ	IMPERFECT
préférer (*to prefer*)	je **préfère** tu **préfères** il **préfère**	nous **préférons** vous **préférez** ils **préfèrent**	**préfère** **préférons** **préférez**	j'ai **préféré**	je **préférais**
Verbs like **préférer: accélérer** (*to accelerate, go faster*), **espérer** (*to hope*), **répéter** (*to repeat*)					
manger (*to eat*)	je **mange** tu **manges** il **mange**	nous **mangeons** vous **mangez** ils **mangent**	**mange** **mangeons** **mangez**	j'ai **mangé**	je **mangeais** nous **mangions**
Verbs like **manger: changer** (*to change*), **nager** (*to swim*), **neiger** (*to snow*), **voyager** (*to travel*)					
commencer (*to start, begin*)	je **commence** tu **commences** il **commence**	nous **commençons** vous **commencez** ils **commencent**	**commence** **commençons** **commencez**	j'ai **commencé**	je **commençais** nous **commencions**
Verbs like **commencer: annoncer** (*to announce, proclaim*), **divorcer** (*to divorce*), **se fiancer** (*to get engaged*), **menacer** (*to threaten*)					
payer (*to pay, pay for*)	je **paie** tu **paies** il **paie**	nous **payons** vous **payez** ils **paient**	**paie** **payons** **payez**	j'ai **payé**	je **payais** nous **payions**
Verb like **payer: essayer** (*to try*)					

C. Irregular verbs

INFINITIVE	PRESENT		IMPERATIVE	PASSÉ COMPOSÉ	IMPERFECT
avoir (*to have*)	j'**ai** tu **as** il **a**	nous **avons** vous **avez** ils **ont**	**aie** **ayons** **ayez**	j'ai **eu**	j'**avais**
être (*to be*)	je **suis** tu **es** il **est**	nous **sommes** vous **êtes** ils **sont**	**sois** **soyons** **soyez**	j'ai **été**	j'**étais**
aller (*to go*)	je **vais** tu **vas** il **va**	nous **allons** vous **allez** ils **vont**	**va** **allons** **allez**	je suis **allé(e)**	j'**allais**
s'asseoir (*to sit down*)	je **m'assieds** tu **t'assieds** il **s'assied**	nous **nous asseyons** vous **vous asseyez** ils **s'asseyent**	**assieds-toi** **asseyons-nous** **asseyez-vous**	je **me suis assis(e)**	je **m'asseyais**
boire (*to drink*)	je **bois** tu **bois** il **boit**	nous **buvons** vous **buvez** ils **boivent**	**bois** **buvons** **buvez**	j'ai **bu**	je **buvais**

FUTURE	CONDITIONAL	SUBJUNCTIVE	PRESENT PARTICIPLE
je **préférerai**	je **préférerais**	que je **préfère** que nous **préférions**	**préférant**
je **mangerai**	je **mangerais**	que je **mange** que nous **mangions**	**mangeant**
je **commencerai**	je **commencerais**	que je **commence** que nous **commencions**	**commençant**
je **paierai**	je **paierais**	que je **paie** que nous **payions**	**payant**

FUTURE	CONDITIONAL	SUBJUNCTIVE		PRESENT PARTICIPLE
j'**aurai**	j'**aurais**	que j'**aie** que tu **aies** qu'il **ait**	que nous **ayons** que vous **ayez** qu'ils **aient**	**ayant**
je **serai**	je **serais**	que je **sois** que tu **sois** qu'il **soit**	que nous **soyons** que vous **soyez** qu'ils **soient**	**étant**
j'**irai**	j'**irais**	que j'**aille** que nous **allions**		**allant**
je **m'assiérai**	je **m'assiérais**	que je **m'asseye** que nous **nous asseyions**		**s'asseyant**
je **boirai**	je **boirais**	que je **boive** que nous **buvions**		**buvant**

INFINITIVE	PRESENT		IMPERATIVE	PASSÉ COMPOSÉ	IMPERFECT
conduire (*to drive*)	je **conduis** tu **conduis** il **conduit**	nous **conduisons** vous **conduisez** ils **conduisent**	**conduis** **conduisons** **conduisez**	j'ai **conduit**	je **conduisais**
Verbs like **conduire: construire** (*to build*), **détruire** (*to destroy*), **produire** (*to produce*), **traduire** (*to translate*)					
connaître (*to know*)	je **connais** tu **connais** il **connaît**	nous **connaissons** vous **connaissez** ils **connaissent**	**connais** **connaissons** **connaissez**	j'ai **connu**	je **connaissais**
Verb like **connaître: reconnaître** (*to recognize*)					
croire (*to believe*)	je **crois** tu **crois** il **croit**	nous **croyons** vous **croyez** ils **croient**	**crois** **croyons** **croyez**	j'ai **cru**	je **croyais**
devoir (*must, to have to, owe*)	je **dois** tu **dois** il **doit**	nous **devons** vous **devez** ils **doivent**	**dois** **devons** **devez**	j'ai **dû**	je **devais**
dire (*to say, tell*)	je **dis** tu **dis** il **dit**	nous **disons** vous **dites** ils **disent**	**dis** **disons** **dites**	j'ai **dit**	je **disais**
Verbs like **dire: contredire** (*to contradict*), **prédire** (*to predict*)					
dormir (*to sleep*)	je **dors** tu **dors** il **dort**	nous **dormons** vous **dormez** ils **dorment**	**dors** **dormons** **dormez**	j'ai **dormi**	je **dormais**
écrire (*to write*)	j'**écris** tu **écris** il **écrit**	nous **écrivons** vous **écrivez** ils **écrivent**	**écris** **écrivons** **écrivez**	j'ai **écrit**	j'**écrivais**
Verbs like **écrire: décrire** (*to describe*), **inscrire** (*to write*)					
envoyer (*to send*)	j'**envoie** tu **envoies** il **envoie**	nous **envoyons** vous **envoyez** ils **envoient**	**envoie** **envoyons** **envoyez**	j'ai **envoyé**	j'**envoyais**
faire (*to make, do*)	je **fais** tu **fais** il **fait**	nous **faisons** vous **faites** ils **font**	**fais** **faisons** **faites**	j'ai **fait**	je **faisais**
lire (*to read*)	je **lis** tu **lis** il **lit**	nous **lisons** vous **lisez** ils **lisent**	**lis** **lisons** **lisez**	j'ai **lu**	je **lisais**

FUTURE	CONDITIONAL	SUBJUNCTIVE	PRESENT PARTICIPLE
je **conduirai**	je **conduirais**	que je **conduise** que nous **conduisions**	**conduisant**
je **connaîtrai**	je **connaîtrais**	que je **connaisse** que nous **connaissions**	**connaissant**
je **croirai**	je **croirais**	que je **croie** que nous **croyions**	**croyant**
je **devrai**	je **devrais**	que je **doive** que nous **devions**	**devant**
je **dirai**	je **dirais**	que je **dise** que nous **disions**	**disant**
je **dormirai**	je **dormirais**	que je **dorme** que nous **dormions**	**dormant**
j'**écrirai**	j'**écrirais**	que j'**écrive** que nous **écrivions**	**écrivant**
j'**enverrai**	j'**enverrais**	que j'**envoie** que nous **envoyions**	**envoyant**
je **ferai**	je **ferais**	que je **fasse** que nous **fassions**	**faisant**
je **lirai**	je **lirais**	que je **lise** que nous **lisions**	**lisant**

INFINITIVE	PRESENT		IMPERATIVE	PASSÉ COMPOSÉ	IMPERFECT
mettre (*to put, place*)	je **mets** tu **mets** il **met**	nous **mettons** vous **mettez** ils **mettent**	**mets** **mettons** **mettez**	j'ai **mis**	je **mettais**
Verbs like **mettre: permettre** (*to let, allow, permit*), **promettre** (*to promise*)					
ouvrir (*to open*)	j'**ouvre** tu **ouvres** il **ouvre**	nous **ouvrons** vous **ouvrez** ils **ouvrent**	**ouvre** **ouvrons** **ouvrez**	j'ai **ouvert**	j'**ouvrais**
Verbs like **ouvrir: découvrir** (*to discover*), **offrir** (*to offer*), **souffrir** (*to suffer*)					
partir (*to leave*)	je **pars** tu **pars** il **part**	nous **partons** vous **partez** ils **partent**	**pars** **partons** **partez**	je **suis parti(e)**	je **partais**
Verb like **partir: sortir** (*to go out*)					
pleuvoir (*to rain*)	il **pleut**			il **a plu**	il **pleuvait**
pouvoir (*to be able, can*)	je **peux** tu **peux** il **peut**	nous **pouvons** vous **pouvez** ils **peuvent**		j'ai **pu**	je **pouvais**
prendre (*to take, have*)	je **prends** tu **prends** il **prend**	nous **prenons** vous **prenez** ils **prennent**	**prends** **prenons** **prenez**	j'ai **pris**	je **prenais**
Verbs like **prendre: apprendre** (*to learn*), **comprendre** (*to understand*)					
recevoir (*to receive*)	je **reçois** tu **reçois** il **reçoit**	nous **recevons** vous **recevez** ils **reçoivent**	**reçois** **recevons** **recevez**	j'ai **reçu**	je **recevais**
Verbs like **recevoir: apercevoir** (*to see, catch sight of*), **s'apercevoir** (*to notice, realize*)					
rire (*to laugh*)	je **ris** tu **ris** il **rit**	nous **rions** vous **riez** ils **rient**	**ris** **rions** **riez**	j'ai **ri**	je **riais**
Verb like **rire: sourire** (*to smile*)					
savoir (*to know*)	je **sais** tu **sais** il **sait**	nous **savons** vous **savez** ils **savent**	**sache** **sachons** **sachez**	j'ai **su**	je **savais**
suivre (*to follow*)	je **suis** tu **suis** il **suit**	nous **suivons** vous **suivez** ils **suivent**	**suis** **suivons** **suivez**	j'ai **suivi**	je **suivais**

FUTURE	CONDITIONAL	SUBJUNCTIVE	PRESENT PARTICIPLE
je **mettrai**	je **mettrais**	que je **mette** que nous **mettions**	**mettant**
j'**ouvrirai**	j'**ouvrirais**	que j'**ouvre** que nous **ouvrions**	**ouvrant**
je **partirai**	je **partirais**	que je **parte** que nous **partions**	**partant**
il **pleuvra**	il **pleuvrait**	qu'il **pleuve**	**pleuvant**
je **pourrai**	je **pourrais**	que je **puisse** que nous **puissions**	**pouvant**
je **prendrai**	je **prendrais**	que je **prenne** que nous **prenions**	**prenant**
je **recevrai**	je **recevrais**	que je **reçoive** que nous **recevions**	**recevant**
je **rirai**	je **rirais**	que je **rie** que nous **riions**	**riant**
je **saurai**	je **saurais**	que je **sache** que nous **sachions**	**sachant**
je **suivrai**	je **suivrais**	que je **suive** que nous **suivions**	**suivant**

INFINITIVE	PRESENT		IMPERATIVE	PASSÉ COMPOSÉ	IMPERFECT
se taire (*to be quiet*)	je **me tais** tu **te tais** il **se tait**	nous **nous taisons** vous **vous taisez** ils **se taisent**	**tais-toi** **taisons-nous** **taisez-vous**	je **me suis tu(e)**	je **me taisais**
tenir (*to hold*)	je **tiens** tu **tiens** il **tient**	nous **tenons** vous **tenez** ils **tiennent**	**tiens** **tenons** **tenez**	j'ai **tenu**	je **tenais**
Verbs like **tenir**: **appartenir** (*to belong to*), **obtenir** (*to get, obtain*), **retenir** (*to reserve, retain*), **se tenir** (*to keep, stay*)					
venir (*to come*)	je **viens** tu **viens** il **vient**	nous **venons** vous **venez** ils **viennent**	**viens** **venons** **venez**	je **suis venu(e)**	je **venais**
Verbs like **venir**: **devenir** (*to become*), **prévenir** (*to warn, tell in advance*), **revenir** (*to come back*), **se souvenir** (*to remember*)					
vivre (*to live*)	je **vis** tu **vis** il **vit**	nous **vivons** vous **vivez** ils **vivent**	**vis** **vivons** **vivez**	j'ai **vécu**	je **vivais**
voir (*to see*)	je **vois** tu **vois** il **voit**	nous **voyons** vous **voyez** ils **voient**	**vois** **voyons** **voyez**	j'ai **vu**	je **voyais**
vouloir (*to want, wish*)	je **veux** tu **veux** il **veut**	nous **voulons** vous **voulez** ils **veulent**	**veuille** **veuillons** **veuillez**	j'ai **voulu**	je **voulais**

FUTURE	CONDITIONAL	SUBJUNCTIVE	PRESENT PARTICIPLE
je **me tairai**	je **me tairais**	que je **me taise** que nous **nous taisions**	**se taisant**
je **tiendrai**	je **tiendrais**	que je **tienne** que nous **tenions**	**tenant**
je **viendrai**	je **viendrais**	que je **vienne** que nous **venions**	**venant**
je **vivrai**	je **vivrais**	que je **vive** que nous **vivions**	**vivant**
je **verrai**	je **verrais**	que je **voie** que nous **voyions**	**voyant**
je **voudrai**	je **voudrais**	que je **veuille** que nous **voulions**	**voulant**

FRENCH-ENGLISH VOCABULARY

The French-English Vocabulary contains active and passive words from the text, as well as the important words of the illustrations. Obvious passive cognates have not been listed.
The numbers following an entry indicate the unit and lesson in which the word or phrase is activated. (**R** stands for **Reprise.**) Passive meanings are separated from active meanings by a semicolon.

Nouns: If the article of a noun does not indicate gender, the noun is followed by *m. (masculine)* or *f. (feminine).* If the plural *(pl.)* is irregular, it is given in parentheses.
Adjectives: Adjectives are listed in the masculine form. If the feminine form is irregular, it is given in parentheses. Irregular plural *(pl.)* forms are also given in parentheses.
Verbs: Verbs are listed in the infinitive form. An asterisk (*) in front of an active verb means that it is irregular. (For forms, see the verb charts in Appendix 4C.) Irregular past participle *(p. part.)*, present participle *(pres. part.)*, and subjunctive *(subj.)* forms are listed separately.

Words beginning with an **h** are preceded by a bullet (•) if the **h** is aspirate; that is, if the word is treated as if it begins with a consonant sound.

a

à at, to, in **(R.1)** **à** + *hour, day, date, moment* see you (at/on) . . . **(6.1)** **à (mardi) en huit** see you a week from (Tuesday) **(6.1)** **à pied** on foot **(R.3)** **à quelle heure?** at what time? **(R.1)** **à qui?** to whom? **(R.1)**
abandonner to abandon, give up, quit
abolir to abolish
abord: d'abord first, at first **(1.4)**
un **absent, une absente** absent person
s' **absenter** to be away
absolu absolute
absolument absolutely
absorbé absorbed
abstrait abstract
absurde absurd, crazy **(7.3)**
accélérer to accelerate, go faster **(7.4)**
accentué: un pronom accentué stress pronoun
accentuer to emphasize
accepter (de) to accept, agree **(2.4)**
un **accès** approach
un **accessoire** accessory
un **accident** accident **(1.5)**
accidenté damaged in an accident
accompagner to accompany, go along with **(5.1)**
accord: d'accord okay, all right **être d'accord avec** to agree with **(R.4)**
s' **accuser** to accuse, blame
acheter to buy **(1.1) (3.1)**
un **acheteur, une acheteuse** buyer
l' **acier** *m.* steel **(5.4)**
acquérir to acquire
actif (active) active **(2.5)**
activement actively
une **activité** activity
une **actrice** actress
actuel (actuelle) present **(6.2)** **à l'heure actuelle** at present
actuellement at present **(6.5)**
l' **addition** check, bill, addition
additionner to add together
un **adepte, une adepte** follower
un **adjectif** adjective
un **admirateur, une admiratrice** admirer
admirer to admire **s'admirer** to admire oneself
adorer to love **(R.1)**; to worship
une **adresse** address **(2.1)**
s' **adresser à** to talk to **(8.5)**
un **aéroport** airport
des **affaires** *f.* things, personal belongings **un homme d'affaires** businessman
affamé hungry
affectueusement affectionately
une **affiche** sign; poster **(4.3)**
affirmatif (affirmative) affirmative
affirmativement affirmatively, saying "yes"
l' **Afrique** *f.* Africa **(R.3)**
un **âge** age
âgé old **(R.2)**
une **agence** agency
un **agent, une agent** agent **un agent de police** policeman
aggressivement aggressively
agité restless, excited **(5.3)**
l' **agneau** *m.* lamb **(6.3)**
agréable pleasant, agreeable **(6.1)**
agricole agricultural
ah bon? really? **(5.5)**
aider to help **(2.2)**
aille *(subj. of* **aller***)* **(7.4)**
aimable friendly; pleasant, nice **(2.5)**
aimer to like **(R.1)** **aimer mieux** to prefer **(R.1)**
aîné oldest
ainsi therefore **(5.5)**; so
l' **air** *m.* air, tune **avoir l'air** to look **(5.3)**
ait *(subj. of* **avoir***)* **(7.3)**
ajouter to add
alarmer to alarm
l' **Allemagne** *f.* Germany **(R.3)**
allemand German **(R.2)**
* **aller** to go **(R.3)** **aller** + *inf.* to be going to + *inf.* **(R.3)**
une **allergie** allergy
une **alliance** wedding ring **(3.5)**
l' **Alliance Française** *an organization dedicated to the teaching of French in the world*
allié allied
un **allié, une alliée** ally
allô hello *(on the telephone)*
allumer to light
une **allumette** match **(8.1)**
une **allure** manner
alors then, so **(1.2)** **alors que** while

l' **alpinisme** *m.* mountain climbing (**1.1**)
l' **Alsace** *f.* Alsace *(province in eastern France)*
l' **aluminium** *m.* aluminum (**5.4**)
une **amande verte** *bitter almond liqueur*
un **amateur** amateur, enthusiast
une **ambiance** atmosphere
ambitieux (ambitieuse) ambitious (**2.5**)
amener to take, bring (along) *(mainly people)* (**3.1**)
américain American (**R.2**)
s' **américaniser** to become Americanized
l' **Amérique** *f.* America **l'Amérique du Nord** North America (**R.3**) **l'Amérique du Sud** South America (**R.3**)
un **ami, une amie** friend (**R.2**) **un meilleur ami, une meilleure amie** best friend (**R.2**) **un petit ami** boyfriend (**R.2**) **une petite amie** girlfriend (**R.2**)
amicalement love *(at the end of a letter)*
l' **amitié** *f.* friendship (**3.5**) **amitiés** best regards *(at the end of a letter)*
l' **amour** *m.* love (**3.5**)
amoureux (amoureuse) in love **tomber amoureux (amoureuse) (de)** to fall in love (with) (**3.5**)
un **amplificateur** amplifier
amusant amusing (**R.2**)
amuser to amuse **s'amuser** to have fun (**3.4**)
un **an** year (**6.1**) **avoir...ans** to be . . . (years old) (**R.4**) **le Jour de l'An** New Year's Day
un **ananas** pineapple
un **ancêtre** ancestor
ancien (ancienne) former, old (**6.2**)
un **âne** donkey
anglais English (**R.2**)
l' **anglais** English *(language)*
un **angle** corner (**4.4**)
l' **Angleterre** *f.* England (**R.3**)
un **animal** (*pl.* **animaux**) animal (**R.2**)
animé animated
s' **animer** to come alive
une **année** (whole) year (**6.1**)
un **anniversaire** birthday **joyeux anniversaire!** happy birthday!
annoncer to announce (**2.1**) (**4.1**) to proclaim (**8.2**)
annuel (annuelle) annual
annuellement annually
un **anorak** ski jacket (**R.5**)
ans: avoir...ans to be . . . (years old) (**R.4**)
les **Antilles** *f.* West Indies
août August (**R.4**)
* **apercevoir** to see, catch sight of (**3.4**) **s'apercevoir (de)** to note, notice, realize (**3.4**)
apparaître to appear
un **appareil-photo** camera (**R.2**)
l' **apparence** *f.* appearance
apparenté: un mot apparenté cognate
un **appartement** apartment (**6.2**)
* **appartenir à** to belong to (**7.1**)
un **appel** call
appelé called
appeler to call (**3.2**) **s'appeler** to be named (**3.4**)
appelez: vous vous appelez your name is
appétissant appetizing
un **appétit** appetite
applaudir to applaud
apporter to take, bring (along) *(things)* (**3.1**)
apprécier to appreciate
* **apprendre** to learn (**1.1**); to teach **apprendre à** + *inf.* to learn (how) to (**1.1**)
s' **approcher (de)** to approach, get near (to) (**8.4**)
approprié appropriate
appuyer to step, push
après after (**1.4**) **après tout** after all (**8.2**) **d'après** according to (**1.3**) **d'après vous** in your opinion
l' **après-midi** *m.* afternoon, in the afternoon (**R.3**) **à cet après-midi** see you this afternoon (**6.1**) **cet après-midi** this afternoon (**R.3**) **(lundi) après-midi** (on) (Monday) afternoon (**R.3**)
un **arbre** tree (**8.3**)
un **archéologue** archaeologist
un **architecte, une architecte** architect (**1.2**)
une **arène** arena
l' **argent** *m.* money (**1.3**) silver (**5.4**) **l'argent de poche** pocket money
une **arme** weapon
armé armed
une **armée** army
s' **arranger** to get settled
arrêter to arrest, stop *(someone, something)* **s'arrêter** to stop (**3.4**)
une **arrivée** arrival (**5.2**); finish
arriver (à, de) to arrive, come (**R.3**) to happen (**4.2**) **arriver à** to be successful in (**8.3**) **qu'est-ce qui est arrivé?** what happened? (**4.2**)
un **artichaut** artichoke
un **article** article (**2.1**)
un **ascenseur** elevator (**6.2**)
une **ascension** ascent
l' **Asie** *f.* Asia (**R.3**)
l' **aspect** aspect, appearance
des **asperges** *f.* asparagus
l' **aspirine** *f.* aspirin (**6.3**)
* s' **asseoir** to sit down (**3.2**)
asseyez-vous sit down (**3.2**)
assez rather, enough (**R.1**)
assieds-toi sit down (**3.2**)
une **assiette** plate
assis seated
assister to attend
un **associé, une associée** associate
assurer to assure, permit
un **astérisque** asterisk
attaquer to attack
atteindre to reach
attendre to wait, wait for (**R.5**)
une **attention** care, attention **attention!** watch out! **faire attention (à)** to pay attention (to), be careful (about) (**1.1**)
attentivement carefully
attirer to attract
attraper to catch
au (à + le) at (the), to (the) (**R.3**) **au (24)** see you on the (24th) (**6.1**) **au (2 juin)** see you on (June 2) (**6.1**)
audacieux (audacieuse) daring
au-dessus above
aujourd'hui today (**R.3**)
auprès de next to
aura *(future of* **avoir**) (**5.3**)
aussi also, too (**R.1**); that, so, therefore
aussi...que as . . . as (**5.1**)
l' **Australie** *f.* Australia (**R.3**)

autant de...que as much . . . as, as many . . . as **(5.1)**
un **auteur** originator, author
une **auto** car **(R.2)** **en auto** by car **(R.3)**
un **autobus** bus **(R.3)**
en autobus by bus **(R.3)**
une **auto-école** driving school
l' **automne** *m.* autumn, fall **(R.4)**
en automne in (the) autumn, fall **(R.4)**
un **automobiliste, une automobiliste** driver
l' **autorité** *f.* authority
une **autoroute** divided highway **(8.2)**
autour (de) around **(3.2)**
autre other **(4.4)** **autre chose** something else
d'autres other(s) **(4.4)**
l'autre the other (one) **(4.4)**
les autres the others **(4.4)**; other people **pas d'autre** not another, no other **(4.4)** **un (une) autre** another **(4.4)**
autrefois in the past **(4.1)**
autrement otherwise **(6.5)**
l' **Autriche** *f.* Austria
l' **Auvergne** *f.* Auvergne *(province in central France)*
aux (à + les) at (the), to (the) **(R.3)**
avance: être en avance to be early **(3.3)**
avant before **(1.4)**; first
avant de before **(8.4)**
avec with **(R.1)** **avec qui?** with whom? **(R.1)**
l' **avenir** *m.* future **(5.2)**
une **aventure** adventure **(8.1)**
un **aventurier** adventurer
une **avenue** avenue **(4.4)**
aveugle blind
un **aveugle, une aveugle** blind person
un **avion** plane **(R.3)** **en avion** by plane **(R.3)**
un **avis** opinion **(6.5)** **à (mon) avis** in (my) opinion **(5.5)**
changer d'avis to change one's mind **(6.5)**
un **avocat, une avocate** lawyer **(1.2)**
* **avoir** to have **(R.2)**
avoir...ans to be . . . (years old) **(R.4)** **avoir besoin de** to need **(1.3)** **avoir chaud** to be warm, hot **(1.3)** **avoir de la chance** to be lucky **(1.3)** **avoir envie de** to feel like, want **(1.3)** **avoir faim** to be hungry **(1.3)** **avoir froid** to be cold **(1.3)** **avoir l'air** to look **(5.3)** **avoir lieu** to take place **(3.5)** **avoir l'intention de** to intend to, plan to **(2.1)** **avoir peur** to be afraid **(7.4)** **avoir raison** to be right **(1.3)** **avoir soif** to be thirsty **(1.3)** **avoir sommeil** to be sleepy **(1.3)** **avoir tort** to be wrong **(1.3)**
avril April **(R.4)**
ayant *(pres. part. of* **avoir***)* **(8.5)**
ayez *(subj. of* **avoir***)* **(7.3)**

b

les **bagages** *m.* baggage, luggage **(2.2)**
une **bague** ring **(R.5)**
une **baignoire** bathtub
bain: un bain de soleil sunbath **un maillot de bain** bathing suit **(R.5)** **une salle de bains** bathroom **(3.1)**
un **bal** dance **(6.1)**
un **balai** broom
un **ballon** balloon
une **banane** banana **(1.1)**
des **bandes dessinées** *f.* comics **(2.1)**
la **banlieue** suburbs **(6.2)**
bannir to banish
une **banque** bank **(R.3)**
un **banquier** banker
bas (basse) soft; low **(4.3)**
des **bas** *m.* stockings **(R.5)**
la **base** basis **à base de** based on
basé based
le **basket (ball)** basketball
une **bataille** battle
un **bateau** *(pl.* **bateaux***)* boat **(R.3)**
en bateau by boat **(R.3)**
bâtisseur (bâtisseuse) builder
un **bâton** post
battre to beat
battu beaten, defeated
bavard talkative **(2.3)**
bavarder to talk, chat **(4.3)**
beau (bel, belle; beaux) good-looking, beautiful **(R.2) (2.4)**
il fait beau it's nice (weather) **(R.5)**
beaucoup (very) much, a lot **(R.1)** many **(6.4)**
bel good-looking, beautiful **(2.4)**
belle good-looking, beautiful **(2.4)**
besoin: avoir besoin de to need **(1.3)**
bête stupid, dumb, silly **(R.2)**
une **bête** animal
la **bêtise** stupidity, foolishness
le **béton** concrete
le **beurre** butter **(1.1)**
une **bibliothèque** library **(R.3)** bookcase **(4.3)**
une **bicyclette** bicycle **(R.2)**
bien well **(R.1)** indeed, very **(3.4)**; much **bien à toi** yours **bien sûr** of course
eh bien well . . . **(5.5)**
ou bien or else **vouloir bien** to want *(used to accept an offer)* **(1.2)** to accept, agree **(7.2)**
bientôt soon **(4.1)** **à bientôt** see you soon (in a few days) **(6.1)**
la **bière** beer **(1.1)**
un **billet** ticket **(2.1)**
blanc (blanche) white **(R.5)**
blessé hurt
un **blessé, une blessée** injured person
blesser to injure, hurt
bleu blue **(R.5)**
blond blond **(R.2)**
un **blue-jeans** jeans **(R.5)**
le **bœuf** beef **(6.3)**
un **bœuf** ox, steer
* **boire** to drink **(1.1)**
le **bois** wood **(5.4)**
une **boisson** beverage, drink **(1.1)**
une **boîte** box **(1.5)** can **(6.4)**
bon (bonne) good **(R.2)**
à quoi bon? what's the use?
ah bon? really? **(5.5)**
bon marché cheap **(1.3)** inexpensive **(5.1)**
des **bonbons** *m.* candy
le **bonheur** happiness
bonjour hello, good morning, good afternoon

un **bonnet** (wool) hat **(R.5)**
le **bord** shore
une **borne** marker
botanique botanical
des **bottes** *f.* boots **(R.5)**
une **bouche** mouth **(3.3)**
un **boucher, une bouchère** butcher **(6.3)**
une **boucherie** butcher shop **(6.3)**
des **boucles d'oreille** *f.* earrings **(R.5)**
bouger to move
la **bouillabaisse** fish chowder
un **boulanger, une boulangère** baker **(6.3)**
une **boulangerie** bakery **(6.3)**
un **boulevard** boulevard **(4.4)**
la **Bourgogne** Burgundy *(province in central France)*
un **bout** end **(5.5)** **au bout de** after
une **bouteille** bottle **(6.4)**
un **bracelet** bracelet **(R.5)**
un **bras** arm **(3.3)**
brésilien (brésilenne) Brazilian
la **Bretagne** Brittany *(province in western France)*
breton Breton *(from Brittany)*
bricoleur (bricoleuse) mechanically inclined
brièvement briefly
un **brigand** robber
brillamment brilliantly
briller to shine
la **brique** brick **(5.4)**
britannique British
une **brosse à cheveux** hairbrush **(3.3)**
une **brosse à dents** toothbrush **(3.3)**
se **brosser** to brush **(3.3)**
un **bruit** noise **(7.2)**
brûler to burn
brun dark-haired **(R.2)** dark brown **(R.5)**
bruni tanned
brusquement suddenly
bu *(p. part. of* **boire***)* **(1.4)**
un **bureau** office, desk **(1.4)** **un bureau de tabac** tobacco shop **(6.3)**
un **but** aim

C

c' *(see* **ce***)*
ça that **(2.2)** **ça ne fait rien** that doesn't matter, no problem **(6.2)** **ça, par exemple!** what do you mean!; what do you know! **(6.5)** **c'est ça!** that's it!
cacher to hide **(6.2)**
un **cadeau** *(pl.* **cadeaux***)* gift, present **(3.5)**
un **cadre** frame
un **cadre d'entreprise** executive
le **café** coffee **(1.1)**
un **café** café **(R.3)**
une **cafétéria** cafeteria
un **cahier** notebook **(2.1)**
une **calculatrice** calculator **(R.2)**
un **calendrier** calendar **(6.2)**
calme calm **(5.3)**
calmement calmly
calmer to calm **se calmer** to calm down
un **camarade, une camarade** classmate **(R.2)**
un **cambriolage** burglary
cambriolé burglarized
un **cambrioleur** burglar
une **caméra** movie camera **(R.2)**
la **campagne** country, countryside **(R.3)**
camper to camp **(8.1)**
un **campeur, une campeuse** camper **(8.1)**
le **camping** camping **(1.1)** **faire du camping** to go camping **(8.1)**
un **camping** campground **un terrain de camping** campground **(8.1)**
le **Canada** Canada **(R.3)**
canadien (canadienne) Canadian **(R.2)**
un **canard** duck **(8.3)**
un **canari** canary
le **caoutchouc** rubber
car since, because **(3.5)**
une **caractéristique** characteristic
caraïbe Caribbean
les **Caraïbes** Caribbean Indians
un **carnet** small notebook **(2.1)**
une **carotte** carrot **(1.1)**
un **carrefour** intersection, crossroads **(8.2)**
une **carrière** career
une **carte** card **(2.1)** map **(8.2)** **les cartes** (playing) cards **(1.4)** **une carte de vœux** Christmas card **une carte postale** postcard **(2.1)**
un **cas** case **en tout cas** in any case **(5.2)** **suivant le cas** accordingly
un **casque** helmet
un **casse-cou** daredevil
casser to break **(4.3)** **se casser (la jambe)** to break (one's leg) **(4.3)**
une **casserole** pot, pan **(8.1)**
une **cassette** cassette **(R.2)**
cause: à cause de because of **(7.5)**
une **cave** cellar
ce it, that **ce que** what **c'est** that's, it's, he's, she's **(R.2)** **c'est-à-dire** that is (to say) **c'est le (27 septembre)** it's (September 27th) **(R.4)** **qu'est-ce que c'est?** what is it?
ce (cet, cette; ces) this, that, these, those **(R.5)** **ce...-ci** this (over here) **(R.5)** **ce...-là** that (over there) **(R.5)**
ceci this **(2.2)**
céder to give up
une **ceinture de sécurité** seat belt
cela that **(2.2)**
célèbre famous **(5.1)**
le **céleri** celery **(1.1)**
celle the one **(8.1)** **celle-ci** this one **(8.1)** **celle-là** that one **(8.1)** **celle de** the one of/belonging to/from **(8.1)**
celles these, those **(8.1)** **celles-ci** these **(8.1)** **celles-là** those **(8.1)** **celles de** the ones of/belonging to/from **(8.1)**
celtique Celtic
celui (celle) the one **(8.1)** **celui-ci** this one **(8.1)** **celui-là** that one **(8.1)** **celui de** the one of/belonging to/from **(8.1)**
cent one hundred **(R.5)** **pour cent** percent
une **centaine** about 100
un **centre** center **au centre (de)** in the center (of) **(3.2)** **un centre commercial** shopping center
cependant however
la **céramique** ceramics

une cérémonie ceremony
une cerise cherry **(6.3)**
certain certain **certains** some **il est certain** it is certain **(7.5)**
certainement certainly
la certitude certainty
ces these, those **(R.5)**
cesser de to stop **(8.3)**
c'est *(see* **ce***)* **(R.2)**
c'est-à-dire that is (to say)
cet this, that **(R.5)**
cette this, that **(R.5)**
ceux (celles) these, those **(8.1)** **ceux-ci** these **(8.1);** the latter **ceux-là** those **(8.1)** **ceux de** the ones of/belonging to/from **(8.1)**
chacun each one, each person **(1.3)**
une chaîne chain
une chaîne-stéréo stereo set **(R.2)**
une chaise chair **(4.3)**
une chambre room; bedroom **(3.1)**
un chameau *(pl.* **chameaux***)* camel
un champ field **(8.3)**
la chance luck **(5.5)** **avoir de la chance** to be lucky **(1.3)** **tenter sa chance** to try one's luck **(7.1)**
le changement de vitesse speed changer, gear shift
changer (de) to change **(4.1)** **changer d'opinion** to change one's mind
une chanson song
chanter to sing **(R.1)**
un chanteur, une chanteuse singer
un chapeau *(pl.* **chapeaux***)* hat **(R.5)**
chaque each **(1.1)**
une charcuterie delicatessen **(6.3)**
un charcutier, une charcutière delicatessen owner (clerk) **(6.3)**
chargé de in charge of
charger to load
une charrue cart
la chasse hunting
chasser to hunt, drive out
un chat cat **(R.2)**
un château *(pl.* **châteaux***)* castle
chaud warm, hot **avoir chaud** to be warm, hot **(1.3)** **il fait chaud** it's hot (weather) **(R.5)**
un chauffeur, une chauffeuse driver
des chaussettes *f.* socks **(R.5)**
des chaussures *f.* shoes **(R.5)**
chauve bald
un chef chef, head; chief, leader **(8.5)**
un chemin de fer railroad
une cheminée fireplace
une chemise shirt **(R.5)**
un chemisier blouse **(R.5)**
cher (chère) expensive **(1.3)** dear **(1.5)**
chercher to get, pick up **(2.1)** to look for **(2.2)**
un chercheur seeker
chéri darling
un cheval *(pl.* **chevaux***)* horse **(8.3)**
un chevalier knight
les cheveux *m.* hair **(3.3)**
chez home, at home, at the house (office, shop, etc.) of, to the house of **(R.4)** **chez moi (toi, lui...)** (at) home
un chien dog **(R.2)**
les chiffres *m.* statistics
chilien (chilienne) Chilean
chimique chemical
un chimiste, une chimiste chemist
le chinois Chinese *(language)*
chœur: un enfant de chœur altar boy
choisir to choose, pick **(R.5)**
un choix choice **au choix** choose one, your choice
une chorale choir
une chose thing **(R.2)** **quelque chose** something **(2.5)**
la choucroute sauerkraut
un Chrétien, une Chrétienne Christian
ci: ce...-ci this (over here) **(R.5)** **ci-dessus** above
une cicatrice scar
le ciel heaven; sky **(8.4)**
une cigarette cigarette **(6.3)**
le cinéma movies
un cinéma movie theater **(R.3)**
cinq five **(R.1)**
une cinquantaine about fifty
cinquante fifty **(R.2)**
cinquième fifth **(6.5)**
une circonstance circumstance
la circulation traffic, circulation
des ciseaux *m.* scissors **(3.3)**
une citation quotation
la Cité Universitaire students' residence(s)
un citoyen, une citoyenne citizen
clair clear
clairement clearly
une classe class **en classe** to class, in class
classé ranked
un classement ranking
classer to classify
classique classical
une clé key **(1.5)** **fermer à clé** to lock **(6.2)**
un client, une cliente client, customer
le Coca-Cola (coca) Coke **(1.1)**
un cochon pig
un cœur heart **(3.3)**
un coffre trunk **(7.4)**
un coin corner, spot
colère: en colère angry **(5.3)** **se mettre en colère** to get angry **(3.4)**
un collègue, une collègue colleague
un collier necklace **(R.5)**
un colon colonist
une colonie colony **une colonie de vacances** (summer) camp **(5.2)**
une colonne column
un combat battle
combattre to fight
combien how much **(1.3)** **combien de fois?** how many times? **(4.1)**
le commandement command
commander to order **(1.1);** to command
comme like, as, since **(6.1);** as well as
commémorer to commemorate
commençant beginning
le commencement beginning
commencer to start, begin **(3.2)** **(4.1)** **commencer à +** *inf.* to begin to **(4.1)**
comment? how? **(R.1)** what? **(5.1)** **comment est-il/elle?** what's he/she like? what does he/she look like?
un commentaire comment
un commerçant, une commerçante shopkeeper, merchant
un commerce business
un commissaire police commissioner
une commode dresser **(4.3)**

une **compagnie** company **en compagnie de** in the company of
un **compagnon** friend, companion
une **comparaison** comparison
complément: un pronom complément object pronoun
complet (complète) full
complétant: en complétant by completing
complètement completely
compléter to complete
compliqué complicated **(5.1)**
composer to compose, write
* **comprendre** to understand **(1.1)**; to include
compter to count (6.2) **compter sur** to count (depend, rely) on **(5.5)**
un **concierge, une concierge** concierge *(building superintendent)*
un **concours** contest **(5.5)**
la **concurrence** competition
un **conducteur, une conductrice** driver **(4.4)**
* **conduire** to drive **(1.2)** **un permis de conduire** driver's license
conduit *(p. part. of* **conduire***)* **(1.4)**
la **conduite** driving
la **confiture** jam **(1.1)**
le **confort** comfort
conjuguer to conjugate
connaissance: faire la connaissance de to meet **(2.1)** **faire connaissance avec** to become acquainted with
connaître to know, be acquainted or familiar with **(2.2)**
connu *(p. part. of* **connaître***)* to make the acquaintance of **(2.2)**; known
un **conquérant** conqueror
conquérir to conquer
se **consacrer** to devote oneself
consciencieux (consciencieuse) conscientious
un **conseil** piece of advice, council **des conseils** advice **suivre un conseil** to take advice **(6.1)**
conseiller to advise **(8.5)**
conséquent: par conséquent consequently, therefore (8.2)
consommer to consume
constamment constantly
constitué (par) made up (of)
un **constructeur** builder, manufacturer
* **construire** to build **(1.2)**
content happy **(R.2)** content **(5.3)**
un **continent** continent **(R.3)**
continuer (à) to continue **(7.5)** to go on **(8.3)**
le **contraire** opposite **au contraire** on the contrary
une **contravention** traffic ticket
contre against **(6.2)** **par contre** on the other hand
un **contrebandier** smuggler
* **contredire** to contradict **(2.1)**
convaincre to convince
convenable suitable
conviennent: qui conviennent (that are) appropriate
convient: qui convient (that is) appropriate
une **convocation** summons
convoquer to call together
un **copain, une copine** pal, friend **(7.3)**
une **copine** pal, friend **(7.3)**
cordialement cordially
le **corps** body, corps
correctement correctly
correspondant corresponding
un **correspondant, une correspondante** pen pal (6.1)
correspondre to correspond **faire correspondre** to match
la **Corse** Corsica *(French island off the Italian coast)*
un **costume** suit **(R.5)**
la **côte** coast, shore
côté: à côté (de) beside, next to **(3.2)**
le **coton** cotton **(5.4)**
le **cou** neck (3.3)
couchage: un sac de couchage sleeping bag **(8.1)**
se **coucher** to go to bed (3.3); to set *(the sun)*
couler to sink
une **couleur** color
un **couloir** corridor
un **coupable, une coupable** guilty one
couper to cut **(3.1)** **se couper** to cut oneself **(3.1)**
la **cour** court
courageux (courageuse) courageous **(2.5)**
courant running
un **courant** current **dans le courant de** during
un **coureur** racer
la **couronne** crown
le **courrier** mail **(2.1)**
un **cours** course **(6.1)** **suivre un cours** to take a course (class) **(6.1)**
une **course** race
les **courses** *f.* shopping **faire les courses** to go shopping *(for food)*, do the shopping **(1.1)**
court short **(4.1)**
un **courtisan** court attendant
un **cousin, une cousine** cousin **(R.4)**
le **coût** cost
un **couteau de poche** pocket knife **(8.1)**
coûter to cost **(1.3)**
une **coutume** habit, custom
couvert covered
une **couverture** blanket **(8.1)**
une **crainte** fear
une **cravate** tie **(R.5)**
un **crayon** pencil **(2.1)**
crédule gullible
créer to create, set up
la **crème** custard **(1.1)**
une **crémerie** dairy store **(6.3)**
un **crémier, une crémière** dairy store owner (clerk) **(6.3)**
le **créole** Creole *(French dialect spoken in the Caribbean)*
une **crinière** crest
critique critical
une **critique** criticism
critiquer to criticize **(2.4)**
* **croire (à, que)** to believe (in, that) **(5.5)**
une **croisade** crusade
un **croissant** crescent; crescent roll **(6.3)**
une **croix** cross **la Croix-Rouge** Red Cross
une **croyance** belief
cru *(p. part. of* **croire***)* **(5.5)**
la **cuisine** cooking **faire la cuisine** to cook, do the cooking **(1.1)**

une **cuisine** kitchen (3.1)
une **cuisinière** range, stove (4.3)
le **cuivre** copper (5.4)
curieux (curieuse) curious (2.5)
le **cyclisme** cycling
cycliste cycling

d

d' (*see* **de**)
d'abord first, at first (1.4)
d'accord okay, all right **être d'accord avec** to agree with (R.4)
une **dame** woman, lady
un **dancing** dance hall
dangereux (dangereuse) dangerous (7.1)
dans in, into (1.4) inside (6.2)
la **danse** dance
danser to dance (R.1)
d'après according to (1.3) **d'après vous** in your opinion
la **date** date (R.4) **quelle est la date aujourd'hui?** what's the date today? (R.4)
d'autres other(s) (4.4)
de of, from (R.1) any (1.1); with
débarquer to land
un **débat** debate
déboucher to uncork
le **débrayage** clutch pedal
débrouillard able to manage (8.1)
le **début** beginning (6.1)
décamper to leave
décembre December (R.4)
décider (de) to decide (to) (5.1)
une **décision** decision **prendre une décision** to make a decision (8.2)
décorer to decorate
une **découverte** discovery
* **découvrir** to discover (6.2)
* **décrire** to describe (2.1)
déçu disappointed (7.2); deceived
dedans into
défaire to defeat
défait undone
un **défaut** fault
défense de + *inf.* do not . . .
un **défilé** parade
défini definite
défoncé bashed in
dégoûté de disgusted with
degrés: il fait...degrés it's . . . (degrees)
déguisé disguised
dehors outside (7.2)
déjà already (4.1); before, ever
déjeuner to have (eat) lunch (R.1)
le **déjeuner** lunch (1.1) **le petit déjeuner** breakfast (1.1)
délicieux (délicieuse) delicious
délivrer to give, liberate
demain tomorrow (R.3) **à demain** see you tomorrow (6.1)
demander to ask, ask for (2.3)
démarrer to start *(a car)*
demie: ...heure(s) et demie half past . . . (R.1)
une **demi-heure** half-hour
démonstratif (démonstrative) demonstrative
démontrer to demonstrate
le **dentifrice** toothpaste (3.3)
un **dentiste, une dentiste** dentist
les **dents** *f.* teeth (3.3)
une **dépense** expense
un **départ** departure (5.2); start
un **département** department *(administrative division of France)*
dépêcher to dispatch **se dépêcher** to hurry (3.4)
dépend: ça dépend that depends
dépenser to spend (1.3)
déporté deported
depuis since (4.5) **depuis combien de temps?** for how long? (4.5) **depuis quand?** since when? (4.5) **depuis que** since (4.5) **depuis quelle heure?** since what time? (4.5)
le **dérangement** turmoil
déraper to skid (4.3)
dérision: par dérision mockingly
dernier (dernière) last (3.2) **(lundi) dernier** last (Monday) (R.3)
derrière behind, in back (of) (3.2)
des (de + les) some (R.2) of (the), from (the) (R.3)
dès as early as, upon
désagréable unpleasant (R.2)
descendre to go down (1.5)
désespéré desperate, hopeless
se **déshabiller** to get undressed (3.3)
un **désir** wish
désirer to wish, desire (R.1) to want (7.2)
la **désobéissance** disobedience, failure to obey (7.3)
désolé sad; very sorry (7.4)
un **dessert** dessert (1.1)
dessinées: des bandes dessinées *f.* comics (2.1)
la **destinée** destiny
détaillé detailed
se **détendre** to relax
la **détente** relaxation
un **déterminant** determiner
détester to hate, dislike (R.1)
un **détroit** strait
* **détruire** to destroy (1.2)
deux two (R.1)
deuxième second
deuxièmement secondly
devant in front (of) (3.2)
une **devanture** (store)front
dévasté devastated, ruined
développer to develop
* **devenir** to become (1.5)
devenu *(p. part. of* **devenir***)* (1.5)
deviner to guess
une **devinette** guessing game
une **devise** motto
* **devoir** must, to have to, owe (1.2)
un **devoir** homework assignment
devra *(future of* **devoir***)* (5.4)
d'habitude usually (4.3)
un **diable** devil
un **diamant** diamond
dicter to dictate
Dieu: mon Dieu! my goodness!
difficile difficult, hard (5.1)
dimanche Sunday, on Sunday (R.3)
dîner to have (eat) dinner, supper (R.1)
le **dîner** dinner (1.1)
un **diplôme** diploma
* **dire** to say, tell (2.1) **vouloir dire** to mean (1.2)
directement directly
un **directeur, une directrice** director, principal

diriger to steer, direct
dis donc hey
disant: en disant by saying
une **discipline** (school) subject
discipliné disciplined
discret (discrète) discreet
disparaître to disappear
dispersé spread, scattered
disposé set
une **dispute** quarrel, dispute
un **disque** record **(R.2)**
une **distance** distance **(8.2)**
dit *(p. part. of* **dire***)* **(2.1)**
divers various
divisé divided
divorcer to divorce **(3.5)**
dix ten **(R.1)**
dix-huit eighteen **(R.2)**
dix-neuf nineteen **(R.2)**
dix-sept seventeen **(R.2)**
un **docteur** doctor
un **doigt** finger **(3.3)**
un **dollar** dollar **(1.3)**
un **domaine** domain
dommage: c'est dommage! what a pity! that's too bad! **(4.5)** **il est dommage** it's too bad **(7.3)** **quel dommage!** too bad!
donc therefore, so **(2.2)**
donner to give **(2.3)** **donner rendez-vous (à)** to arrange to meet, make a date **(3.5)**
dont whose
* **dormir** to sleep **(1.5)**
un **dos** back **(3.3)** **un sac à dos** backpack, knapsack **(8.1)**
le **doute** doubt
douter to doubt **(7.5)**
doux (douce) mild
une **douzaine** about twelve, a dozen
douze twelve **(R.1)**
un **drame** scene
droit right **(4.3)**
le **droit** law, right
droite: à droite (de) to the right (of) **(3.2)**
drôle funny **(R.2)**
du (de + le) of (the), from (the) **(R.3)** some **(1.1)**
dû *(p. part. of* **devoir***)* **(1.4)**
un **duc** duke
un **duché** dukedom
durs: des œufs durs hard-boiled eggs
durer to last **(1.3)**
dynamique dynamic, energetic

e

l' **eau** *f.* *(pl.* **eaux***)* water **(1.1)**
l'eau minérale mineral water **(1.1)**
un **échange** exchange
échanger to exchange, trade
un **échec** failure
s' **échouer** to sink
un **éclair** (flash of) lightning **(8.4)**
éclater to break out
une **école** school **(R.3)** **une école d'été** summer school **(5.2)**
économies: faire des économies to save money **(1.3)**
économique economical
écouter to listen to **(R.1)**
un **écran** screen
* **écrire** to write **(2.1)** **une machine à écrire** typewriter **(4.3)**
écrit *(p. part. of* **écrire***)* **(2.1)**
une **écriture** writing
un **écrivain** writer
un **édifice** building
effet: en effet in fact; indeed, as a matter of fact **(6.3)**
égal *(pl.* **égaux***)* equal
également also
l' **égalité** *f.* equality
une **église** church **(R.3)**
égoïste selfish **(5.1)**
eh bien well . . . **(5.5)**
électrique electric, electrical
un **électrophone** record player **(R.2)**
élémentaire elementary
un **élève, une élève** student **(R.2)**
élevé high **(4.3)**
s' **élever** to rise
elle she, it **(R.1)** her **(R.4)**
elle-même herself
elles they **(R.1)** them **(R.4)**
élu elected
émanciper to emancipate, free
un **embarras** problem
embarrassant embarrassing
embêtant annoying **(R.2)**
s' **embêter** to get bored **(3.4)**
embrasse: je vous embrasse love and kisses *(at the end of a letter)* **(1.5)**
une **embuscade** ambush
un **empereur** emperor
employer to use
un **emprunt** borrowed thing
emprunté borrowed
emprunter (à) to borrow (from) **(8.1)**
en some, any, from there, of (about) it/them **(6.3)**
en in, by, to **en +** *pres. part.* while, on, upon, by . . . ing **(8.5)** **en (argent, pierre)** made of **(5.4)** **en autobus (avion, bateau)** by bus (plane, boat) **(R.3)** **en été (automne, hiver)** in (the) summer (autumn, winter) **(R.4)** **en semaine** during the week **(R.1)**
encerclé encircled
l' **enchaînement** *linking of words*
encore still, yet **(3.3)**; again **encore une fois** once more
endommagé damaged
endormi sleepy, asleep **(7.3)**
un **endroit** place **(R.3)** spot **(5.4)**
l' **énergie** *f.* energy
s' **énerver** to get nervous, upset **(3.4)**
l' **enfance** *f.* childhood
les **enfants** *m.* children **(R.4)**
enfermer to enclose
enfin at last **(1.4)**
enflammé flaming
s' **engager** to enlist
énigmatique puzzling
ennuyeux (ennuyeuse) boring **(7.1)**
énorme enormous, huge **(8.5)**
une **enquête** inquiry, survey
enseigné taught
l' **enseignement** *m.* teaching
enseigner to teach
ensemble together **(4.1)**
l' **ensemble** *m.* whole
ensoleillé sunny
ensuite then, after **(1.4)**
entendre to hear **(R.5)**; to understand **entendre parler** to hear about
entier (entière) whole, entire
entouré surrounded
un **entracte** intermission **(7.3)**
s' **entraîner** to train
entre between, among **(3.2)**
une **entreprise** company
entrer to enter **(1.5)**

entretenir to keep alive
l' **entretien** *m.* maintenance
un **envahisseur** invader
une **enveloppe** envelope **(2.1)**; bag
enverra *(future of* **envoyer***)* **(5.4)**
envers toward(s)
l' **envie** *f.* envy **avoir envie de** to feel like, want **(1.3)**
les **environs** *m.* neighborhood areas
s' **envoler** to lift off
un **envoyé, une envoyée** messenger
* **envoyer** to send **(4.1)**
une **épave** wreckage
une **épicerie** grocery **(6.3)**
un **épicier, une épicière** grocer **(6.3)**
une **époque** period, time
les **époux** *m.* husband and wife
une **épreuve** competition, hardship
l' **équilibre** *m.* balance
un **équipage** team, crew
une **équipe** team
équipé equipped
l' **équipement** *m.* equipment
une **erreur** mistake **(5.4)**
escalader to climb **(4.3)**
un **escalier** staircase **(6.2)** **des escaliers** stairs **(6.2)**
un **escargot** snail
l' **esclavage** *m.* slavery
un **esclave, une esclave** slave
une **escroquerie** swindle
l' **espace** *m.* space
l' **Espagne** *f.* Spain **(R.3)**
espagnol Spanish **(R.2)**
l' **espagnol** *m.* Spanish *(language)*
une **espèce** kind, species
espérer to hope **(3.1)**
l' **espoir** *m.* hope **(7.2)**
un **esprit** spirit
un **essai** essay
essayer to try, try out, try on **(4.1)** **essayer de** to try to **(8.3)**
l' **essence** *f.* gas **(3.4)**
l' **essentiel** *m.* important thing
l' **essuie-glace** *m.* windshield wiper
l' **est** *m.* east **(R.3)**
est-ce que *phrase used to introduce a question* **(R.1)**
l' **estomac** *m.* stomach
et and
établir to establish
un **étage** floor, story **(6.2)**
étant *(pres. part. of* **être***)* **(8.5)**
une **étape** step, segment
un **état** state **(3.4)**; condition **l'État** state, government
les **États-Unis** *m.* United States **(R.3)**
été *(p. part. of* **être***)* **(1.4)**
l' **été** *m.* summer **(R.4)** **en été** in (the) summer **(R.4)**
éteindre to turn off
une **étiquette** label
une **étoile** star **(8.4)**
étonné surprised **(6.5)**
une **étourderie** oversight
étrange strange
étranger (étrangère) foreign **(5.2)** **à l'étranger** abroad **(5.2)**
* **être** to be **(R.2)** **être à** to belong to **(R.4)** **être à l'heure** to be on time **(3.3)** **être d'accord avec** to agree with **(R.4)** **être de retour** to be back **(5.5)** **être en avance** to be early **(3.3)** **être en retard** to be late **(3.3)** **être en train de** to be in the midst of **(7.5)**
l' **étude** *f.* study
un **étudiant, une étudiante** student
étudier to study **(R.1)**
eu *(p. part. of* **avoir***)* **(1.4)**
euh... er . . . , uh . . .
l' **Europe** *f.* Europe **(R.3)**
européen (europèene) European
eux them **(R.4)**
l' **évasion** *f.* escape
un **événement** event **(3.5)**
éventuellement eventually
évidemment obviously **(2.2)**
évident evident, obvious
évoquer to evoke, recall
exact right
l' **exactitude** *f.* punctuality, exactness
exagérer to exaggerate
un **examen** exam **(4.3)**
examiner to examine **(4.3)**
excuser to excuse **s'excuser** to apologize **(3.4)**
un **exemple** example **ça, par exemple!** what do you mean!; what do you know! **(6.5)**
exercer to do, carry out, perform
exigeant demanding
une **existence** existence, life
un **exode** exodus
une **expérience** experiment
expérimenté experienced
une **explication** explanation **(7.5)**
expliquer to explain **(6.1)** **s'expliquer** to be explained
un **exploit** exploit, feat
un **explorateur, une exploratrice** explorer
exploser to explode
exposer to exhibit
une **exposition** exhibition, exhibit
une **expression** expression **d'expression française** French-speaking
exprimer to express **s'exprimer** to express oneself **(7.5)**
expulser to expel
extraordinaire extraordinary, unusual
un **extraterrestre** being from outer space
extrêmement extremely
l' **Extrême-Orient** *m.* Far East

f

un **fabricant** maker
face: en face (de) across (from), opposite **(3.2)**
fâché (contre) angry, upset (with) **(7.5)**
facile easy **(5.1)**
facilement easily
faciliter to facilitate, make easy
une **façon** manner, way **(7.4)**
le **facteur** mailman
la **faculté** power
faible weak **(5.1)**
faim: avoir faim to be hungry **(1.3)**
* **faire** to do, make **(1.1)**; to manage **faire de + *activity*** to play, participate in, study, learn, learn to play, be active in **(1.1)** **faire attention (à)** to pay attention (to), be careful (about) **(1.1)** **faire des économies** to save money **(1.3)** **faire des progrès** to make progress **(1.1)** **faire des projets** to make plans **(1.1)** **faire du camping** to go camping **(8.1)** **faire du**

feu to build a fire (**8.1**) **faire la connaissance de** to meet (**2.1**) **faire la cuisine** to cook, do the cooking (**1.1**) **faire la queue** to stand in line (**7.1**) **faire la vaisselle** to do (wash) the dishes (**1.4**) **faire le lit** to make the bed (**1.4**) **faire le ménage** to clean the house (**1.4**) **faire le plein** to fill the tank (**7.4**) **faire les courses** to go shopping *(for food)*, do the shopping (**1.1**) **faire un match** to play a game (**1.1**) **faire un voyage** to go on a trip, take a trip (**1.1**) **faire une partie de** to play a game of (**1.4**) **faire une promenade (à pied, en auto)** to go for a walk, go for a ride (**1.1**)
un **faire-part** announcement (**3.5**)
faisant: en faisant (by) making
fait *(p. part. of* **faire***)* (**1.4**)
fait: au fait by the way (**2.2**) **en fait** in fact
fait: ça ne fait rien that doesn't matter, no problem (**6.2**) **il fait beau (mauvais, chaud, froid)** it's nice (bad, hot, cold) (weather) (**R.5**) **il fait...degrés** it's . . . (degrees) (**R.5**) **il fait du vent** it's windy (**4.1**) **il fait moins...** it's minus . . . (degrees) (**R.5**) **il fait zéro** it's 0° (**R.5**) **quel temps fait-il?** how's the weather? (**R.5**)
falloir to be necessary
fameux (fameuse) notorious, famous
familiale family
une **famille** family
un **fana, une fana** fan
un **fantôme** ghost
la **farine** flour (**6.3**)
fasse *(subj. of* **faire***)* (**7.4**)
fatigué tired (**1.4**)
fauché broke (without money) (**5.2**)
faut: il faut one has to (must, should), you should (need to, have to), it is necessary (**1.2**)
un **fauteuil** armchair (**4.3**)
faux (fausse) wrong, false (**5.1**)
favori (favorite) favorite
favoriser to favor
féminin feminine
une **femme** woman (**R.2**) wife (**R.4**)
une **fenêtre** window (**3.1**)
le **fer** iron (**5.4**)
fera *(future of* **faire***)* (**5.3**)
une **ferme** farm
fermer to close (**6.2**) **fermer à clé** to lock (**6.2**)
un **festin** feast
une **fête** holiday, feast (**5.1**); name day, party, festival **la fête du Travail** Labor Day *(May 1)* **une fête foraine** carnival
un **feu** fire (**8.1**) **au feu!** fire! **faire du feu** to build a fire (**8.1**) **des feux d'artifice** fireworks **un feu de joie** bonfire
un **feu arrière** taillight (**7.4**)
février February (**R.4**)
les **fiançailles** *f.* engagement
un **fiancé, une fiancée** fiancé(e) (**3.5**)
se **fiancer** to get engaged (**3.5**)
fidèle faithful
fier (fière) proud (**7.3**)
la **fièvre** fever
une **figure** face (**3.3**)
une **fille** girl (**R.2**) daughter (**R.4**)
un **fils** son (**R.4**)
la **fin** end (**6.1**)
finalement finally (**1.4**)
fini finished, over (**7.4**)
finir to finish, end (**R.5**) **finir de** to finish (**8.3**)
fixe specific
fixer to set, fix *(a date)* (**8.2**)
flamber to burn, flame
une **flamme** flame
une **fleur** flower (**8.3**)
un **fleuve** river
une **flotte** fleet
la **fois** time (**4.1**) **à la fois** at the same time **combien de fois?** how many times? (**4.1**) **deux fois** twice (**4.1**) **plusieurs fois** several times (**4.1**) **une fois** once, one time (**4.1**)
la **folie** folly
fonction: en fonction de depending on
fonctionner to work, function (**1.3**)
fond: au fond at the back **dans le fond** after all
fonder to found
le **foot(ball)** soccer **le football américain** football
foraine: une fête foraine carnival
la **force** strength
une **forêt** forest (**8.3**)
forger to forge
un **forgeron** blacksmith
une **forme** form **en pleine forme** in great shape (**1.4**)
formidable terrific, super (**R.2**)
formuler to formulate
fort strong (**5.1**)
la **fortune** fate
fou (folle) crazy, mad (**5.3**)
une **foule** crowd (**8.5**)
frais (fraîche) fresh, cool
une **fraise** strawberry (**6.3**)
un **franc** franc *(monetary unit of France, Belgium, and Switzerland)* (**1.3**)
français French (**R.2**)
le **français** French *(language)*
la **France** France (**R.3**)
franchement frankly (**6.5**)
franchir to cross
franco-américain French-American
francophone French-speaking
frapper to knock (**6.2**)
le **frein** brake **le frein à main** handbrake
freiner to brake, step on the brakes (**7.4**)
fréquenté popular, well-attended (**5.1**)
fréquenter to keep company with
un **frère** brother (**R.4**)
les **frites** *f.* French fries (**1.1**)
froid cold **avoir froid** to be cold (**1.3**) **il fait froid** it's cold (weather) (**R.5**)
le **fromage** cheese (**1.1**)
une **frontière** border
un **fruit** fruit (**1.1**) **le jus de fruits** fruit juice (**1.1**)
la **fumée** smoke
fumer to smoke
funéraire burial
fureur: faire fureur to be the rage

furieux (furieuse) furious, mad **(5.3)** upset, angry **(7.4)**
une **fusée** rocket
le **futur** future
futuriste futuristic

g

gagner to win, earn **(1.3)**
un **gant** glove
un **garage** garage **(3.1)**
un **garagiste** mechanic
garantir to guarantee
un **garçon** boy **(R.2)** waiter **(1.2)**
un **garde-boue** fender
garder to keep
une **gare** station **(2.4)**
un **gars** guy, fellow **(8.4)**
gaspiller to waste **(5.1)**
le **gâteau** (*pl.* **gâteaux**) cake **(1.1)**
gauche left **(4.3)** **à gauche (de)** to the left (of) **(3.2)**
les **Gaulois** *m.* Gauls
gelé frozen
général (*pl.* **généraux**) general **en général** in general
généralement generally **(4.3)**
généreux (généreuse) generous **(2.5)**
la **générosité** generosity
un **génie** genius
un **genre** gender, type
les **gens** *m.* people **(R.2)**
gentil (gentille) nice **(5.1)**
la **géographie** geography
géographique geographic
gigantesque gigantic
la **glace** ice cream **(1.1)** mirror **(3.3)** **le patin à glace** ice-skating **(1.1)**
se **gonfler** to inflate
la **gorge** throat **(3.3)**
goûter to taste, try **(6.4)**
gouverné governed
grâce à thanks to
grand tall, big **(R.2);** great **les grandes vacances** summer vacation **(8.1)**
grand-chose much
une **grand-mère** grandmother **(R.4)**
un **grand-père** grandfather **(R.4)**
les **grands-parents** *m.* grandparents **(R.4)**
un **gratte-ciel** skyscraper
grave serious **(1.5)**
gravement seriously
un **graveur** engraver
grec (grecque) Greek
un **grenier** attic **(3.1)**
la **grippe** flu
gris gray **(R.5)**
gros (grosse) fat, big
grossir to gain weight, get fat **(R.5)**
la **Guadeloupe** Guadeloupe *(French island in the West Indies)*
guérir to cure
une **guerre** war
un **guidon** handlebars
une **guitare** guitar **(R.2)**
la **Guyane française** French Guiana
la **gymnastique** gymnastics

h

habile skillful **(7.4)**
s' **habiller** to get dressed **(3.3)**
un **habitant** inhabitant
habiter to live **(R.1)**
une **habitude** habit, custom **comme d'habitude** as usual **d'habitude** usually **(4.3)**
habituel (habituelle) usual
habituellement usually **(4.3)**
les•**haricots verts** *m.* (green) beans **(1.1)**
•**hasard: par hasard** by chance
la•**hâte** haste
•**haut** high **en haut** at the top **tout haut** aloud
•**hauteur: de hauteur** in height
•**hein?** huh?
hélas unfortunately **(6.2)**
l' **herbe** *f.* grass **(8.3)**
hésiter à to hesitate, be hesitant about **(8.3)**
l' **heure** *f.* time, hour, o'clock **(R.1)** **à l'heure** on time **(3.3);** per hour **à quelle heure?** at what time? **(R.1)** **depuis quelle heure?** since what time? **(4.5)** **...heure(s) (cinq)** (five) past . . . **(R.2)** **...heure(s) et demie** half past . . . **(R.1)** **...heure(s) et quart** quarter past . . . **(R.1)** **...heure moins (cinq)** (five) of . . . **(R.2)** **...heure(s) moins le quart** quarter of . . . **(R.1)** **il est...heure(s)** it is . . . (o'clock) **(R.1)** **l'heure de +** *inf.* time to **(4.1)** **quelle heure est-il?** what time is it? **(R.1)**
heureusement fortunately **(2.4)**
heureux (heureuse) happy **(2.5)**
heurter to run into
hier yesterday **(R.3)**
une **hirondelle** swallow
l' **histoire** *f.* history
une **histoire** story **(2.1)**
historique historical
l' **hiver** *m.* winter **(R.4)** **en hiver** in (the) winter **(R.4)**
le•**hockey** hockey
•**hollandais** Dutch
un•**homard** lobster
un **homme** man **(R.2)**
honnête honest
l' **honneur** *m.* honor
un **hôpital** hospital **(R.3)**
un **horoscope** horoscope
les•**hors-d'œuvre** *m.* appetizers **(1.1)**
l' **hospitalité** *f.* hospitality
l' **huile** *f.* oil **(1.1)**
•**huit** eight **(R.1)** **à (mardi) en huit** see you a week from (Tuesday) **(6.1)**
une **huître** oyster
humeur: de bonne humeur in a good mood **(2.4)** **de mauvaise humeur** in a bad mood **(2.4)**
l' **humour** *m.* humor

i

ici here **(R.3)**
idéal (*pl.* **idéaux**) ideal
une **idée** idea
identifié identified
identifier to identify
idiot idiotic, dumb **(5.2)**
•**ignorer** to not know
il he, it **(R.1)** **il n'y a pas** there is no, there aren't any **(R.2)** **il y a** there is, there are **(R.2)** **il y a +** *time* *time* ago **(4.1)** **qu'est-ce qu'il y a?** what's up?; what's wrong? what's the matter? what's going on? **(4.2)**

une **île** island (**5.2**)
illuminer to light up
illustre famous
illustré illustrated
illustrer to illustrate
s'illustrer to become famous
ils they (**R.1**)
imaginaire imaginary
imaginatif (imaginative) imaginative (**2.5**)
immédiatement immediately
un **immeuble** apartment building (**6.2**)
immigré immigrant
l' **imparfait** *m.* imperfect *(tense)*
impatiemment impatiently
s' **impatienter** to get impatient (**3.4**)
l' **impératif** *m.* imperative (command) mood
impoli impolite (**7.1**)
important important (**7.1**)
un **impresario** manager
impressionné impressed (**7.2**)
un **imprimeur** printer
imprudent careless (**4.3**)
impulsif (impulsive) impulsive (**2.5**)
inauguré inaugurated
inconnu unknown
incroyable unbelievable, incredible (**2.5**)
indéfini indefinite
indemne unhurt
un **indice** clue
indien (indienne) Indian
indiqué indicated
indiquer to indicate, point out
indiscipliné undisciplined
indispensable essential, indispensable (**7.3**)
infini infinite
un **infinitif** infinitive
un **infirmier, une infirmière** nurse (**1.2**)
l' **informatique** data processing
un **ingénieur** engineer (**1.2**)
un **ingrédient** ingredient (**1.1**)
inquiet (inquiète) worried, concerned (**3.2**)
s' **inquiéter** to worry (**3.4**)
* **inscrire** to write *(in a notebook)* (**6.2**)
insensé crazy
un **inspecteur, une inspectrice** inspector
installé set up
s' **installer** to settle (**8.5**)
instituer to set up
insupportable mischievous
intellectuel (intellectuelle) intellectual (**2.5**)
intelligemment intelligently
intelligent smart, intelligent (**R.2**)
intention: avoir l'intention de to intend to, plan to (**2.1**)
interdit forbidden
intéressant interesting
intéresser to interest (**2.4**)
s'intéresser (à) to be interested (in) (**3.4**)
un **intérêt** interest
un **interprète, une interprète** interpreter, translator
interrogatif (interrogative) interrogative
interroger to interrogate
interrompre to interrupt
interviewer to interview
intitulé entitled
intriguer to puzzle
introduir to introduce
intuitif (intuitive) intuitive (**2.5**)
inutile useless (**3.5**) unnecessary (**7.1**)
invité invited
un **invité, une invitée** guest (**3.2**)
inviter to invite (**R.1**)
ira *(future of* **aller**) (**5.3**)
ironiquement ironically
irriter to irritate
isolé alone, separate
issue de from
l' **Italie** *f.* Italy (**R.3**)
italien (italienne) Italian (**R.2**)
un **itinéraire** itinerary, route (**8.2**)

j

j' *(see* **je**)
jaloux (jalouse) jealous (**4.5**)
jamais: ne...jamais never (**2.5**)
une **jambe** leg (**3.3**)
le **jambon** ham (**1.1**)
janvier January (**R.4**)
japonais Japanese (**R.2**)
le **japonais** Japanese *(language)*
un **jardin** garden (**3.1**)
jaune yellow (**R.5**)
je I (**R.1**)
un **jeu** *(pl.* **jeux**) game **les Jeux Olympiques** Olympic Games
jeudi Thursday, on Thursday (**R.3**)
jeune young (**R.2**)
les **jeunes** *m.* young people (**R.2**)
la **jeunesse** youth
la **Joconde** Mona Lisa
joli pretty (**R.2**)
jouer to play (**R.1**) **jouer** à + *sport, game* to play (**R.3**) **jouer** de + *instrument* to play (**R.3**)
un **joueur, une joueuse** player
un **jour** day (**R.3**) **il fait jour** it's daytime, it's light (**8.4**) **la vie de tous les jours** daily life
un **journal** *(pl.* **journaux**) newspaper (**2.1**); diary
une **journée** (whole) day (**R.3**) (**6.1**)
joyeux (joyeuse) joyous
le **jugement** sense
juillet July (**R.4**)
juin June (**R.4**)
des **jumelles** *f.* binoculars (**8.1**)
une **jupe** skirt (**R.5**)
le **jus de fruits** fruit juice (**1.1**)
le **jus d'orange** orange juice (**1.1**)
jusqu'à until, up to (**4.2**) as far as (**6.2**)
juste fair
justement as a matter of fact (**6.5**)

k

le **karaté** karate
le **ketchup** ketchup
un **kilo** kilo(gram) (**6.4**)
un **kilomètre** kilometer (**8.2**)
un **klaxon** horn

l

l' *(see* **le, la**)
la the (**R.2**) her, it (**2.2**)
là there (**R.3**) **ce...-là** that (over there) (**R.5**) **oh là là!** oh dear! wow! whew!
là-bas over there (**R.3**)
un **lac** lake (**8.3**)
là-haut up there
la **laine** wool (**5.4**)

laisser to leave (**2.5**) to let (**7.5**)
le **lait** milk (**1.1**)
une **lampe** lamp (**4.3**)
lancer to throw
une **langue** language
laquelle which one (**8.1**)
une **larme** tear (**4.5**)
laver to wash (**3.1**) **se laver** to wash (oneself), wash up (**3.1**) **une machine à laver** washing machine (**4.3**)
un **lave-vaisselle** dishwasher (**4.3**)
le the (**R.2**) him, it (**2.2**)
une **leçon** lesson
la **lecture** reading
léger (légère) light (**5.1**)
un **légume** vegetable (**1.1**)
le **lendemain** the next day (**2.4**)
lent slow (**3.3**)
lequel (laquelle) which one (**8.1**)
les the (**R.2**) them (**2.2**)
lesquels (lesquelles) which ones (**8.1**)
la **lessive** detergent (**6.3**)
une **lettre** letter (**2.1**)
leur (to) them (**2.3**)
se **lever** to get up (**3.3**); to rise
lèvres: le rouge à lèvres lipstick (**6.3**)
libérer to liberate
la **liberté** liberty
une **librairie** bookstore
libre free (**1.1**)
un **lieu** place, area (**8.5**)
au lieu de instead of (**8.4**)
avoir lieu to take place (**3.5**)
les lieux premises (**8.5**)
une **ligne** line
la **limitation de vitesse** speed limit
limité limited
la **limonade** lemon soda (**1.1**)
* **lire** to read (**2.1**)
lisiblement legibly
un **lit** bed (**4.3**) **faire le lit** to make the bed (**1.4**)
un **litre** liter (**6.4**)
un **livre** book (**R.2**)
une **livre** metric pound (**6.4**)
livrer to fight
un **livret** booklet
logé: être logé to have a room
un **logement** lodging
logique logical
loin (de) far (from), far away (from) (**3.2**)
lointain distant
un **loisir** leisure-time activity
long (longue) long (**4.1**)
longtemps (for) a long time (**4.1**)
lorsque when
la **loterie** lottery
louer to rent (**1.2**)
un **loup** wolf
lourd heavy (**5.1**)
le **Louvre** *museum in Paris*
lu (*p. part. of* **lire**) (**2.1**)
une **lueur** flash of light, glimmer, glow (**8.4**)
lui him (**R.4**) (to) him, (to) her (**2.3**)
une **lumière** light
lumineux (lumineuse) illuminated
lundi Monday, on Monday (**R.3**)
la **lune** moon (**8.4**)
des **lunettes** *f.* glasses (**R.5**)
des lunettes de soleil sunglasses (**R.5**)
luxueux (luxueuse) luxurious
un **lycée** high school (**R.3**)
un **lycéen, une lycéenne** high school student

m

M. Mr.
m' (*see* **me**)
ma my (**R.4**)
une **machine à écrire** typewriter (**4.3**)
une **machine à laver** washing machine (**4.3**)
Madame (Mme) Mrs., ma'am
Mademoiselle (Mlle) Miss
un **magasin** store (**R.3**)
un grand magasin department store
un **magazine** magazine (**2.1**)
un **magnétophone** tape recorder (**R.2**)
magnifique magnificent (**5.2**)
mai May (**R.4**)
maigrir to lose weight, get thin (**R.5**)
un **maillot** jersey
un **maillot de bain** bathing suit (**R.5**)
une **main** hand (**3.3**)
maintenant now (**R.1**)
un **maire** mayor
la **mairie** town hall
mais but (**R.1**)
une **maison** house (**R.3**)
à la maison at home
un **maître** master
mal badly, poorly (**R.1**)
avoir mal à la tête to have a headache
malade sick (**5.3**)
une **maladie** disease
la **malchance** bad luck
une **malédiction** curse
un **maléfice** evil spell
malgré despite
le **malheur** unhappiness
malheureusement unfortunately (**2.4**)
malheureux (malheureuse) unhappy (**2.5**)
la **Manche** English Channel
un **manège** merry-go-round
manger to eat (**1.1**) (**4.1**)
une salle à manger dining room (**3.1**)
une **manière** manner, way
pas tant de manières don't show off
les **manœuvres** *f.* maneuvers
manqué missed
un **manteau** (*pl.* **manteaux**) coat (**R.5**)
m'appelle: je m'appelle my name is
se **maquiller** to put on make-up (**3.3**)
un **marchand, une marchande** merchant, storekeeper
un marchand de fruits fruit store keeper (**6.3**)
la **marche** march, course, progress
un **marché** market, deal
bon marché cheap (**1.3**) inexpensive (**5.1**)
meilleur marché cheaper (**5.1**)
mardi Tuesday, on Tuesday (**R.3**)
un **mari** husband (**R.4**)
le **mariage** marriage, wedding (**3.5**)
marié married
un **marié** groom (**3.5**)
une **mariée** bride (**3.5**)
marier to marry (*two people*)
se marier (avec) to marry (someone), get married (**3.4**)

un **marin** sailor
la **marine** navy
une **marque** make **(4.4)**
marqué (par) marked (with)
mars March **(R.4)**
la **Marseillaise** *French national anthem*
un **marteau** *(pl.* **marteaux***)* hammer
un **Martiniquais, une Martiniquaise** *person from Martinique*
la **Martinique** Martinique *(French island in the West Indies)*
un **mât** mast
un **match** game, match **faire un match** to play a game **(1.1)**
des **matériaux** *m.* **de construction** construction materials **(5.4)**
matériel (matérielle) material
maternel (maternelle) maternal
les **maths** *f.* math
une **matière** material
le **matin** morning, in the morning **(R.3)** **ce matin** this morning **(R.3)** **(lundi) matin** (on) (Monday) morning **(R.3)**
une **matinée** (whole) morning **(6.1)**
mauvais bad **(R.2)** **il fait mauvais** it's bad (weather) **(R.5)**
me me, to me **(2.1)** myself **(3.1)**
un **mécanicien, une mécanicienne** mechanic **(1.2)**
la **mécanique** mechanics
méchant nasty, mean **(5.1)**
mécontent displeased
une **médaille** medal
un **médecin** doctor **(1.2)**
des **médicaments** *m.* drugs and medicine **(6.3)**
la **Méditerranée** Mediterranean Sea
meilleur better **(5.1)**
meilleur marché cheaper **(5.1)** **le (la) meilleur(e)** the best **(5.1)** **un meilleur ami, une meilleure amie** best friend **(R.2)**
un **mélange** mixture
un **membre** member
même same **(4.3)** even **(6.1)**; exactly **le (la) même** the same one **(4.4)** **les mêmes** the same ones **(4.4)**
même si even if **(6.1)**
tout de même all the same

une **mémoire** memory
menaçant threatening
menacer de to threaten to **(8.3)**
ménage: faire le ménage to clean the house **(1.4)**
un **mensonge** lie **(2.1)**
mentionner to mention
la **mer** sea **(5.2)** **la mer des Antilles** Caribbean Sea
mercredi Wednesday, on Wednesday **(R.3)**
une **mère** mother **(R.4)**
merveilleux (merveilleuse) marvelous
mes my **(R.4)**
la **messe** Mass
des **métaux** *m.* metals **(5.4)**
un **métier** profession
un **mètre** meter **(8.2)**
métropolitaine: la France métropolitaine *France with the exception of its overseas territories*
un **metteur en scène** director
* **mettre** to put, place, put on *(clothing),* turn on *(the radio),* set *(the table),* take *(time to do something)* **(1.4)** **se mettre** to place oneself, stand
se mettre à to begin, start
se mettre en colère to get angry **(3.4)**
un **meuble** piece of furniture **(4.3)**
mexicain Mexican **(R.2)**
le **Mexique** Mexico **(R.3)**
midi noon **(R.1)** **à midi** see you at noon **(6.1)**
le **Midi** the South of France
mieux better **(6.5)** **le mieux** the best
mignon (mignonne) cute **(2.5)**
milieu: au milieu (de) in the middle (of) **(3.2)**
militaire military
mille one thousand **(R.5)**
un **mille** mile **(8.2)**
millénaire thousand-year-old
milliers: des milliers thousands
un **million** million **(R.5)**
mince thin
minuit midnight **(R.1)**
mis *(p. part. of* **mettre***)* **(1.4)**
un **missionnaire** missionary
Mlle Miss
Mme Mrs.
moche plain, unattractive **(R.2)**

la **mode** fashion
un **modèle** model
modéré moderate
moderne modern **(5.1)**
moi me **(R.4) (2.1)**
moi non plus neither do I, "me neither" **(6.3)**
moins less, minus **au moins** at least **(2.2)** **...heure(s) moins (cinq)** (five) of . . . **(R.2)** **il fait moins...** it's minus . . . (degrees)
le moins... the least . . . **(5.1)** **moins le quart** quarter of . . . **(R.1)**
moins...que less . . . than **(5.1)** **moins de...que** less (fewer) . . . than **(5.1)**
un **mois** month **(R.4)**
la **moitié** half
un **moment** moment
au moment où when
mon (ma; mes) my **(R.4)**
le **monde** world **(5.5)**
beaucoup de monde many people **(6.1)** **du monde** (many) people **(6.1)** **tout le monde** everybody, everyone **(3.2)**
mondial world
un **moniteur, une monitrice** counselor
Monsieur (M.) Mr., sir
la **montagne** mountain(s) **(4.3)**
les Montagnes Rocheuses Rockies
montagneux (montagneuse) mountainous
monter to go up **(1.5)**; to get into *(a car),* to put up
une **montre** watch **(R.2)**
montrer to show **(2.3)**
un **monument** monument **(2.3)**
se **moquer de** to make fun of **(3.5)**
mort *(p. part. of* **mourir***)* **(1.5)**
mort de fatigue dead-tired
la **mort** death
mortel (mortelle) mortal
un **mot** word **(2.1)** **un mot apparenté** cognate, related word
un **moteur** motor, engine **(7.4)**
une **moto** motorcycle **(R.2)**
les **mots** *m.* **croisés** crossword puzzle
mouillé wet

mourir to die (1.5)
la **moutarde** mustard (1.1)
un **mouton** sheep (8.3)
un **moyen** means
le **Moyen Âge** Middle Ages
le **Moyen-Orient** Middle East
muet (muette) quiet
un **mufle** "clod," muzzle, snout
un **mur** wall (1.5)
un **museau** muzzle, snout
un **musée** museum (R.3)
musicien (musicienne) musical (2.5)
la **musique** music
myope nearsighted
un **mystère** mystery
mystérieusement mysteriously

n

n' *(see* **ne**)
nager to swim (R.1) (4.1)
naïf (naïve) naive (2.5)
la **naissance** birth
naître to be born (1.5)
la **natation** swimming (1.1)
une **nationalité** nationality
les **Nations Unies** *f.* United Nations
naturel (naturelle) natural (2.5)
naturellement naturally (6.5)
un **naufrage** shipwreck
nautique: le ski nautique water-skiing (1.1)
un **navire** ship
ne: ne...jamais never (2.5)
ne...pas not (R.1)
ne...personne no one, nobody, not anyone (2.5) **ne...plus** no longer, no more, not any-more (2.5) **ne...rien** nothing, not anything (2.5)
n'est-ce pas? no? isn't it so? right? (R.1)
né *(p. part. of* **naître**) (1.5)
nécessaire necessary (7.1)
nécessiter to require
négatif (négative) negative
négativement negatively, saying "no"
la **neige** snow (4.1)
neige: il neige it's snowing (R.5)
neiger to snow (4.1)
un **nénuphar** waterlily
nerveusement nervously
nerveux (nerveuse) nervous (5.3)
n'est-ce pas? no? isn't it so? right? (R.1)
nettoyer to clean
neuf nine (R.1)
neuf (neuve) brand new (2.4)
toute neuve brand new
neuvième ninth (6.5)
un **neveu** *(pl.* **neveux**) nephew
une **névralgie** pain
un **nez** nose (3.3)
ni...ni... neither . . . nor . . . (6.4)
un **nid** nest
les **noces** *f.* wedding festivities (3.5)
Noël *m.* Christmas
noir black (R.5) **il fait nuit noire** it's pitch dark
une **noix de coco** coconut
un **nom** name, noun
un **nombre** number (R.1)
nombreux (nombreuse) numerous
nommé named
non no
non-alcoolisé nonalcoholic
non-identifié unidentified
le **nord** north (R.3)
normal normal (7.3)
normalement normally (6.5)
la **Normandie** Normandy *(province in northwestern France)*
nos our (R.4)
une **note** note, grade
noter to mark (write) down, note (4.4)
notre *(pl.* **nos**) our (R.4)
une **nouille** noodle
la **nourriture** food
nous we (R.1) us (R.4) to us (2.1) ourselves (3.1) each other, one another (3.5)
nouveau (nouvel, nouvelle; nouveaux) new (2.4)
à nouveau again (7.5)
nouvel new (2.4)
nouvelle new (2.4)
une **nouvelle** news item (2.1)
les nouvelles the news (2.1)
la **Nouvelle-Angleterre** New England
la **Nouvelle-Écosse** Nova Scotia
novembre November (R.4)
un **nuage** cloud (8.4)
la **nuit** night, at night (R.3)
cette nuit tonight (R.3)
il fait nuit it's nighttime, it's dark (8.4) **il fait nuit noire** it's pitch dark
un **numéro** number (4.4)
le **nylon** nylon (5.4)

o

obéir (à) to obey (R.5)
obéissant obedient (8.5)
un **objet** object (R.2)
les objets trouvés lost and found
obligatoire compulsory, required
obligatoirement as required by law
obligé obliged
obliger to require
* **obtenir** to get, obtain (7.1)
une **occasion** occasion; opportunity (6.1)
occidental western
une **occupation** activity
occupé busy (1.1)
s' **occuper** to take care, keep busy
l' **Océanie** *f.* South Pacific (R.3)
octobre October (R.4)
un **œil** *(pl.* **yeux**) eye (3.3)
un **œuf** egg (1.1)
une **œuvre** work
offenser to offend
officiellement officially
* **offrir** to offer, give (6.2)
une **oie** goose
un **oiseau** *(pl.* **oiseaux**) bird (R.2)
une **ombre** shadow (8.4)
une **omelette** omelet (1.1)
on one, you, people, they, we (1.2)
un **oncle** uncle (R.4)
un **ongle** nail (3.3)
onze eleven (R.1)
une **opinion** opinion
changer d'opinion to change one's mind
optimiste optimistic (5.1)
l' **or** *m.* gold (5.4)
un **orage** storm (8.4)
une **orange** orange (1.1) **le jus d'orange** orange juice (1.1)
un **orchestre** orchestra, band (7.3)
ordinaire ordinary, usual

ordinal: un nombre ordinal ordinal number
un **ordinateur** computer (**R.2**)
une **ordonnance** order
l' **ordre** *m.* order
les **ordures** *f.* garbage
une **oreille** ear (**3.3**) **des boucles d'oreille** *f.* earrings (**R.5**)
les **oreillons** *m.* mumps
un **orfèvre** silversmith
organisé organized
organiser to organize (**R.1**)
l' **Orient** *m.* East, Orient
orienté facing
une **origine** origin, beginning
orner to adorn
oser to dare
ôter to take off
ou or (**R.4**)
où? where? (**R.1**)
oublier to forget (**2.2**)
oublier de to forget to (**8.3**)
l' **ouest** *m.* west (**R.3**)
oui yes
un **ours** bear
outre-mer overseas
la France d'outre-mer *overseas possessions of France*
ouvert (*p. part. of* **ouvrir**) (**6.2**)
un **ouvrier, une ouvrière** worker (**1.2**)
* **ouvrir** to open (**2.1**)
un **OVNI (Objet Volant Non-Identifié)** UFO

p

le **Pacifique Sud** South Pacific
pacifiquement peacefully
le **pain** bread (**1.1**)
un **palais** palace
une **pancarte** sign (**8.2**)
une **panne** breakdown (**3.4**)
une panne d'électricité power failure
un **pantalon** pants (**R.5**)
le **pape** pope
le **papier** paper (**2.1**)
Pâques *m.* Easter
paquet package, pack (**6.4**)
par by, through (**1.5**); per
par conséquent consequently, therefore (**8.2**) **par exemple** for example
paraît: il paraît it seems
un **parapet** parapet *(low protective wall at the edge of a balcony)*
un **parapluie** umbrella
un **parc** park (**R.3**)
parce que because (**7.5**)
parcourir to cover, travel
pardon excuse me
un **pare-chocs** bumper (**7.4**)
une **parenthèse** parenthesis
les **parents** *m.* parents, relatives (**R.4**)
la **paresse** laziness
paresseux (paresseuse) lazy (**2.5**)
parfait perfect
parfois sometimes (**4.1**)
le **parfum** perfume (**6.3**)
une **parfumerie** perfume store (**6.3**)
un **parking** parking lot
parler to speak, talk (**R.1**)
parmi among
une **paroisse** parish
un **participe** participle
participer (à) to participate, take part (in) (**5.5**)
particulier (particulière) specific
en particulier in particular
une **partie** part (**R.3**)
faire partie de to be part of
faire une partie de to play a game of (**1.4**)
* **partir** to leave (**1.5**) **partir à** to leave for *(a place)* (**1.5**)
partir de to leave *(a place)* (**1.5**)
partitif: l'article partitif partitive article
partout everywhere
pas not **ne...pas** not (**R.1**)
pas possible! that can't be! (**5.4**) **pas question!** no way!
un **pas** step
un **passage** route
un **passager, une passagère** passenger (**2.2**)
le **passé** past
le **passé composé** compound past tense
un **passeport** passport (**5.2**)
passer to spend *(time)*, pass, come by, go by (**1.2**)
qu'est-ce qui se passe? what's happening? (**4.2**)
qu'est-ce qui s'est passé? what happened? (**4.2**)
se passer to take place, happen (**4.2**)
un **passe-temps** pastime
un **passionné, une passionnée** buff, fan
patiemment patiently
le **patin à glace** ice-skating (**1.1**)
des patins à glace ice skates
le **patin à roulettes** roller-skating (**1.1**) **des patins à roulettes** roller skates
le **patinage** skating (**1.1**)
une **pâtisserie** pastry shop (**6.3**)
un **pâtissier, une pâtissière** pastry cook, baker (**6.3**)
le **patrimoine** heritage
un **patron, une patronne** boss (**1.2**); patron saint
pauvre poor (**2.3**)
payé paid
payer to pay, pay for (**4.1**)
un **pays** country (**R.3**)
le **paysage** landscape (**2.3**)
un **paysan, une paysanne** peasant
une **pêche** peach (**6.3**)
un **pédalier** pedal shaft
un **peigne** comb (**3.3**)
se **peigner** to comb one's hair (**3.3**)
peindre to paint
peint: il a peint he painted
un **peintre** painter
la **peinture** painting
peluche: en peluche stuffed
pendant during (**1.2**) for (**4.4**) **pendant les vacances** during vacation (**R.1**)
pendant que while (**4.4**)
pénétrer to penetrate
pénible boring, "a pain" (**R.2**) painful, unpleasant (**7.1**)
penser to think (**2.2**)
penser à to think about (**2.2**)
penser de to think of (**2.2**)
la **perception extrasensorielle** extrasensory perception (ESP)
perdre to lose **perdre son temps** to waste one's time (**R.5**)
un **père** father (**R.4**)
perfectionner to improve, perfect
une **période** period
périr to perish
* **permettre** to let, allow, permit (**1.4**)
un **permis** license **un permis de conduire** driver's license

perplexe perplexed, confused
une **perruque** wig
un **personnage** character
la **personnalité** personality
personne: ne...personne no one, nobody, not anyone **(2.5)**
une **personne** person **(R.2)** **les grandes personnes** adults
personnel (personnelle) personal
personnellement personally
peser to weigh
pessimiste pessimistic **(5.1)**
petit short, small **(R.2)**
un petit ami boyfriend **(R.2)**
une petite amie girlfriend **(R.2)**
le **petit déjeuner** breakfast **(1.1)**
les **petits pois** *m.* peas **(1.1)**
le **pétrole** oil
pétrolier (pétrolière) petroleum
peu little, not much **(6.4)**
peu à peu little by little **(4.3)**
un peu a little **(R.2)** some **(6.4)**
un **peuple** people
peur: avoir peur to be afraid **(7.4)**
peut-être maybe, perhaps **(3.5)**
un **phare** headlight **(7.4)**
une **pharmacie** pharmacy **(6.3)**
un **pharmacien, une pharmacienne** pharmacist **(1.2)**
un **phénomène** phenomenon
une **photo** photograph, picture **(2.2)**
un **photo-roman** "photo novel" *(novel in comic-book format, illustrated with photographs)*
une **phrase** sentence
la **physique** physics
physiquement physically
une **pièce** room *(in general)* **(3.1)**; coin; part **(7.3)** **une pièce de rechange** spare part
une pièce de théâtre play
une pièce montée wedding cake
un **pied** foot **(3.3)** **à pied** on foot **(R.3)**
la **pierre** stone **(5.4)**; rock
un **pilier** pillar
piloter to pilot, fly
un **pique-nique** picnic
pique-niquer to have a picnic
une **pirogue** canoe
pis: tant pis! too bad! **(7.5)**
une **piscine** swimming pool **(R.3)**
pittoresque picturesque
un **placard** closet **(4.3)**
une **place** place, square **à la place de** instead of
une **plage** beach **(R.3)**
une **plaie** injury
une **plaine** plain
plaisanter to joke **(4.5)** **en plaisantant** jokingly
une **plaisanterie** joke **(4.5)**
le **plaisir** pleasure **(6.1)**
plaît: s'il te (vous) plaît please
un **plan** plan; (street) map **(8.2)**
une **planche** board
la **planche à voile** wind-surfing **(1.1)**
une **planète** planet **(8.4)**
une **plante** plant **(4.3)**
planté fixed, placed, driven
le **plastique** plastic **(5.4)**
un **plat** dish, course *(of a meal)*
le plat principal main dish **(1.1)**
plein full **(6.4)** **en plein air** in the open, outdoors
en pleine forme in great shape **(1.4)** **faire le plein** to fill the tank **(7.4)**
pleurer to cry **(4.5)**
pleut: il pleut it's raining **(R.5)**
* **pleuvoir** to rain **(4.1)**
un **plomb** fuse
la **plongée sous-marine** scuba diving **(5.2)**
plu: il a plu it rained **(4.1)**
la **pluie** rain **(4.1)**
la **plupart** majority
plus more **(3.3)** **de plus en plus** more and more **(4.1)**
le plus the most, the . . . est **(5.1)** **moi non plus** neither do I, "me neither" **(6.3)**
plus...que more . . . than, . . . er than **(5.1)** **plus de...que** more . . . than **(5.1)** **plus tard** later **(2.3)**
plus: ne...plus no longer, no more, not anymore **(2.5)**
plusieurs several **(2.3)**
plusieurs fois several times **(4.1)**
plutôt que rather than
un **pneu** tire **(7.4)**
poche: l'argent *m.* **de poche** allowance **un couteau de poche** pocket knife **(8.1)**
une lampe de poche flashlight **(8.1)**
une **poêle** frying pan **(8.1)**
un **poème** poem
la **poésie** poetry
un **point** period, point **(7.2)**; direction **les points cardinaux** compass points **(8.2)**
une **poire** pear **(1.1)**
pois: les petits pois *m.* peas **(1.1)**
un **poisson** fish **(R.2)**
un **poisson rouge** goldfish
le **poivre** pepper **(1.1)**
poli polite **(6.3)**
policier: un roman policier detective story **(4.5)**
poliment politely
la **politesse** politeness
politique political
la **politique** politics, policy
un homme politique politician
polluer to pollute
la **Polynésie française** French Polynesia
une **pomme** apple **(1.1)**
une **pomme de terre** potato **(1.1)**
ponctuel (ponctuelle) punctual
un **pont** bridge
populaire popular
le **porc** **(6.3)**
une **porte** door **(3.1)**
un **porte-bagages** luggage rack
porter to bring; to wear **(R.5)**; to bear
une **portière** door *(of a car)* **(7.4)**
le **portugais** Portuguese *(language)*
poser to pose, to ask *(a question)*
posséder to own
possessif (possessive) posessive
possible possible **pas possible!** I don't believe it!; that can't be! **(5.4)**
postale: une carte postale postcard
la **poste** post office **(R.3)**
un **poster** poster **(4.3)**
un **pot** jar **(6.4)**
la **poterie** pottery
une **poule** hen **(8.3)**
le **poulet** chicken **(1.1)**
pour for **(R.1)** in favor of **(6.2)** **pour +** *inf.* (in order) to **(1.2)** **pour cent** percent

un **pourboire** tip
pourquoi? why? **(R.1)**
pourra *(future of* **pouvoir***)* **(5.4)**
pourtant however **(2.5)** nevertheless **(6.5)**
la **poussière** dust
* **pouvoir** can, may, to be able, to be allowed **(1.2)**
un **pouvoir** power
une **prairie** meadow **(8.3)**
pratique practical
pratiquer to practice, play, take part in, participate in
précédé preceded
précédent preceding
prêcher to preach
précipitamment quickly
se **précipiter** to dash into
précis precise, well-defined
des **précisions** *f.* detailed information
* **prédire** to predict **(2.1)**
la **Préfecture de police** Police Department
préféré favorite
préférer to prefer **(3.1)**
premier (première) first **(3.2)** **le premier (mars)** (March) first **(R.4)**
premièrement first
* **prendre** to take, have, eat, drink **(1.1)**; to get, pick up **prendre une décision** to make a decision **(8.2)**
un **prénom** first name
se **préoccuper** to worry
des **préparatifs** *m.* preparations
préparer to prepare, fix **(3.1)** **se préparer** to prepare (oneself), get ready **(3.1)**
près (de) near **(3.2)**
le **présent** present
présenter to introduce **(2.3)**
presque almost
pressé in a hurry **(3.3)**
prêt ready **(3.2)**
prétendre to try, claim
prêter to loan, lend **(2.3)** **prêter serment** to pledge allegiance
* **prévenir** to warn, tell in advance **(6.1)**
prévu planned
une **prière** prayer
principal *(pl.* **principaux***)* principal, main
principalement principally
un **principe** principle **en principe** in principle
le **printemps** spring **(R.4)** **au printemps** in (the) spring **(R.4)**
une **priorité** priority
pris *(p. part. of* **prendre***)* **(1.4)**
privé private **(8.4)**
un **prix** prize, price **(5.5)**
un **problème** problem **(1.2)**
un **procédé** procedure, process
prochain next **(3.5)** **à (lundi) prochain** see you next (Monday) **(6.1)** **(lundi) prochain** next (Monday) **(R.3)**
proche de close to
* **produire** to produce **(1.2)** **se produire** to happen
un **produit** product
un **professeur** teacher, professor **(R.2)**
profiter to take advantage
profondément profoundly
un **programmeur, une programmeuse** programmer **(1.2)**
progrès: faire des progrès to make progress **(1.1)**
progressivement gradually
un **projet** plan **faire des projets** to make plans **(1.1)**
une **promenade** walk, drive **faire une promenade (à pied, en auto)** to go for a walk, go for a ride **(1.1)**
promener to walk *(a dog, etc.)* **se promener** to take a walk, a ride **(3.4)**
une **promesse** promise **tenir une promesse** to keep a promise **(7.1)**
* **promettre** to promise **(1.4)**
un **pronom** pronoun **un pronom complément** object pronoun
propager to spread
proposer to propose, suggest **(2.4)**
propre own; clean
un **propriétaire, une propriétaire** landlord/landlady **(6.5)**; owner
la **propriété** property
prospère prosperous
protéger to protect
protester to protest, complain **(8.2)**
la **Provence** Provence *(province in southern France)*
les **provisions** *f.* food
prudent careful **(4.3)** advisable, prudent **(7.1)**
pu *(p. part. of* **pouvoir***)* **(1.4)**
public (publique) public **(8.4)** **en public** in public
publicitaire advertising
la **publicité** advertising
puis then **(1.4)**
puisque since
puissant powerful
un **pull** sweater **(R.5)**
pur pure
les **Pyrénées** *f.* Pyrenees *(mountains between France and Spain)*

q

qu' *(see* **que***)*
qualifié qualified
une **qualité** quality
quand? when? **(R.1)** **depuis quand?** since when? **(4.5)**
quarante forty **(R.2)**
quart: ...heure(s) et quart quarter past . . . **(R.1)** **...heure(s) moins le quart** quarter of . . . **(R.1)**
un **quartier** district, neighborhood **(2.4)**
quatorze fourteen **(R.2)**
quatre four **(R.1)**
quatre-vingt-dix ninety **(R.5)**
quatre-vingts eighty **(R.5)**
que that, whom, which **(2.4)** than **(5.1)** what **(5.4)** **qu'est-ce que** what **(R.1)** **qu'est-ce que c'est?** what is it? **qu'est-ce qu'il y a?** what's up?; what's wrong? what's the matter? what's going on? **(4.2)** **qu'est-ce qui est arrivé?** what happened? **(4.2)** **qu'est-ce qui se passe?** what's happening? **(4.2)** **qu'est-ce qui s'est passé?** what happened? **(4.2)**
quel (quelle) what, which **(R.5)** **à quelle heure?** at what time? **(R.1)** **quel** + *noun!* what (a) . . .! **(1.3)** **quel temps fait-il?** how's the weather?

(R.5) **quelle est la date aujourd'hui?** what's the date today? (R.4) **quelle est la température?** what's the temperature? (R.5) **quelle heure est-il?** what time is it? (R.1)
quelque chose something (2.5)
quelquefois sometimes (4.1)
quelques some, a few (2.3)
quelques-uns some
quelqu'un (de) someone, somebody (2.5)
une **querelle** quarrel
qu'est-ce que? what? (R.1)
qu'est-ce qui? what? (5.4)
une **question** question **pas question!** no way!
queue: faire la queue to stand in line (7.1)
qui who(m) (R.1) that, which (2.4); people **à qui?** to whom? (R.1) **avec qui?** with whom? (R.1)
qu'est-ce qui? what? (5.4)
qui est-ce qui? who? (5.4)
quinze fifteen (R.2)
quitter to leave (1.3)
quoi? what? (5.4) **à quoi bon?** what's the use?
quotidien (quotidienne) daily

r

raccompagner to take back (home) (7.4)
raconter to tell *(a story)* (3.5) to tell about (4.2)
une **radio** radio (R.2)
du **raisin** grapes (6.3)
une **raison** reason (7.5) **avoir raison** to be right (1.3) **pour quelle raison?** for what reason? why? (7.5)
ralentir to slow down
un **rallye** rally
un **rang** row
rapide rapid; fast (3.3)
rapidement rapidly, quickly
rappeler to call back
un **rapport** relationship, report **par rapport** in relationship
une **raquette** racket (R.2)
rarement rarely
se **raser** to shave (3.3)
un **rasoir** razor (3.3)
rassemblé assembled
rassuré reassured (3.2)
rater to fail *(an exam)*, to miss *(a train)* (2.5)
rationnel (rationnelle) rational (5.3)
ravi delighted (7.4)
un **rayon** spoke
réaliser to achieve, fulfill, see come true, carry out
réaliste realistic
réalité: en réalité in reality
récemment recently
* **recevoir** to receive, get, entertain *(people)* (3.4)
recevra *(future of* **recevoir***)* (5.4)
rechange: une pièce de rechange spare part
un **réchaud** (portable) stove (8.1)
la **recherche** research
rechercher to search for
un **récipient** container
la **réciprocité** reciprocity, mutual exchange
réciproque reciprocal
reçoit: il reçoit he welcomes, receives
la **récolte** harvest
recommander to recommend
réconfortant comforting (8.5)
* **reconnaître** to recognize (2.2); to survey
reconstituer to reorganize
une **reconstitution** reenactment
reconstruire to rebuild
reçu *(p. part. of* **recevoir***)* (3.4)
la **rédaction** drawing up
réel real
réfléchi reflexive
réfléchir (à) to think, reflect (7.2)
un **reflet** reflection
refléter to reflect
une **réflexion** remark, comment
un **réfrigérateur** refrigerator (4.3)
un **refus** refusal (7.3)
refuser to refuse, say "no" (2.4) **refuser de** to refuse to (8.3)
se **régaler** to have a great meal
regarder to look at, watch (R.1) **se regarder** to look at oneself
un **régime** diet **suivre un régime** to be on a diet (6.1)
une **règle** rule
régner to reign
régulier (régulière) regular
régulièrement regularly
une **reine** queen
rejoindre to join
relatif (relative) relative
relativement relatively
un **relief** landscape
religieux (religieuse) religious
remarquablement remarkably
remarquer to notice, remark (1.3)
un **remède** remedy
remercier (de) to thank (for) (4.4)
un **rempart** rampart
remplacer to replace
remplir to fill (6.4)
remporter to win
un **renard** fox
une **rencontre** meeting
rencontrer to meet (2.2)
un **rendez-vous** date, appointment, meeting place (4.1) **donner rendez-vous (à)** to arrange to meet, make a date (3.5)
rendre to give back, return (R.5); to make **rendre visite (à)** to visit *(a person)* (R.5)
renouveler to renew
les **renseignements** *m.* information
renseigner to inform, tell (5.2)
rentrant: en rentrant while coming back
la **rentrée** opening of school, back to school
rentrer (à, de) to go home, return, come back (R.3) **rentrer dans** to run (bump) into (1.5)
renverser to knock over, down (4.4)
renvoyer to send back
se **répandre** to spread across
une **réparation** repair (7.4)
réparé repaired
reparer to fix, repair (7.4)
réparti divided
repartir to set out again
un **repas** meal (1.1)
répéter to repeat (3.1)
répondant: en répondant by answering
répondre to answer (R.5)
une **réponse** answer, reply (5.5)
reposé rested (5.3)
reposer to put back **se reposer** to rest (3.4)

une **représentation** performance
une **réserve de chasse** game preserve
réservé reserved
se **résigner** to resign oneself
se **ressembler** to resemble one another
un **restaurant** restaurant **(R.3)**
rester to stay **(1.5)**
un **résumé** résumé, summary
rétablir to reestablish
retard: de retard delay **être en retard** to be late **(3.3)**
retéléphoner to phone again
* **retenir** to reserve, retain **(7.1)**
un **retour** return **être de retour** to be back **(5.5)**
retourner to return, go back **(7.4)**
un **retraité, une retraitée** retired person
un **rétroviseur** rearview mirror
réuni gathered
se **réunir** to get together
réussir to succeed **(R.5)**
réussir à to succeed in **(8.3)**
réussir à un examen to pass a test **(R.5)**
se **réveiller** to wake up **(3.3)**
le **réveillon** Christmas Eve party
* **revenir (de)** to come back (from) **(1.5)**
rêver to dream **(6.1)** **rêver de** to dream about **(8.3)**
révéré honored
la **rêverie** dreams
une **révision** review
révolutionner to revolutionize
une **revue** magazine **(2.1)**
le **rez-de-chaussée** ground floor **(6.2)**
le **rhum** rum
riche rich **(5.1)**
un **rideau** *(pl.* **rideaux***)* curtain **(4.3)**
ridicule ridiculous **(7.1)**
rien de nothing **(2.5)** **ça ne fait rien** that doesn't matter, no problem **(6.2)** **ne...rien** nothing, not anything **(2.5)**
* **rire** to laugh **(4.5)**
le **rire** laughter **(4.5)**
risquer to risk, venture
une **rivière** river **(8.3)**
le **riz** rice **(6.3)**
une **robe** dress **(R.5)**
un **rocher** rock, boulder **(4.3)**
le **rock** rock-and-roll
un **roi** king
un **rôle** role, part
romain Roman
un **romain, une romaine** Roman
un **roman** novel **(4.5)**; story
un roman policier detective story **(4.5)**
le **romanche** Romansh *(language spoken in a section of Switzerland)*
un **rond de serviette** napkin ring
le **rosbif** roast beef **(1.1)**
rose pink **(R.5)**
une **roue** wheel **(7.4)**
rouge red **(R.5)**
le **rouge à lèvres** lipstick **(6.3)**
la **rougeole** chicken pox
rougir to blush **(R.5)**
rouler to roll along; to drive along **(8.2)**
roulettes: le patin à roulettes roller-skating **(1.1)**
une **route** highway, road **(3.4)**
un **royaume** kingdom
une **rue** street **(4.4)**
un **ruisseau** *(pl.* **ruisseaux***)* stream
une **rumeur** rumor
rusé sly
le **russe** Russian *(language)*

S

s' *(see* **si***)* *(see* **se***)*
sa his, her, its **(R.4)**; one's
un **sac** bag **(R.2)** sack **(6.4)**
un sac à dos backpack, knapsack **(8.1)** **un sac de couchage** sleeping bag **(8.1)**
sachant *(pres. part. of* **savoir***)* **(8.5)**
le **Saint-Laurent** St. Lawrence River
une **saison** season **(R.4)**
la **salade** salad **(1.1)**
une **salle** hall, large room **(2.4)**
une salle à manger dining room **(3.1)** **une salle de bains** bathroom **(3.1)**
une salle de séjour living room **(3.1)**
un **salon** (formal) living room **(3.1)**; hall
saluer to greet, hail
salut hi
samedi Saturday, on Saturday **(R.3)**
des **sandales** *f.* sandals **(R.5)**
sans without **(3.2)**
santé: en bonne santé in good health, healthy **(5.3)**
satisfait satisfied
des **saucisses** *f.* sausages **(6.3)**
sauf except
saura *(future of* **savoir***)* **(5.4)**
sauvage unsociable
sauvé saved
un **savant, une savante** scientist
la **Savoie** Savoy *(province in eastern France)*
* **savoir** to know, know how to **(2.3)**
le **savon** soap **(3.3)**
un **scaphandre autonome** aqualung
une **séance** performance
une **scène** scene, stage
se himself, herself, oneself, themselves **(3.1)** each other, one another **(3.5)**
un **seau** *(pl.* **seaux***)* pail
un **sécateur** garden shears
secours: au secours! help!
un **secrétaire, une secrétaire** secretary
secrètement secretly
un **seigneur** lord
seize sixteen **(R.2)**
un **séjour** stay **(5.2)** **faire un séjour** to stay **(5.2)**
une salle de séjour living room **(3.1)**
le **sel** salt **(1.1)**
une **selle** seat
selon according to **(1.3)**
une **semaine** week **(R.3)** **à la semaine prochaine** see you next week **(6.1)** **en semaine** during the week **(R.1)**
semblable similar
sembler to seem, appear **(5.3)**
un **sénat** senate
un **sens** sense, meaning **au sens propre** literally **le bon sens** common sense
un **sentiment** sentiment; feeling **(5.3)**
séparer to separate
sept seven **(R.1)**
septembre September **(R.4)**
sera *(future of* **être***)* **(5.3)**
sérieusement seriously
sérieux (sérieuse) serious **(2.5)**
serrer to shake

sert: on sert one serves
une **serveuse** waitress **(1.2)**
le **service** service, favor
une **serviette** napkin **un rond de serviette** napkin ring
un **serviteur** servant
ses his, her, its **(R.4)**; one's
seul alone, by oneself, only **(5.2)**
seulement only **(1.3)**
sévère strict, severe
le **shampooing** shampoo **(3.3)**
un **short** shorts **(R.5)**
si if, whether **(2.3)** **même si** even if **(6.1)** **s'il te (vous) plaît** please
si so **(2.5)** yes *(to a negative question)* **(4.2)**
un **siècle** century
un **siège** seat **(7.4)**
signé signed
une **signification** meaning
signifier to mean
s'il te (vous) plaît please
similaire similar
simple simple **(5.1)**
sinon otherwise, if not, or else **(7.3)**
situé located **être situé** to be (situated, located) **(8.2)**
six six **(R.1)**
le **ski** skiing **(1.1)** **le ski nautique** water-skiing **(1.1)**
skier to ski **(R.1)**
des **skis** *m.* **nautiques** water skis
snob snobbish, stuck-up
une **société** society
une **sœur** sister **(R.4)**
un **sofa** sofa **(4.3)**
soi himself, herself, oneself
soif: avoir soif to be thirsty **(1.3)**
le **soir** evening, in the evening **(R.3)** **à ce soir** see you tonight **(6.1)** **ce soir** this evening, tonight **(R.3)** **(lundi) soir** (on) (Monday) evening, night **(R.3)**
une **soirée** (whole) evening, evening party **(6.1)**
sois be **(R.2)**
soit *(subj. of* **être***)* **(7.3)**
soixante sixty **(R.2)**
soixante-dix seventy **(R.5)**
le **sol** ground **(8.4)**
solaire solar
un **soldat** soldier
la **sole** sole **(1.1)**
le **soleil** sun **(4.1)** **des lunettes de soleil** *f.* sunglasses **(R.5)** **il y a du soleil** it's sunny **(4.1)** **un bain de soleil** sunbath
solennel (solennelle) solemn
une **somme** sum
sommeil: avoir sommeil to be sleepy **(1.3)**
un **sommet** top, summit, peak
son (sa; ses) his, her, its **(R.4)**; one's
un **sondage** poll
sonner to ring (the bell) **(6.2)**
une **sorte** sort, type, kind
des **sorties** *f.* going out
* **sortir** to go out **(1.5)**; to take out **sortir de** to get out of **(1.5)**
soucieux (soucieuse) worried
une **soucoupe volante** flying saucer
soudain all of a sudden **(7.3)**
souffler to blow
* **souffrir** to suffer **(6.2)**
un **souhait** wish **à tes souhaits!** bless you!
souhaiter to wish **une fête à souhaiter** name day to remember
souligné underlined
la **soupe** soup **(1.1)**
* **sourire** to smile **(4.5)**
un **sourire** smile **(4.5)**
une **souris** mouse
sous under **(6.2)**; in
sous-marin underwater
un **souvenir** remembrance
*se **souvenir (de)** to remember **(3.4)**
souvent often **(R.1)**
soyez be **(R.2)** *(subj. of* **être***)* **(7.3)**
soyons let's be **(R.2)**
les **spaghetti** *m.* spaghetti
spécialement especially, specially
spécialisé specialized
une **spécialité** specialty
splendide splendid **(5.2)**
le **sport** sports
sportif (sportive) sportive, athletic, who likes sports; active in sports **(2.5)**
un **sportif, une sportive** person who likes sports, athlete
un **stade** stadium **(R.3)**
stage: faire un stage to train
un **stand** stand **un stand de tir** shooting gallery
stationnement: en stationnement parked
une **station-service** gas station **(3.4)**
les **statistiques** *f.* statistics
un **stratège** strategy
structuré structured
un **studio** studio apartment **(6.2)**
un **stylo** pen **(2.1)**
su *(p. part. of* **savoir***)* **(2.3)**
le **subjonctif** subjunctive (mood)
le **sucre** sugar **(1.1)**
le **sud** south **(R.3)**; southern
la **Suède** Sweden
suffit enough
suggérant: en suggérant by suggesting
suggéré suggested
suggérer to suggest
la **Suisse** Switzerland
suite: à la suite following **tout de suite** right away, immediately **(2.1)**
suivant following **(1.5)** **suivant le cas** accordingly
suivez follow
* **suivre** to follow **(6.1)** **suivre un conseil** to take advice **(6.1)** **suivre un cours** to take a course (class) **(6.1)** **suivre un régime** to be on a diet **(6.1)**
un **sujet** topic, subject **un pronom sujet** subject pronoun
un **supermarché** supermarket **(R.3)**
superstitieux (superstitieuse) superstitious **(2.5)**
sur on **(1.4)**; about
sûr sure, certain **(5.2)** **bien sûr** of course
sûrement surely
le **surnaturel** supernatural
surpris surprised **(6.1)**
une **surprise-partie** (informal) party
sursautant sitting up with a start
un **sursis** deferment
surtout especially, above all **(4.5)**
un **survivant, une survivante** survivor
survivre to survive
sympathique nice **(R.2)**

t

t' *(see* **te***)*
ta your **(R.4)**
le **tabac** tobacco **un bureau de tabac** tobacco shop **(6.3)**
une **table** table **(4.3)** **à table** at the table
un **tableau** *(pl.* **tableaux***)* painting, picture **(4.3)**
une **tache** spot
le **tahitien** Tahitian *(language)*
un **Tahitien,** une **Tahitienne** Tahitian
*se **taire** to be quiet **(3.2)**
tais-toi be quiet **(3.2)**
taisez-vous be quiet **(3.2)**
un **tambour** drum
tant pis! too bad! **(7.5)**
une **tante** aunt **(R.4)**
taper to type
un **tapeur,** une **tapeuse** constant borrower
un **tapis** rug **(4.3);** doormat
tard late **(3.3)** **plus tard** later **(2.3)**
la **tarte** pie **(1.1)**
des **tas** *m.* **(de)** lots (of)
une **tasse** cup **(6.4)**
te you, to you **(2.1)** yourself **(3.1)**
technique technical
un **tee-shirt** tee shirt **(R.5)**
tel (telle) such
la **télé** TV
un **téléphone** telephone **(4.3)**
téléphoner to call, phone **(R.1)**
un **téléviseur** TV set **(R.2)**
la **télévision** television
tellement that, very; so **(6.4)**
tellement de so much, so many **(6.4)**
un **témoin** best man, witness
la **température** temperature **(R.5)**
quelle est la température? what's the temperature? **(R.5)**
une **tempête** storm **une tempête de neige** blizzard
le **temps** weather **(R.5)** time **(3.4)** **de temps en temps** once in a while; from time to time **(4.1)** **depuis combien de temps?** for how long? **(4.5)** **perdre son temps** to waste one's time **(R.5)** **quel temps fait-il?** how's the weather? **(R.5)** **tout le temps** all the time **(3.2)** **trouver le temps long** to be impatient
tendre to stretch
tenez! look!
* **tenir** to hold **(7.1)** **se tenir** + *adj.* to keep, stay **(7.1)** **se tenir bien** to behave **(7.1)** **tenir une promesse** to keep a promise **(7.1)**
le **tennis** tennis
une **tentative** attempt
une **tente** tent **(8.1)**
tenter to try **tenter sa chance** to try one's luck **(7.1)**
termes: en bons termes on good terms
une **terminaison** ending
terminer to end
un **terrain** grounds **un terrain de camping** campground **(8.1)**
la **terre** earth **(8.4)**
un **territoire** territory
tes your **(R.4)**
une **tête** head **(3.3)** **avoir mal à la tête** to have a headache
les **textiles** *m.* textiles **(5.4)**
le **thé** tea **(1.1)** **le thé glacé** ice tea
théâtral theatrical
un **théâtre** theater **(R.3)**
le **thon** tuna **(1.1)**
tiens! look! hey! **(6.2)**
un **timbre** stamp **(2.1)**
timide timid, shy
timidement timidly, shyly
tir: un stand de tir shooting gallery
une **tire-lire** piggy bank
titre: à titre gracieux without paying
toi you **(R.4) (2.1)**
une **toile** canvas, cloth
la **toilette** washing and dressing
un **toit** roof **(6.2)**
une **tomate** tomato **(1.1)**
tomber to fall **(1.5)** **tomber amoureux (amoureuse) de** to fall in love (with) **(3.5)**
ton (ta; tes) your **(R.4)**
une **tonne** ton
torrents: il pleut à torrents it's pouring
tort: avoir tort to be wrong **(1.3)**
tôt early **(3.3)**
totalement totally
toujours always **(R.1)** still **(4.1)**
tour: à votre tour your turn **le tour du monde** trip around the world
une **tour** tower
la **Touraine** Touraine *(province in central France)*
touristique touristy
tourner to turn **(7.4)**
tous (toutes) all, every **(3.2)**
la **Toussaint** All Saints' Day
tout all, everything **(1.5)**
tout (toute) all, every **(3.2)** **à tout à l'heure** see you in a little while **(6.1)** **à tout de suite** see you (meet you) right away **(6.1)** **après tout** after all **(8.2)** **pas tout à fait** not quite **tout de suite** right away, immediately **(2.1)**
tout (toute) le the whole **(3.2)** **tout le monde** everybody **(3.2)** everyone **(6.1)** **tout le temps** all the time **(3.2)**
traditionnel (traditionnelle) traditional
traditionnellement traditionally
* **traduire** to translate **(1.2)**
un **train** train **(R.3)** **en train** by train **(R.3)**
train: être en train de to be in the midst of **(7.5)**
un **traité** treaty
traiter de to treat in
tranquille quiet **(5.3)**
transformé (en) transformed (into)
un **transistor** transistor radio **(R.2)**
transmis transmitted
le **transport** transportation
transporté transported, brought
le **travail** work **(1.5)** **la fête du Travail** Labor Day *(May 1)*
travailler to work **(R.1)**
travailleur (travailleuse) hard-working **(5.1)**
un **travailleur,** une **travailleuse** worker
un **traveller-chèque** traveler's check
une **traversée** crossing
traverser to cross
treize thirteen **(R.2)**
trempé soaked **(4.2)**
trente thirty **(R.2)**

très very **(R.2)**
une **tribu** tribe
triste sad **(R.2)**
trois three **(R.1)**
se **tromper** to be mistaken, make a mistake **(6.5)**
trop too much, too **(2.1)** too many **(1.4)**
tropical *(pl.* **tropicaux***)* tropical
trouver to find **(2.2)**
se trouver to find oneself; to be (located) **(8.2)** **trouver le temps long** to be impatient
trouvés: les objets *m.* **trouvés** lost and found
tu you **(R.1)**
un **tube** tube **(6.4)**
tuer to kill **se tuer** to be killed
un **type** guy, fellow **(7.5)**
typique typical
typiquement typically

U

un one **(R.1)** a, an **(R.2)**
une a, an **(R.2)**
uni close, united
uniquement only
une **unité** unit
une **université** university **(R.3)**
urbain urban
l' **usage** *m.* use
un **ustensile** utensil
utile useful **(3.5)**
utilisant: en utilisant (by) using
utilisé used
utiliser to use **(1.1)**

V

les **vacances** *f.* vacation **(1.2)**
en vacances on vacation
les grandes vacances summer vacation **(8.1)** **pendant les vacances** during vacation **(R.1)**
une **vache** cow **(8.2)**
vaincu defeated
un **vainqueur** winner
vaisselle: faire la vaisselle to do (wash) the dishes **(1.4)**
valable valid
une **valise** suitcase **(2.2)**
une **vallée** valley
valoir to be worth
la **vanille** vanilla
la **vanité** vanity
varié varied
les **variétés** *f.* variety show
vas-y! go!
vaudrait: il vaudrait mieux it would be better **(7.3)**
vaut: il vaut mieux it is better **(7.3)**
le **veau** veal **(6.3)**
vécu *(p. part. of* **vivre***)* **(5.4)**
une **vedette** star
un **véhicule** vehicle
la **veille** eve, day before
un **vélo** bicycle **(R.2)** **à vélo** by bicycle **(R.3)**
un **vélomoteur** moped, motorbike **(R.2)**
un **vendeur, une vendeuse** salesperson **(1.2)**
vendre to sell **(R.5)**
à vendre for sale
vendredi Friday, on Friday **(R.3)**
venger to avenge
* **venir** to come **(1.5)** **venir de** + *inf.* (to have) just **(1.5)**
le **vent** wind **(4.1)** **dans le vent** "with it" **il fait du vent** it's windy **(4.1)**
une **vente** sale
le **ventre** stomach **(3.3)**
véritable true, real **(6.3)**
la **vérité** truth **(2.1)**
verra *(future of* **voir***)* **(5.4)**
le **verre** glass **(5.4)**
un **verre** glass **(6.4)**
des **verres de contact** contact lenses
vers toward(s), around **(6.2)**
un **vers** line (of poetry), verse
vert green **(R.5)**
une **veste** jacket **(R.5)**
des **vestiges** *m.* ruins, remains
des **vêtements** *m.* clothes **(R.5)**
un **vétérinaire** veterinarian
veux: je veux I want **(R.1)**
vexé upset
la **viande** meat **(1.1)**
une **victime** victim, casualty **(4.4)**
une **victoire** victory
vide empty **(6.4)**
la **vie** life **(8.5)**; living **la vie de tous les jours** daily life
vieil old **(2.4)**
vieille old **(2.4)**
viendra *(future of* **venir***)* **(5.4)**
vieux (vieil, vieille; vieux) old **(2.4)**
une **villa** summer house, villa **(5.2)**
un **village** town, village
une **ville** city **(2.3)** **en ville** downtown **(4.4)**
le **vin** wine **(1.1)**
le **vinaigre** vinegar **(1.1)**
vingt twenty **(R.2)**
une **vingtaine** about 20
violet (violette) purple **(R.5)**
un **violon** violin
un **visage** face
la **visibilité** visibility
une **visite** visit **rendre visite (à)** to visit *(a person)* **(R.5)**
visiter to visit *(a place)* **(R.1)**
un **visiteur, une visiteuse** visitor
vite quickly, fast **(2.1)**
la **vitesse** speed **en vitesse** fast
vivant lively
vive...! hurray for . . . !
* **vivre** to live **(5.4)**
le **vocabulaire** vocabulary
vœux: une carte de vœux Christmas card
voici this is, here's, here comes
voilà there's, that is
la **voile** sailing **(1.1)**
une **voile** sail **la planche à voile** wind-surfing **(1.1)**
* **voir** to see **(2.2)**
un **voisin, une voisine** neighbor **(R.2)**
une **voiture** car **(R.2)** **en voiture** by car **(R.3)**
une **voix** voice **(7.3)**
un **volant** steering wheel
un **volcan** volcano
voler to fly, steal
la **volonté** will
vos your **(R.4)**
votre *(pl.* **vos***)* your **(R.4)**
voudra *(future of* **vouloir***)* **(5.4)**
voudrais: je voudrais I would like **(R.1)**
* **vouloir** to want **(1.2)** to wish **(7.2)** **vouloir bien** to want *(used to accept an offer)* **(1.2)** to accept, agree **(7.2)**
vouloir dire to mean **(1.2)**
voulu *(p. part. of* **vouloir***)* **(1.4)**

vous you (**R.1**) (**R.4**) to you (**2.1**) yourself, yourselves (**3.1**) each other, one another (**3.5**)
un voyage trip **bon voyage!** have a nice trip! **faire un voyage** to go on a trip, take a trip (**1.1**)
voyager to travel (**R.1**) (**4.1**)
un voyageur, une voyageuse traveler
une voyante fortuneteller (**5.1**)
voyons! come on! (**5.1**)
vrai true, right (**5.1**)
vraiment really, truly (**2.1**)
vu (*p. part. of* **voir**) (**2.2**)

w

un week-end weekend (**R.3**)
au week-end prochain see you next weekend (**6.1**)
le week-end on (the) weekends (**R.1**)
un western western

y

y there, (in) it, (about) them (**6.3**) **il y a** there is, there are (**R.2**) **il n'y a pas** there is no, there aren't any (**R.2**) **il y a** + *time time* ago (**4.1**) **je n'y suis pas** I don't get it. I'm not with it. **qu'est-ce qu'il y a?** what's up?; what's wrong? what's the matter? what's going on? (**4.2**)
le yaourt yogurt (**1.1**)
les yeux *m.* eyes (**3.3**)

z

zéro zero (**R.1**) **il fait zéro** it's 0° (**R.5**)
un zoo zoo
zut (alors)! darn! rats!

ENGLISH-FRENCH VOCABULARY

The English-French Vocabulary contains only active vocabulary.

a

a, an un, une (**R.2**) **a few** quelques (**2.3**) **a little** un peu (**R.2**) un peu de (**6.4**)
able: able to manage débrouillard (**8.1**) **to be able** pouvoir (**1.2**)
about: about it/them y, en (**6.3**) **about whom (what)?** de qui (quoi)? à qui (quoi)? (**5.4**) **to be careful about** faire attention à (**1.1**) **to be hesitant about** hésiter à (**8.3**) **to dream about** rêver de (**8.3**) **to tell about** raconter (**4.2**) **to think about** penser à (**2.2**)
above: above all surtout (**4.5**)
abroad à l'étranger (**5.2**)
absurd: it's absurd il est absurde (**7.3**)
to accelerate accélérer (**7.4**)
to accept accepter (**2.4**) vouloir bien (**7.2**)
accident un accident (**1.5**)
to accompany accompagner (**5.1**)
according to d'après, selon (**1.3**)
acquainted: to be acquainted with *connaître (**2.2**)
across (from) en face (de) (**3.2**)
active actif (active) (**2.5**) **active in sports** sportif (sportive) (**2.5**)
address une adresse (**2.1**)
advance: to tell in advance *prévenir (**6.1**)
adventure une aventure (**8.1**)
advice: to take advice suivre un conseil (**6.1**)
advisable prudent (**7.1**)
to advise conseiller (**8.5**)
afraid: to be afraid avoir peur (**7.4**)
Africa l'Afrique *f.* (**R.3**)
after après, ensuite (**1.4**) **after all** après tout (**8.2**)
afternoon l'après-midi *m.* (**R.3**) **in the afternoon** l'après-midi (**R.3**) **on (Tuesday) afternoon** (mardi) après-midi (**R.3**) **see you this afternoon** à cet après-midi (**6.1**) **this afternoon** cet après-midi (**R.3**)
again à nouveau (**7.5**)
against contre (**6.2**)
ago il y a + *elapsed time* (**4.1**)
to agree accepter (**2.4**) vouloir bien (**7.2**) **to agree to** accepter de (**8.3**) **to agree with** être d'accord avec (**R.4**)
agreeable agréable (**6.1**)
airplane un avion (**R.3**) **by airplane** en avion (**R.3**)
alive: to be alive *vivre (**5.4**)
all tout (**1.5**) tout (toute; tous, toutes), tous (toutes) les (**3.2**) **above all** surtout (**4.5**) **all of a sudden** soudain (**7.3**) **all the** tous (toutes) les (**3.2**) **all the time** tout le temps (**3.2**)
to allow *permettre (**1.4**)
allowed: to be allowed to *pouvoir (**1.2**)
alone seul (**5.2**)
along: to bring/take along (*mainly people*) amener, (*things*) apporter (**3.1**) **to drive along** rouler (**8.2**) **to go along with** accompagner (**5.1**)
already déjà (**4.1**)
also aussi (**R.1**)
aluminum l'aluminium *m.* (**5.4**)
always toujours (**R.1**)
ambitious ambitieux (ambitieuse) (**2.5**)
America: North America l'Amérique *f.* du Nord (**R.3**) **South America** l'Amérique *f.* du Sud (**R.3**)
American américain (**R.2**)
among entre (**3.2**)
amusing amusant (**R.2**)
an un, une (**R.2**)
angry en colère (**5.3**) furieux (furieuse) (**7.4**) **angry (with)** fâché (contre) (**7.5**) **to get angry** se mettre en colère (**3.4**)
animal un animal (*pl.* animaux) (**R.2**)

to announce annoncer (2.1) (4.1)
announcement un faire-part (3.5)
annoying embêtant (R.2)
another un (une) autre (4.4) **another (one)** un (une) autre (4.4) **not another** pas d'autre (4.4)
answer une réponse (5.5)
to answer répondre (à) (R.5)
any du, de la, de l', des, *(in negative sentences)* de (d') (1.1) en (6.3) **any other** d'autres (4.4) **in any case** en tout cas (5.2) **not any longer** ne . . . plus (2.5) **there aren't any** il n'y a pas de (R.2)
anymore: not anymore ne . . . plus (2.5)
anyone: not anyone ne . . . personne (2.5)
anything: not anything ne . . . rien (2.5)
apartment un appartement (6.2) **studio apartment** un studio (6.2) **apartment building** un immeuble (6.2)
to apologize s'excuser (3.4)
to appear sembler (5.3)
appetizers les •hors-d'œuvre (1.1)
apple une pomme (1.1)
appointment un rendez-vous (4.1)
to approach s'approcher (de) (8.4)
April avril *m.* (R.4)
architect un (une) architecte (1.2)
are *(see* **to be***)* **there are** il y a (R.2) **there aren't any** il n'y a pas de (R.2)
area un lieu (8.5)
arm un bras (3.3)
armchair un fauteuil (4.3)
around autour (de) (3.2) *(time)* vers (6.2)
to arrange to meet donner rendez-vous (à) (3.5)
to arrive arriver (à, de) (R.3)
article un article (2.1)
as *(in comparisons)* que (5.1) comme (6.1) **as...as** aussi . . . que (5.1) (6.5) **as a matter of fact** en effet (6.3) justement (6.5) **as far as** jusqu'à (6.2) **as much (many)...as** autant de . . . que (5.1)
Asia l'Asie *f.* (R.3)
to ask (for) demander (2.3)
asleep endormi (7.3)
aspirin l'aspirine *f.* (6.3)
at à (R.1) **at...(o'clock)** à . . . heure(s) (R.1) **at (home)** chez (R.4) **at first** d'abord (1.4) **at last** enfin (1.4) **at least** au moins (2.2) **at night** la nuit (R.3) **at present** actuellement (6.5) **at the house (office, shop, etc.) of** chez (R.4) **at what time?** à quelle heure? (R.1)
attended: well-attended fréquenté (5.1)
attention: to pay attention (to) faire attention (à) (1.1)
attic un grenier (3.1)
August août *m.* (R.4)
aunt une tante (R.4)
Australia l'Australie *f.* (R.3)
autumn l'automne *m.* (R.4) **in the autumn** en automne (R.4)
avenue une avenue (4.4)
away: right away tout de suite (2.1) **see (meet) you right away** à tout de suite (6.1)

b

back un dos (3.3) **in back (of)** derrière (3.2) **to be back** être de retour (5.5) **to come back** rentrer (à, de) (R.3) **to come back (from)** ∗revenir (de) (1.5) **to give back** rendre (R.5) **to go back** rentrer (1.5) retourner (7.4) **to take back (home)** raccompagner (7.4)
backpack un sac à dos (8.1)
bad mauvais (R.2) **in a bad mood** de mauvaise humeur (2.4) **it's bad (weather)** il fait mauvais (R.5) **it's too bad** il est dommage (7.3) **that's too bad!** c'est dommage! (4.5) **too bad!** tant pis! (7.5)
badly mal (R.1)
bag un sac (R.2) **sleeping bag** un sac de couchage (8.1)
baggage les bagages *m.* (2.2)
baker un boulanger, une boulangère, un pâtissier, une pâtissière (6.3)
bakery une boulangerie (6.3)
banana une banane (1.1)
band un orchestre (7.3)
bank une banque (R.3)
bathing suit un maillot de bain (R.5)
bathroom une salle de bains (3.1)
to be ∗être (R.2) être situé, se trouver (8.2) **be quiet!** tais-toi! taisez-vous! (3.2) **that can't be!** pas possible! (5.4) **to be...(years old)** avoir . . . ans (R.4) **to be able** ∗pouvoir (1.2) **to be acquainted (familiar) with** ∗connaître (2.2) **to be active in** faire de + *pastime* (1.1) **to be afraid** avoir peur (7.4) **to be alive** ∗vivre (5.4) **to be allowed to** ∗pouvoir (1.2) **to be back** être de retour (5.5) **to be born** naître (1.5) **to be careful (to)** faire attention (à) (1.1) **to be cold** avoir froid (1.3) **to be early (late, on time)** être en avance (en retard, à l'heure) (3.3) **to be going to** *(do something)* aller + *inf.* (R.3) **to be hesitant about** hésiter à (8.3) **to be hot** avoir chaud (1.3) **to be hungry** avoir faim (1.3) **to be interested (in)** s'intéresser (à) (3.4) **to be in the midst of** être en train de (7.5) **to be located** être situé, se trouver (8.2) **to be lucky** avoir de la chance (1.3) **to be mistaken** se tromper (6.5) **to be named** s'appeler (3.4) **to be on a diet** suivre un régime (6.1) **to be quiet** ∗se taire (3.2) **to be right** avoir raison (1.3) **to be situated** être situé (8.2) **to be sleepy** avoir sommeil (1.3) **to be successful in** arriver à (8.3) **to be supposed to** ∗devoir (1.2) **to be thirsty** avoir soif (1.3) **to be warm** avoir chaud (1.3) **to be wrong** avoir tort (1.3)
beach une plage (R.3)

beans, green beans des •haricots (verts) (1.1)
beautiful beau (bel, belle; beaux) (**R.2**) (2.4)
because car (3.5) parce que (7.5) **because of** à cause de (7.5)
to **become** *devenir (1.5)
bed un lit (4.3) **to go to bed** se coucher (3.3) **to make the bed** faire le lit (1.4)
bedroom une chambre (3.1)
beef le bœuf (6.3) **roast beef** le rosbif (1.1)
beer la bière (1.1)
before avant (1.4) avant de (8.4)
to **begin** commencer (3.2) **to begin to** commencer à + *inf.* (4.1)
beginning le début (6.1)
to **behave** se tenir bien (7.1)
behind derrière (3.2)
to **believe** *croire (à, que), penser (5.5)
bell: to ring the bell sonner (6.2)
to **belong to** *être à (**R.4**) *appartenir à (7.1)
belonging to: the one(s) belonging to celui, celle (ceux, celles) de (8.1)
below: it's (five) below il fait moins (cinq) (**R.5**)
beside à côté de (3.2)
best: best friend un meilleur ami, une meilleure amie (**R.2**) **the best** le meilleur, la meilleure (5.1)
better meilleur (5.1) mieux (6.5) **it's (it would be) better** il vaut (il vaudrait) mieux (7.3)
between entre (3.2)
beverage une boisson (1.1)
bicycle un vélo, une bicyclette (**R.2**) **by bicycle** à velo (bicyclette) (**R.3**)
big grand (**R.2**)
binoculars des jumelles *f.* (8.1)
bird un oiseau (*pl.* oiseaux) (**R.2**)
black noir (**R.5**)
blanket une couverture (8.1)
blond blond (**R.2**)
blouse un chemisier (**R.5**)
blue bleu (**R.5**)
to **blush** rougir (**R.5**)

boat un bateau (*pl.* bateaux) (**R.3**) **by boat** en bateau (**R.3**)
book un livre (**R.2**)
bookcase une bibliothèque (4.3)
boots des bottes *f.* (**R.5**)
bored: to get bored s'embêter (3.4)
boring pénible (**R.2**) ennuyeux (7.1)
born: to be born naître (1.5)
to **borrow (from)** emprunter (à) (8.1)
boss un patron, une patronne (1.2)
bottle une bouteille (6.4)
boulder un rocher (4.3)
boulevard un boulevard (4.4)
box une boîte (1.5)
boy un garçon (**R.2**)
boyfriend un petit ami (**R.2**)
bracelet un bracelet (**R.5**)
to **brake** freiner (7.4)
brakes: to step on the brakes freiner (7.4)
bread le pain (1.1)
to **break** casser (4.3) **to break** *(one's leg)* se casser (la jambe) (4.3)
breakdown une panne (3.4)
breakfast le petit déjeuner (1.1)
brick la brique (5.4)
bride une mariée (3.5)
to **bring (along)** *(mainly people)* amener, *(things)* apporter (3.1)
broke *(without money)* fauché (5.2)
brother un frère (**R.4**)
brown: dark brown brun (**R.5**)
to **brush** *(one's teeth)* se brosser (les dents) (3.3)
to **build** *construire (1.2) **to build a fire** faire du feu (8.1)
building: apartment building un immeuble (6.2)
to **bump into** rentrer dans (1.5)
bumper un pare-chocs (7.4)
bus un autobus (**R.3**) **by bus** en autobus (**R.3**)
busy occupé (1.1)
but mais (**R.1**)
butcher un boucher, une bouchère (6.3)
butcher shop une boucherie (6.3)
butter le beurre (1.1)
to **buy** acheter (1.1) (3.1)
by: by ...ing en + *pres. part.* (8.5) **by boat (bus, car, plane, train)** en bateau (autobus, auto [voiture], avion, train) (**R.3**)
by oneself seul (5.2)
by the way au fait (2.2)
to come by passer (1.2)

C

cabinet un placard (4.3)
café un café (**R.3**)
cake le gâteau (*pl.* gâteaux) (1.1)
calculator une calculatrice (**R.2**)
calendar un calendrier (6.2)
to **call** téléphoner (**R.1**) appeler (3.2)
calm calme (5.3)
camera un appareil-photo (*pl.* appareils-photo) (**R.2**) **movie camera** une caméra (**R.2**)
camp: summer camp une colonie de vacances (5.2)
to **camp** camper (8.1)
camper un campeur, une campeuse (8.1)
campground un terrain de camping (8.1)
camping le camping (1.1) **to go camping** faire du camping (8.1)
can une boîte (6.4)
can *pouvoir (1.2) **that can't be!** pas possible! (5.4)
Canada le Canada (**R.3**)
Canadian canadien (canadienne) (**R.2**)
car une auto, une voiture (**R.2**) **by car** en auto (voiture) (**R.3**)
card une carte (2.1) **(playing) cards** les cartes (1.4)
careful prudent (4.3) **to be careful (about)** faire attention (à) (1.1)
careless imprudent (4.3)
carrot une carotte (1.1)
case: in any case en tout cas (5.2)
cassette une cassette (**R.2**)
casualty une victime (4.4)
cat un chat (**R.2**)
to **catch sight of** *apercevoir (3.4)
celery le céleri (1.1)
center: in the center of au centre de (3.2)
certain sûr (5.2) **it's certain** il est certain (7.5)

chair une chaise (4.3)
to **change** changer (de) (4.1) **to change one's mind** changer d'avis (6.5)
to **chat** bavarder (4.3)
cheap bon marché (1.3)
cheaper meilleur marché (5.1)
cheese le fromage (1.1)
cherry une cerise (6.3)
chicken le poulet (1.1)
chief un chef (8.5)
children les enfants *m.* (R.4)
to **choose** choisir (R.5)
church une église (R.3)
cigarette une cigarette (6.3)
city une ville (2.3)
class un cours (6.1)
classmate un (une) camarade (R.2)
to **clean the house** faire le ménage (1.4)
clerk: dairy store clerk un crémier, une crémière (6.3) **delicatessen clerk** un charcutier, une charcutière (6.3)
to **climb** escalader (4.3)
climbing: mountain climbing l'alpinisme *m.* (1.1)
clock time l'heure *f.* (4.1)
to **close** fermer (6.2)
closet un placard (4.3)
clothes des vêtements *m.* (R.5)
cloud un nuage (8.4)
coat un manteau (*pl.* manteaux) (R.5)
Coca-Cola un Coca-Cola (un coca) (1.1)
coffee le café (1.1)
Coke un Coca-Cola (un coca) (1.1)
cold: it's cold il fait froid (R.5)
to be cold avoir froid (1.3)
comb un peigne (3.3)
to **comb one's hair** se peigner (3.3)
to **come** arriver (à, de) (R.3) *venir (1.5) **come on!** voyons! (5.1) **to come back** rentrer (à, de) (R.3) *revenir (de) (1.5) **to come by** passer (1.2)
comforting réconfortant (8.5)
comics des bandes dessinées *f.* (2.1)
compass points les points *m.* cardinaux (8.2)
to **complain** protester (8.2)
complicated compliqué (5.1)
computer un ordinateur (R.2)
concerned inquiet (inquiète) (3.2)
consequently par conséquent (8.2)
construction materials des matériaux *m.* de construction (5.4)
content content (5.3)
contest un concours (5.5)
continent un continent (R.3)
to **continue** continuer (7.5)
to **contradict** *contredire (2.1)
cook: pastry cook un pâtissier, une pâtissière (6.3)
to **cook** faire la cuisine (1.1)
cooking: to do the cooking faire la cuisine (1.1)
copper le cuivre (5.4)
corner un angle (4.4)
to **cost** coûter (1.3)
cotton le coton (5.4)
to **count** compter (6.2) **to count on** compter sur (5.5)
country un pays (R.3)
country(side) la campagne (R.3)
courageous courageux (courageuse) (2.5)
course un cours (6.1) **to take a course** suivre un cours (6.1)
cousin un cousin, une cousine (R.4)
cow une vache (8.3)
crazy fou (folle) (5.3)
it's crazy il est absurde (7.3)
crescent roll un croissant (6.3)
to **criticize** critiquer (2.4)
crossroads un carrefour (8.2)
crowd une foule (8.5)
to **cry** pleurer (4.5)
cup une tasse (6.4)
curious curieux (curieuse) (2.5)
curtain un rideau (*pl.* rideaux) (4.3)
custard la crème (1.1)
to **cut** couper (3.1) **to cut oneself** se couper (3.1)
cute mignon (mignonne) (2.5)

d

dairy store une crémerie (6.3)
dairy store owner (clerk) un crémier, une crémière (6.3)
dance un bal (6.1)
to **dance** danser (R.1)
dangerous dangereux (dangereuse) (7.1)
dark: it's dark il fait nuit (8.4)
dark brown brun (R.5)
dark-haired brun (R.2)
daughter une fille (R.4)
date *(on the calendar)* une date (R.4) un rendez-vous (4.1) **to make a date** donner rendez-vous (à) (3.5) **what's the date today?** quelle est la date aujourd'hui? (R.4)
daughter une fille (R.4)
day un jour (R.3) **the next day** le lendemain (2.4)
(whole) day une journée (6.1)
daytime: it's daytime il fait jour (8.4)
dear cher (chère) (1.5)
December décembre *m.* (R.4)
to **decide (to)** décider (de) (5.1)
decision: to make a decision prendre une décision (8.2)
degrees: it's (18) degrees il fait (18) degrés (R.5)
delicatessen une charcuterie (6.3)
delicatessen owner (clerk) un charcutier, une charcutière (6.3)
delighted ravi (7.4)
departure un départ (5.2)
to **depend on** compter sur (5.5)
to **describe** *décrire (2.1)
to **desire** désirer (R.1)
desk un bureau (*pl.* bureaux) (1.4)
dessert un dessert (1.1)
to **destroy** *détruire (1.2)
detective story un roman policier (4.5)
detergent la lessive (6.3)
to **die** mourir (1.5)
diet: to be on a diet suivre un régime (6.1)
difficult difficile (5.1)
dining room une salle à manger (3.1)
dinner le dîner (1.1) **to have (eat) dinner** dîner (R.1)
disappointed déçu (7.2)
to **discover** *découvrir (6.2)
dish: main dish le plat principal (1.1)
dishes: to do (wash) the dishes faire la vaisselle (1.4)
dishwasher un lave-vaisselle (4.3)

to dislike détester **(R.1)**
disobedience la désobéissance **(7.3)**
distance une distance **(8.2)**
district un quartier **(2.4)**
divided highway une autoroute **(8.2)**
diving: scuba diving la plongée sous-marine **(5.2)**
to divorce divorcer **(3.5)**
to do *faire **(1.1)** *(a pastime)* faire de + *pastime* **(1.1)** **to do the cooking** faire la cuisine **(1.1)** **to do the dishes** faire la vaisselle **(1.4)** **to do the shopping** *(for food)* faire les courses **(1.1)**
doctor un médecin **(1.2)**
dog un chien **(R.2)**
dollar un dollar **(1.3)**
door une porte **(3.1)** *(of a car)* une portière **(7.4)**
to doubt douter **(7.5)**
down: to go down descendre **(1.5)** **to knock down** renverser **(4.4)** **to mark (write) down** noter **(4.4)**
downtown en ville **(4.4)**
to dream rêver **(6.1)** **to dream about** rêver de **(8.3)**
dress une robe **(R.5)**
dressed: to get dressed s'habiller **(3.3)** **to get undressed** se déshabiller **(3.3)**
dresser une commode **(4.3)**
drink une boisson **(1.1)**
to drink *boire, *prendre **(1.1)**
to drive *conduire **(1.2)** **to drive (along)** rouler **(8.2)**
driver un conducteur, une conductrice **(4.4)**
druggist un pharmacien, une pharmacienne **(1.2)**
drugs and medicine des médicaments *m.* **(6.3)**
duck un canard **(8.3)**
dumb bête **(R.2)** idiot **(5.2)**
during pendant **(1.2)** **during the week** en semaine **(R.1)**

e

each chaque **(1.1)** **each one, each person** chacun **(1.3)**
each other nous, vous, se **(3.5)**
ear une oreille **(3.3)**
early tôt **(3.3)** **to be early** être en avance **(3.3)**
to earn gagner **(1.3)**
earrings des boucles *f.* d'oreille **(R.5)**
earth la terre **(8.4)**
east l'est *m.* **(R.3)**
easy facile **(5.1)**
to eat manger **(1.1) (4.1)** *prendre **(1.1)** **to eat dinner** dîner **(R.1)** **to eat lunch** déjeuner **(R.1)**
egg un œuf **(1.1)**
eight •huit **(R.1)**
eighteen dix-huit **(R.2)**
eighty quatre-vingts **(R.5)**
eighty-one quatre-vingt-un **(R.5)**
elevator un ascenseur **(6.2)**
eleven onze **(R.1)**
else: or else sinon **(7.3)**
empty vide **(6.4)**
end un bout **(5.5)** la fin **(6.1)**
to end finir **(R.5)**
engaged: to get engaged se fiancer **(3.5)**
engine un moteur **(7.4)**
engineer un ingénieur **(1.2)**
England l'Angleterre *f.* **(R.3)**
English anglais **(R.2)**
enormous énorme **(8.5)**
enough assez **(R.1)** assez de **(6.4)**
to enter entrer **(1.5)**
to entertain *(people)* *recevoir **(3.4)**
envelope une enveloppe **(2.1)**
error une erreur **(5.4)**
especially surtout **(4.5)**
essential: it's essential il est indispensable **(7.3)**
Europe l'Europe *f.* **(R.3)**
even même **(6.1)** **even if** même si **(6.1)**
evening le soir **(R.3)** **evening party** une soirée **(6.1)**
in the evening le soir **(R.3)**
on (Wednesday) evening (mercredi) soir **(R.3)** **this evening** ce soir **(R.3)**
(whole) evening une soirée **(6.1)**
event un événement **(3.5)**
every tout (toute; tous, toutes) **(3.2)** tous (toutes) les **(3.2)**
everybody, everyone tout le monde **(3.2)**
everything tout **(1.5)**
evidently évidemment **(2.2)**
exam un examen **(4.3)**
to examine examiner **(4.3)**
excited agité **(5.3)**
expensive cher (chère) **(1.3)**
to explain expliquer **(6.1)**
explanation une explication **(7.5)**
to express oneself s'exprimer **(7.5)**
eye un œil (*pl.* yeux) **(3.3)**

f

face une figure **(3.3)**
fact: as a matter of fact en effet **(6.3)** justement **(6.5)**
to fail *(an exam)* rater **(2.5)**
failure to obey la désobéissance **(7.3)**
fall l'automne *m.* **(R.4)** **in the fall** en automne **(R.4)**
to fall tomber **(1.5)** **to fall in love (with)** tomber amoureux/amoureuse (de) **(3.5)**
false faux (fausse) **(5.1)**
familiar: to be familiar with *connaître **(2.2)**
famous célèbre **(5.1)**
far, far away (from) loin (de) **(3.2)** **as far as** jusqu'à **(6.2)**
fast vite **(2.1)** rapide **(3.3)**
faster: to go faster accélérer **(7.4)**
fat: to get fat grossir **(R.5)**
father un père **(R.4)**
favor: in favor of pour **(6.2)**
feast une fête **(5.1)**
February février *m.* **(R.4)**
feel: to feel like (having) avoir envie de **(1.3)**
feeling un sentiment **(5.3)**
fellow un type **(7.5)** un gars **(8.4)**
festivities: wedding festivities les noces *f.* **(3.5)**
few: a few quelques **(2.3)** **fewer than** moins de . . . que **(5.1)**
fiancé(e) un fiancé, une fiancée **(3.5)**
field un champ **(8.3)**
fifteen quinze **(R.2)**
fifth cinquième **(6.5)**
fifty cinquante **(R.2)**
to fill remplir **(6.4)** **to fill the tank** faire le plein **(7.4)**

finally finalement (1.4)
to **find** trouver (2.2)
finger un doigt (3.3)
to **finish** finir (R.5) finir de (8.3)
finished fini (7.4)
fire le feu (8.1) **to build a fire** faire du feu (8.1)
first premier (première) (3.2) **(at) first** d'abord (1.4) **(March) first** le premier (mars) (R.4)
fish un poisson (R.2)
five cinq (R.1)
to **fix** préparer (3.1) réparer (7.4) *(a date)* fixer (8.2)
flash: flash of light une lueur (8.4) **flash of lightning** un éclair (8.4)
flashlight une lampe de poche (8.1)
floor un étage (6.2) **ground floor** le rez-de-chaussée (6.2)
flour la farine (6.3)
flower une fleur (8.3)
to **follow** ∗suivre (6.1)
following suivant (1.5)
foot un pied (3.3) **on foot** à pied (R.3)
for pour (R.1) pendant (4.4) depuis (4.5) **for a long time** longtemps (4.1) **for how long?** depuis combien de temps? (4.5) **for what reason?** pour quelle raison? (7.5)
foreign étranger (étrangère) (5.2)
forest une forêt (8.3)
to **forget** oublier (2.2) **to forget to** oublier de (8.3)
formal living room un salon (3.1)
former ancien (ancienne) (6.2)
fortunately heureusement (2.4)
fortuneteller une voyante (5.1)
forty quarante (R.2)
four quatre (R.1)
fourteen quatorze (R.2)
franc un franc (1.3)
France la France (R.3)
frankly franchement (6.5)
free libre (1.1)
French français (R.2)
French fries des frites *f.* (1.1)
Friday vendredi *m.* (R.3) **on Friday** vendredi (R.3) **on Fridays** le vendredi (R.3)
friend un ami, une amie (R.2) un copain, une copine (7.3) **best friend** un meilleur ami, une meilleure amie (R.2)
friendship l'amitié *f.* (3.5)
fries: French fries des frites *f.* (1.1)
from de (R.1) **from time to time** de temps en temps (4.1) **from there** en (6.3)
front: in front (of) devant (3.2)
fruit un fruit (1.1)
fruit juice le jus de fruits (1.1)
fruit store keeper un marchand de fruits (6.3)
frying pan une poêle (8.1)
full plein (6.4)
fun: to have fun s'amuser (3.4) **to make fun of** se moquer de (3.5)
funny drôle (R.2)
furious furieux (furieuse) (5.3)
furniture: piece of furniture un meuble (4.3)
future l'avenir *m.* (5.2)

g

to **gain weight** grossir (R.5)
game: to play a game faire un match (1.1) **to play a game of** faire une partie de (1.4)
garage un garage (3.1)
garden un jardin (3.1)
gas l'essence *f.* (3.4)
gas station une station-service (3.4)
generally généralement (4.3)
generous généreux (généreuse) (2.5)
German allemand (R.2)
Germany l'Allemagne *f.* (R.3)
to **get** chercher (2.1) ∗recevoir (3.4) ∗obtenir (7.1) **to get angry** se mettre en colère (3.4) **to get bored** s'embêter (3.3) **to get dressed** s'habiller (3.3) **to get engaged** se fiancer (3.5) **to get impatient** s'impatienter (3.4) **to get married** se marier (avec) (3.4) **to get near (to)** s'approcher (de) (8.4) **to get nervous** s'énerver (3.4) **to get out (of)** sortir (de) (1.5) **to get ready** se préparer (3.1) **to get undressed** se déshabiller (3.3) **to get up** se lever (3.3) **to get upset** s'énerver (3.4)
gift un cadeau *(pl.* cadeaux*)* (3.5)
girlfriend une petite amie (R.2)
to **give** donner (2.3) ∗offrir (6.2) **to give back** rendre (R.5)
glad content (7.4)
glass le verre (5.4) *(for drinking)* un verre (6.4)
glasses des lunettes *f.* (R.5)
glimmer une lueur (8.4)
glow une lueur (8.4)
to **go** ∗aller (R.3) passer (1.5) **to be going to** aller + *inf.* (R.3) **to go along with** accompagner (5.1) **to go back** rentrer (1.5) retourner (7.4) **to go (camping)** faire du (camping) (8.1) **to go down** descendre (1.5) **to go faster** accélérer (7.4) **to go for a ride** faire une promenade (en auto) (1.1) **to go for a walk** faire une promenade (à pied) (1.1) **to go home** rentrer (à, de) (R.3) **to go in** entrer (1.5) **to go on** continuer à (8.3) **to go on a trip** faire un voyage (1.1) **to go shopping** *(for food)* faire les courses (1.1) **to go out** ∗sortir (1.5) **to go to bed** se coucher (3.3) **to go up** monter (1.5)
going: what's going on? qu'est-ce qu'il y a (4.2)
gold l' or *m.* (5.4)
good bon (bonne) (R.2) **in a good mood** de bonne humeur (2.4) **in good health** en bonne santé (5.3) **it's good** il est bon (7.3)
good-looking beau (bel, belle; beaux) (R.2) (2.4)
grandfather un grand-père (R.4)
grandmother une grand-mère (R.4)
grandparents les grands-parents *m.* (R.4)
grapes du raisin (6.3)
grass l'herbe *f.* (8.3)
gray gris (R.5)
great: in great shape en pleine forme (1.4)
green vert (R.5) **green beans** des •haricots (verts) (1.1)

grocer un épicier, une épicière (6.3)
grocery une épicerie (6.3)
groom un marié (3.5)
ground le sol (8.4)
ground floor le rez-de-chaussée (6.2)
guest un invité, une invitée (3.2)
guitar une guitare (R.2)
guy un type (7.5) un gars (8.4)

h

hair les cheveux *m.* (3.3)
hairbrush une brosse à cheveux (3.3)
half: it's half past... il est . . . heure(s) et demie (R.1)
hall une salle (2.4)
ham le jambon (1.1)
hand une main (3.3)
to **happen** arriver, se passer (4.2)
happened: what happened? qu'est-ce qui est arrivé (s'est passé)? (4.2)
happening: what's happening? qu'est-ce qui se passe? (4.2)
happy content (R.2) heureux (heureuse) (2.5)
hard difficile (5.1)
hard-working travailleur (travailleuse) (5.1)
has: one has to il faut (1.2)
hat un chapeau (*pl.* chapeaux) (R.5) **wool hat** un bonnet (R.5)
to **hate** détester (R.1)
to **have** *avoir (R.2) *prendre (1.1) **to have dinner** dîner (R.1) **to have fun** s'amuser (3.4) **to have just** venir de + *inf.* (1.5) **to have lunch** déjeuner (R.1) **to have to** *devoir (1.2) **you have to** il faut (1.2)
he il (R.1) **he's** c'est (R.2)
head une tête (3.3)
headlight un phare (7.4)
health: in good health en bonne santé (5.3)
healthy en bonne santé (5.3)
to **hear** entendre (R.5)
heart un cœur (3.3)
heavy lourd (5.1)
to **help** aider (2.2)
hen une poule (8.3)
her elle (R.4) la (2.2) son, sa, ses (R.4) **(to) her** lui (2.3)
here ici (R.3) **this...(over here)** ce . . . -ci (R.5)
herself se (3.1)
hesitant: to be hesitant about hésiter à (8.3)
to **hesitate** hésiter à (8.3)
hey! tiens! (6.2)
to **hide** cacher (6.2)
high élevé (4.3)
high school un lycée (R.3)
highway une route (3.4) **divided highway** une autoroute (8.2)
him lui (R.4) le (2.2) **(to) him** lui (2.3)
himself se (3.1)
his son, sa, ses (R.4)
to **hold** *tenir (7.1)
holiday une fête (5.1)
home: (at) home chez + *stress pronoun* (R.4) **to go home** rentrer (à de) (R.3) **to take back home** raccompagner (7.4)
hope l'espoir *m.* (7.2)
to **hope** espérer (3.1)
horse un cheval (*pl.* chevaux) (8.3)
hospital un hôpital (R.3)
hot: it's hot il fait chaud (R.5) **to be hot** avoir chaud (1.3)
house une maison (R.3) **at/to the house of** chez (R.4) **summer house** une villa (5.2) **to clean the house** faire le ménage (1.4)
how: for how long? depuis combien de temps? (4.5) **how?** comment? (R.1) **how many** combien (de) (6.4) **how many times?** combien de fois? (4.1) **how much** combien (1.3) **how's the weather?** quel temps fait-il? (R.5) **to know how to** *savoir (2.3) **to learn how to** apprendre à + *inf.* (1.1)
however pourtant (2.5)
huge énorme (8.5)
hundred cent (R.5) **(one) hundred and one** cent un (R.5) **two hundred** deux cents (R.5)
hungry: to be hungry avoir faim (1.3)
hurry: in a hurry pressé (3.3)
to **hurry** se dépêcher (3.4)
husband un mari (R.4)

i

I je (R.1) **I would like** je voudrais (R.1) j'aimerais (7.2) **neither do I** moi non plus (6.3)
ice cream la glace (1.1)
ice-skating le patin à glace (1.1)
idiotic idiot (5.2)
if si (2.3) **even if** même si (6.1) **if not** sinon (7.3)
imaginative imaginatif (imaginative) (2.5)
immediately tout de suite (2.1)
impatient: to get impatient s'impatienter (3.4)
impolite impoli (7.1)
important important (7.1)
impressed impressionné (7.2)
impulsive impulsif (impulsive) (2.5)
in à (R.1) en (R.3) dans (1.4) **in a good (bad) mood** de bonne (mauvaise) humeur (2.4) **in a hurry** pressé (3.3) **in any case** en tout cas (5.2) **in back (of)** derrière (3.2) **in favor of** pour (6.2) **in front (of)** devant (3.2) **in good health** en bonne santé (5.3) **in great shape** en pleine forme (1.4) **in it/them** y (6.3) **in (my) opinion** à (mon) avis (5.5) **in order to** pour + *inf.* (1.2) **in the center (of)** au centre (de) (3.2) **in the middle (of)** au milieu (de) (3.2) **in the morning (afternoon, evening)** le matin (l'après-midi, le soir) (R.3) **in the (mornings)** le (matin) (4.3) **in the past** autrefois (4.1) **in the spring** au printemps (R.4) **in the summer (autumn, winter)** en été (automne, hiver) (R.4)
incredible incroyable (2.5)
indeed bien (3.4) en effet (6.3)
indispensable: it's indispensable il est indispensable (7.3)
inexpensive bon marché (5.1)

to inform renseigner **(5.2)**
inside dans **(6.2)**
instead of au lieu de **(8.4)**
intellectual intellectuel (intellectuelle) **(2.5)**
intelligent intelligent **(R.2)**
to intend to avoir l'intention de **(2.1)**
to interest intéresser **(2.4)**
intersection un carrefour **(8.2)**
interested: to be interested (in) s'intéresser (à) **(3.4)**
intermission un entracte **(7.3)**
into dans **(1.4)**
to introduce présenter **(2.3)**
intuitive intuitif (intuitive) **(2.5)**
to invite inviter **(R.1)**
iron le fer **(5.4)**
is *(see* **to be***)* **isn't it so?** n'est-ce pas? **(R.1)** **there is** il y a **(R.2)** **there is no** il n'y a pas de **(R.2)**
island une île **(5.2)**
it il/elle **(R.1)** le/la **(2.2)** **(in) it** y **(6.3)** **it snowed (rained)** il a neigé (plu) **(4.1)** **it's** c'est **(R.2)** **it's...(o'clock)** il est . . . heure(s) **(R.1)** **it's (18) degrees** il fait (18) degrés **(R.5)** **it's (easy) to** il est (facile) de + *inf.* **(7.1)** **it's (five) below** il fait moins (cinq) **(R.5)** **it's (five) of (four)** il est (quatre) heures moins (cinq) **(R.2)** **it's (five) past (two)** il est (deux) heures (cinq) **(R.2)** **it's (it was) sunny** il y a (il y a eu) du soleil **(4.1)** **it's (it was) windy** il fait (il a fait) du vent **(4.1)** **it's (it would be) better** il vaut (il vaudrait) mieux **(7.3)** **it's (September 27)** c'est le (27 septembre) **(R.4)** **it's certain** il est certain **(7.5)** **it's daytime (light)** il fait jour **(8.4)** **it's half past...** il est . . . heure(s) et demie **(R.1)** **it's necessary to** il faut **(1.2)** **it's nice (bad, hot, cold) (weather)** il fait beau (mauvais, chaud, froid) **(R.5)** **it's nighttime (dark)** il fait nuit **(8.4)** **it's noon (midnight)** il est midi (minuit) **(R.1)** **it's quarter of...** il est . . . heure(s) moins le quart **(R.1)** **it's quarter past...** il est . . . heure(s) et quart **(R.1)** **it's raining** il pleut **(R.5)** **it's snowing** il neige **(R.5)** **it's zero** il fait zéro **(R.5)**
Italian italien (italienne) **(R.2)**
Italy l'Italie *f.* **(R.3)**
item: news item une nouvelle **(2.1)**
itinerary un itinéraire **(8.2)**
its son, sa, ses **(R.4)**

j

jacket une veste **(R.5)** **ski jacket** un anorak **(R.5)**
jam la confiture **(1.1)**
January janvier *m.* **(R.4)**
Japanese japonais **(R.2)**
jar un pot **(6.4)**
jealous jaloux (jalouse) **(4.5)**
jeans un blue-jeans **(R.5)**
joke une plaisanterie **(4.5)**
to joke plaisanter **(4.5)**
juice: fruit juice le jus de fruits **(1.1)** **orange juice** le jus d'orange **(1.1)**
July juillet *m.* **(R.4)**
June juin *m.* **(R.4)**
just: (to have) just venir de + *inf.* **(1.5)**

k

to keep se tenir + *adj.* **(7.1)** **to keep a promise** tenir une promesse **(7.1)**
keeper: fruit store keeper un marchand de fruits **(6.3)**
key une clé **(1.5)**
kilogram un kilo **(6.4)**
kilometer un kilomètre **(8.2)**
kisses: love and kisses *(at the end of a letter)* **je vous embrasse... (1.5)**
kitchen une cuisine **(3.1)**
knapsack un sac à dos **(8.1)**
knife: pocket knife un couteau de poche **(8.1)**
to knock frapper **(6.2)** **to knock over (down)** renverser **(4.4)**
to know ∗connaître **(2.2)** ∗savoir **(2.3)** **to know how to** ∗savoir **(2.3)** **what do you know!** ça, par exemple! **(6.5)**

l

lake un lac **(8.3)**
lamb l'agneau *m.* **(6.3)**
lamp une lampe **(4.3)**
landlady une propriétaire **(6.5)**
landlord un propriétaire **(6.5)**
landscape un paysage **(2.3)**
large room une salle
last dernier (dernière) **(3.2)** **at last** enfin **(1.4)** **last (Sunday)** (dimanche) dernier **(R.3)**
to last durer **(1.3)**
late tard **(3.3)** **to be late** être en retard **(3.3)**
later plus tard **(2.3)**
to laugh ∗rire **(4.5)**
laughter le rire **(4.5)**
lawyer un avocat, une avocate **(1.2)**
lazy paresseux (paresseuse) **(2.5)**
leader un chef **(8.5)**
to learn ∗apprendre **(1.1)** **to learn** *(a subject)* faire de + *subject* **(1.1)** **to learn how to** apprendre à + *inf.* **(1.1)** **to learn to play** *(an instrument)* faire de + *instrument* **(1.1)**
least: at least au moins **(2.2)** **the least....** le/la/les moins + *adj.* **(5.1)**
to leave quitter, ∗partir **(1.3)** *(a place)* partir de **(1.5)** *(someone or something behind)* laisser **(2.5)** **to leave for** *(a place)* partir à **(1.5)**
left gauche **(4.3)** **to the left (of)** à gauche (de) **(3.2)**
leg une jambe **(3.3)**
lemon soda la limonade **(1.1)**
to lend prêter **(2.3)**
less...than moins . . . que, moins de . . . que **(5.1) (6.5)**
to let ∗permettre **(1.4)** laisser **(7.5)**
letter une lettre **(2.1)**
lettuce la salade **(1.1)**
library une bibliothèque **(R.3)**
lie un mensonge **(2.1)**
life la vie **(8.5)**
light léger (légère) **(5.1)**
light: flash of light une lueur **(8.4)** **it's light** il fait jour **(8.4)**
lightning: flash of lightning un éclair **(8.4)**

like comme (6.1)
to like aimer (R.1) I would like je voudrais (R.1) j'aimerais (7.2)
line: to stand in line faire la queue (7.1)
lipstick le rouge à lèvres (6.3)
liter un litre (6.4)
little peu (de) (6.4) a little un peu (R.2) a little (+ *sing. noun*) un peu de (6.4) little by little peu à peu (4.3)
to live (*in a place*) habiter (R.1) (*in a given place, in a certain way*) *vivre (5.4)
living room un salon, une salle de séjour (3.1) formal living room un salon (3.1)
to loan prêter (2.3)
located: to be located être situé, se trouver (8.2)
to lock fermer à clé (6.2)
long long (longue) (4.1) for a long time longtemps (4.1) for how long? depuis combien de temps? (4.5)
longer: no (not any) longer ne . . . plus (2.5)
to look avoir l'air (5.3) look! tiens! (6.2) to look at regarder (R.1) to look for chercher (2.2)
to lose perdre (R.5) to lose weight maigrir (R.5)
lot: a lot beaucoup (R.1)
love l'amour *m.* (3.5) love and kisses (*at the end of a letter*) je vous embrasse . . . (1.5)
to love adorer (R.1) to fall in love (with) tomber amoureux/amoureuse (de) (3.5)
low bas (basse) (4.3)
luck la chance (5.5) to try one's luck tenter sa chance (7.1)
lucky: to be lucky avoir de la chance (1.3)
luggage les bagages *m.* (2.2)
lunch le déjeuner (1.1) to have (eat) lunch déjeuner (R.1)

m

machine: washing machine une machine à laver (4.3)
mad furieux (furieuse), fou (folle) (5.3)
made of (silver) en (argent) (5.4)
magazine un magazine, une revue (2.1)
magnificent magnifique (5.2)
mail le courrier (2.1)
main dish le plat principal (1.1)
make (*of car*) une marque (de voiture) (4.4)
to make *faire (1.1) to make a date donner rendez-vous (à) (3.5) to make a decision prendre une décision (8.2) to make a mistake se tromper (6.5) to make fun of se moquer de (3.5) to make plans faire des projets (1.1) to make progress faire des progrès (1.1) to make the bed faire le lit (1.4)
make-up: to put on make-up se maquiller (3.3)
man un homme (R.2)
manage: able to manage débrouillard (8.1)
manner une façon (7.4)
many beaucoup (de) (6.4) as many...as autant de . . . que (5.1) how many combien (de) (6.4) how many times? combien de fois? (4.1) many people du monde, beaucoup de monde (6.1) so many tellement de (6.4) too many trop (de) (6.4)
map une carte (8.2) (street) map un plan (8.2)
March mars *m.* (R.4)
to mark down noter (4.4)
marriage le mariage (3.5)
married: to get married se marier (avec) (3.4)
to marry se marier (avec) (3.4)
match une allumette (8.1)
materials: construction materials des matériaux *m.* de construction (5.4)
matter: as a matter of fact en effet (6.3) justement (6.5) that doesn't matter ça ne fait rien (6.2) what's the matter? qu'est-ce qu'il y a? (4.2)
may *pouvoir (1.2)
May mai *m.* (R.4)
maybe peut-être (3.5)
me moi (R.4) me (2.1) "me neither" moi non plus (6.3) to me me (2.1)
meadow une prairie (8.3)
meal un repas (1.1)
mean méchant (5.1)
to mean vouloir dire (1.2)
meat la viande (1.1)
mechanic un mécanicien, une mécanicienne (1.2)
medicine: drugs and medicine des médicaments *m.* (6.3)
to meet faire la connaissance de (2.1) rencontrer (2.2) meet you right away à tout de suite (6.1) to arrange to meet donner rendez-vous (à) (3.5)
meeting place un rendez-vous (4.1)
metals des métaux *m.* (5.4)
meter un mètre (8.2)
metric pound une livre (6.4)
Mexican mexicain (R.2)
Mexico le Mexique (R.3)
middle: in the middle (of) au milieu (de) (3.2)
midnight: it's midnight il est minuit (R.1)
midst: to be in the midst of être en train de (7.5)
mile un mille (8.2)
milk le lait (1.1)
million un million (R.5)
mind: to change one's mind changer d'avis (6.5)
mineral water l'eau *f.* minérale (1.1)
minute une minute (R.2)
mirror une glace (3.3)
to miss (*a train*) rater (2.5)
mistake une erreur (5.4)
mistaken: to be mistaken se tromper (6.5)
modern moderne (5.1)
Monday lundi *m.* (R.3) on Monday lundi (R.3) on Mondays le lundi (R.3)
money l'argent *m.* (1.3) to save money faire des économies (1.3)
month un mois (R.4)
monument un monument (2.3)
mood: in a good (bad) mood de bonne (mauvaise) humeur (2.4)
moon la lune (8.4)
moped un vélomoteur (R.2)
more plus (3.3) more and more de plus en plus (4.1)

more...than plus . . . que, plus de . . . que (5.1) (6.5)
no more ne . . . plus (2.5)
morning le matin (R.3) **in the morning** le matin (R.3) **on (Monday) morning** (lundi) matin (R.3) **this morning** ce matin (R.3) **(whole) morning** une matinée (6.1)
most: the most... le/la/les plus + *adj.* (5.1)
mother une mère (R.4)
motor un moteur (7.4)
motorbike un vélomoteur (R.2)
motorcycle une moto (R.2)
mountain(s) la montagne (4.3)
mountain climbing l'alpinisme *m.* (1.1)
mouth une bouche (3.3)
movie camera une caméra (R.2)
movie theater un cinéma (R.3)
much beaucoup (R.1) **as much...as** autant de . . . que (5.1) **how much** combien (1.3) **not much** peu (de) (6.4) **so much** tellement de (6.4) **too much** trop (2.1)
museum un musée (R.3)
musical musicien (musicienne) (2.5)
must *devoir (1.2) **one must** il faut (1.2)
mustard la moutarde (1.1)
my mon, ma, mes (R.4)
myself me (3.1)

n

nail un ongle (3.3)
naive naïf (naïve) (2.5)
named: to be named s'appeler (3.4)
nasty méchant (5.1)
natural naturel (naturelle) (2.5)
it's natural il est naturel (7.3)
naturally naturellement (6.5)
near près (de) (3.2) **to get near (to)** s'approcher (de) (8.4)
necessary nécessaire (7.1)
it's necessary il est nécessaire (7.3) **it's necessary to** il faut (1.2)
neck un cou (3.3)
necklace un collier (R.5)
to **need** avoir besoin de (1.3)
you need to il faut (1.2)
neighbor un voisin, une voisine (R.2)
neighborhood un quartier (2.4)
neither...nor... ni . . . ni . . . (6.4) **neither do I ("me neither")** moi non plus (6.3)
nervous nerveux (nerveuse) (5.3) **to get nervous** s'embêter (3.4)
never ne . . . jamais (2.5)
nevertheless pourtant (6.5)
new neuf (neuve) (2.4) nouveau (nouvel, nouvelle; nouveaux) (2.4)
news: news item une nouvelle (2.1) **the news** les nouvelles *f.* (2.1)
newspaper un journal (2.1)
next prochain (3.5) **next (Saturday)** (samedi) prochain (R.3) **next to** à côté de (3.2) **see you next (Monday)** à (lundi) prochain (6.1) **see you next week (see you next weekend)** à la semaine prochaine (au week-end prochain) (6.1) **the next day** le lendemain (2.4)
nice sympathique (R.2) aimable (2.5) gentil (gentille) (5.1) **it's nice (weather)** il fait beau (R.5)
night la nuit (R.3) **at night** la nuit (R.3) **on (Thursday) night** (jeudi) soir (R.3)
nighttime: it's nighttime il fait nuit (8.4)
nine neuf (R.1)
nineteen dix-neuf (R.2)
ninety quatre-vingt-dix (R.5)
ninety-one quatre-vingt-onze (R.5)
ninth neuvième (6.5)
no: no? no? n'est-ce pas? (R.1)
no longer (more) ne . . . plus (2.5) **no one** ne . . . personne (2.5) **no other** pas d'autre + *sing. noun* (4.4)
no problem ça ne fait rien (6.2)
to say no refuser (2.4)
nobody ne . . . personne (2.5)
noise un bruit (7.2)
noon: it's noon il est midi (R.1)
see you at noon à midi (6.1)
nor: neither...nor... ni . . . ni . . . (6.4)
normal: it's normal il est normal (7.3)
normally normalement (6.5)
north le nord (R.3) **North America** l'Amérique *f.* du Nord (R.3)
nose un nez (3.3)
not ne . . . pas (R.1) **if not** sinon (7.3) **not** *(+ inf.)* ne pas + *inf.* (8.3) **not another** pas d'autre (4.4) **not anymore (any longer)** ne . . . plus (2.5) **not anyone** ne . . . personne (2.5) **not anything** ne . . . rien (2.5) **not much** peu (de) (6.4)
to **note** *s'apercevoir (de) (3.4) noter (4.4)
notebook un cahier (2.1)
small notebook un carnet (2.1)
nothing ne . . . rien (2.5)
to **notice** remarquer (1.3) *s'apercevoir (de) (3.4)
novel un roman (4.5)
November novembre *m.* (R.4)
now maintenant (R.1)
number un nombre (R.1) un numéro (4.4)
nurse un infirmier, une infirmière (1.2)
nylon le nylon (5.4)

o

obedient obéissant (8.5)
to **obey** obéir (à) (R.5) **failure to obey** la désobéissance (7.3)
object un objet (R.2)
to **obtain** *obtenir (7.1)
obviously évidemment (2.2)
o'clock heure(s) (R.1)
at...o'clock à . . . heure(s) (R.1) **it's...o'clock** il est . . . heure(s) (R.1)
October octobre *m.* (R.4)
of de (R.1) **it's (five) of (four)** il est (quatre) heures moins (cinq) (R.2) **it's quarter of...** il est . . . heure(s) moins le quart (R.1) **of it/them** en (6.3)
to think of penser de (2.2)
to **offer** *offrir (6.2)
office un bureau (1.4) **at/to the office of** chez (R.4)

often souvent **(R.1)**
oil l'huile *f.* **(1.1)**
old âgé **(R.2)** vieux (vieil, vieille; vieux) **(2.4)** ancien (ancienne) **(6.2)** **to be...years old** avoir . . . ans **(R.4)**
omelet une omelette **(1.1)**
on sur **(1.4)** **come on!** voyons! **(5.1)** **on ...ing** en + *pres. part.* **(8.5)** **on (Mondays)** le (lundi) **(R.3)** **on foot** à pied **(R.3)** **on Monday** lundi **(R.3)** **on Monday morning (afternoon, evening, night)** lundi matin (après-midi, soir) **(R.3)** **on the weekend, on (the) weekends** le week-end **(R.1)** **on time** à l'heure **(3.3)** **see you on the (24th)** au (24) **(6.1)**
once une fois **(4.1)**
one un **(R.1)** **one time** une fois **(4.1)**
one *(you, they, people)* on **(1.2)** **another one** un (une) autre **(4.4)** **one another** nous, vous, se **(3.5)** **one has to (must)** il faut **(1.2)** **that one** celui-là (celle-là) **(8.1)** **the one** celui (celle) **(8.1)** **the one(s) of/belonging to/from** celui, celle (ceux, celles) de **(8.1)** **the other one** l'autre **(4.4)** **the same one** le/la même **(4.4)** **the same ones** les mêmes **(4.4)** **this one** celui-ci (celle-ci) **(8.1)**
oneself se **(3.1)** **by oneself** seul **(5.2)**
only seulement **(1.3)** seul **(5.2)**
to open *ouvrir **(2.1)** **to open the door** *ouvrir **(6.2)**
opinion un avis **(6.5)** **in (my) opinion** à (mon) avis **(5.5)**
opportunity une occasion **(6.1)**
opposite en face (de) **(3.2)**
optimistic optimiste **(5.1)**
or ou **(R.4)** **or else** sinon **(7.3)**
orange une orange **(1.1)**
orange juice le jus d'orange **(1.1)**
orchestra un orchestre **(7.3)**
order: in order to pour + *inf.* **(1.2)**
to order commander **(1.1)**
to organize organiser **(R.1)**
other autre **(4.4)** **(any) other** d'autres **(4.4)** **no other** pas d'autre **(4.4)** **others** d'autres **(4.4)** **the other (one)** l'autre **(4.4)** **the others** les autres **(4.4)**
otherwise autrement **(6.5)** sinon **(7.3)**
our notre, nos **(R.4)**
ourselves nous **(3.1)**
out: to get out (of) sortir (de) **(1.5)** **to try out** essayer **(4.1)**
outside dehors **(7.2)**
over fini **(7.4)** **over there** là-bas **(R.3)** **to knock over** renverser **(4.4)** **that...(over there)** ce . . . -là **(R.5)** **this...(over here)** ce . . . -ci **(R.5)**
to owe *devoir **(1.2)**
owner: dairy store owner un crémier, une crémière **(6.3)** **delicatessen owner** un charcutier, une charcutière **(6.3)**

P

Pacific: South Pacific l'Océanie *f.* **(R.3)**
pack un paquet **(6.4)**
package un paquet **(6.4)**
pain: "a pain" pénible **(R.2)**
painful pénible **(7.1)**
painting un tableau *(pl.* tableaux*)* **(4.3)**
pal un copain, une copine **(7.3)**
pan une casserole **(8.1)** **frying pan** une poêle **(8.1)**
pants un pantalon **(R.5)**
paper le papier **(2.1)**
parents les parents *m.* **(R.4)**
park un parc **(R.3)**
part une partie **(2.4)** une pièce **(7.3)** **to take part (in)** participer (à) **(5.5)**
to participate (in) participer (à) **(5.5)** **to participate in** *(a sport)* faire de + *sport* **(1.1)**
party: evening party une soirée **(6.1)**
to pass: to pass a test réussir à un examen **(R.5)** **to pass by** passer **(1.2)**
passenger un passager, une passagère **(2.2)**
passport un passeport **(5.2)**
past: in the past autrefois **(4.1)** **it's (five) past (two)** il est (deux) heures (cinq) **(R.2)** **it's half past...** il est . . . heure(s) et demie **(R.1)** **it's quarter past...** il est . . . heure(s) et quart **(R.1)**
pastry cook un pâtissier, une pâtissière **(6.3)**
pastry shop une pâtisserie **(6.3)**
to pay (for) payer **(4.1)** **to pay attention (to)** faire attention (à) **(1.1)**
peach une pêche **(6.3)**
pear une poire **(1.1)**
peas des petits pois *m.* **(1.1)**
pen un stylo **(2.1)**
pen pal un correspondant, une correspondante **(6.1)**
pencil un crayon **(2.1)**
people les gens *m.* **(R.2)** on **(1.2)** du monde **(6.1)** **many people** du monde, beaucoup de monde **(6.1)** **young people** les jeunes *m.* **(R.2)**
pepper le poivre **(1.1)**
perfume le parfum **(6.3)**
perfume store une parfumerie **(6.3)**
perhaps peut-être **(3.5)**
period un point **(7.2)**
to permit *permettre **(1.4)**
person une personne **(R.2)**
pessismistic pessimiste **(5.1)**
pharmacist un pharmacien, une pharmacienne **(1.2)**
pharmacy une pharmacie **(6.3)**
phone un téléphone **(4.3)**
to phone téléphoner **(R.1)**
photograph une photo **(2.2)**
to pick choisir **(R.5)** **to pick up** chercher **(2.1)**
picture une photo **(2.2)** un tableau (*pl.* tableaux) **(4.3)**
pie une tarte **(1.1)**
piece of furniture un meuble **(4.3)**
pink rose **(R.5)**
pity: what a pity! c'est dommage! **(4.5)**
place un endroit **(R.3)** un lieu **(8.5)** **meeting place** un rendez-vous **(4.1)** **to take place** avoir lieu **(3.5)** se passer **(4.2)**

to **place** *mettre (**1.4**)
plain moche (**R.2**)
to **plan to** avoir l'intention de (**2.1**)
plane un avion (**R.3**) **by plane** en avion (**R.3**)
planet une planète (**8.4**)
plans: to make plans faire des projets (**1.1**)
plant une plante (**4.3**)
plastic le plastique (**5.4**)
to **play** jouer (**R.1**) *(a musical instrument)* jouer de (**R.3**) *(a sport)* faire de + *sport* (**1.1**) *(a sport or a game)* jouer à (**R.3**) **to (learn to) play** *(an instrument)* faire de + *instrument* (**1.1**) **to play a game** faire un match (**1.1**) **to play a game of** faire une partie de (**1.4**)
pleasant aimable (**2.5**) agréable (**6.1**)
pleasure le plaisir (**6.1**)
pocket knife un couteau de poche (**8.1**)
point un point (**7.2**)
polite poli (**6.3**)
pool une piscine (**R.3**)
poor pauvre (**2.3**)
poorly mal (**R.1**)
popular fréquenté (**5.1**)
pork le porc (**6.3**)
portable stove un réchaud (**8.1**)
post office la poste (**R.3**)
postcard une carte postale (**2.1**)
poster un poster, une affiche (**4.3**)
pot une casserole (**8.1**)
potato une pomme de terre (**1.1**)
pound: metric pound une livre (**6.4**)
to **predict** *prédire (**2.1**)
to **prefer** aimer mieux (**R.1**) préférer (**3.1**)
premises les lieux *m.* (**8.5**)
to **prepare** préparer (**3.1**) **to prepare (oneself)** se préparer (**3.1**)
present un cadeau (*pl.* cadeaux) (**3.5**)
present actuel (actuelle) (**6.2**) **at present** actuellement (**6.5**)
pretty joli (**R.2**)
price un prix (**5.5**)
private privé (**8.4**)
prize un prix (**5.5**)
problem un problème (**1.2**) **no problem** ça ne fait rien (**6.2**)
to **proclaim** annoncer (**8.2**)
to **produce** *produire (**1.2**)
professor un professeur (**R.2**)
programmer un programmeur, une programmeuse (**1.2**)
progress: to make progress faire des progrès (**1.1**)
to **promise** *promettre (**1.4**) **to keep a promise** tenir une promesse (**7.1**)
to **propose** proposer (**2.4**)
to **protest** protester (**8.2**)
proud fier (fière) (**7.3**)
prudent prudent (**7.1**)
public public (publique) (**8.4**)
purple violet (violette) (**R.5**)
to **put** *mettre (**1.4**) **to put on** *(clothing)* *mettre (**1.4**) **to put on make-up** se maquiller (**3.3**)

q

quarter: it's quarter of... il est . . . heure(s) moins le quart (**R.1**) **it's quarter past...** il est . . . heure(s) et quart (**R.1**)
quickly vite (**2.1**)
quiet tranquille (**5.3**) **be quiet!** tais-toi! taisez-vous! (**3.2**) **to be quiet** *se taire (**3.2**)

r

racket une raquette (**R.2**)
radio une radio (**R.2**) **transistor radio** un transistor (**R.2**)
rain la pluie (**4.1**)
to **rain** *pleuvoir (**4.1**)
rained: it rained il a plu (**4.1**)
raining: it's raining il pleut (**R.5**)
range une cuisinière (**4.3**)
rather assez (**R.1**)
rational rationnel (rationnelle) (**5.3**)
razor un rasoir (**3.3**)
to **read** *lire (**2.1**)
ready prêt (**3.2**) **to get ready** se préparer (**3.1**)
real véritable (**6.3**)
to **realize** *s'apercevoir (de) (**3.4**)
really vraiment (**2.1**) **really?** ah bon? (**5.5**)
reason une raison (**7.5**) **for what reason?** pour quelle raison? (**7.5**)
reassured rassuré (**3.2**)
to **receive** *recevoir (**3.4**)
to **recognize** *reconnaître (**2.2**)
record un disque (**R.2**)
record player un électrophone (**R.2**)
red rouge (**R.5**)
to **reflect** réfléchir (à) (**7.2**)
refrigerator un réfrigérateur (**4.3**)
refusal un refus (**7.3**)
to **refuse** refuser (**2.4**) **to refuse to** refuser de (**8.3**)
relatives les parents *m.* (**R.4**)
to **rely on** compter sur (**5.5**)
to **remark** remarquer (**1.3**)
to **remember** se souvenir (de) (**3.4**)
to **rent** louer (**1.2**)
repair une réparation (**7.4**)
to **repair** réparer (**7.4**)
to **repeat** répéter (**3.1**)
reply une réponse (**5.5**)
to **reserve** *retenir (**7.1**)
to **rest** se reposer (**3.4**)
restaurant un restaurant (**R.3**)
rested reposé (**5.3**)
restless agité (**5.3**)
to **retain** *retenir (**7.1**)
to **return** rentrer (à, de) (**R.3**) *(something)* rendre (**R.5**) retourner (**7.4**)
rice le riz (**6.3**)
rich riche (**5.1**)
ride: to go for a ride faire une promenade (en auto) (**1.1**) **to take a ride** se promener (**3.4**)
ridiculous ridicule (**7.1**)
right droit (**4.3**) vrai (**5.1**) **right?** n'est-ce pas? (**R.1**) **right away** tout de suite (**2.1**) **see (meet) you right away** à tout de suite (**6.1**) **to be right** avoir raison (**1.3**) **to the right (of)** à droite (de) (**3.2**)
ring une bague (**R.5**) **wedding ring** une alliance (**3.5**)
to **ring (the bell)** sonner (**6.2**)
river une rivière (**8.3**)
road une route (**3.4**)
roast beef le rosbif (**1.1**)
rock un rocher (**4.3**)
roll: crescent roll un croissant (**6.3**)
roller-skating le patin à roulettes (**1.1**)
roof un toit (**6.2**)

room *(in general)* une pièce (3.1) **dining room** une salle à manger (3.1) **formal living room** un salon (3.1) **large room** une salle (2.4) **living room** un salon, une salle de séjour (3.1)
route une itinéraire (8.2)
rug un tapis (4.3)
to **run into** rentrer dans (1.5)

S

sack un sac (6.4)
sad triste (R.2)
sailing la voile (1.1)
salad une salade (1.1)
salesperson un vendeur, une vendeuse (1.2)
salt le sel (1.1)
same même (4.4) **the same one** le/la même (4.4) **the same ones** les mêmes (4.4)
sandals des sandales *f.* (R.5)
Saturday samedi *m.* (R.3) **on Saturday** samedi (R.3) **on Saturdays** le samedi (R.3)
sausage(s) des saucisses *f.* (6.3)
to **save money** faire des économies (1.3)
to **say** *dire (2.1) **to say no** refuser (2.4)
school une école (R.3) **high school** un lycée (R.3) **summer school** une école d'été (5.2)
scissors des ciseaux *m.* (3.3)
scuba diving la plongée sous-marine (5.2)
sea la mer (5.2)
season une saison (R.4)
seat un siège (7.4)
second deuxième (6.5)
to **see** *voir (2.2) *apercevoir (3.4) **see you a week from (Tuesday)** à (mardi) en huit (6.1) **see you at noon** à midi (6.1) **see you in a little while** à tout à l'heure (6.1) **see you (June 2)** au (2 juin) (6.1) **see you next (Monday)** à (lundi) prochain (6.1) **see you next week (see you next weekend)** à la semaine prochaine (au week-end prochain) (6.1) **see you on the (24th)** au (24) (6.1) **see you right away** à tout de suite (6.1) **see you soon** à bientôt (6.1) **see you this afternoon (tonight)** à cet après-midi (à ce soir) (6.1) **see you tomorrow** à demain (6.1)
to **seem** sembler (5.3)
selfish égoïste (5.1)
to **sell** vendre (R.5)
to **send** envoyer (4.1)
September septembre *m.* (R.4)
serious grave (1.5) sérieux (sérieuse) (2.5)
to **set** *(the table)* *mettre (1.4) *(a date)* fixer (8.2)
to **settle** s'installer (8.5)
seven sept (R.1)
seventeen dix-sept (R.2)
seventy soixante-dix (R.5) **seventy-one** soixante et onze (R.5) **seventy-two** soixante-douze (R.5)
several plusieurs (2.3) **several times** plusieurs fois (4.1)
shadow une ombre (8.4)
shampoo le shampooing (3.3)
shape: in great shape en pleine forme (1.4)
to **shave** se raser (3.3)
she elle (R.1) **she's** c'est (R.2)
sheep un mouton (8.3)
shirt une chemise (R.5) **tee shirt** un tee-shirt (R.5)
shoes des chaussures *f.* (R.5)
shop: at/to the shop of chez (R.4) **butcher shop** une boucherie (6.3) **pastry shop** une pâtisserie (6.3) **tobacco shop** un bureau de tabac (6.3)
shopping: to go (do the) shopping *(for food)* faire les courses (1.1)
short petit (R.2) court (4.1)
shorts un short (R.5)
should: you should il faut (1.2) **you should not** il ne faut pas (1.2)
to **show** montrer (2.3)
sick malade (5.3)
sight: to catch sight of *apercevoir (3.4)
sign une pancarte (8.2)
silly bête (R.2)
silver l'argent *m.* (5.4)
simple simple (5.1)
since car (3.5) depuis (4.5) depuis que (4.5) comme (6.1) **since what time?** depuis quelle heure? (4.5) **since when?** depuis quand? (4.5)
to **sing** chanter (R.1)
sister une sœur (R.4)
to **sit down** *s'asseoir (3.2) **sit down!** assieds-toi! asseyez-vous! (3.2)
situated: to be situated être situé (8.2)
six six (R.1)
sixteen seize (R.2)
sixty soixante (R.2)
skating le patinage (1.1) **ice-skating** le patin à glace (1.1) **roller-skating** le patin à roulettes (1.1)
to **ski** skier (R.1)
ski jacket un anorak (R.5)
to **skid** déraper (4.3)
skiing le ski (1.1) **water-skiing** le ski nautique (1.1)
skillful habile (7.4)
skirt une jupe (R.5)
sky le ciel (8.4)
to **sleep** *dormir (1.5)
sleeping bag un sac de couchage (8.1)
sleepy endormi (7.3) **to be sleepy** avoir sommeil (1.3)
slow lent (3.3)
small petit (R.2)
smart intelligent (R.2)
smile un sourire (4.5)
to **smile** *sourire (4.5)
snow la neige (4.1)
to **snow** neiger (4.1)
snowed: it snowed il a neigé (4.1)
snowing: it's snowing il neige (R.5)
so alors (1.2) donc (2.2) si (2.5) tellement (6.4) **so much (many)** tellement de (6.4)
soaked trempé (4.2)
soap le savon (3.3)
socks des chaussettes *f.* (R.5)
soda: lemon soda la limonade (1.1)
sofa un sofa (4.3)
sole la sole (1.1)
some des (R.2) du, de la, de l', des (1.1) quelques (2.3)

en (6.3) un peu (de) (6.4)
somebody quelqu'un (2.5)
someone quelqu'un (2.5)
something quelque chose (2.5)
sometimes parfois, quelquefois (4.1)
son un fils (R.4)
soon bientôt (4.1) **see you soon** à bientôt (6.1)
sorry: very sorry désolé (7.4)
soup la soupe (1.1)
south le sud (R.3)
South America l'Amérique *f.* du Sud (R.3)
South Pacific l'Océanie *f.* (R.3)
Spain l'Espagne *f.* (R.3)
Spanish espagnol (R.2)
to speak parler (R.1)
to spend dépenser (1.3) *(time)* passer (1.2)
splendid splendide (5.2)
sports: active in sports sportif (sportive) (2.5)
spot un endroit (5.4)
spring le printemps (R.4) **in (the) spring** au printemps (R.4)
stadium un stade (R.3)
staircase un escalier (6.2)
stairs des escaliers *m.* (6.2)
stamp un timbre (2.1)
star une étoile (8.4)
state un état (3.3)
station une gare (2.4) **gas station** une station-service (3.4)
stay un séjour (5.2)
to stay rester (1.5) faire un séjour (5.2) se tenir + *adj.* (7.1)
steel l'acier *m.* (5.4)
to step on the brakes freiner (7.4)
stereo set une chaîne-stéréo (R.2)
still encore (3.3) toujours (4.1)
stockings des bas *m.* (R.5)
stomach le ventre (3.3)
stone la pierre, en pierre (5.4)
to stop s'arrêter (3.4) cesser de (8.3)
store un magasin (R.3) **dairy store** une crémerie (6.3) **perfume store** une parfumerie (6.3)
storm un orage (8.4)
story une histoire (2.1) *(floor)* un étage (6.2) **detective story** un roman policier (4.5)
stove une cuisinière (4.3) **(portable) stove** un réchaud (8.1)
strawberry une fraise (6.3)
street une rue (4.4)
street map un plan (8.2)
strong fort (5.1)
student *(high school)* un (une) élève (R.2)
studio apartment un studio (6.2)
to study étudier (R.1) *(a subject)* faire de + *subject* (1.1)
stupid bête (R.2)
suburbs la banlieue (6.2)
to succeed réussir (R.5) **to succeed in** réussir à (8.3)
successful: to be successful in arriver à (8.3)
sudden: all of a sudden soudain (7.3)
to suffer *souffrir (6.2)
sugar le sucre (1.1)
to suggest proposer (2.4)
suit un costume (R.5) **bathing suit** un maillot de bain (R.5)
suitcase une valise (2.2)
summer l'été *m.* (R.4) **in (the) summer** en été (R.4)
summer camp une colonie de vacances (5.2)
summer house une villa (5.2)
summer school une école d'été (5.2)
summer vacation les grandes vacances *f.* (8.1)
sun le soleil (4.1)
Sunday dimanche *m.* (R.3) **on Sunday** dimanche (R.3) **on Sundays** le dimanche (R.3)
sunglasses des lunettes *f.* de soleil (R.5)
sunny: it's (it was) sunny il y a (il y a eu) du soleil (4.1)
super formidable (R.2)
supermarket un supermarché (R.3)
superstitious superstitieux (superstitieuse) (2.5)
supper le dîner (1.1)
supposed: to be supposed to *devoir (1.2)
sure sûr (5.2)
surprised surpris (6.1) étonné (6.5)
sweater un pull (R.5)
to swim nager (R.1) (4.1)
swimming la natation (1.1)
swimming pool une piscine (R.3)

t

table une table (4.3)
taillight un feu arrière (7.4)
to take *prendre (1.1) *(time to do something)* *mettre (1.4) **to take (along)** *(mainly people)* amener, *(things)* apporter (3.1) **to take a course (class)** suivre un cours (6.1) **to take a trip** faire un voyage (1.1) **to take a walk (ride)** se promener (3.4) **to take advice** suivre un conseil (6.1) **to take back (home)** raccompagner (7.4) **to take part (in)** participer (à) (5.5) **to take place** avoir lieu (3.5) se passer (4.2)
to talk parler (R.1) bavarder (4.3) **to talk to** s'adresser à (8.5)
talkative bavard (2.3)
tall grand (R.2)
tank: to fill the tank faire le plein (7.4)
tape recorder un magnétophone (R.2)
to taste goûter (6.4)
tea le thé (1.1)
teacher un professeur (R.2) (1.2)
tear une larme (4.5)
tee shirt un tee-shirt (R.5)
teeth les dents *f.* (3.3)
television set un téléviseur (R.2)
to tell *dire (2.1) renseigner (5.2) *(a story)* raconter (3.5) *(about)* raconter (4.2) **to tell in advance** *prévenir (6.1)
temperature la température (R.5) **what's the temperature?** quelle est la température? (R.5)
ten dix (R.1)
tent une tente (8.1)
terrific formidable (R.2)
test un examen (4.3) **to pass a test** réussir à un examen (R.5)
textiles les textiles *m.* (5.4)
than *(in comparisons)* que (5.1)
to thank (for) remercier (de) (4.4)

that cela (ça) (2.2) qui, que (2.4) **that...(over there)** ce . . . -là (R.5) **that can't be!** pas possible! (5.4) **that doesn't matter** ça ne fait rien (6.2) **that one** celui-là (celle-là) (8.1) **that's** c'est (R.2) **that's too bad!** c'est dommage! (4.5)
the le, la, l', les (R.2)
theatre un théâtre (R.3)
their leur, leurs (R.4)
them eux, elles (R.4) les (2.2) **(in) it/them** y (6.3) **(to) them** leur (2.3)
themselves se (3.1)
then alors (1.2) ensuite, puis (1.4)
there là (R.3) y (6.3) **from there** en (6.3) **over there** là-bas (R.3) **that...(over there)** ce . . . -là (R.5) **there is (are)** il y a (R.2) **there is no (there aren't any)** il n'y a pas de (R.2)
therefore donc (2.2) ainsi (5.5) par conséquent (8.2)
these ces (R.5) ceux (celles), ceux-ci (celles-ci) (8.1)
they ils/elles (R.1) on (1.2)
thin: to get thin maigrir (R.5)
thing une chose (R.2)
to think penser (2.2) *croire (5.5) réfléchir (à) (7.2) **to think about** penser à (2.2) **to think of** penser de (2.2)
thirsty: to be thirsty avoir soif (1.3)
thirteen treize (R.2)
thirty trente (R.2)
this ce, cet, cette (R.5) ceci (2.2) **this (Friday)** ce (vendredi) (R.3) **this...(over here)** ce . . . -ci (R.5) **this morning (afternoon, evening)** ce matin (cet après-midi, ce soir) (R.3) **this one** celui-ci (celle-ci) (8.1)
those ces (R.5) ceux (celles), ceux-là (celles-là) (8.1)
thousand mille (R.5)
to threaten to menacer de (8.3)
three trois (R.1)
throat la gorge (3.3)
Thursday jeudi *m.* (R.3) **on Thursday** jeudi (R.3) **on Thursdays** le jeudi (R.3)
ticket un billet (2.1)
tie une cravate (R.5)
time l'heure *f.* (R.1) le temps (3.4) *(occasion)* la fois (4.1) **all the time** tout le temps (3.2) (4.1) **at what time?** à quelle heure? (R.1) **(for) a long time** longtemps (4.1) **from time to time** de temps en temps (4.1) **how many times?** combien de fois? (4.1) **on time** à l'heure (3.3) **one time (several times)** une fois (plusieurs fois) (4.1) **since what time?** depuis quelle heure? (4.5) **time to** l'heure de + *inf.* (4.1) **to waste one's time** perdre son temps (R.5) **what time is it?** quelle heure est-il? (R.1)
tire un pneu (7.4)
tired fatigué (1.4)
to à (R.1) en (R.3) *(in order to)* pour + *inf.* (1.2) **to the house (office, shop, etc.) of** chez (R.4) **to the left/right (of)** à gauche/droite (de) (3.2) **to whom?** à qui? (R.1) **up to** jusqu'à (4.2)
tobacco shop un bureau de tabac (6.3)
today aujourd'hui (R.3)
together ensemble (4.1)
tomato une tomate (1.1)
tomorrow demain (R.3) **see you tomorrow** à demain (6.1)
tonight ce soir, cette nuit (R.3)
too aussi (R.1) trop (2.1) **it's too bad** il est dommage (7.3) **that's too bad!** c'est dommage! (4.5) **too bad!** tant pis! (7.5) **too many** trop (de) (6.4) **too much** trop (2.1)
tooth une dent (3.3)
toothbrush une brosse à dents (3.3)
toothpaste le dentifrice (3.3)
toward *(a place)* vers (6.2)
town une ville (2.3)
train un train (R.3) **by train** en train (R.3)
transistor radio un transistor (R.2)
to translate *traduire (1.2)
to travel voyager (R.1) (4.1)
tree un arbre (8.3)
trip: to go on (take) a trip faire un voyage (1.1)
true vrai (5.1) véritable (6.3)
truly vraiment (2.1)
trunk *(of a car)* un coffre (7.4)
truth la vérité (2.1)
to try goûter (6.4) **to try one's luck** tenter sa chance (7.1) **to try (out, on)** essayer (4.1) **to try to** essayer de + *inf.* (4.1)
tube un tube (6.4)
Tuesday mardi *m.* (R.3) **on Tuesday** mardi (R.3) **on Tuesdays** le mardi (R.3)
tuna le thon (1.1)
to turn tourner (7.4) **to turn on** *(the radio, etc.)* *mettre (1.4)
TV set un téléviseur (R.2)
twelve douze (R.1)
twenty vingt (R.2)
twice deux fois (4.1)
two deux (R.1)
typewriter une machine à écrire (4.3)

u

unattractive moche (R.2)
unbelievable incroyable (2.5)
uncle un oncle (R.4)
under sous (6.2)
to understand *comprendre (1.1)
unfortunately malheureusement (2.4) hélas (6.2)
unhappy malheureux (malheureuse) (2.5)
United States les États-Unis *m.* (R.3)
university une université (R.3)
unnecessary inutile (7.1)
unpleasant désagréable (R.2) pénible (7.1)
until jusqu'à (4.2)
up: to get up se lever (3.3) **to go up** monter (1.5) **to wake up** se réveiller (3.3) **to wash up** se laver (3.1) **up to** jusqu'à (4.2)
upon: upon ...ing en + *pres. part.* (8.5)
upset furieux (furieuse) (7.4) **to get upset** s'énerver (3.4) **upset (with)** fâché (contre) (7.5)

us nous (**R.4**) **to us** nous (**2.1**)
to **use** utiliser (**1.1**)
useful utile (**3.5**) **it's useful** il est utile (**7.3**)
useless inutile (**3.5**)
usually d'habitude, habituellement (**4.3**)

V

vacation les vacances *f.* (**1.2**) **during vacation** pendant les vacances (**R.1**) **summer vacation** les grandes vacances *f.* (**8.1**)
veal le veau (**6.3**)
vegetables les légumes *m.* (**1.1**)
very très (**R.2**) bien (**3.4**) **very much** beaucoup (**R.1**) **very sorry** désolé (**7.4**)
victim une victime (**4.4**)
villa une villa (**5.2**)
vinegar le vinaigre (**1.1**)
to **visit** *(place)* visiter (**R.1**) *(people)* rendre visite (à) (**R.5**)
voice une voix (**7.3**)

W

to **wait (for)** attendre (**R.5**)
waiter un garçon (**1.2**)
waitress une serveuse (**1.2**)
to **wake up** se réveiller (**3.3**)
walk: to go for a walk faire une promenade (à pied) (**1.1**) **to take a walk** se promener (**3.4**)
wall un mur (**1.5**)
to **want** *vouloir (**1.2**) avoir envie de (**1.3**) désirer (**7.2**) **I want** je veux (**R.1**) **to want to** vouloir bien (**1.2**)
warm: to be warm avoir chaud (**1.3**)
to **warn** *prévenir (**6.1**)
to **wash** laver (**3.1**) **to wash (oneself), wash up** se laver (**3.1**) **to wash the dishes** faire la vaisselle (**1.4**)
washing machine une machine à laver (**4.3**)
to **waste** gaspiller (**5.1**) **to waste one's time** perdre son temps (**R.5**)
watch une montre (**R.2**)
to **watch** regarder (**R.1**)
water l'eau *f.* (**1.1**) **mineral water** l'eau minérale (**1.1**)
water-skiing le ski nautique (**1.1**)
way une façon (**7.4**) **by the way** au fait (**2.2**)
we nous (**R.1**) on (**1.2**)
weak faible (**5.1**)
to **wear** porter (**R.5**)
weather le temps (**R.5**) **how's (what's) the weather?** quel temps fait-il? (**R.5**) **it's nice (bad, hot, cold) (weather)** il fait beau (mauvais, chaud, froid) (**R.5**)
wedding le mariage (**3.5**)
wedding festivities les noces *f.* (**3.5**)
wedding ring une alliance (**3.5**)
Wednesday mercredi *m.* (**R.3**) **on Wednesday** mercredi (**R.3**) **on Wednesdays** le mercredi (**R.3**)
week une semaine (**R.3**) **during the week** en semaine (**R.1**) **see you a week from (Tuesday)** à (mardi) en huit (**6.1**) **see you next week** à la semaine prochaine (**6.1**)
weekend un week-end (**R.3**) **on the weekend, on (the) weekends** le week-end (**R.1**) (**R.3**)
weight: to gain weight grossir (**R.5**) **to lose weight** maigrir (**R.5**)
well bien (**R.1**) **well...** eh bien . . . (**5.5**)
well-attended fréquenté (**5.1**)
west l'ouest *m.* (**R.3**)
what: about what? de quoi? à quoi? (**5.4**) **at what time?** à quelle heure? (**R.1**) **for what reason?** pour quelle raison? (**7.5**) **since what time?** depuis quelle heure? (**4.5**) **what?** qu'est-ce que? (**R.1**) comment? (**5.1**) que? qu'est-ce qui? quoi? (**5.4**) **what (a)...!** quel + *noun!* (**1.3**) **what a pity!** c'est dommage! (**4.5**) **what do you know!** ça, par exemple! (**6.5**) **what happened?** qu'est-ce qui est arrivé (s'est passé)? (**4.2**) **what time is it?** quelle heure est-il? (**R.1**) **what's happening?** qu'est-ce qui se passe? (**4.2**) **what's the date today?** quelle est la date aujourd'hui? (**R.4**) **what's the temperature?** quelle est la température? (**R.5**) **what's the weather?** quel temps fait-il? (**R.5**) **what's wrong (the matter, going on)?** qu'est-ce qu'il y a? (**4.2**) **with what?** avec quoi? (**5.4**)
wheel une roue (**7.4**)
when lorsque (**7.2**) **since when?** depuis quand? (**4.5**) **when?** quand? (**R.1**)
where? où? (**R.1**)
whether si (**2.3**)
which quel (quelle) (**R.5**) qui, que (**2.4**) **which one, which ones** lequel, laquelle, lesquels, lesquelles (**8.1**)
while pendant que (**4.4**) **see you in a little while** à tout à l'heure (**6.1**) **while ...ing** en + *pres. part.* (**8.5**)
white blanc (blanche) (**R.5**)
who qui (**2.4**) **who?** qui? (**R.1**) qui est-ce qui? (**5.4**)
whole: the whole tout le, toute la (**3.2**) **whole day (evening, morning, year)** une journée (soirée, matinée, année) (**6.1**)
whom que, qui (**2.4**) **about whom (what)?** de qui (quoi)? à qui (quoi)? (**5.4**) **to whom?** à qui? (**R.1**) **whom?** qui? (**R.1**) qui est-ce que? (**5.4**) **with whom?** avec qui? (**R.1**)
why? pourquoi? (**R.1**) pour quelle raison? (**7.5**)
wife une femme (**R.4**)
to **win** gagner (**1.3**)
wind le vent (**4.1**)
window une fenêtre (**3.1**)
wind-surfing la planche à voile (**1.1**)
windy: it's (it was) windy il fait (il a fait) du vent (**4.1**)
wine le vin (**1.1**)
to **wish** désirer (**R.1**) *vouloir (**7.2**)
with avec (**R.1**) **upset with** fâché contre (**7.5**) **with what?** avec quoi? (**5.4**) **with whom?** avec qui? (**R.1**)
without sans (**3.2**)
woman une femme (**R.2**)
wood le bois (**5.4**)
wool la laine (**5.4**)

wool hat un bonnet (**R.5**)
word un mot (**2.1**)
work le travail (**1.5**)
to **work** travailler (**R.1**) *(function)* fonctionner (**1.3**)
worker un ouvrier, une ouvrière (**1.2**)
world le monde (**5.5**)
worried inquiet (inquiète) (**3.2**)
to **worry** s'inquiéter (**3.4**)
would: I would like je voudrais (**R.1**) j'aimerais (**7.2**) **it would be better** il vaudrait mieux (**7.3**)
to **write** *écrire *(in a notebook)* *inscrire (**6.2**) **to write down** noter (**4.4**)
wrong faux (fausse) (**5.1**) **to be wrong** avoir tort (**1.3**) **what's wrong?** qu'est-ce qu'il y a? (**4.2**)

y

year un an (**6.1**) **to be...years old** avoir . . . ans (**R.4**) **(whole) year** une année (**6.1**)
yellow jaune (**R.5**)
yes oui, *(in answer to a negative question)* si (**4.2**)
yesterday hier (**R.3**)
yet encore (**3.3**)
yogurt le yaourt (**1.1**)
you tu, vous (**R.1**) toi, vous (**R.4**) on (**1.2**) te, vous (**2.1**) **to you** te, vous (**2.1**) **you should** il faut (**1.2**) **you should not** il ne faut pas (**1.2**)
young jeune (**R.2**)
young people les jeunes *m.* (**R.2**)
your ton, ta, tes; votre, vos (**R.4**)
yourself te, vous (**3.1**)
yourselves vous (**3.1**)

z

zero zéro (**R.1**) **it's zero** il fait zéro (**R.5**)

Index